Die Krim entdecken

Unterwegs auf der Sonneninsel im Schwarzen Meer
Aufgezeichnet von
Dagmar Sonderegger,
Norbert Rütsche,
Gwendolyn Sasse,
Stephan Hille,
Jan Schimanski

Trescher
Reihe Reisen

4., aktualisierte und überarbeitete
Auflage 2007

Reinhardtstraße 9
10117 Berlin
www.trescherverlag.de
post@trescherverlag.de

ISBN 978-3-89794-115-1

Trescher-Reihe Reisen
Herausgegeben von Sabine Fach und Bernd Schwenkros
Redaktionelle Konzeption: Detlev von Oppeln

Reihenentwurf: Robert Schumann
Einbandgestaltung: Tom Schülke
Satz und Bildbearbeitung: Tom Schülke, Bernd Chill
Lektorat: Sabine Fach, Annette Helmrich von Elgott
Farbteilgestaltung: Bernd Chill
Stadtpläne und Karten: Bernd Schwenkros, Johann Maria Just
Titelfoto: Bildagentur Ria Nowosti
Umschlagfotos: Constanze von Oppeln
Fotos: Dagmar Sonderegger, Norbert Rütsche, Stephan Hille, Igor' Sal'nikov

Gedruckt auf chlorfrei gebleichtem Papier
Printed in Germany

Reisetips von A bis Z 316

Essays

Vorwort

Jalta, Sonne und Krimsekt – dies mögen die ersten Gedanken sein, die Krimbesuchern vor der Reise in den Sinn kommen.

Die Halbinsel im Norden des Schwarzen Meeres hat mit ihren so verschiedenen und einzigartigen Landschaften, die sie zu einem in sich geschlossenen Lebensraum machen, schon seit Urzeiten die Menschen angezogen. Trockene Steppen im Norden, dichte Wälder und Berge im Süden, steile Küsten und flache Strände im Westen – die Vielfalt läßt sich nicht in wenigen Worten beschreiben.

Schon von den geheimnisumwobenen Tauriern bewohnt, wurde die Krim bald auch von Griechen und Skythen bevölkert. Ihnen folgten zahlreiche Völker, die Stoff für Sagen und Legenden lieferten. Später wurde die Krim jahrhundertelang von den Krimtataren beherrscht. Lange bevor die Halbinsel im 18. Jahrhundert russisch wurde, hatten verschiedene Reiche einander abgelöst. Sie hinterließen Spuren, auf die man noch heute stößt. Die durch die wechselhafte Geschichte bedingte Völkervielfalt ist bis heute das charakteristischste Merkmal der Halbinsel.

Die Krim war Schauplatz vieler bedeutender Schlachten und Kriege. Bis in die jüngste Vergangenheit wurde hier ›Geschichte gemacht‹. Mit dem Zusammenbruch der Sowjetunion 1991 wurde die Krim, die seit 1954 offiziell zur Ukrainischen SSR gehört hatte, zum politischen Zankapfel zwischen den nun unabhängigen Staaten Rußland und Ukraine. Die Zugehörigkeit der Krim, der Status Sevastopols und die Aufteilung der Schwarzmeerflotte standen im Mittelpunkt dieser Auseinandersetzungen. Hinzu kam die Rückkehr der 1944 von Stalin deportierten Krimtataren, die die Region vor neue politische, wirtschaftliche und soziale Fragen stellte.

Mit der Krim verbinden sich die Namen berühmter russischer Schriftsteller wie Puškin, Čechov und Tolstoj – sie alle ließen sich von der Naturschönheit und dem milden Klima inspirieren. Vom verträumten, aber auch mondänen Refugium des russischen Adels und der Intelligenz im 19. Jahrhundert entwickelte sich die Schwarzmeerhalbinsel mit ihren Badeorten und Sanatorien während der Sowjetzeit zum Erholungsziel der ›Werktätigen‹.

Die Krim ist schon seit langem als Urlaubsort für in- und ausländische Touristen interessant. Seit Generationen ist Jalta durch sein einzigartiges Mikroklima ein Seebad von internationalem Ruf. Doch Jalta ist nur ein kleiner Teil der Krim: Wer über den Großraum Jalta hinaus die Halbinsel bereist, wird neben der atemberaubenden landschaftlichen Schönheit und den historischen Spuren auch eine im Umbruch begriffene Gesellschaft entdecken mit ihrer wirtschaftlichen und sozialen Misere, ihren politischen Auseinandersetzungen und ihren Umweltproblemen. Darüber hinaus ist eine Reise auf die Krim immer noch ein wenig mit Abenteuer und Improvisation verbunden, vor allem was die Unterkunftsmöglichkeiten und Verkehrsverbindungen betrifft. Wer jedoch offen für Land und Leute ist und vielleicht ein paar Russischkenntnisse mitbringt, wird gerade jenseits der großen Touristenströme die Gastfreundschaft der Krimbewohner kennenlernen und mehr als nur eine Flasche Krimsekt als Andenken mit nach Hause nehmen.

Weingärten an der Südküste

Hinweise zur Benutzung des Reisebuches

Das vorliegende Reisebuch möchte dazu beitragen, ein reizvolles und doch bisher nicht allzu bekanntes Reiseziel dem deutschsprachigen Leser näherzubringen. Es ist sowohl für Individualtouristen als auch für Reisegruppen gedacht – zur Vorbereitung, als Reisebegleiter oder auch zum Nachlesen zu Hause. Im ersten Teil sollen allgemeine Informationen eine Annäherung an die Krim und ihre Bewohner ermöglichen. Ein deutsch-russisch-ukrainischer Sprachführer beschließt diesen Teil. Ukrainisch ist in der ganzen Ukraine die einzige Staatssprache. Auch auf der Krim genießt das Russische nicht den Status einer offiziellen Amtssprache. Dennoch haben wir uns für die Verwendung der russischen geographischen Bezeichnungen auf der Krim entschieden, da sie auf der Schwarzmeerhalbinsel weiterhin die allgemein üblichen sind; für die übrige Ukraine verwenden wir aber konsequent die ukrainischen Namen. Obwohl auch auf der Krim zusehends mehr Straßen- und Ortsschilder oder Wegweiser in ukrainischer Sprache auftauchen, ist dennoch das Russische die im Alltag klar dominierende Sprache. Die Entscheidung für das Russische hat somit rein praktischen Charakter.

Frauen in ukrainischer Nationaltracht

In diesem Buch wird die wissenschaftliche Transliteration der russischen (und ukrainischen) Eigennamen verwendet, da nur auf diese Weise eine eindeutige Rückübertragung ins Kyrillische möglich ist. Zur Erleichterung der Lektüre finden Sie am Ende des Sprachkapitels eine Transliterationstabelle. Bei Eigennamen, die im Deutschen bereits eine gebräuchliche Umschrift haben, wurde auf eine korrekte Umschrift zugunsten der Lesbarkeit verzichtet. Dies gilt insbesondere für die Namen ›Krim‹ (korrekte Umschrift: ›Krym‹) und ›Kiev‹ (›Kyjiv‹).

Die darauf folgenden Abschnitte sind einzelnen Städten und Regionen gewidmet. Die Orientierung in den einzelnen Küstenabschnitten und Städten wird durch Karten und Stadtpläne erleichtert. Die Straßennamen und weitere Bezeichnungen sind in den Plänen in lateinischer Umschrift angegeben. In den Legenden werden die Straßen sowohl in Russisch als auch in lateinischer Umschrift aufgeführt.

Praktische Reisetips sowie eine Liste mit nützlichen und interessanten Internet-Adressen beschließen das Buch.

Zeichenerklärung

- Allgemeine Informationen
- Busbahnhof
- Bahnhof
- Passagierhafen
- Flughafen
- Hotels, Übernachtungsmöglichkeiten
- Camping
- Restaurant
- Café
- Einkaufen
- Theater, Konzerthaus
- Bar, Nachtclub
- Museen, Galerien, Ausstellungen
- Strand

Häufig verwendete Abkürzungen:

pl.	plóščad'	площадь	Platz
ul.	úlica	улица	Straße
pr.	prospékt	проспект	große, breite Straße
per.	pereúlok	переулок	Gasse
nab.	náberežnaja	набережная	Uferstraße
bul.	bul'vár	бульвар	Boulevard

Die Landschaften der Krim sind ebenso vielfältig wie ihre Bewohner. Zwischen der Steppenlandschaft des Nordens und der gebirgigen Südküste zeigen zahlreiche Kultur- und Naturschätze, daß die Krim neben Strand und Sonne noch viel mehr zu bieten hat.

Land und Leute

Die Landschaften

Die Halbinsel Krim liegt im Süden der Ukraine und wird von zwei Meeren umschlungen: vom Azovschen Meer im Nordosten und vom Schwarzen Meer im Westen und Süden. Die lediglich acht Kilometer breite Landenge von Perekop im Norden bildet die Verbindung zum ukrainischen Festland. Mit einer Fläche von etwa 27 000 Quadratkilometern ist die Krim gerade um ein Zehntel kleiner als Belgien. Von Norden nach Süden mißt die Halbinsel 205 Kilometer und von Osten nach Westen 325 Kilometer.

Der Norden der Krim besteht aus einer ebenen Steppenlandschaft. Zusammen mit der leicht hügeligen Halbinsel Kerč' macht die Steppe vier Fünftel der Gesamtfläche der Krim aus.

Das Krimgebirge im Süden besteht aus drei Bergketten, die parallel von West nach Ost verlaufen. Charakteristisch für alle drei Bergzüge sind die sanft abfallenden Nordhänge, die zerklüfteten Steilhänge nach Süden hin und die schwach bewaldeten Hochplateaus.

Zwischen den Südhängen der Hauptkette und dem Meer befindet sich ein zwei bis acht Kilometer breiter Küstenstreifen – die Südküste der Krim mit all ihren bekannten Kurorten. Man unterteilt dieses Gebiet in die eigentliche Südküste, womit der westlich von Alušta gelegene Küstenstreifen, der Jalta einschließt, bezeichnet wird, und die Südostküste, die sich östlich von Alušta bis Feodosija erstreckt. An der Westküste liegt das dritte Kurortgebiet der Krim, sein Zentrum ist Evpatorija.

Flüsse und Seen

Die Trinkwasserknappheit auf der Krim stellt schon seit jeher ein großes Problem für die hier lebenden Menschen dar. Bei den meisten Völkern, die im Laufe der Geschichte die Halbinsel besiedelten, war Wasser ein geradezu heiliges Gut. Der Mangel an Wasser tritt heutzutage besonders deutlich in trockenen Sommern zutage, wenn den Bewohnern der Krim stunden- und manchmal sogar tagelang das Wasser abgedreht wird. Auch der zu Sowjetzeiten gebaute Kanal, der vom Dnipro (Dnjepr) zusätzlich Wasser auf die Krim leitet, kann den Bedarf nicht decken.

Auf den ersten Blick hat es auf der Krim gar nicht den Anschein von Wasserknappheit, denn etwa 150 Flüsse durchziehen die Landschaft. Allerdings handelt es sich dabei zumeist um kleine Bäche, die im Sommer völlig austrocknen. Die bedeutendsten Flüsse sind Salgir, Al'ma, Kača, Bel'bek und Čërnaja. Der Salgir entsteht durch den Zusammenfluß von Ajan, Angara, Kizil-Koba und Malinovyj ručej einige Kilometer südöstlich von Simferopol'. Ajan und Angara haben ihren Ursprung am Osthang des Čatyr-Dag, und die Kizil-Koba in der gleichnamigen Höhle, die auch als ›Rote Höhle‹ bezeichnet wird. Der Salgir ist der größte Wasserlauf der Krim. Nördlich von Simferopol' wird er wasserärmer, und in der Steppe kommt es manchmal vor, daß sogar der Salgir austrocknet. Der Fluß mündet schließlich im Nordosten der Krim in den Salzsee Sivaš, ein Teilbecken des Azovschen Meeres, das auch als Faules Meer bezeichnet wird. Die Flüsse Al'ma, Kača, Bel'bek und Čërnaja entspringen allesamt auf der Nordseite des südwestlichen Krimgebirges und münden an der Westküste zwischen Nikolaevka und Inkerman ins Schwarze Meer.

Eine Besonderheit der Krim sind die Salzseen in den Steppengebieten und auf der Halbinsel Kerč'. Meist nur einen Meter tief, trocknen auch sie im Sommer oft aus. Die wichtigsten Salzseen befinden sich in den Gebieten von Evpatorija, Tarchankut, Krasnoperekopsk und auf der Halbinsel Kerč'.

Klima

Das Meer und die landschaftliche Vielfalt sorgen für unterschiedliche klimatische Verhältnisse auf der Krim. Das Klima der nördlichen Steppenlandschaft gleicht mit seinen heißen trockenen Sommern und den niederschlagsarmen kalten Wintern dem Festlandsklima der südlichen Ukraine.

Das Klima des Krimgebirges ist sehr verschiedenartig: In den höheren Regionen fällt mehr als doppelt soviel Niederschlag wie in den Niederungen, im Nordosten weniger als im Südwesten. Die Winter sind in den Bergen kalt und niederschlagsreich, die Sommer meist mild und trocken.

Das Klima der Südküste ist mediterran, mit seinen heißen und trockenen Sommern ähnelt es dem Klima Norditaliens und Südfrankreichs. Die Winter sind schneearm, mild und feucht, da das Krimgebirge zum einen die kalten Luftmassen aus dem Norden abhält, das Meer zum anderen die im Sommer gespeicherte Wärme nur langsam wieder abgibt. Wie überall am Meer kann sich das Wetter an der Südküste der Krim sehr schnell ändern. Gerade an der Südwestküste senkt sich oft ganz unvermittelt Nebel von den Bergen in die Buchten hinab.

Die kältesten Monate sind Januar und Februar, aber nur selten hält sich der Frost länger als fünf Tage, und auch dann sinkt die Temperatur kaum erheblich unter den Gefrierpunkt. Ab März setzt sich der Frühling durch, die Niederschlagsmenge vermindert sich merklich. Der Mai kann bereits mit durchschnittlich 250 Sonnenstunden aufwarten. Der Sommer ist trocken und heiß, aber durch den mildernden Einfluß des Schwarzen Meeres dennoch angenehm. Die Durchschnittstemperatur im Juli und August beträgt 24 °C, das Wasser erwärmt sich auf etwa 23 bis 26 °C. Wenn man keinen Sommer-Badeurlaub plant, sind der Frühling (Ende April bis Ende Mai) und Herbst (September und Oktober) die besten Reisezeiten für die Krim. Die Durchschnittstemperatur im September beträgt 19 bis 20 °C. Noch bis weit in den Oktober hinein kann man im Meer baden. Erst ab Ende Oktober wird das Wetter merklich kühler und regnerischer.

Es gibt aber darüber hinaus noch einige klimatische Besonderheiten in einzelnen Regionen der Krim. So ist die Luftfeuchtigkeit an der Südostküste geringer als im Großraum Jalta, wo sie im Sommer bis zu 60 Prozent beträgt, oder in Alušta, wo sie sogar mehr als 70 Prozent erreicht.

Der Ort mit dem geringsten Niederschlag ist Sudak mit 300 Millimetern jährlich. Die längste Sonnenscheindauer hat mit 2439 Stunden im Jahr Evpatorija an der Westküste zu verzeichnen. Zum Vergleich: In Jalta scheint die Sonne ›nur‹ 2342 Stunden. Am kürzesten verweilt die Sonne in Koktebel' im Südosten, nämlich nur 2100 Stunden im Jahr. Der wärmste Küstenort mit einer jährlichen Durchschnittstemperatur von 14,3 °C ist Mischor.

Tiere und Pflanzen

Mehr als 2600 wildwachsende Pflanzenarten sind auf der Krim gezählt worden, davon allein 200, die ausschließlich auf der Schwarzmeerhalbinsel vorkommen. Sechs Naturschutzparks, 29 Reservate und geschützte Naturdenkmäler sowie 102 weitere Schutz- oder Schongebiete sollen für die Erhaltung der Pflanzenwelt mit ihren vielen bedrohten Arten sorgen.

Die Steppengebiete der Krim sind arm an natürlichen Pflanzen, hier überwiegt heute der Anbau von Getreide, Wein und Obst. Im Gegensatz dazu ist das Krimgebirge in seinen unteren Regionen fast vollständig mit Wäldern bedeckt, vor allem mit Eichen, Buchen, Ahorn, Eschen, Kiefern und Weißbuchen.

Die Südküste zeichnet sich durch eine Vielzahl subtropischer Pflanzen aus. Hier wachsen Palmen, Pistazien, Mandelbäume, Olivenbäume, Zypressen, Wacholder, Magnolien, Zedern, Oleander und vieles mehr. Neben Weinanbau werden auch Tabakplantagen betrieben.

Die Küstenregionen im Norden der Krim sind bevorzugte Brutplätze von Wasservögeln. Besonders in der Karkinitskij-Bucht östlich von der Landenge von Perekop läßt sich eine Vielzahl von Vogelarten beobachten. Zu ihrem Schutz wurde ein Teil dieser Küste zum Naturschutzgebiet erklärt. Die größte Attraktion dieses Küstenstreifens – die hier lebenden Schwäne – gaben dem Naturschutzgebiet seinen Namen: Schwaneninseln.

Die Steppenregionen sind vergleichsweise arm an Tieren. Neben Hasen, Iltissen, Füchsen und verschiedenen Mäusearten kommen Lerchen und Falken vor.

Abwechslungsreicher gestaltet sich die Fauna des Krimgebirges. Neben Hirschen, Rehen, Füchsen, Dachsen, Wieseln und Steinmardern trifft man hier auf verschiedene Fledermausarten. Früher gab es auch Wölfe, sie sind jedoch seit Jahrzehnten ausgestorben. Außerdem ist das Krimgebirge der Lebensraum vieler Reptilien- und Amphibienarten. In den Flüssen leben Bachforellen, Barben und verschiedene Arten von Karpfen.

Die Fauna der Südküste ähnelt der der Mittelmeerländer: Hier sind Eidechsen, Skorpione und Fledermäuse beheimatet. An den Felshängen der Küste brüten Schwalben und Lachmöwen. Besonders erwähnenswert sind schließlich die Adler, die sich an den teilweise zerklüfteten Steilhängen der Berge ihre Horste bauen.

Wirtschaft und Ökologie

Schon seit der Zarenzeit ist die Krim als Urlaubsort beliebt. Während früher hauptsächlich Adelige die Sommermonate auf der sonnigen Halbinsel verbrachten, wurden in der Sowjetzeit Hunderte von Sanatorien für die arbeitende Bevölkerung aus dem Boden gestampft. Mit ihrem milden Klima, der einzigartigen Nähe von Meer und Bergen, ihren 900 Kilometern Küste, vier Naturschutzparks und zahlreichen Naturdenkmälern sowie dank ihrer enormen Anzahl von kulturellen und historischen Sehenswürdigkeiten war und ist die Krim für den Tourismus wie geschaffen. Es ist deshalb kein Zufall, daß die Halbinsel zu Sowjetzeiten als Tourismusdestination Nummer eins in Osteuropa galt.

Auch nach dem Zerfall der Sowjetunion liegt das Hauptpotential der Krim weiterhin im Bereich des Tourismus, wenn auch die Gästezahlen der Krim von mehreren Millionen jährlich während der Sowjetzeit auf 2,7 Millionen im Jahr 1998 sanken. Ein Grund dafür ist nicht zuletzt, daß die von den Betrieben zur Sowjetzeit organisierten und bezuschußten Erholungsreisen für die Angestellten entfielen. Erst allmählich beginnt sich die Lage zu normalisieren: Zu Beginn des neuen Jahrtausends reisten mit rund vier Millionen Touristen bereits wieder wesentlich mehr Urlauber auf die Halbinsel als in den Jahren zuvor. Hotels, Restaurants und private Zimmeranbieter – auf der Krim stehen rund 180 000 Betten in Hotels, Sanatorien, Pensionen und anderen offiziellen Unterkünften sowie 170 000 Gästebetten in Privathäusern zur Verfügung – richten sich zusehends auch auf Touristen aus Westeuropa ein.

Noch ist die Krim als Ferienziel aber zu wenig bekannt, und die Infrastruktur entspricht nur in seltenen Fällen den westeuropäischen Standards, so daß sich der Besucherandrang aus diesen Ländern bisher in Grenzen hält. Die Krim hat zudem mit dem Problem zu kämpfen, daß die Touristen aus Rußland häufig nicht mehr wie zu Sowjetzeiten auf die Krim in den Urlaub fahren, sondern zunehmend russische Urlaubsorte am Schwarzen Meer ansteuern, zum Beispiel Soči. Wer mehr Geld zur Verfügung hat, erholt sich heutzutage auch gern auf Mallorca oder Zypern, in der Türkei oder in Griechenland oder an einem Strand in Westeuropa. Die Krim sieht sich mit zweierlei Schwierigkeiten konfrontiert. Einerseits hat aufgrund der wirtschaftlichen und sozialen Probleme in der Ukraine und in Rußland ein großer Teil der Menschen gar nicht mehr die Möglichkeit, überhaupt in Urlaub zu fahren. Und andererseits geben jene Leute, die das notwendige Geld haben, dieses nicht mehr unbedingt auf der Krim aus.

Unklare Besitzverhältnisse – der größte Teil der Sanatorien gehört Ministerien, Behörden und Gewerkschaften – sowie die hinausgezögerte Privatisierung von Erholungseinrichtungen und die damit einhergehende Korruption haben darüber hinaus Innovationen und Investitionen lange Zeit auf ein Minimum begrenzt. Die Zeiten der wilden Verteilungskämpfe sind überstanden, aber ihre Folgen noch immer spürbar: notwendige Investitionen wurden lange hinausgezögert, besonders in den großen Hotels und den Sanatorien klaffen Preis und Leistung oft auseinander. Die meisten Sanatorien befinden sich nach wie vor im Besitz von Betrieben, Organisationen und Institutionen. Ihr Ausverkauf sorgt immer wieder für Schlagzeilen.

Als eigentlicher Motor der Tourismus-Branche erwies sich die private Initiative, dank derer an allen Krim-Küsten viele kleine Hotels mit ansprechendem Komfort entstanden. 2006 besuchten mehr als fünf Millionen Touristen die Halbinsel.

Nach wie vor ist es erklärtes Ziel der Regierung der Autonomen Republik Krim, die Halbinsel für Touristen attraktiver zu machen, sowohl für russische

Der Tourismus ist einer der wichtigsten Wirtschaftszweige der Krim

Touristen, die man als Kundschaft zurückgewinnen will, als auch für Westeuropäer und Amerikaner.

Auch wenn der Tourismus der bekannteste Wirtschaftszweig der Krim ist, so trägt er dennoch nur rund 10 bis 15 Prozent zum Bruttoinlandsprodukt der Halbinsel bei. Zu Sowjetzeiten war der Maschinenbau, vor allem für den zu 95 Prozent von Moskau kontrollierten militärisch-industriellen Komplex, einer der größten Wirtschaftsbereiche auf der Krim. Schätzungen zufolge machte der militärisch-industrielle Komplex 1989 etwa 60 Prozent der Gesamtproduktion auf der Halbinsel aus. Über das auf der Krim stationierte militärische Personal hinaus waren zu diesem Zeitpunkt ungefähr 35 bis 40 Prozent der Zivilbevölkerung in der regionalen Militärproduktion tätig. Die Aufträge aus Rußland sind jedoch seit dem Ende der Sowjetunion stark zurückgegangen, neue Märkte konnten nicht erschlossen werden, und die Betriebe wurden entweder stillgelegt oder kämpfen mit Konversionsprogrammen. Aus der Landwirtschaft resultieren heute über 40 Prozent des wirtschaftlichen Ertrages der Halbinsel. Sie gestaltet sich auf der Krim von Region zu Region unterschiedlich: Die Steppe im Norden wird zu Viehhaltung und Getreideanbau genutzt, die Südküste ist Anbaugebiet für Obst, Wein und Tabak, und die Berge sind von Wald und Weideland geprägt.

Einen Großteil der Industrie macht heute auf der Krim die verarbeitende Industrie aus, die sich vor allem im Norden konzentriert. In Simferopol' überwiegen Nahrungsmittel-, Textil- und Elektroindustrie. Konservenfabriken für Obst und Gemüse befinden sich in Simferopol', Bachčisaraj, Džankoj und Sevastopol'. Tabakplantagen erstrecken sich bei Simferopol', Jalta und Feodosija. In Simferopol', Bachčisaraj, Alušta und Sudak werden ätherische Öle hergestellt; zu Zeiten der Sowjetunion wurden hier 40 Prozent des Rosenöls und die Hälfte des Lavendelöls der gesamten Sowjetunion produziert. Fischverarbeitende Industrie ist vor allem in Kerč', Sevastopol', Jalta und Evpatorija ansässig. Außerdem zählt die Förderung von Eisenerz aus den Vorkommen auf der Halbinsel Kerč' zu den bedeutenden Einnahmequellen.

1989/90 gehörte die Krim zu den sieben finanzkräftigsten Regionen der Ukrainischen SSR. Das Streben nach regionaler Autonomie Anfang der 1990er Jahre wurde von den Krim-Eliten als ein Mittel gesehen, das Wirtschaftspotential möglichst unabhängig auszubauen. Die Phase des Krim-Separatismus unter dem russisch-nationalistischen Krimpräsidenten Jurij Meškov 1994 und die darauffolgenden langwierigen politischen Auseinandersetzungen auf der Krim beziehungsweise zwischen Simferopol' und Kiev machten jedoch aus der Krim einen Nachzügler bei den ohnehin nur zögerlichen Wirtschaftsreformen in der mittlerweile unabhängigen Ukraine. 1996 war das Produktionsniveau auf der Schwarzmeerhalbinsel bereits fünfmal niedriger als der ukrainische Durchschnitt, die Gehälter auf der Krim lagen deutlich unter dem landesweiten Mittelwert, die Privatisierung hinkte

Obst und Gemüse stammen häufig von der Südküste

hinter allen anderen Regionen der Ukraine hinterher. Diese Verzögerung der Privatisierung stand in direkter Verbindung zur Kriminalisierung von wirtschaftlichen und politischen Strukturen. Die Krim wurde zur Hochburg von Mafiageschäften, Korruption und Kriminalität – diese war jedoch nicht gegen die normale Bevölkerung oder Touristen gerichtet. Kiev erhöhte die Präsenz von ukrainischen Sicherheitsbehörden ab Mitte 1995 deutlich und konnte bislang zumindest einige der wirtschaftlichen Klans verdrängen, so daß die Grabenkämpfe zwischen den verschiedenen Gruppierungen heute weniger offen geführt werden.

Der berühmteste Exportschlager der Krim sind die Krimweine; besonders der Krimsekt ist weit über die Grenzen des Landes hinaus bekannt. Die wichtigsten Anbaugebiete befinden sich an der Süd- und Südostküste. Durch die Antialkoholismus-Kampagne Gorbačëvs wurde die Branche allerdings stark in Mitleidenschaft gezogen: Der letzte Generalsekretär der KPdSU wollte den Alkoholismus gleich an der Wurzel packen und ließ daher zahlreiche Weinplantagen roden. Als Folge sanken die Exporteinnahmen spürbar; nur allmählich erholen sich die gestutzten Weinberge wieder. Doch die Krimweine gewinnen nach wie vor regelmäßig internationale Preise (s. S. 80).

Zu den wirtschaftlichen Abhängigkeiten mit politischen Folgen gehört der Mangel an eigenen Gas- und Ölreserven. Während die ganze Ukraine auf Gas- und Öllieferungen aus Rußland angewiesen ist, wiederholt sich für die Krim das

Dilemma auf regionaler Ebene. Die Schwarzmeerhalbinsel kann beispielsweise nur 40 Prozent ihres Gasbedarfs selbst decken. Kiev hat gegenüber der Krim dieselbe Waffe eingesetzt wie Rußland gegenüber der Ukraine: Unterbrochene Energielieferungen zwangen die Region angesichts handfester Konflikte zwischen autonomer und Zentralregierung wiederholt zur Kooperation. Ob sich die mit neuen Öl- und Gasfunden im Schwarzen Meer verbundenen Hoffnungen auf größere wirtschaftliche Unabhängigkeit erfüllen, bleibt abzuwarten.

Die Tatsache, daß es Rußland im Vergleich mit der Ukraine wirtschaftlich besser geht, stärkte bei vielen Krimbewohnern bis Mitte der 1990er Jahre die Hoffnung auf einen Anschluß an Rußland. Bald stand jedoch fest, daß russische Politiker die Krim zwar gern als rhetorisches Mittel einsetzten, Rußland selbst hingegen kein ernsthaftes Interesse an der wirtschaftlich abhängigen Region hatte. Heute hofft die russischsprachige Bevölkerung der Krim bestenfalls auf eine engere Zusammenarbeit mit dem Nachbarstaat.

Nach der ukrainischen Unabhängigkeit 1991 wurde auf der Krim ebenso wie in der ganzen Ukraine im Verhältnis eins zu eins zum russischen Rubel die Währung ›Karbovanec‹ eingeführt, meist ›Kupon‹ genannt. Sie verlor schnell an Wert. Im Sommer 1993 erhielt man für eine Mark 2000 Kupons, ein Jahr später bereits 30 000. So wurde schnell selbst der russische Rubel auf der Krim als begehrte Valuta-Währung gehandelt. Jahrelang wurde die Einführung einer neuen Währung vorbereitet, die Stabilität signalisieren und schaffen sollte. Am 2. September 1996 fiel schließlich der Startschuß, die Währung ›Hryvnja‹ wurde eingeführt. In der kurzen Periode vom 2. bis zum 16. September 1996 konnte die Bevölkerung ihre Karbovancy zu einem festen Kurs in Hryvnja umtauschen. Für diese zwei Wochen galten offiziell beide Währungen. Vom 16. September 1996 an wurde die Hryvnja zur einzigen offiziellen Währung der Ukraine und damit auch auf der Krim.

Die berühmten Massandra-Weine

Umweltprobleme und Umweltschutz

Auf den ersten Blick ein Paradies, steht jedoch auch die Krim vor einer Reihe von Umweltproblemen. Die Krim – beziehungsweise die Ukraine – verfügt nicht über ausreichende finanzielle Mittel, um alle Probleme ohne internationale Hilfe zu bewältigen. Knappes Trinkwasser und die öligen oder strahlenden Hinterlassenschaften der Schwarzmeerflotte, vor allem in der Umgebung von Sevastopol', sind nur einige der aktuellen Herausforderungen. Erkenntnisse über Auswirkungen der Tschernobyl-Katastrophe gehörten lange Zeit zu den bestgehüteten Regierungsgeheimnissen. In den 90er Jahren stieg die Zahl der an Leukämie erkrankten Kinder rapide. Da selbst in der Türkei die Folgen des Reaktorunglücks gravierender waren, als lange angenommen, machte sich Unruhe breit. Heute gehen auch regierungsunabhängige Umweltschützer davon aus, daß bezüglich radioaktiver Strahlung kein Grund zur Besorgnis mehr besteht. Die Meßwerte auf der Krim unterscheiden sich nicht von denen westeuropäischer Länder.

Eines der großen Probleme der Schwarzmeerhalbinsel ist die Wasserarmut. Deshalb war die Eröffnung des Nord-Krim-Kanals (Severo-Krymskij-Kanal) im Jahr 1963, der vor allem die Steppengebiete der Schwarzmeerhalbinsel, aber auch größere Städte wie Simferopol' oder Sevastopol' mit Wasser aus dem Dnipro versorgt, von entscheidender Bedeutung. 87 Prozent des heute auf der Krim verbrauchten Wassers stammen aus diesem Kanal. Aber obwohl es auf der Halbinsel zusätzlich noch 22 Stauseen – die größten von ihnen an den Flüssen Salgir, Al'ma, Kača, Bel'bek und Čërnaja – und fast 1000 Teiche, ungefähr 300 Brunnen und ebenso viele Quellen gibt, so reicht dies dennoch nicht für die Versorgung der Bevölkerung und die Bewässerung des Bodens aus. Wenn dann noch ein heißer und trockener Sommer hinzukommt, steht die Krim vor einem nahezu unlösbaren Problem. In Simferopol' kann es in heißen Sommern gut und gerne nur alle zwei bis drei Tage für wenige Stunden Wasser geben. Wenn der Stausee am südlichen Stadtrand im Sommer fast bis auf den Grund ausgetrocknet ist, muß die Hauptstadt auf die Wasserreserven des Dnipro-Kanals ausweichen. Die Wasser- sowie Energieabhängigkeit der Krim vom Rest der Ukraine ist von Kiev in den 1990er Jahren mehr als einmal in den Auseinandersetzungen mit der separatistischen Region als politisches Druckmittel eingesetzt worden.

In Verbindung mit der Wasserarmut steht der teilweise sehr karge Baumbestand. Mit der großflächigen Abholzung von Wäldern verschwand auch das Wasser von der Krim. Der Kahlschlag ist nicht erst das Ergebnis der letzten Jahre: Von 1860 bis 1922 wurde der Waldbestand auf der Krim um ein Drittel verringert. Mitunter wurden nachgewachsene Stellen mehrmals abgeholzt. Dies macht die Aufforstung um so schwieriger. Besonders in den südöstlichen Gebieten ist die Erosion mittlerweile so weit fortgeschritten, daß die Anpflanzung von Wald große

Schwierigkeiten bereitet. Doch die Aufforstung im großen Maßstab läßt hoffen: 1993 wurden fast 300 Hektar Boden bepflanzt, für 1994 waren 770 Hektar geplant.

Eine nicht zu verharmlosende Gefahr und zudem ein optischer Schandfleck ist der bisher nur von wenigen beachtete Raubbau von Muschelkalkstein an der Westküste, unter anderem in der Nähe von Balaklava. Der poröse Stein wird als Baumaterial genutzt; überall auf der Halbinsel sind Stapel des gelblichen Steins zu sehen. Die großen Steine gewährleisten eine ›Atmung‹ der Wände und sind nicht so teuer wie etwa Ziegelsteine, die noch gebrannt werden müssen. Die Muschelkalksteine werden einfach nur zu Klötzen zurechtgeschnitten. Doch die Millionen Jahre alte Substanz wird viel schneller abgebaut, als sie sich nachbilden kann. So ist man an vielen Orten schon bis zu relativ jungem, weicherem Gestein vorgedrungen, die Küste rückt immer weiter landeinwärts und wird, da sie weniger hart und stabil ist, anfälliger für Witterungseinflüsse wie Regen und Sturm.

Ein weiteres Problem stellt die Verkarstung des Bodens dar. Mindestens 70 Prozent des Bodens sind verkarstet, das heißt es bilden sich Rillen, Höhlen und Schächte im Kalkgestein. Je nach Intensität kann dies dazu führen, daß der Untergrund einem größeren Gewicht – etwa einem Haus – nicht standhält. Daher muß der Boden eigentlich untersucht werden, bevor mit einem neuen Bauwerk begonnen oder ein neues Gebiet erschlossen wird. Das jedoch erfolgt zur Zeit immer seltener, da besonders durch die zurückkehrenden Krimtataren ein akuter Wohnungsmangel herrscht und möglichst schnell gebaut werden soll. Die Gefahren liegen auf der Hand, werden aber sowohl von den verantwortlichen Behörden als auch von den zukünftigen Hausbesitzern beharrlich ignoriert.

Auch verschiedene Wirtschaftszweige machen der Umwelt auf der Krim zu schaffen. Insbesondere die chemische Industrie ist sehr ausgeprägt und verursacht massive Verschmutzungen. In Armjansk-Krasnoperekopsk im Norden der Krim steht beispielsweise die größte Dioxid-Titan-Industrieanlage Europas, weiter gibt es Betriebe zur Herstellung von Soda oder Farbstoffen. Zudem wird auf der Halbinsel Kerč' Eisenerz abgebaut, was ebenfalls zu schädlichen Emissionen führt. Zwar wurden in den letzten Jahren einige Anlagen, unter anderem auch des einst dominierenden militärisch-industriellen Komplexes, geschlossen – allerdings allein aus wirtschaftlichen Gründen. Ein Problem der Krim wie auch der ganzen Ukraine besteht darin, daß zuwenig Geld für die Modernisierung und Umrüstung der Anlagen (Filter usw.) vorhanden ist. Offensichtlich fehlt es den Verantwortlichen zudem oft an Bewußtsein für die Umweltschutzproblematik.

Nicht zuletzt an diesem Punkt hakt die Umweltschutzorganisation ›Ökologie und Frieden‹ (Ėkologija i Mir) ein. Sie will Regierung, Wirtschaft und Bevölkerung der Krim für Umweltprobleme sensibilisieren und so ein Umdenken herbeiführen. Die Organisation entstand 1988 in Verbindung mit dem von Wissenschaftlern und der Bevölkerung – es kamen 250 000 Unterschriften zusammen –

Im Hafen von Sevastopol'

getragenen Widerstand gegen den Bau eines Atomkraftwerkes auf der Krim. Der Protest der ersten öffentlichen Umweltschutzvereinigung auf der Krim hatte Erfolg. Moskau ließ 1990 endgültig den Plan fallen, im erdbebengefährdeten Kazantip ein Atomkraftwerk zu errichten – und dies, obwohl die Vorbereitungsarbeiten schon weit fortgeschritten waren.

Vorsitzender der Umweltschutzorganisation ist der Biologe und Akademie-Professor Viktor Sergeevič Tarasenko. Das Aktionszentrum von ›Ėkologija i Mir‹ befindet sich in Simferopol', darüber hinaus verfügt die Organisation über zwölf regionale Vertretungen. Die Arbeit teilen sich heute hunderte aktive Mitglieder und viele Helfer und Sponsoren. Nachdem der Bau des Atomkraftwerkes von Kazantip verhindert worden war, hat sich ›Ökologie und Frieden‹ zum Ziel gesetzt, den Umweltschutz auf der ganzen Halbinsel zu verstärken. Dabei läßt sich die Organisation von der Überlegung leiten, daß gerade ein Kur- und Urlaubsgebiet wie die Krim besonders auf saubere Luft, sauberes Wasser, gesunde Lebensmittel und eine intakte Natur angewiesen ist. Die Umweltschützer um Tarasenko veranstalteten 1997 und 1999 zwei internationale Konferenzen auf der Halbinsel und veröffentlichten schließlich 1999 ein erstes Buch mit dem Titel ›Aktionsplan für eine stabile Krim‹. Dieses Buch beeindruckte selbst die Regierung der Autonomen Republik Krim, weshalb sie ›Ėkologija i Mir‹ einlud, bei der Ausarbeitung des staatlichen ›Programmes zur wirtschaftlichen und sozialen Entwicklung bis zum Jahr 2010‹ mitzuarbeiten. Darin präsentieren die Umweltschützer beispielsweise ein Konzept zur getrennten Müllabfuhr und -entsorgung. Im Rahmen eines anderen Projektes fertigte die Organisation eine Karte an, die den Grad der Umweltverschmutzung in den einzelnen Regionen aufzeigt, um gemeinsam mit Ärzten die Zusammenhänge zwischen Umweltbelastungen und Gesundheitsbeeinträchtigungen zu studieren. Ferner verfolgt ›Ökologie und Frieden‹ das Ziel, in den Urlaubsorten der Krim insbesondere bei der Qualität des Meerwassers und des Trinkwassers europäische Standards zu erreichen. Zurzeit werden die Abwässer der Halbinsel noch ungeklärt in die Flüsse und ins Schwarze Meer geleitet.

Die Umweltschutzorganisation erachtet es als Genugtuung, nach jahrelangem Engagement nicht nur von der Regierung der Krim ernst genommen zu werden, sondern auch von ausländischen Partnerinstitutionen – etwa aus Deutschland, den Niederlanden, Dänemark oder Frankreich – Unterstützung zu bekommen. Ohne die internationale Zusammenarbeit könnte ›Ökologie und Frieden‹ seine ambitiösen Projekte niemals vorantreiben, da wegen der schlechten Wirtschaftslage in der Ukraine kaum mit finanzieller Unterstützung aus dem eigenen Land zu rechnen ist (www.ekomir.crimea.ua).

Geschichte

Die Krim hatte, schon lange bevor russische Zaren die Hand nach ihr ausstreckten, zahlreiche Völker angezogen. Die Halbinsel, die nur durch einen schmalen Streifen im Norden mit dem Festland verbunden ist, bot mit ihren so unterschiedlichen Landschaften vielen Völkern Zuflucht. Ethnische und kulturelle Vielfalt ziehen sich wie eine Grundkonstante durch die bewegte Geschichte der Krim, die niemals nur von einer Kultur oder einem Volk gänzlich beherrscht wurde. Der Ursprung der Bezeichnung ›Krim‹ ist ungeklärt. Europäische Historiker des 19. Jahrhunderts führten den Namen auf die ›Kimmerier‹ zurück. Späteren etymologischen Studien zufolge entspricht die Bezeichnung dem tatarischen Wort für ›Festung‹ oder ›Graben‹.

Von der Antike bis zum späten Mittelalter

Im 8. Jahrhundert vor Christus besiedelten die Kimmerier die Krimebene, ein aus Südrußland und der Ukraine stammendes nomadisches Reitervolk, über das man bis heute nur sehr wenig weiß. Sein Name ist vermutlich eine Sammelbezeichnung: Die Kimmerier waren mit vielen Kulturen der Bronze- und frühen Eisenzeit verbunden.

Zu dieser Zeit hatten sich in den Bergen und an der Südküste der Krim schon die Taurier niedergelassen, ein geheimnisvolles, kriegerisches Volk, von dem die Insel ihren antiken Namen ›Taurien‹ erhielt. Bereits im 5. Jahrhundert vor Christus bezog sich Herodot, der Vater der griechischen Geschichtsschreibung, in den ersten Aufzeichnungen über die Krim auf dieses ›Taurien‹.

Im 7. Jahrhundert vor Christus kamen die Skythen, ein mit den Persern verwandtes Nomadenvolk, und besiedelten die Steppengebiete nördlich des Krimgebirges. Ihr mächtiges Reich umfaßte das Gebiet von Donau bis Don, und seit dem

Restaurierung griechischer Ruinen in Chersones

3. Jahrhundert beherrschten die Skythen von Neapolis aus, dem heutigen Simferopol', etwa 600 Jahre lang die Steppen der Krim.

Die Griechen und die Skythen hinterließen die deutlichsten Spuren auf der Halbinsel. Eine Allianz griechischer Stadtstaaten gründete 480 vor Christus an der Nordostküste des Schwarzen Meeres das Bosporanische Reich, benannt nach dem Kimmerischen Bosporus, der ›Straße von Kerč'‹. Die Hauptstadt dieses Reiches war Pantikapej, das heutige Kerč'. Im 4. Jahrhundert vor Christus befand sich das Bosporanische Reich auf dem Gipfel seiner wirtschaftlichen und kulturellen Entwicklung; es kontrollierte die Halbinsel und weitere an das Schwarze Meer grenzende Regionen. Auch mit den benachbarten Skythen wurden Handelsbeziehungen unterhalten.

In der zweiten Hälfte des 2. Jahrhunderts nahm die Bedrohung durch die Skythen jedoch zu. Um 107 vor Christus entschloß sich der bosporanische König Paerisades V., den pontischen König Mithridates VI. um Schutz zu ersuchen, doch die Skythen kamen dem zuvor und töteten Paerisades. Mithridates wurde im Jahre 63 vor Christus von den Römern geschlagen, und nun stand das gesamte Reich unter römischer Kontrolle. Durch den Einfall der Goten Mitte des 3. nachchristlichen Jahrhunderts wurde die Macht des Bosporanischen Reiches empfindlich geschwächt, die Hunnen brachten ihm im Jahre 370 schließlich endgültig den Untergang. Sie besetzten große Teile der Krim – die griechische Siedlung Chersones, im 5. Jahrhundert vor Christus von den Griechen in der Nähe des heutigen Sevastopol' gegründet, blieb davon jedoch weitgehend unberührt.

Viele andere Völker, wie zum Beispiel die Alanen und Samarten, beherrschten zu unterschiedlichen Zeiten verschiedene Regionen der Krim, die damit schon im Altertum ein Vielvölkergemisch beheimatete. Wie archäologische Funde beweisen, ließen sich auch die Römer auf der Halbinsel im Schwarzen Meer nieder und unterhielten an der Südküste zeitweilig römische Befestigungen.

Seit dem 7. Jahrhundert erhoben auch die Chasaren, ein turksprachiges Nomadenvolk aus Mittelasien, Anspruch auf die schon damals strategisch günstig gelegene Region im Schwarzen Meer.

Mit dem Entstehen der Kiever Rus' im 9. Jahrhundert, dem ersten ostslawischen Staat, aus dem sich Jahrhunderte später unter anderem das Moskauer Reich herausbildete, wuchs die Bedeutung der Krim als Umschlagplatz für Handelswaren, die über den Dnipro nach Byzanz und weiter in den Mittelmeerraum gelangten.

Zum Ende des 10. Jahrhunderts hatte Chersones bereits viele Herrscher gehabt. Den Griechen waren Römer, Goten und Türken gefolgt. Im Jahre 988 belagerte der Kiever Großfürst Vladimir das mittlerweile byzantinische Chersones, um so die Herausgabe der Schwester von Basilios, dem Kaiser von Byzanz, zu erzwingen. Militärischer Zwang alleine reichte jedoch nicht aus, und Vladimir erfüllte schließlich mit der Annahme des Christentums die wichtigste Forderung des byzantinischen Herrschers. Noch im selben Jahr ließen sich Vladimir und seine Gesandtschaft in Chersones von einem byzantinischen Priester taufen, danach wurden Vladimir und Anna, die Schwester von Basilios, getraut. Dies war der Grundstein des späteren russisch-orthodoxen Christentums. Erste Christengemeinschaften hatten vermutlich schon in den ersten Jahrhunderten unserer Zeitrechnung an den Küsten der Halbinsel gelebt.

Im Jahr 1399 wurde Chersones von den Tataren der Goldenen Horde, die im nordwestlichen Mongolenreich die Nachfolge von Dschingis-Khan angetreten hatten, zerstört. Bis Mitte des 15. Jahrhunderts existierten noch vereinzelte Teile der Stadt, bis schließlich auch die letzten Bewohner Chersones endgültig verließen.

Bereits ein Jahrhundert zuvor hatten die handeltreibenden Genueser und Venezianer verstärkt begonnen, auf der Krim Fuß zu fassen. Nachdem sich die Genueser gegen die Venezianer durchgesetzt hatten, ließen sie sich in den Jahren nach 1270 an der Südküste der Krim nieder und gründeten bei Balaklava, Sudak, Feodosija und Kerč' Handelsniederlassungen. Erneut florierte der Handel am Schwar-zen Meer, nun unter der Vorherrschaft der italienischen Seefahrer und Kaufleute. Das genuesische Zentrum auf der Krim wurde Caffa auf dem Gebiet des heutigen Feodosija. Bei den Versuchen, ihren Landbesitz auf der Halbinsel auszudehnen, kam es immer wieder zu kriegerischen Auseinandersetzungen mit den Tataren und mit dem Feudalfürstentum Theodoro, dessen Zentrum sich in der ›Höhlenstadt‹ Mangup befand.

Die verheerenden Feldzüge des Tatarenführers Timur beendeten die wirtschaftliche Blüte der italienischen Kolonien, die zusätzlich durch Aufstände der einheimischen Bevölkerung gegen Ende des 14. Jahrhunderts geschwächt wurden. Die Handelsniederlassungen bestanden dennoch weiter, bis 1475 türkische Truppen an der Südküste einfielen und die Genueser vertrieben.

Der tatarische Heerführer Haggi Girei hatte mit seinen Truppen die Halbinsel bereits Mitte des 15. Jahrhunderts erobert. Er hatte sich samt seinen Kriegern von der Goldenen Horde abgespalten und wurde nun der Begründer des tatarischen Krimkhanats. Zunächst beschränkte er sich darauf, den Genuesern Tributzahlungen abzufordern. Erst die Überfälle der türkischen Truppen zwangen die italienischen Kolonialisten zum Abzug. Nun festigte sich das Krimkhanat unter der Dynastie Gireis, das seinerseits die osmanische Vorherrschaft anerkennen mußte. Für die nächsten 300 Jahre bestand das Khanat mit der Hauptstadt Bachčisaraj als Protektorat des osmanischen Sultans, obgleich es innen- und außenpolitisch weitreichende Vollmachten besaß.

Vom Anschluß an Rußland bis zur Oktoberrevolution

Im Laufe des 18. Jahrhunderts richtete sich die russische Expansionspolitik im Süden des Reiches vor allem gegen das Krimkhanat, das seit 1475 ein mehr oder weniger unabhängiger Vasall des Osmanischen Reiches war. Ein erster Angriff russischer Truppen im Jahr 1687, unterstützt von Don- und Dnipro-Kosaken, scheiterte jedoch. Zwei Jahre später konnte Fürst Golicyn die russischen Truppen immerhin bis zur Festung Perekop am schmalen Zugang zur Halbinsel führen, mußte sich dann aber doch wieder zurückziehen. Zwar gelang es, im Krieg von 1736 bis 1739 die türkischen Truppen zu schlagen, doch stießen russische Truppen nur vorübergehend in Gebiete des Krimkhanats vor. Für den großen Sturm auf die Krim war es noch zu früh, denn der eigentliche Gegner Rußlands war das Osmanische Reich, das zu dieser Zeit das Schwarze Meer kontrollierte.

Noch ohne jeden Zugang zum Schwarzen Meer gelang es 1770 einer russischen Flotte, Europa zu umschiffen und über das Mittelmeer praktisch vor der Haustür des Sultans zu landen. In einem vierjährigen Krieg konnte das Russische

Der Friedhof der Khane im Palast von Bachčisaraj

Reich den Osmanen erste Gebiete nördlich des Schwarzen Meeres zwischen Bug und Dnipro abringen, einschließlich der Schwarzmeerfestung Kimburn sowie der Festung Kerč' im äußersten Osten der Krim am Ausgang des Azovschen Meeres. Im Jahre 1771 besetzten russische Truppen die Krim und ersetzten das osmanische durch ein russisches Protektorat. Zunächst hatte Rußland dem Krimkhanat Unabhängigkeit zugesichert, doch als Katharina II. vier Jahre später einen neuen

Khan einsetzte, gegen den die krimtatarische Oberschicht rebellierte, besetzten russische Truppen erneut die Halbinsel.

Im Frieden von Kütschük-Kainardschi von 1774 mußte der Sultan auf Druck der Zarin Katharina II. die volle Unabhängigkeit des Krimkhanats anerkennen. Damit war ein weiterer Schritt in Richtung einer Annexion durch das Russische Reich getan. Im Jahre 1783 schließlich wurde der Khan endgültig abgesetzt und die Krim von Rußland annektiert. Die Halbinsel wurde Teil des neu geschaffenen Gebietes Taurien (Tavričeskaja oblast'), das Zar Paul I. 1796 aber als Verwaltungseinheit auflöste und der Provinz Neurußland (Novorossija) einverleibte. Per Erlaß von Zar Alexander I. wurde schließlich 1802 das Gouvernement Taurien (Tavričeskaja gubernija) gebildet, das neben der Krim auch weite nördlich von ihr gelegene Steppengebiete umfaßte. Die Bezeichnung ›Krim‹ verschwand ganz aus dem offiziellen administrativen Sprachgebrauch – ein Ausdruck dafür, daß ›Krim‹ mit dem krimtatarischen Khanat assoziiert wurde und deswegen nicht mehr erwünscht war.

Der russische Krim-Mythos begann mit der von Zeitzeugen dokumentierten Reise von Katharina II. durch die frisch eroberten südlichen Provinzen im Jahre 1787. Zu diesem Zeitpunkt war die geostrategische Bedeutung der Halbinsel zwar allgemein bekannt, doch die Beschaffenheit der Region wurde erst allmählich von Wissenschaftlern und Diplomaten im Dienste der Zarenfamilie erkundet. Die illustre Reisegesellschaft der Zarin bestand neben dem österreichischen Kaiser Joseph II. aus französischen, englischen und deutschen Gesandten. Die Reise war somit zugleich eine unverkennbare politische Geste, die die Größe und den Einflußbereich des Russischen Reiches abstecken sollte. Die berühmten ›Potëmkinschen Dörfer‹ sind untrennbar mit dieser Reise verbunden. Wenngleich der Gouverneur und Favorit der Zarin, Fürst Grigorij Aleksandrovič Potëmkin (1739–1791), nicht die heute oft mit dem Begriff assoziierten Häuser- und Dorfattrappen errichten ließ, so inszenierte er dennoch die Reise äußerst erfolgreich: frisch angestrichene Fassaden, singende, wohlgenährte Bauern auf den Feldern sowie Krimtataren, die ihre Loyalität zur russischen Zarin demonstrierten, hinterließen einen nachhaltigen Eindruck von Naturschönheit, Wohlstand und friedlichen Untertanen. Potëmkin nutzte diese Gelegenheit, um seine politischen Gegner zu entwaffnen, die in St. Petersburg Gerüchte über sein mangelndes Geschick auf der Krim geschürt hatten.

Die Eingliederung des Khanats in das Russische Reich folgte dem bewährten Prinzip russischer Kolonialpolitik, die unterworfenen Eliten nicht vor den Kopf zu stoßen, solange die Oberherrschaft militärisch gesichert blieb. Moskau übernahm die bereits vorhandene Verwaltungsstruktur und unterstellte sie einem Gouverneur. Die russischen Behörden kooperierten zunächst mit der krimtatarischen Oberschicht, die Privilegien und Landbesitz behielt. Die Krimtataren konnten somit, sofern sie die russische Herrschaft nicht in Frage stellten, vorübergehend ihre kulturelle und religiöse Identität bewahren. Schon bald setzte jedoch eine verstärkte Russifizierung der Krim ein.

Die Krimtataren rebellierten dagegen nicht mit Waffen, sondern mit den Füßen. Die massive Emigration der Krimtataren ins Osmanische Reich war teils durch die russische Politik auf der Krim und teils durch die aktive Aufforderung aus dem Osmanischen Reich, ins ›Land des Islam‹ zu ziehen, motiviert. Zu dieser Zeit bezeichnete der Heimatbegriff der Krimtataren somit eher eine religiöse als eine streng territorial definierte Identität. Um 1860 hatten bereits zwei Drittel der Krimtataren – unter ihnen sowohl die einst dominanten Landbesitzer als auch die krimtatarische Bauernschaft – die Halbinsel verlassen. Die Auswanderungswelle erreichte während des von Rußland verlustreich geführten Krimkrieges von 1853 bis 1856 gegen das Osmanische Reich, England und Frankreich ihren Höhepunkt. Der Krieg endete mit der Niederlage Rußlands, als die Alliierten den schon damals wichtigsten Flottenstützpunkt Sevastopol' einnahmen, nachdem sich russische Truppen 349 Tage lang gegen die angreifende Übermacht verteidigt hatten. Der Krimkrieg wurde trotz seiner weitreichenden innen- und außenpolitischen Konsequenzen für das Russische Reich rasch in ein Symbol russischen Heldentums umgedeutet. Er besiegelte die dauerhafte russische Identifizierung mit der Krim.

Im Jahre 1897 waren die Krimtataren auf der Halbinsel mit nur noch einem Drittel der Bevölkerung deutlich in der Minderheit. Dem russischen Zensus zufolge lebten zu diesem Zeitpunkt knapp über 186 000 Krimtataren auf der Krim, was einem Bevölkerungsanteil von 34 Prozent entsprach. Demgegenüber war der slawische Bevölkerungsanteil bereits auf über 45 Prozent gestiegen. Die offiziellen Daten des Russischen Reiches unterschieden hier noch nicht zwischen Russen und Ukrainern.

Anfang des 20. Jahrhunderts formierte sich allmählich eine krimtatarische Nationalbewegung, die nun bewußt den Akzent auf die Identifizierung mit dem Territorium der Krim setzte und sich somit vom Rest des Osmanischen Reiches beziehungsweise der Türkei abzusetzen suchte. Ismail Bey Gasprali (Ismail Gasprinskij) wurde zur Schlüsselfigur dieser Nationalbewegung. Der krimtatarische Philosoph begründete den für die gesamte islamische Reformbewegung wichtigen Dschadidismus, der die islamische Kultur mit westlicher Denkweise verknüpfen sollte. Allerdings war der Dschadidismus zunächst eher religiös-kulturell als politisch orientiert.

Die Russische Revolution und der Erste Weltkrieg beschleunigten die Radikalisierung der krimtatarischen Bewegung. Die Autonomieforderungen der krimtatarischen Partei Milli Firka kollidierten immer häufiger mit den Interessen der zahlenmäßig überlegenen Russen und Ukrainer.

Städtepartnerschaft mit Heidelberg

In einem Haus im Zentrum von Simferopol', unweit des Flusses Salgir, in der ul. Dybenko 12 (ул. Дыбенко), befindet sich das Haus des ›Freundeskreises Simferopol'–Heidelberg‹, das im Herbst 2000 eröffnet wurde.

Erste Kontakte zwischen den beiden Städten wurden bereits zur Sowjetzeit geknüpft. 1989 nahm die Verbindung durch eine Schulpartnerschaft zwischen der Internationalen Gesamtschule Heidelberg und der Mittelschule Nr. 13 in Simferopol' konkrete Gestalt an. Hilfslieferungen wurden schon bald ergänzt durch Kultur- und Sporttreffen, Sprachkurse und Delegationsreisen. Einige Jahre nach der Städtepartnerschaft wurde eine weitere Partnerschaft zwischen dem Heidelberger Stadtteil Handschuhsheim und dem Simferopoler Stadtteil Kievskij ins Leben gerufen. Diese beteiligte sich in Simferopol' am Aufbau eines Rehabilitationszentrums für körperlich behinderte Kinder.

Im Winter 1990/91 gab es die erste Hilfsaktion für Simferopol', die sich alsbald als jährliche Weihnachtspaketaktion einbürgerte. So entstehen oft persönliche Kontakte, viele von ihnen halten bereits seit Jahren.

Viele Heidelberger schicken ›ihren‹ Familien zudem auch Geld. Diese Hilfsaktion bedeutet auf ukrainischer Seite einen großen Verwaltungsaufwand und Papierkrieg. Hier liegt der Ursprung des Simferopoler Pendants zum 1991 gegründeten Heidelberger ›Freundeskreis Heidelberg–Simferopol'‹, des nur kurze Zeit später ins Leben gerufenen ›Freundeskreis Simferopol'–Heidelberg‹. »Der Grundgedanke war, bei der Entzollung der humanitären Lieferungen zu helfen«, erinnert sich die Vorsitzende Ljubov' Zysko. Inzwischen hat der Freundeskreis soviel Erfahrung, daß er Hilfslieferungen von etwa 30 Heidelberger Organisationen, Schulen und Firmen den Weg nach Simferopol' bahnt. Und damit nicht genug. Wenn die Lieferungen Simferopol' einmal erreicht haben, beginnt der zweite, nicht minder aufwendige Teil der Arbeit: die Verteilung an Bedürftige. Bei den Organisationen ist dies noch verhältnismäßig einfach, denn ihre Spenden – im Jahr 2000 rund 1000 Pakete – sind meist ebenfalls an Organisationen adressiert, wie zum Beispiel an Verbände der Opfer des Zweiten Weltkrieges, des Afghanistankrieges oder der Černobyl-Katastrophe – insgesamt 35 Institutionen und Organisationen. Der ›Freundeskreis Simferopol'–Heidelberg‹ übernimmt in diesem Fall nur noch eine gewisse Kontrollfunktion.

Anders bei den privaten Weihnachtspaketen, von denen zu Weihnachten 2000 insgesamt 1100 Stück in Simferopol' eintrafen. Hier müssen die jeweiligen Empfänger benachrichtigt und die Abholung organisiert werden. Zumindest gibt es nun in der ul. Dybenko ein Zentrum mit Telefonanschluß und der nötigen Infrastruktur. Diese verwaltungslastige ehrenamtliche Hilfsarbeit ist sicherlich nicht jedermanns Sache. Oft frage man sie, erzählt Violetta Tišina, die stellvetretende Vorsitzende, die hauptberuflich an der Fakultät für internationale Beziehungen der Universität Simferopol' tätig ist, warum sie das eigentlich Jahr für Jahr auf sich nehme: »Wenn man einmal angefangen hat, hier zu arbeiten, die Leute selbst und ihre Schicksale gesehen hat, wenn man gesehen hat, wie sie einmal im Jahr darauf warten, dieses Weihnachtspaket zu bekommen, dann möchte man mithelfen und macht einfach immer weiter.«

Diese Arbeit bedeutet manchmal sehr viel Geduld – der Kampf für ein eigenes Zentrum hat gleich mehrere Jahre in Anspruch genommen, bis ein Sponsor aus Heidelberg schließlich die Möglichkeit schuf, ein eigenes Haus zu kaufen.

Die Helfer – zum größten Teil ehrenamtlich tätig, teilweise aber auch bezahlte Spezialisten – haben sich viel vorgenommen. Das Haus dient nämlich nicht nur als Schaltzentrum für die Verteilung der Pakete und Spenden aus Deutschland. Es gibt hier auch einen Raum, in dem sich ehemalige NS-Zwangsarbeiterinnen treffen können. Außerdem führt eine Simferopoler Ärztin ehrenamtlich jeden Samstag eine kostenlose Diabetes-Beratung durch und verteilt Medikamente. Für die Finanzierung und Lieferung der Medikamente sorgen dieselben Sponsoren aus Heidelberg, die schon für die Einrichtung und Ausrüstung des ganzen Hauses aufgekommen sind. Zum Großteil richtet sich die Unterstützung bei Diabetes an ehemalige NS-Zwangsarbeiterinnen, aber auch an andere ältere Menschen sowie an bedürftige Kinder und Jugendliche. Zusätzlich gibt es einen Computerraum für Behinderte. Das Crimea Integration and Development Programm der UNO, CIDP, hat für diesen Club die Ausstattung finanziert. Dies hat zu einer kleinen Besonderheit im Heidelberg-Haus geführt: Die behindertengerechte Toilette ist ein absolutes Novum auf der Krim.

Seit 2001 nehmen jährlich Abiturienten aus Simferopol' an der International Summer Science School in Heidelberg teil, wo sie im Rahmen eines Praktikums Einblicke in naturwissenschaftliche Arbeitsbereiche bekommen.

Weitere Städtepartnerschaften auf der Krim existieren zwischen Jalta und Baden-Baden sowie zwischen Evpatorija und Ludwigsburg.

Heidelberg-Haus, ul. Dybenko 12, Simferopol', Tel. 06 52/60 01 05, Frau Ljubov Sysko, freundeskreis@mail.ru.

Die Krim im 20. Jahrhundert

Schon während der ersten Revolution 1905 wurde Sevastopol' das Zentrum bolschewistischer Strömungen: In diesem Jahr wurde ein Aufstand roter Matrosen des Panzerkreuzers ›Potëmkin‹ von zaristischen Truppen blutig niedergeschlagen. Dieses Ereignis und die darauf folgenden Unruhen in Odesa sind durch den kinematographisch äußerst beeindruckenden Stummfilm des sowjetischen Regisseurs Sergej Ėjzenštejn verewigt worden.

In den Jahren 1917/1918 ergab sich auf der Krim eine den post-sowjetischen Verhältnissen nicht unähnliche Konstellation: Themen wie die Unabhängigkeit der Krim, eine Krim-Autonomie innerhalb des neuen ukrainischen Staates beziehungsweise der Anschluß der Halbinsel an Sowjet-Rußland sowie die Aufteilung der Schwarzmeerflotte in russische und ukrainische Kontingente standen damals schon einmal auf der Tagesordnung – allerdings nur kurzfristig und unter anderen politischen Vorzeichen. Auch krimtatarische Institutionen wie die krimtatarische Nationalversammlung (Kurultaj) gehen auf diese Zeit zurück. Der Kurultaj wurde am 9. Dezember 1917 im Khanspalast von Bachčisaraj eröffnet. Nur wenige Wochen später verabschiedete er die krimtatarische Verfassung als Grundlage einer unabhängigen, jedoch kurzlebigen ›Demokratischen Krim-Republik‹. Auf der Krim etablierte sich die Sowjetmacht wegen der regionalen Stärke der Menschewisten und Sozialrevolutionäre erst im Januar 1918. Der Bürgerkrieg und die Intervention deutscher Truppen gegen Ende des Ersten Weltkrieges verzögerten die endgültige

1993: Bewohner der Krim demonstrieren ihre Verbundenheit mit Rußland

Machtübernahme durch die Bolschewisten. In ihrem Schatten wurde eine multinationale Krimregierung eingesetzt, die sich während der deutschen Okkupationszeit sowohl gegenüber Kiev als auch im tagespolitischen Geschehen mit den parallel existierenden krimtatarischen Institutionen auseinandersetzen mußte. Die unter deutscher Vorherrschaft ausgehandelte Krim-Autonomie innerhalb des ukrainischen Staates verlor mit Kriegsende an Relevanz und wurde nie in die Realität umgesetzt. Nach einer kurzen Interimsphase als ›Sowjetische Sozialistische Republik Krim‹ im Jahre 1919 wurde die Krim nun zum letzten Sammelbecken der zarentreuen Weißgardisten unter Denikin und Vrangel', die erst im November 1920 von den roten Truppen unter Frunze zurückgedrängt werden konnten.

Am 18. Oktober 1921 wurde die Autonome Sowjetische Sozialistische Republik (ASSR) Krim als Teil der Russischen Sozialistischen Föderativen Sowjetrepublik (RSFSR) ausgerufen. Kurz darauf, im November 1921 folgte die Verabschiedung der Verfassung der Sowjetischen Sozialistischen Republik Krim – die Wortwahl demonstriert die zeitweilige Anhebung des Status der Krim, die hier noch nicht explizit als Teil der RSFSR definiert war, allerdings bereits eng an die Gesetze der RSFSR geknüpft wurde. Die Verfassung betonte die Gleichheit aller Nationalitäten und machte sowohl Russisch als auch Krimtatarisch zu offiziellen Sprachen. Für die Krimtataren brachte die von Lenin eingeleitete liberale Nationalitätenpolitik eine vorübergehende Abkehr von der spätzaristischen Unterdrückung. Mit dem Ziel der Anbindung der nichtrussischen Bevölkerung an den Sowjetstaat wurden auch die Krimtataren wieder verstärkt in die Verwaltung der Halbinsel eingebunden. Zeitweilig waren die Krimtataren, gemessen an ihrer numerischen Stärke, in den Gremien der Krim-Republik sogar überproportional vertreten, so daß man von den Anfängen einer nationalen Autonomie unter sowjetischen Vorzeichen sprechen kann. Stalin bereitete Ende der 1920er Jahre diesem Trend und dem ›Völkerfrühling‹ allgemein ein abruptes Ende. Eine zweite, massive Sowjetisierungswelle erfaßte die Krim. Die revidierte Version der Krimverfassung vom 5. Mai 1929 ging auf den im Oktober 1921 deklarierten ASSR-Status der Krim zurück, reduzierte die Bedeutung der krimtatarischen Sprache und begrenzte die territoriale Eigenständigkeit der Region. Während der darauffolgenden gewaltsamen Kollektivierung wurden etwa 40000 krimtatarische Familien verhaftet beziehungsweise nach Sibirien deportiert.

Wiederholte Hungersnöte in den 1930er Jahren, politische Repressionen, weitere Einschränkungen in der Verfassung der Krim-ASSR von 1937 sowie die verstärkte Russifizierung der Region – durch Sprachenpolitik und die Ansiedlung von slawischen Arbeitern im Rahmen der Industrialisierungspläne Stalins – veränderten die demographische und nationale Zusammensetzung der Krim nachhaltig. Der offiziellen Sowjetstatistik zufolge waren im Jahr 1939 49,6 Prozent der Krimbevölkerung Russen, 19,4 Prozent Krimtataren und 13,7 Prozent Ukrainer.

Auch im Zweiten Weltkrieg wurde die Krim zum Schauplatz blutiger Auseinandersetzungen. In den Jahren 1941 bis 1944 okkupierte die deutsche Wehrmacht Teile der Krim. Hitler plante, die Halbinsel, die er ›Gotenland‹ nennen wollte, per Autobahn mit dem Reich zu verbinden und dort Südtiroler anzusiedeln. Die Rote Armee bereitete diesen wahnwitzigen Plänen ein Ende, indem sie unter großen Verlusten die Krim 1944 von den deutschen Truppen befreite. Nachdem Stalin bereits 1941 die rund 50 000 Krimdeutschen überwiegend nach Kasachstan vertrieben hatte, ließ er am 18. Mai 1944 auch 181 000 Krimtataren unter dem Vorwand, sie hätten mit den Deutschen kollaboriert, in Viehwaggons verfrachten und nach Zentralasien und Sibirien deportieren.

An einem einzigen Tag hatten die Truppen des NKWD, dem Vorläufer des späteren KGB, ein gesamtes Volk entwurzelt. Stalins Willkür wird allein aus den Zahlen ersichtlich: Den acht Bataillonen der Krimtataren (Schätzungen zufolge 20 000 Mann), die auf der Krim für die Wehrmacht kämpften, standen mindestens 20 000 krimtatarische Soldaten gegenüber, die in der Sowjetarmee kämpften. Neben den Krimtataren waren im Juni 1944 schließlich auch 14 500 Griechen, 12 000 Bulgaren und 11 300 Armenier von der grausamen Deportationspolitik Stalins betroffen und wurden ebenso systematisch von der Krim verschleppt. Die Deportation verschaffte Stalin einen offiziellen Grund, den Status der Krim wei-

Die krimtatarische Kultur ist auf die Krim zurückgekehrt

ter einzuschränken, und am 30. Juni 1945 wurde aus der Halbinsel ein einfaches ›Gebiet‹ (oblast') der RSFSR.

Im Februar 1945 geriet die Krim in den Blickpunkt der Weltöffentlichkeit, als sich Churchill, Roosevelt und Stalin dort zur Konferenz von Jalta trafen, um über die weiteren Ziele nach dem Sieg über das nationalsozialistische Deutschland zu beraten. Hauptthemen waren die Aufteilung Deutschlands und die Gründungskonferenz der Vereinten Nationen.

In den folgenden Jahren wurden vor allem Russen, Ukrainer und Weißrussen, aber auch Angehörige anderer Sowjetvölker auf der Halbinsel angesiedelt, darunter sowohl Arbeiter und Bauern als auch Vertreter des Parteiapparats. Als ›Ersatz‹ für die deportierten Völker sollten sie zum einen die durch die Vertreibung entstandene wirtschaftliche Lücke füllen und zum anderen den forcierten Wiederaufbau der Krim gewährleisten. Nachdem bereits Lenin 1920 die Krim per Dekret zum ›Erholungsort für die Werktätigen‹ gemacht hatte, entstanden neben den vielen Sanatorien entlang der Küste auch eine Vielzahl neuer Ferienhäuser und Regierungsdatschen.

Im Rahmen der Feierlichkeiten zum 300. Jahrestag des Perejaslav-Vertrags – einem aus russisch-sowjetischer Sicht als russisch-ukrainisches Bündnis interpretierten Abkommen aus dem Jahr 1654 – wurde die Krim 1954 an die Ukrainische SSR übertragen. Diese Entscheidung wird allgemeinhin Nikita Sergeevič Chruščëv zugeschrieben. Archivmaterialien stützen diese These allerdings bisher nur begrenzt. Es ist durchaus plausibel, daß Chruščëv auf einer Krimreise im Herbst 1953 zu dem Schluß gelangte, daß die Angliederung der Krim an die Ukraine einen gezielteren Wiederaufbau der im Vergleich zurückgebliebenen Region beschleunigen könnte. Kurz darauf unterbreitete er diese Idee, die ihm einem zeitgenössischen Augenzeugenbericht zufolge bereits 1944 in einer Auseinandersetzung mit Stalin kam, seinen Parteikollegen in Kiev und Moskau. Im Jahr 1954 war Chruščëvs eigene Machtposition jedoch noch keinesfalls so gefestigt, daß er eine derartige Entscheidung im Alleingang hätte umsetzen können. Der Krim-Transfer ging als Symbol der ›brüderlichen sozialistischen Verbundenheit‹ in die sowjetische Historiographie ein.

Die Zugehörigkeit der Krim zur ukrainischen Sowjetrepublik spielte zu Sowjetzeiten keine besondere Rolle, noch dazu war die Verschiebung administrativer Grenzen keine Seltenheit in der Sowjetpolitik. Im Falle der Krim erwies sich das ›Geschenk‹ von 1954 jedoch als Spätzünder mit politischer Sprengkraft. Ende 1991, nachdem Putschisten den letzten sowjetischen Staatspräsidenten Gorbačëv in seinem Urlaubsort auf der Krim vorübergehend festgesetzt hatten und das sowjetische Riesenreich nach dem mißglückten Staatsstreich in unabhängige Staaten zerfiel, wurde die Frage nach der Zugehörigkeit der Schwarzmeerhalbinsel wieder akut.

Die russisch-ukrainischen Beziehungen

Die post-sowjetische Krim-Problematik wurde maßgeblich von russisch-ukrainischen Auseinandersetzungen geprägt. Bereits im November 1990 schlossen die Ukraine und Rußland ein Abkommen, in dem unter anderem die Unverletzbarkeit der Grenzen beider Unionsrepubliken vereinbart wurde. Doch schon bald nach der Unabhängigkeitserklärung der Ukraine am 24. August 1991 verschlechterten sich die Beziehungen zwischen den beiden Staaten. Rußland tat sich schwer mit der Zugehörigkeit der Krim zur unabhängigen Ukraine. Dabei hatte Moskau nicht nur die Schwarzmeerflotte mit ihrem Hauptstützpunkt Sevastopol' im Auge. In der Rhetorik prominenter russischer Politiker und Medien war immer häufiger vom Schutz der Interessen der russischen Bevölkerungsmehrheit auf der Krim die Rede. Im Dezember 1991 hatte sich die Bevölkerung der Krim mit einer knappen Mehrheit (54 Prozent) für die ukrainische Unabhängigkeit ausgesprochen, in der Hoffnung auf einen baldigen wirtschaftlichen Aufschwung, den auch der Westen für die Ukraine vorhersagte. Doch schon kurze Zeit später, als diese Aussichten als leere Hoffnungen hinter dem Horizont der ukrainischen Realität verschwanden, richteten sich die enttäuschten Blicke vieler Krimbewohner auf den großen Nachbarn Rußland. Das russische Parlament erwog 1992, das ›Geschenk‹ Chruščëvs auf seine Verfassungskonformität hin zu überprüfen, und rief das Parlament in Kiev auf, dasselbe zu tun. Noch im selben Jahr erklärte das russische Parlament die Entscheidung von 1954 als verfassungswidrig.

Nach der Wahl Leonid Kučmas zum Präsidenten der Ukraine im Juli 1994 entspannte sich das Verhältnis etwas. Vor allem die Bevölkerung der Krim hatte mit überwältigender Mehrheit für Kučma, der auf einer Plattform für ein engeres Verhältnis zu Rußland angetreten war, gestimmt. Doch auch für Kučma war und blieb die Krim als Bestandteil der Ukraine unumstritten, und so erteilte er den separatistischen Bestrebungen des Stadtrates von Sevastopol', der sich im Herbst 1994 einmütig zu Rußland gehörig erklärte, eine deutliche Absage.

Gerade die russisch dominierte Stadt Sevastopol' ist eng mit der Schwarzmeerflotte verbunden und bemühte sich lange, deren Aufteilung zwischen den großen slawischen Nachfolgerepubliken zu verhindern. Dennoch war es 1997 soweit: In rund 20 Dokumenten wurde die Aufteilung der einstigen sowjetischen Schwarzmeerflotte zwischen der Ukraine und der Russischen Föderation endgültig im Zusammenhang mit dem lange hinausgezögerten russisch-ukrainischen Freundschaftsvertrag geregelt. Es entstanden die

offiziellen Seestreitkräfte der Ukraine (119 Schiffe im Jahr 2000) sowie die russische Schwarzmeerflotte (380 Schiffe im Jahr 2000). Die Ukraine hatte auf einen Teil der Flotte verzichtet, um durch diese Wertobjekte die hohen Energieschulden an Rußland etwas zu verringern. Keines der Schiffe auf dem Territorium der Ukraine – dazu gehören auch Unterseeboote – ist mit Atomwaffen bestückt oder atombetrieben. Die Verträge von 1997 geben der Russischen Föderation das Recht, auf dem Territorium der Ukraine (Sevastopol' sowie der Luftwaffenstützpunkt Gvardejskoe bei Simferopol') bis zu 25 000 Soldaten, 132 gepanzerte Fahrzeuge und 22 Flugzeuge zu stationieren. Rußland mietet zur Zeit einige zentrale Buchten von Sevastopol' und hat damit deren Zugehörigkeit zur Ukraine indirekt anerkannt. Die neueste, durch wirtschaftliche Abhängigkeit bedingte Annäherung der Ukraine an Rußland hat Anfang 2001 zu Gesprächen über eine gemeinsame Kontrolle über die beiden Teile der Flotte sowie gemeinsame Manöver geführt. Auf diese Weise versucht Rußland, den wiederholt vor der Krimküste abgehaltenen NATO-Manövern unter ukrainischer Beteiligung entgegenzuwirken.
Außenpolitisch hat die Krim in der post-sowjetischen Zeit zur Behauptung ukrainischer Unabhängigkeit gegenüber Rußland beigetragen. Innenpolitisch hat der langwierige nationale und regionale Verfassungsprozeß einen Beitrag zur Definition des ukrainischen Staates geleistet und einer ausgrenzenden ethnisch-ukrainischen Identität effektiv einen zusätzlichen Riegel vorgeschoben.
Wider Erwarten ist auf der Krim nach dem Zusammenbruch der Sowjetunion kein regionaler oder gar internationaler Konflikt eskaliert. Ende 2004 favorisierte Rußland im Vorfeld der Präsidentenwahlen den aus dem Ostteil der Ukraine stammenden Janukovič. Nach massivem Wahlbetrug gingen zehntausende aufgebrachter Menschen auf die Straßen. Die ›orangene Revolution‹ entfernte die Ukraine politisch von Rußland. Der neue Präsident Juščenko schwenkte auf einen prowestlichen Kurs ein. Moskau wiederum nutzte die ukrainische Abhängigkeit von russischen Energieträgern, um Druck auf das Land auszuüben. Nach den letzten ukrainischen Parlamentswahlen 2006 wurde Janukovič Premierminister. Als Vertreter der eng mit Rußland verfochtenen Ostukraine, vermeidet er nach Kräften Auseinandersetzungen mit Moskau und bremst den Pro-NATO-Kurs seines Präsidenten Juščenko. Die Mehrheit der Krim-Bevölkerung positioniert sich politisch mehr oder weniger offen pro Janukovič.
Im Februar 2007 besuchte der Moskauer Oberbürgermeister Lužkov Sevastopol'. Er eröffnete dort eine Art Handels- und Kulturvertretung der russischen Hauptstadt und versprach Milliardeninvestitionen.

Die Krim und ihre jüngste Geschichte

Das Thema ›Krim-Autonomie‹ gelangte schon vor dem Zusammenbruch der Sowjetunion auf die politische Tagesordnung und ist seitdem beständiges Instrument in der regionalen, nationalen und internationalen Politik geblieben. In einem regionalen Referendum – dem ersten seiner Art auf dem Territorium der gesamten Sowjetunion – sprach sich am 20. Januar 1991 eine überwältigende Mehrheit (93 Prozent bei einer Wahlbeteiligung von 80 Prozent) der Krimbevölkerung für eine Krim-ASSR innerhalb der Sowjetunion aus. Das Zentrum sah sich gezwungen einzulenken und schuf eine ASSR innerhalb der Ukrainischen SSR. Mit dem Ende der UdSSR fiel die Krim mit ihrem neuen Autonomiestatus somit direkt an die Ukraine. Der Zeitraum 1991 bis Anfang 1994 mit seinen zwei Krimverfassungen legte den Grundstein für den vielbeschworenen Krim-Separatismus. Während die moderate, im Obersten Sowjet der Krim vertretene sowjetische Elite die Forderung nach mehr Autonomie hauptsächlich mit wirtschaftlichen Vollmachten verband, konzentrierte sich die erstarkende russisch-nationalistische Bewegung auf politische Vollmachten, die sie aus kulturellen Charakteristika der Krim und den historischen Beziehungen zu Rußland ableitete.

Diese beiden Positionen fanden in der ersten post-sowjetischen Krimverfassung vom 6. Mai 1992 ihren Ausdruck, die im Namen des ›multi-ethnischen Volkes der Krim‹ (mnogonacional'nyj narod Kryma) die ›Republik Krim‹ als ›Staat‹ (gosudarstvo) mit Souveränität über das eigene Territorium, einschließlich aller Ressourcen und unabhängiger internationaler Beziehungen, bezeichnete. Regionale Institutionen wie das Krimparlament und die Krimregierung wurden als ›staatliche Organe‹ (gosudarstvennye organy) aufgeführt, eine unabhängige Judikative benannt und die regionalen Sicherheitskräfte der regionalen Oberhoheit unterstellt. Zwar wurde Russisch als offizielle Amtssprache benannt, doch drei Sprachen (Russisch, Ukrainisch und Krimtatarisch) wurden als ›Staatssprachen‹ der Krim definiert. Wenngleich diese Verfassung zum Symbol des Krim-Separatismus wurde, so blieb Ambivalenz ihr Hauptcharakteristikum: Artikel 9 der Krim-Verfassung bezeichnete die Krim als Teil der unabhängigen Ukraine und stellte die Beziehungen zwischen Kiev und Simferopol' auf die Grundlage eines bilateralen Vertrags. Das ukrainische Parlament setzte diese Verfassung umgehend außer Kraft und ersetzte sie durch eine Kompromißverfassung (25. September 1992), die zwar wichtige Vollmachten der Krim-Institutionen intakt ließ, die Zugehörigkeit der Krim zur Ukraine jedoch deutlich hervorhob. Beiden Verfassungen lag eine territoriale Autonomievorstellung zugrunde.

Die euphorische Wahl des ersten und letzten Krimpräsidenten, Jurij Meškov, im Januar 1994 markierte den Beginn eines neuen Abschnitts in der post-sowjetischen Geschichte der Krim-Autonomie. Diese zweite Phase war durch den raschen Aufstieg und Fall der regionalistischen und separatistischen Kräfte des ›Blok Rossija‹ gekennzeichnet. Präsident Meškov ging mit Rußland auf Tuchfühlung und plante eine engere wirtschaftliche Zusammenarbeit. Die russischen Nationalisten hatten den emotionalen Zuspruch der russischsprechenden Bevölkerung jedoch rasch ausgereizt. Nur die unter Meškov auf Moskauer Zeit umgestellten Uhren (die eine Stunde Zeitunterschied zur übrigen Ukraine bedeuteten) zeugten noch für einige Jahre von der Stimmung dieser Phase. Das Versäumnis der russischen Nationalisten, ihre Rhetorik mit einem konkreten sozio-ökonomischen Programm zu untermauern, kostete sie die Unterstützung der russischen beziehungsweise russifizierten Krimbewohner.

Mit dem ›Gesetz über die Autonome Republik der Krim‹ unterstellte sich der ukrainische Präsident Leonid Kučma im März 1995 die Region, schaffte das auf regionaler Ebene eingeführte Amt des Krimpräsidenten wieder ab und stellte dem Krimparlament ein Ultimatum für eine neue Krimverfassung. Die Reaktion Kievs erfolgte zu einem politisch günstigen Zeitpunkt, als Rußland vollauf mit seinen internen Problemen, vor allem dem Tschetschenienkrieg, beschäftigt war. Mit dem präsidialen Eingriff in die sich verselbständigende Krim-Autonomie befand sich die verfassungsmäßige Ausgestaltung der Autonomie erneut in einem Anfangsstadium. Persönliche Machtkämpfe innerhalb der regionalen politischen Elite sowie das Verhalten des ›Blok Rossija‹ kosteten die Krim einen maßgeblichen Teil der dem Zentrum eingangs abgerungenen Vollmachten.

Die letzte Phase des Verfassungsprozesses wurde durch die Verabschiedung eines noch unfertigen Gerüsts der Krimverfassung im April 1996, gefolgt von der Annahme der neuen ukrainischen Verfassung im Juni 1996, eingeleitet. Auf der Grundlage eines zeitweiligen Konsenses unter den regionalen Eliten gelang es, das Prinzip der Krim-Autonomie aufrechtzuerhalten, obgleich das ukrainische Parlament bereits eine Streichung jeglicher Autonomierechte diskutiert hatte. Die zeitliche Abfolge – die Ratifizierung der nur in Teilen fertiggestellten Krimverfassung, gefolgt von der nationalen Verfassung – erwies sich im nachhinein als geschickter Schachzug und Mittel der Konfliktprävention. Die ukrainische Verfassung geht auf die ›Autonome Republik der Krim‹ ein, der eine eigene Verfassung, ein regional gewähltes Parlament und eine Regierung zugebilligt werden. Es gab Diskussionen über eine im Vergleich zu anderen Regionen stärkere Kontrolle der Krim durch die Anwesenheit eines speziellen regionalen Vertreters des Präsidenten und der von Kiev kontrollierten Sicherheitskräfte.

Bei der Debatte über die Relevanz der Krim-Autonomie sollte jedoch nicht übersehen werden, daß auch einer teils symbolischen Autonomie eine wichtige Funktion bei der Konfliktregulierung zukommt. Durch die ukrainische Verfassung von 1996 ist der Konflikt zwischen Zentrum und Peripherie institutionalisiert und das Prinzip der Krim-Autonomie im ukrainischen politischen System verankert worden. Nach der Ratifizierung der Teilverfassung zerfiel der Minimalkonsens auf der Krim erneut in wirtschaftlichen Auseinandersetzungen und Kämpfen zwischen verschiedenen Klan-Gruppierungen. Letztlich schloß sich der Kreis der regionalen Verfassungsgebung am 23. Dezember 1998 mit der Ratifizierung der neubearbeiteten und vervollständigten Fassung der Krimverfassung durch das ukrainische Parlament. In der Schlußphase wurde der Vorsitzende der Kommunistischen Partei der Krim, Leonid Grač, zur Schlüsselfigur. Seine in der Legislaturperiode von 1994 bis 1998 nur durch zwei Abgeordnete im Krimparlament vertretene Partei ging aus den Parlamentswahlen im Frühjahr 1998 als stärkste regionale Kraft hervor.

Die ›unendliche Geschichte‹ der Krim-Autonomie endete mit einer Verfassung, die beide Prinzipien – Krim-Autonomie und Bindung an den ukrainischen Staat – wiederholt festschreibt. Das Krimparlament wird nun als ›repräsentatives Organ‹ (predstavitel'nyi organ) bezeichnet, das lediglich das Recht hat, normative Regelungen ohne Gesetzeskraft (normativnye akty) zu verabschieden. Es ist ein gewisser Spielraum geblieben, vor allem für wirtschaftliche Autonomierechte und Sonderregelungen im Kultur- und Bildungsbereich, die durch entsprechende nationale Gesetzgebung ausgestaltet werden könnten. Zusammen mit den dringend notwendigen Wirtschaftsreformen bleibt die Umsetzung des zugebilligten, wenngleich begrenzten Autonomiestatus' nach wie vor eine der Hauptaufgaben der Regionalpolitik.

Eine krimkoreanische Tanzgruppe

Bei den Parlamentswahlen im März 2006 gewann die prorussische Partei der Regionen unter Janukovič etwa ein Drittel der Stimmen. Alle anderen Parteien und Wahlkoalitionen (ein knappes Dutzend) erlangten jeweils weniger als zehn Prozent. Da Juščenko nach seiner Wahl zum Präsidenten die Macht seines Amtes erheblich zugunsten des Parlaments und der Regionen eingeschränkt hat, besitzt er heute kaum Instrumente, die Situation auf der Krim zu beeinflussen. Ein Beispiel: Im Sommer 2006 beabsichtigte die Kiever Zentralregierung, auf der Krim gemeinsame Manöver mit US-amerikanischen Truppen abzuhalten. Als im Hafen von Feodosija drei Frachtschiffe mit amerikanischer Ausrüstung eintrafen, versammelten sich tausende aufgebrachter Bürger. Ihre Proteste dauerten mehrere Tage und führten dazu, daß die Schiffe Feodosija unverrichteter Dinge verlassen mußten und die Manöver nicht stattfinden konnten.

Die Bevölkerung

Auf der Krim (inklusive der direkt Kiev unterstellten Stadt und Region Sevastopol') leben 2,41 Millionen Menschen (Volkszählung Dezember 2001). Davon bezeichnen sich 60,1 Prozent als ethnische Russen, 23,9 Prozent als Ukrainer und 10,3 Prozent als Krimtataren. Die Bevölkerung besteht aus Angehörigen von insgesamt 125 Nationalitäten – sie alle nennen die Krim ihre Heimat. Dieses Vielvölkergemisch brachte der Halbinsel im Schwarzen Meer zu Recht die Bezeichnung ›Mikrokosmos der Sowjetunion‹ ein. Die Krimtataren haben im Zuge einer starken Rückkehrbewegung aus den Deportationsgebieten in Zentralasien die Bevölkerungszusammensetzung auf der Krim entscheidend verändert und sind mit fast 250 000 Personen zur drittgrößten Volksgruppe der Halbinsel geworden. Obwohl die Bürger der Ukraine nicht mehr wie zu Sowjetzeiten nach Nationalitäten registriert werden und ein entsprechender Eintrag im Paß nicht mehr vorhanden ist, liegen dank der Volkszählung von 2001 – der ersten landesweiten in der unabhängigen Ukraine – recht genaue Zahlen über die ethnische Zusammensetzung der Bevölkerung vor. So bezeichneten sich 35 100 Krimbewohner als Weißrussen, 13 500 als Tataren (nicht Krimtataren), 10 000 als Armenier, 5500 als Juden, 4500 als Moldawier, 4400 als Polen, 4300 als Aserbaidschaner, 3100 als Koreaner und 3000 als Usbeken. Von den fünf deportierten Völkern der Krim bilden – natürlich abgesehen von den Krimtataren – die Armenier die größte Gruppe; sowohl die Griechen mit 3000 als auch die Deutschen mit 2800 und die Bulgaren mit 2300 Personen stellen je nur rund 0,1 Prozent der Gesamtbevölkerung der Halbinsel.

Von den Krimtataren und Armeniern sind beachtliche Teile der Bevölkerung auf die Krim zurückgekehrt. Die Krimtataren beschweren sich mitunter darüber, daß ein Teil der heute auf der Krim ansässigen Armenier, deren Gemeinden in den traditionellen Zentren Jalta und Staryj Krym wieder wachsen, nicht aus den Orten der Deportation, sondern aus Krisengebieten wie Nagorno-Karabach zugewandert sei und somit zu Unrecht Ansprüche als ehemals deportiertes Volk stelle. Die von der Deportation betroffenen Volksgruppen genießen als ›Entschädigung‹ heute etwas finanzielle Unterstützung durch den ukrainischen Staat sowie einige wenige Sonderrechte. So haben beispielsweise alle fünf Nationalitäten wöchentliche fest zugeteilte Sendezeiten im regionalen Radio und Fernsehen. Die politisch bedeutsame Quotenregelung, die den deportierten Nationalitäten Repräsentanz im ersten post-sowjetischen Krimparlament (1994–1998) garantierte – von den insgesamt 98 Sitzen erhielten die Krimtataren 14 Sitze und die anderen vier Gruppen je einen Sitz – wurde jedoch vor den Neuwahlen 1998 wieder abgeschafft. So wurde 1998 nur ein einziger Krimtatare ins Krimparlament gewählt. Im März 2006 schafften es acht Abgeordnete der krimtatarischen Minderheit ins Parlament der Autonomen Krim.

Eine Besonderheit der Krim sind die beiden kleinen Turkvölker der Karaimer und Krimtschaken. Sie bekennen sich bis heute zu ihren eigenen nationalen Konfessionen. Bei den Karaimern handelt es sich um eine etwa im 8. Jahrhundert entstandene Volksgruppe mit eigener Religion und Sprache. Sie stammen wahrscheinlich von den Chasaren ab. Ihr Glaube steht der jüdischen Religion nahe, beinhaltet aber auch Elemente aus dem Christentum und dem Islam. Die Grundlage des karaimischen Glaubens liegt im Alten Testament. Allerdings lehnen die Karaimer seine Interpretation – insbesondere auch die Kommentare des Talmuds

Von der UNO geförderte mehrsprachige Schule in Kamenka

– ab und wollen es als reines Wort Gottes verstanden wissen, das jeder selber zu interpretieren habe. Die karaimische Sprache gehört zur Familie der Turksprachen. Ab dem 9. Jahrhundert siedelten sich die Karaimer auf der Krim an, vor allem in Čufut-Kale. Sie lebten in kleinen, eng verbundenen Gemeinschaften, in denen sie ihre Sprache, ihre Sitten und Gebräuche pflegten. In Čufut-Kale gründeten die Karaimer 1731 die erste Druckerei auf der Krim und druckten das erste Buch auf der Schwarzmeerhalbinsel, ein karaimisches Gebetbuch. Mit dem Anschluß der Krim an das russische Zarenreich im Jahr 1783 erhielten die Karaimer die Niederlassungsfreiheit und verließen Čufut-Kale allmählich. Seit 1837 ist Evpatorija ihr geistiges Zentrum, 1873 gründeten sie dort die Karaimische Gesellschaft. Die Zahl der Karaimer nahm jedoch spätestens seit dem 19. Jahrhundert stetig ab. Während 1913 noch rund 14 000 Karaimer auf der Krim lebten, waren es 1970 knapp 2600. Heute zählt die karaimische Volksgemeinschaft auf der Krim lediglich noch 800 Personen. Weltweit dürfte es zur Zeit rund 2000 Angehörige des karaimischen Volkes geben. Davon sind insgesamt 1100 in der Ukraine, 350 in Rußland und 250 in Litauen und Polen zu Hause.

Ebenfalls als Nachfolger der Chasaren gelten die Krimtschaken. Sie sind orthodoxe Juden und sprechen eine Turksprache, die sich allerdings von den Sprachen der Karaimer und der Krimtataren unterscheidet. Schriftsprache ist überwiegend das Hebräische. Eines ihrer Zentren war Simferopol'. Im Jahre 1926 lebten 6400 Krimtschaken auf der Krim, viele wurden jedoch Opfer des Zweiten Weltkrieges, ein großer Teil floh in andere Gebiete der Sowjetunion. Bei einer Schätzung im Jahre 1974 wurde die Zahl der Krimtschaken mit 2500 auf dem Gebiet der Sowjetunion angegeben. Auf der Krim leben heute nur noch etwas mehr als 300 Krimtschaken.

Die Krimtataren drängen heute auf die rechtliche Definition des Status von ›Urvölkern‹ (korennie narody) in der Ukraine. Zu ihnen zählen sie auf der Krim sich selbst, die Karaimer und Krimtschaken. Die offizielle Politik Kievs hat sich jedoch bisher geweigert, neben dem allgemein üblichen Begriff ›nationale Minderheiten‹ einen Sonderstatus und somit Privilegien von Urvölkern anzuerkennen.

Russen und Ukrainer wurden vor allem nach der Annexion der Krim durch das Russische Reich im 18. Jahrhundert auf der Halbinsel angesiedelt. Nach Stalins Deportation anderer Nationalitäten im Zweiten Weltkrieg verstärkte sich die Russifizierung, unterstützt durch eine zweite Ansiedlungswelle. Der Russifizierungsgrad blieb auch nach der Übergabe der Krim an die Ukrainische SSR 1954 ausgesprochen hoch, denn zu Sowjetzeiten waren die innerstaatlichen Grenzen nahezu bedeutungslos. Daher ist die Mehrheit der Ukrainer auf der Krim heute russischsprachig; lediglich eine kleine, politisch aktive Minderheit hat sich seit dem Ende der Sowjetunion für eine nationale ukrainische Identität stark gemacht. Die Krim ist eine von Migrationen geprägte Region – mit der Ausnahme der

Krimtataren bezeichnen sich die hier lebenden Menschen in erster Linie als ›Krymčany‹ (Bewohner der Krim) und nicht als eindeutig voneinander getrennte nationale Gruppen.

Im Zeichen der gegenwärtigen schleichenden ›Ukrainisierung‹ hat sich hier allerdings einiges geändert. Wenngleich der ukrainische Staat die neue Sprachenpolitik auf der Krim aus politischem Kalkül nicht forciert hat, so gewinnt die ukrainische Sprache als einzige landesweit gültige Staatssprache in der Ausbildung und in den Medien an Bedeutung. Die ukrainische Verfassung von 1996 sowie die Krimverfassung von 1998 lassen einen – bisher ungenutzten – Freiraum für sprachliche Sonderregelungen in Regionen mit kompakter Besiedelung durch nationale Gruppen.

Seit Beginn der Perestrojka hat sich die Bevölkerungszusammensetzung der Krim entscheidend verändert. Etwa 250 000 Angehörige der im Zweiten Weltkrieg von der Krim vertriebenen Völker sind mittlerweile auf die Halbinsel im Schwarzen Meer zurückgekehrt, der überwiegende Teil von ihnen sind Krimtataren. Die große Anzahl von Rückkehrern stellt den ukrainischen Staat und insbesondere die Autonome Republik Krim vor erhebliche soziale und wirtschaftliche Probleme. Dies haben auch die Vereinten Nationen erkannt. Auf Anfrage der ukrainischen Regierung läuft deshalb seit 1995 das UN-Integrations- und Entwicklungsprogramm für die Krim (Crimea Integration and Development Programme – CIDP).

Ziel des Programmes ist es, durch die Unterstützung der sozio-ökonomischen Entwicklung einen Beitrag zu Friede und Stabilität auf der Halbinsel zu leisten, um so die Wiedereingliederung der Rückkehrer in die Gesellschaft der Krim zu erleichtern. CIDP ist vor allem in Gemeinden mit einem hohen Anteil (12 bis 32 Prozent) von Rückkehrern aktiv, namentlich in den Regionen Bachčisaraj, Belogorsk und Sudak sowie der Region Kievskij, die administrativ zu Simferopol' gehört. Das Programm besteht im wesentlichen aus vier Pfeilern: Förderung von Dialog, Partnerschaft und Toleranz, Entwicklung des Sozialbereiches, Entwicklung des Wirtschafts-Bereiches sowie der Entwicklung der Infrastruktur. Finanziert wird CIPD von verschiedenen UN-Programmen, von zahlreichen europäischen Regierungen, von verschiedenen Nichtregierungsorganisationen – darunter auch deutschen – sowie von der Organisation für Sicherheit und Zusammenarbeit in Europa (OSZE). Die Schweizer Regierung ist einer der größten Geldgeber des Programmes. Sie ist unter anderem verantwortlich für die Finanzierung der Wasserversorgungen von Kamenka bei Simferopol' sowie des 7. Mikrorajons von Bachčisaraj, wo vorwiegend krimtatarische Rückkehrer leben.

CIDP hat seine Büros an der ul. Plotinnaja 9 (4. Stock) in Simferopol'. Tel. 06 52/24 80 02, Fax 6 52/24 80 11, www.undp.crimea.ua (englisch).

Die Krimdeutschen

Die Geschichte der Krimdeutschen reicht mehr als 200 Jahre zurück: Auf Einladung Katharinas der Großen und ihres Enkels Alexanders I. machten sich Ende des 18. und Anfang des 19. Jahrhunderts Deutsche aus Hessen, Franken, Bayern, Württemberg und der Pfalz ins russische Reich auf. Gerade in den südwestdeut-

Krimdeutsche Frauen in ihrer Nationaltracht

schen Ländern waren als Folge der fortgesetzten französischen Kriege viele bereit, auszuwandern, weil sie neu anfangen wollten oder mußten. Das Zarenreich holte die Deutschen wegen der ihnen nachgesagten Tugendhaftigkeit und hohen Arbeitsmoral, um die annektierten und nach der kriegerischen Zurückdrängung der Türken und der massiven Emigration der Krimtataren in weiten Teilen menschenleeren Gebiete zu besiedeln und aufzubauen. Dabei ließ sich die Krone vor allem von strategischen Zielen leiten: Eine stärkere Besiedlung sollte als Schutz gegen türkische Ansprüche dienen und bei neuen Kriegen den Nachschub an der südlichen Reichsgrenze gewährleisten. Als Gegenleistung kamen die Deutschen in den Genuß von weitreichenden Privilegien wie Befreiung vom Militärdienst, Religionsfreiheit, das Recht auf eigene Kultur und Sprache sowie steuerliche Vergünstigungen.

Sie siedelten sich zunächst vor allem an der Südostküste um die Orte Feodosija und Sudak sowie bei Simferopol' an, wo sie zwischen 1804 und 1810 acht deutsche Mutterkolonien gründeten: im Jahre 1804 Neusatz (heute Krasnogorskoe), Friedental (Kurortnoe) und Rosental (Aromatnoe) gut 20 Kilometer östlich von Simferopol', im Jahre 1805 Zürichtal (Zolotoe Pole) und Heilbrunn (Privetnoe) bei Staryj Krym, im selben Jahr Herzenberg (Pionerskoe) bei Feodosija und die deutsche Kolonie Sudak bei der gleichnamigen Stadt und im Jahre 1810 Kronental (Kol'čugino, 25 Kilometer westlich von Simferopol'). Aus diesen acht Mutterkolonien gingen die meisten deutschen Bauernsiedlungen auf der Krim als Tochterkolonien hervor. Sie entstanden hauptsächlich in der nördlich anschließenden Steppe. Die neuen Bewohner, die vorwiegend von der Landwirtschaft lebten, stellten auf der Krim schon bald über fünf Prozent der Bevölkerung. Nach einer Zählung aus dem Jahr 1918, durchgeführt durch den ›Verband der Deutschen‹ in Simferopol', gab es in jenem Jahr auf der Krim 314 deutsche Siedlungen mit einem Landbesitz von insgesamt rund 6500 Quadratkilometern. Die Mehrheit der Dörfer war allerdings klein und zählte nur gerade 40 bis 180 Einwohner.

Rund zwei Drittel des Ackerlandes der Schwarzmeerhalbinsel wurden von Deutschen bebaut. Anfang der 1920er Jahre gehörte der Großteil von ihnen zu den mittelständischen Bauern. Ihr bescheidener Wohlstand reichte, um in der sowjetischen Propaganda als Ausbeuter zu gelten. In der Phase der liberalen Nationalitätenpolitik nach der Oktoberrevolution wurde den nationalen Minderheiten der Krim mit Ausnahme der Deutschen neues Land zugeteilt. Bis 1925 wurde ihr Landbesitz mit der Begründung ›revolutionärer Notwendigkeit‹ sogar um die Hälfte verringert. Als schließlich ab 1929 die verstärkte Kollektivierung der Landwirtschaft einsetzte, weigerten sich die meisten der selbständigen deutschen Bauern, mitzumachen. Viele von ihnen wurden zu Beginn der 1930er Jahre in den Ural zwangsumgesiedelt.

Im Zweiten Weltkrieg erlitten die Krimdeutschen ein ähnliches Schicksal wie die Wolgadeutschen und später die Krimtataren. Noch vor dem Eintreffen deutscher Wehrmachtsverbände ließ Stalin die Krimdeutschen, aus Furcht vor einer Kollaboration mit dem Feind, im August 1941 von der Krim vertreiben. Insgesamt lebten zu diesem Zeitpunkt rund 50 000 Krimdeutsche auf der Halbinsel. In aller Eile mußten sie das Nötigste zusammenpacken und wurden dann, zusammengepfercht in Viehwaggons, größtenteils nach Kasachstan transportiert. Viele starben schon an den Strapazen der tagelangen Fahrt. Hitlers Truppen fanden nach ihrem Einmarsch auf der Krim im Jahre 1942 gerade noch 960 Krimdeutsche.

Erst 1964 wurden die Rußlanddeutschen und damit auch die Krimdeutschen offiziell rehabilitiert, doch den schlechten Ruf, ein ›Nemec‹ (Deutscher) und ›Faschist‹ zu sein, wurden viele nicht mehr los. In ihre Heimat am Schwarzen Meer kehrten nur wenige Krimdeutsche zurück. Bis 1954 war es ihnen in der

Regel ohnehin untersagt, die Deportationsgebiete zu verlassen. Anschließend hatten sich viele hinter dem Ural bereits eingelebt, und zogen es vor, dort zu bleiben. Zahlreiche Rußlanddeutsche bemühten sich im sowjetischen Vielvölkerreich bei den Behörden gar um eine Eintragung als ›Russe‹, um so gewissen Benachteiligungen auszuweichen.

Dennoch wagten einige Krimdeutsche den Schritt und kehrten schon während der Sowjetzeit auf die Schwarzmeerhalbinsel zurück. In der Mehrheit handelte es sich dabei um Frauen oder Männer aus gemischten Ehen, die zusammen mit ihrem nichtdeutschen Partner die Rückreise antraten. Die Volkszählung von 1989 ergab die offizielle Zahl von 2356 Krimbewohnern mit deutscher Nationalität. Laut Schätzungen sind davon aber nur rund 20 Prozent eigentliche Krimdeutsche. Alle anderen stammen ursprünglich aus Dörfern und Städten an der Wolga oder in der Südukraine und haben es vorgezogen, nicht in ihre Heimat zurückzukehren, sondern sich auf der Krim niederzulassen. Auch die Perestrojka und der anschließende Zusammenbruch der Sowjetunion lösten nicht etwa einen Rückwanderungsschub der Krimdeutschen aus. Im Gegenteil: Viele zogen es vor, aus den Deportationsgebieten in Kasachstan und Sibirien direkt nach Deutschland auszureisen, wo die Tore für Rußlanddeutsche mittlerweile weit offen standen. Diesen Schritt taten auch Deutsche von der Krim, wenn auch bisher kein Massenexodus eingesetzt hat. Bei der Volkszählung 2001 bezeichneten sich 2800 Krimbewohner als Deutsche, also sogar mehr als im Jahr 1989. Die überwiegende Mehrheit spricht aber kaum noch Deutsch.

Die Deutschen auf der Krim sind in zwei nationalen Vereinigungen organisiert. 1991 wurde die ›Wiedergeburt‹ gegründet, von der sich Mitte der 1990er Jahre aufgrund interner Streitereien die ›Landsmannschaft‹ abspaltete. Fast alle Krimdeutschen gehören bis heute einer der beiden ungefähr gleich großen Organisationen an, die im Grunde dieselben Ziele verfolgen, nämlich die Erhaltung und Förderung der deutschen Kultur und Sprache sowie die Verbesserung der Lebensbedingungen der Deutschen auf der Krim. Die utopischen Pläne der Gründerväter der ›Wiedergeburt‹, 15 000 Deutsche bis zum Jahr 2000 neu auf der Schwarzmeerhalbinsel anzusiedeln und zu dem Zweck komplett neue deutsche Dörfer aus dem Boden zu stampfen, sind heute genauso ein Stück Vergangenheit wie die unschönen Auseinandersetzungen zwischen den Führungsetagen der zwei Vereinigungen. Der Streit ist heute einer zunehmend konstruktiven Zusammenarbeit gewichen.

In fast jeder Stadt und auch in einigen größeren Dörfern der Krim gibt es deutsche Kulturzentren. Hier haben die Krimdeutschen, aber auch alle anderen an deutscher Sprache und Kultur Interessierten, die Möglichkeit, sich zu treffen, traditionelle deutsche Feste zu begehen oder mit ihren Tanz- oder Gesangsgruppen zu proben. Beispiele dafür sind etwa die Ensembles ›Nachtigall‹ und ›Singende

Herzen‹ aus Simferopol' oder ›Schwalbennest‹ aus Jalta. Dazu kommt ein breites Angebot von Deutschkursen (die sogenannten Sonntagsschulen – ein Begriff aus der Zeit vor der Deportation), die gegen ein bescheidenes Entgelt allen offenstehen. Mehrheitlich werden sie allerdings von ausreisewilligen Deutschen besucht, die vor der Abreise nach Deutschland einen Sprachtest zu bestehen haben. Sowohl die Kulturzentren wie auch die Sprachkurse erhalten Unterstützung durch das Innenministerium der Bundesrepublik Deutschland. Von 1994 bis 1998 fan-

Grabstätte eines deutschen Kolonisten auf dem Friedhof in Kronental

den jährlich groß angelegte Festivals der deutschen Kultur statt, die für viele Krimdeutsche von großer Wichtigkeit waren. Zur Zeit fehlt allerdings das Geld für weitere derartige Veranstaltungen.

Eine bedeutende identitätsstiftende Funktion haben auch die nationalen Massenmedien. Wie alle anderen deportierten Völker der Krim haben auch die Deutschen seit 1994 feste Sendezeiten bei der staatlichen regionalen Radio- und Fernsehgesellschaft ›Teleradiokompanija Krym‹ (15 Minuten Fernsehen und 20 Minuten Radio pro Woche). Die sprachliche Realität der Krimdeutschen berücksichtigend, wurden die Sendungen anfangs mehrheitlich in russischer Sprache ausgestrahlt. Heute ist allerdings bereits mehr als die Hälfte der Beiträge in Deutsch. In den 1990er Jahren, als noch mehr Sendezeit zur Verfügung stand, strahlte das Fernsehen auch einen Deutschkurs aus. Die 1993 von der ›Wiedergeburt‹ gegründete Zeitung ›Hoffnung‹, die vor allem in russischer Sprache deutsche Themen behandelt, gibt es bis heute, allerdings erscheint das Blatt nur unregelmäßig.

Seit 1992 gibt es in Simferopol' wieder eine lutherische Kirchgemeinde, die sich an der ul. Karla Marksa 27/16 (ул. Карла Маркса) regelmäßig am Sonntag um zehn Uhr zum Gottesdienst trifft. Zur Gemeinde gehört auch ein ›Deutscher Klub‹, der unter anderem Poesie- und Musikabende veranstaltet. Gegründet wurde die lutherische Gemeinde der Krimhauptstadt im Jahre 1817. Sie verfügte über eine geräumige Kirche, die aber 1930 geschlossen und anschließend in eine Turnhalle umgewandelt wurde. Deshalb versammelt sich die Gemeinde jetzt in einem Haus unmittelbar neben der früheren Kirche zum Gottesdienst. Die Fassade ist so gestaltet, daß das Gebäude – eine ehemalige Schule – sofort als Kirche zu erkennen ist. Diese Bauarbeiten hat das ›Komitee für die deportierten Völker der Krim‹ finanziell unterstützt. Bei der Neugründung der Kirchgemeinde gehörten ihr nur gerade 15 Gläubige an. 1994 fanden dann die ersten Taufen und Konfirmationen statt. Anfang 2003 zählte die Gemeinde bereits über 100 konfirmierte Mitglieder ganz unterschiedlichen Alters. Die meist gut besuchten Gottesdienste werden fast vollständig in russischer Sprache gefeiert. Aber auch einige Lieder oder Gebete in Deutsch gehören dazu. Nachdem Mitte der 1990er Jahre ein Pastor aus Deutschland die Gemeinde betreute, ist heute El'za Petrovna Gerko aus Simferopol' für die Gottesdienste und die Seelsorge zuständig. Eines ihrer Anliegen ist es, die eigentliche Kirche wieder zurückzubekommen. Die Gemeinde hat in dieser Angelegenheit bereits Briefe an ihren Bischof in Odessa, an den Ministerrat der Krim und sogar an den ukrainischen Präsidenten Kučma geschrieben. Doch die Sache erweist sich als äußerst kompliziert. Auf der Krim gibt es sechs lutherische Kirchgemeinden. Bislang hat aber nur die Gemeinde von Jalta ihre Kirche wieder zurückbekommen. Die lutherische Kirche der Ukraine, die insgesamt 40 Gemeinden zählt, pflegt enge Kontakte zur lutherischen Kirche Bayerns.

Kol'čugino – Kronental

Zu den größten deutschen Kolonien auf der Krim gehörte Kronental,ein Dorf rund 25 Kilometer westlich von Simferopol'. Es wurde 1810 von Auswanderern aus Baden-Württemberg gegründet. Nebst dem Anbau von Weizen und Roggen legten die süddeutschen Kolonisten auch Wein- und Obstgärten an. Schließlich entstand hier eine berühmte und reiche Weinhandlung mit reichhaltigem Angebot. 1865 wohnten in Kronental 611 Menschen, im Jahre 1913 waren es bereits 823. Eine andere Quelle gibt für das Jahr 1918 gar eine Einwohnerzahl von 1575 an. Zum Dorf gehörten zwei Schulen und zwei Kirchen, je eine lutherische und eine katholische. Wie in allen deutschen Kolonien wurden 1941 auch die Kronentaler auf Geheiß von Stalin deportiert, seit Ende des Zweiten Weltkrieges heißt das Dorf Kol'čugino.

Noch heute kann man in Kol'čugino auf interessante Spuren der deutschen Kolonisten stoßen. So sind auf dem alten Friedhof zahlreiche Grabsteine mit deutschen Inschriften erhalten – ein Besuch ist ein Erlebnis und stellt eine besondere Reise in die Dorfgeschichte dar. Auch eine der beiden Kirchen steht noch immer, wird aber nicht mehr als solche genutzt.
Das lebendigste Andenken an die deutschen Siedler ist aber die erfolgreiche Weiterführung des Weinbaus und der Weinherstellung im Dorf. Die Kelterei, die auch schon der ukrainische Präsident Leonid Kučma für eine Degustation aufsuchte, stellt rund 20 Weinsorten her, eine davon heißt ›Kronental‹. Die Weine sind vor allem in Geschäften in Simferopol' und anderen Orten der Krim zu erwerben. Heute wohnen rund 6500 Menschen in Kol'čugino (Кольчугино).

Tanzvorführung im Kinderkulturhaus von Kol'čugino, dem ehemaligen Kronental

Schweizer auf der Krim: die Kolonie Zürichtal

Neben zahlreichen Kolonisten aus Deutschland fanden Anfang des 19. Jahrhunderts auch einige Schweizer Auswanderer auf der Krim eine neue Heimat. Es waren vor allem verarmte Seiden- und Baumwollspinner, Weber, aber auch viele Bauern, die sich von Werbern im Auftrag von Zar Alexander I. (Regierungszeit 1801–1825) dazu bewegen ließen, der Wirtschaftskrise im eigenen Land zu entfliehen und im Russischen Reich einen Neubeginn zu wagen. 1805 gründete eine Gruppe von rund 50 Schweizer Familien in der Nähe von Staryj Krym das Dorf Zürichtal. Die Siedler stammten fast ausschließlich aus der Deutschschweiz, die Mehrheit aus dem Kanton Zürich. Bald ließen sich in Zürichtal auch Kolonisten aus süddeutschen Fürstentümern nieder. Seit dem Zweiten Weltkrieg, in dem Stalin wie aus allen deutschen Siedlungen auch die gesamte deutschsprachige Bevölkerung von Zürichtal deportieren ließ, trägt das Dorf den russischen Namen Zolotoe Pole (Золотое поле – Goldfeld). Die markanteste Erinnerung an die Zürichtaler Zeit stellt die 1860 erbaute Kirche dar, die auf einer Anhöhe am Dorfeingang (aus Richtung Staryj Krym) steht. Anfang der 1990er Jahre wurde das Gebäude restauriert und dient seither als orthodoxes Gotteshaus. Seit 2005 erinnert ein Museum im Schulhaus von Zolotoe Pole an die wechselvolle Geschichte der ehemaligen Schweizer Kolonie Zürichtal.

Seit Zar Peter dem Großen (1689–1725) haben viele Schweizer in Rußland Spuren hinterlassen – als Ingenieure, Kaufleute oder Wissenschafter, als Lehrer, Geistliche oder Offiziere, als Käser, Zuckerbäcker oder Uhrmacher. Viele von ihnen machten beachtliche Karrieren. Nebst diesen im Zarenreich gefragten und angesehenen Fachleuten, rund 7000 bis 8500 kurz vor dem Ersten Weltkrieg, wanderten in zwei Fällen ganze Gruppen von Schweizern aufgrund von Armut nach Rußland aus, um dort Dörfer zu gründen und als Bauern eine neue Existenz aufzubauen: Zürichtal auf der Krim und Šabo in Bessarabien (südwestlich von Odesa, gegründet 1821/22 von Weinbauern aus dem französischsprachigen Kanton Waadt) hießen diese beiden Siedlungen. Im Gegensatz zu den Facharbeitern ist vom Schicksal der Schweizer, die in Rußland als Bauern eine neue Heimat fanden, nur wenig bekannt. Zu den aufschlußreichsten und zuverlässigsten Quellen gehören Briefe und Berichte der Dorfpastoren, so auch im Falle von Zürichtal.

Nach einer beschwerlichen Reise, die 1803 in Konstanz ihren Anfang nahm und während derer viele wieder umkehrten und andere gar an Krankheiten starben, kamen 228 Auswanderer im Sommer 1804 auf der Krim an. Zunächst wurden sie unter mißlichen Bedingungen in der offenen Steppe angesiedelt, bis sie dann an Ostern 1805 in das zuvor von Krimtataren bewohnte Dorf Džejlav am Bach Indol übersiedeln konnten, 15 Kilometer nordwestlich von Staryj Krym und damit in der Nähe der großen Handelsstraße Simferopol'–Feodosija. An dieser Stelle entstand alsdann die Schweizer Siedlung, welche die Auswanderer als Erinnerung an ihre Heimat Zürichtal nannten.

Das Leben der Kolonisten war anfänglich von vielen Schwierigkeiten geprägt. Einerseits hatten viele Siedler kaum Erfahrungen mit dem Bauernhandwerk, andererseits wurde das Dorf von Krankheiten, Heuschreckenplagen und Mißernten heimgesucht. Aber nach und brachten Weizenanbau, Viehzucht sowie später auch Obst- und Weinbau Erfolg, am Bach entstand eine Mühle, die Gemeinde wuchs, konnte Land dazukaufen und zählte 1848 bereits 74 Hofstellen mit je rund 44 Hektar Land. Zürichtal – wie alle Kolonistendörfer vom Militärdienst befreit – profitierte vom Krimkrieg (1853–1856), weil man der russischen Armee Lebensmittel verkaufen und mit dem Gewinn weiteres Land erwerben konnte. Die Nachfahren der mausarm ausgewanderten Schweizer waren zu wohlhabenden Bauern, zum Teil sogar zu Großgrundbesitzern geworden. Viele beschäftigten russische Knechte und Mägde. Schon bald galt Zürichtal als die wohlhabendste und vornehmste Kolonie auf der Krim.

Nicht nur wirtschaftlich ging es aufwärts, auch das kirchliche Leben entwickelte sich zusehends. Nachdem 1820 ein einfaches Gotteshaus gebaut worden war, traf zwei Jahre später der erste Pastor, Heinrich Dietrich aus Schwerzenbach im Kanton Zürich, in Zürichtal ein. 1860 wurde zwischen Ober- und Unterdorf eine stattliche Kirche gebaut. Zürichtal wurde zum Sitz der Propstei, das Kirchspiel (die Kirchgemeinde) umfaßte gegen Ende des 19. Jahrhunderts 36 Bauernkolonien und dazu noch die Städte Staryj Krym, Feodosija und Kerč'. Ebenfalls 1860 wurde etwa sieben Kilometer nordöstlich von Zürichtal in der Steppe das Dorf Neu-Zürichtal (heute Krasnogvardejskoe) gegründet, eine von vielen Tochterkolonien, die als Folge des wirtschaftlichen Wohlergehens und des Bevölkerungswachstums entstanden waren.

1918 lebten in Zürichtal 590 Menschen, 1926 waren es 738. Viele von ihnen waren allerdings nicht mehr direkte Nachkommen von Schweizern, hatten sich doch im Laufe der Jahre zahlreiche deutsche Auswanderer (viele Schwaben) in Zürichtal niedergelassen. Aus der Schweiz hingegen dürfte den Dorfgründern kaum mehr jemand auf die Krim gefolgt sein. Zudem war Zürichtal vorwiegend von Kolonistendörfern mit Siedlern aus Baden, Württemberg und der Pfalz umgeben – und die Liebe machte an den Dorfgrenzen nicht halt. Dieser Umstand wirkte sich auch auf die Sprache aus. Es entstand in Zürichtal eine schwäbisch-schweizerdeutsche Mischmundart, in der die süddeutschen Elemente immer mehr dominierten. Zudem lernten die Kinder der zweiten und dritten Generation zusätzlich bald auch Russisch und Krimtatarisch. Als Muttersprache behielten sie aber ihren deutschen Dialekt, die Unterrichtssprache in der Schule war Hochdeutsch. Gleichzeitig mit der Angleichung des Dialektes ging das Bewußtsein der

Herkunft immer mehr verloren. Es wurde zusehends unwichtig, ob die Vorfahren aus der Schweiz oder oder einem deutschen Fürstentum nach Zürichtal gekommen waren – alle fühlten sich zusammen mit den Kolonisten der umliegenden Dörfer als Deutsche. Diese Tatsache wurde dadurch verstärkt, daß alle Zürichtaler Bauern russische Staatsbürger waren. Einzig Familiennamen wie Lüssi, Dubs, Aberli, Vollenweider, Huber oder Näff verwiesen noch auf die Schweizer Vorfahren.

Konfessionell setzte ebenfalls eine Vereinheitlichung ein. Die Katholiken zogen weg, um eigene Dörfer in der Steppe zu gründen, die Reformierten, zu denen die ursprünglichen Schweizer Kolonisten mehrheitlich gehört hatten, vereinigten sich mit den Lutheranern.

Der Erste Weltkrieg und die bolschewistische Revolution hinterließen auch in Zürichtal ihre Spuren. Die weitgehend ›zu Deutschen gewordenen‹ Nachfahren der Schweizer Kolonisten wurden von den 1915 erlassenen Liquidationsgesetzen, die die Enteignung der deutschen Landbesitzer verordneten, genauso wenig verschont wie die deutschen Siedler. Die Interimsregierung machte nach der Revolution diese Gesetze zwar rückgängig. Dafür trieben die Bolschewisten ab 1929 die Kollektivierung der Landwirtschaft voran, bei der verschiedene Zürichtaler nur widerwillig mitmachten, andere weigerten sich ganz. So wurden auch aus

Die 1860 erbaute Kirche von Zürichtal, dem heutigen Zolotoe Pole

Zürichtal einige Bauern ›abgeholt‹ und in den Ural deportiert. Anfang der 1930er Jahre wurde die Kirche geschlossen und in ein Kulturhaus verwandelt, der Turm wurde gesprengt.

Der Zweite Weltkrieg bedeutete schließlich das endgültige Ende von Zürichtal. Stalins Weisung, alle Sowjetdeutschen als ›Staatsfeinde‹ zu deportieren, traf 1941 auch das von den Schweizern gegründete Dorf. Die Zürichtaler hatten einen Tag Zeit, um die nötigsten Sachen zusammenzupacken, ehe sie am 18. August auf die lange, beschwerliche und für viele todbringende Reise nach Kasachstan geschickt wurden. In den Deportationsgebieten wurden sie wie alle Deutschen als Arbeitskräfte auf Kolchosen und Sowchosen verteilt oder mußten in Arbeitslagern schuften, wo sich ihre Spuren oft verloren. In Zürichtal zogen inzwischen Russen und Krimtataren in die leerstehenden Häuser ein. Nach Kriegsende wurde Zürichtal genauso wie alle anderen deutschen Siedlungen umbenannt und heißt seither Zolotoe Pole. 2002 zählte die Siedlung rund 3500 Einwohner. Anläßlich der Jubiläumsfeierlichkeiten ›200 Jahre Zürichtal‹ im Herbst 2005 wurde im Schulhaus von Zolotoe Pole ein Dorfmuseum eröffnet. Das von der Schweizer Botschaft in der Ukraine finanzierte Museum gibt in russischer und deutscher Sprache einen umfassenden Überblick über die Geschichte der ehemaligen Schweizer Kolonie. Zudem erinnert eine Gedenktafel an der Außenfassade der Kirche von Zolotoe Pole an die Schweizer Dorfgründer.

Das Museum im Schulhaus an der ul. Central'naja 16 (ул. Центральная) kann nach Voranmeldung von Montag bis Samstag zwischen 10 und 16 Uhr besichtigt werden. Interessierte wenden sich an Irina Leonidovna Fedosova (stellvertretende Schuldirektorin, Tel. Schule 0 65 55/9 42 95, Tel. privat 0 65 55/9 41 33) oder Valentina Leonidovna Ratušnaja (Schuldirektorin, Tel. privat 0 65 55/9 47 33). Auf Wunsch werden auch Führungen durch den alten ›Zürichtaler Teil‹ des heutigen Zolotoe Pole organisiert.

Die Krimtataren

Die Krimtataren markieren die Extreme sowjetischer Geschichte und postsowjetischer Realität: Während der Sowjetzeit schwersten Repressalien ausgesetzt und zugleich Vorreiter des nationalen Widerstands, sind sie heute Teil eines komplexen Konfliktpotentials in der neuen Ukraine. In der frühen Sowjetzeit Anfang der 1920er Jahre betrieben die Bolschewisten noch eine nationalitätenfreundliche Politik, und die erste Krimautonomie ähnelte einer nationalen Autonomie der Krimtataren. Aber am 18. Mai 1944 ließ Stalin das gesamte Volk unter dem Vorwand, es hätte mit den Deutschen kollaboriert, nach Zentralasien, vor allem nach Usbekistan, deportieren. Von da an waren sie aus jeder sowjetischen Statistik gestrichen, die Erinnerung an ein ganzes Volk sollte ausgelöscht werden. Bis auf den Khanspalast in Bachčisaraj wurden alle Kulturdenkmäler der Krimtataren zerstört.

Die Deportationserfahrung hat die Identität der Krimtataren nachhaltig geprägt und ihre nationale und territoriale Verbindung mit der Krim noch verstärkt. In den Orten ihres unfreiwilligen Exils gelang es den Krimtataren, über Generationen hinweg die Erinnerung an ihre Heimat zu bewahren und die Rückkehr auf die Krim zum Knotenpunkt gemeinsamer Bestrebungen zu machen. Im Zuge der Entstalinisierung unter Chruščëv wurden die deportierten Völker rehabilitiert. Chruščëvs berühmte ›Geheimrede‹ im Jahr 1956 gab hierfür das Startsignal, doch blieben drei Nationalitäten unerwähnt: die Krimtataren, die Rußlanddeutschen und die Meschketen. Dennoch begannen sich die Krimtataren systematisch zu organisieren: Die krimtatarische Nationalbewegung wurde damit zum Vorreiter des nationalen Protestes in der ganzen Sowjetunion. Dabei blieben sie mit ihren Taktiken jeweils im von der Sowjetmacht abgesteckten gesetzlichen Rahmen, den sie bis aufs äußerste testeten und dehnten.

In der ersten Phase ihres nationalen Protestes bis 1967 wandten sie sich mit unzähligen Petitionen und Unterschriftensammlungen an die sowjetischen Behörden und standen in enger Verbindung mit der Dissidentenbewegung. Massendemonstrationen im Zentrum Moskaus – die ersten ihrer Art – sowie die ständige Präsenz der Krimtataren in der Hauptstadt erwirkten 1967 ein Treffen mit dem damaligen KGB-Chef Andropov. Per Dekret wurden die Krimtataren daraufhin von der sowjetischen Kollektivschuld freigesprochen, doch ihre Forderung auf ein Recht auf Rückkehr in die alte Heimat wurde mit der Formulierung verschleiert, daß die Krimtataren in der Zwischenzeit in Usbekistan und anderen Sowjetrepubliken Wurzeln geschlagen hätten. Den Krimtataren, die dennoch versuchten, sich auf der Krim anzusiedeln, drohten Verhaftung und der Rücktransport nach Zentralasien – nur ein kleiner Teil war erfolgreich.

Der Beginn der Perestrojka markierte einen neuen Höhepunkt. 1987 organisierten die Krimtataren in Moskau, Zentralasien und auf der Krim selbst zahlreiche Demonstrationen. Aber erst die halbdemokratischen Wahlen zum Obersten Sowjet der UdSSR 1989 leiteten eine Wende ein: Vertreter der russischen und ukrainischen Nationalbewegungen – unter ihnen Dissidenten, mit denen die Krimtataren in den 1960er Jahren kooperiert hatten, waren von nun an im sowjetischen Parlament vertreten und gründeten eine Kommission, die den Krimtataren 1989/1990 endgültig zu ihrem Recht auf Rückkehr verhalf. Ab diesem Zeitpunkt kehrten die

Krimtataren in großen Schüben auf die Krim, die sie ›grüne Insel‹ nennen, zurück. Mittlerweile leben dort wieder rund 250 000 Krimtataren, die bereits gut zehn Prozent der Gesamtbevölkerung der Krim stellen.

Ein Bündel von sozialen, wirtschaftlichen und politischen Problemen erschwert die Integration der Rückkehrer. Sämtliche Prognosen und Beurteilungen der Lage erwiesen sich als falsch. Insgesamt kehrten wesentlich mehr Krimtataren in ihre Heimat (auf Krimtatarisch ›Vatan‹) zurück, als ursprünglich erwartet worden war. Sie setzten somit das erklärte Ziel der Nationalbewegung in die Praxis um, wurden jedoch zum Teil auch durch die einsetzende Diskriminierung in Zentralasien zusätzlich motiviert. Viele inzwischen in Usbekistan etablierte und teils recht wohlhabende Krimtataren gaben ihren Besitz auf, tauschten ihr Zuhause gegen einen Wohnwagen um und zogen gen Krim in eine ungewisse Zukunft.

Viele von den Rückkehrern begannen ihr Leben auf der Halbinsel illegal. Um ihr Recht auf ein Stück Heimat gleich bei ihrer Ankunft geltend zu machen, besetzten sie Land, ohne eine offzielle Erlaubnis abzuwarten. Hiermit begann der Aufbau einer parallelen krimtatarischen Gesellschaftsstruktur in Reichweite und dennoch abgetrennt vom Rest der Krimbevölkerung. Durch die Verzögerung bei der Registrierung der Krimtataren begann ein Teufelskreis, denn, wer nicht gemeldet ist, hat kein Recht auf Arbeit, und wer keine Arbeit hat, bekommt auch keine Wohnung. Dem ukrainischen Staat fehlten die Mittel für ein großflächiges Bauprogramm. Die Mehrzahl der Krimtataren begann, sich mehr schlecht als recht in kleinen Häusern und Baracken aus dem lokalen gelblichem Muschelkalkstein, die sie auf besetztem Land an der Küste und um größere Städte (vor allem Simferopol') herum errichteten, eine neue Existenz aufzubauen. In den wilden Siedlungen fehlten zunächst Wasser- und Stromanschlüsse, häufig kam es daher zu hygienischen Problemen und epidemieartigen Krankheitserscheinungen. Da die Regierung die Ausbreitung von Tuberkulose und anderen Krankheiten und nicht zuletzt auch soziale Unruhen fürchtete, sah sie sich immer wieder gezwungen, die Siedlungen an Wasser- und Stromleitungen anzuschließen.

Auch die medizinische Versorgung war zunächst katastrophal, denn ebensowenig wie eine Wohn- und Arbeitserlaubnis besaßen die neuen Krimbewohner ein Recht auf Krankenversorgung. Wie beim Häuserbau waren die Krimtataren auch hier auf Selbsthilfe angewiesen. 1993 gründeten einige arbeitslose krimtatarische Ärzte in Eigeninitiative für die Krimtataren eine erste medizinische Versorgungsstelle, die neben den begrenzten Zuschüssen aus dem Kiever Fonds für deportierte Völker vor allem durch Spenden der krimtatarischen Diaspora in der Türkei finanziert wurde.

Auch wenn viele Probleme noch ungelöst sind, hat sich die soziale Lage und die Wohnsituation der Krimtataren mittlerweile doch wesentlich verbessert. Dazu beigetragen hat nicht zuletzt die internationale Unterstützung, so etwa auch jene durch die Vereinten Nationen.

Trotz der anfänglich primitiven Lebensbedingungen wurde der Akzent ganz bewußt auf die Wiederbelebung der krimtatarischen Kultur gelegt. Der Großteil der Rückkehrer kannte die Krim nur noch aus Erzählungen; viele müssen sich die eigene Muttersprache und kulturelle Traditionen erst neu aneignen. Inzwischen gibt es eine krimtatarische Fakultät an der Simferopoler Uni, ein krimtatarisches Theater, eine eigene Bibliothek und die ersten krimtatarischen Schulen. Allerorts werden auf der Krim Moscheen wiedererrichtet. Wenngleich im politischen Diskurs auf der Krim die ›Gefahr des Islam‹ auftaucht, so hat die Sowjetzeit den Islam als nationales Charakteristikum unterhöhlt. Heute ist die Religion in erster Linie Teil einer kulturellen, säkularen Identität. Lediglich eine kleine extreme politische Gruppierung der Krimtataren definiert sich politisch auf der Basis des Islam und weist einige militante Elemente auf.

Seit 1989/1990 gehören die Krimtataren zu den aktivsten politischen Akteuren auf der Krim und in der Ukraine allgemein. 1990 schlug die krimtatarische Nationalbewegung eine Verfassung mit der Ausgangsposition für eine krimtatarische Autonomie vor. Bereits Ende der 1980er Jahre hatte sich jedoch ein radikalerer Zweig von der alten krimtatarischen Nationalbewegung abgespalten, der sich nun zur dominanten Kraft entwickelte. Eine krimtatarische Partei (OKND) wurde

Die aus dem Jahr 1314 stammende Moschee Uzbeka in Staryj Krym

gegründet und das regionale Referendum im Januar 1991 boykottiert, das dem politischen Zentrum in Moskau den Status einer Autonomen Republik hätte abringen können. Die Krimtataren knüpften hingegen explizit an die Krimtatarische Nationalversammlung (Kurultaj) von 1918 an, wählten unionsweit im Mai/Juni 1991 ihre Vertreter für einen neuen Kurultaj, durch den sie ihre politische Identität und ihr Recht auf Selbstbestimmung institutionalisierten.

Der Kurultaj ist das höchste Organ der Krimtataren, das seitdem parallel neben den Kriminstitutionen besteht. Zwischen den Sitzungen des auf vier Jahre gewählten Kurultaj übernimmt die vom Kurultaj eingesetzte Medžlis, die zugleich einer Regierung sowie einem Mini-Parlament ähnelt, dessen Funktionen. Mustafa Džemilëv, ein Veteran unter den Dissidenten und krimtatarischer Nationalheld, wurde 1991 zum ersten Vorsitzenden der Medžlis gewählt – diesen Posten hat er bis heute inne. In kürzester Zeit entstand ein umfassendes, hierarchisch gegliedertes Netz aus lokalen Medžlis-Organisationen. Bis heute haben aber weder das Krimparlament noch das ukrainische Parlament in Kiev die Medžlis offiziell anerkannt.

In der ersten post-sowjetischen Legislaturperiode auf der Krim (1994–1998) konnten sich die Krimtataren schrittweise in die offiziellen Machtstrukturen vorarbeiten, wenngleich dieser Teil-Kompromiß nicht von allen Krimtataren befürwortet wurde und erste Differenzen innerhalb ihrer Bewegung aufzeigte. Diese setzen sich heute in den einsetzenden sozialen Unterschieden innerhalb der krimtatarischen Bevölkerung fort. Das beste Anzeichen für den Wohlstand zumindest einiger prominenter Krimtataren sowie ihrer möglicherweise vom Rest der Bevölkerung verschiedenen Interessen sind die mitunter prachtvollen Häuser an den Orten, wo einst nur barackenähnliche Gebäude standen. Hinzu kommt die Frage nach einem bevorstehenden Generationswechsel unter den politisch aktiven Krimtataren nach dem Abgang der Integrationsfigur Džemilëv. Die langfristigen politischen Konsequenzen dieser sozialen Fragen lassen sich schwer abschätzen.

Eine Quotenregelung sicherte den Krimtataren ab 1994 14 Sitze im Krimparlament. Diese teilweise politische Integration in der entscheidenden Phase der regionalen Verfassungsgebung erwies sich als wichtiges Mittel der Konfliktprävention – vor allem zwischen 1992 und 1994 war es zu einigen gewaltsamen Zusammenstößen zwischen den Krimtataren und der Polizei gekommen. Außer der durch ihren Zusammenhalt bemerkenswerten, oppositionellen Parlamentsfraktion und einem stellvertretenden Parlamentssprecher, Refat Čubarov, stellten sie in dieser Periode zum Beispiel einen stellvertretenen Ministerpräsidenten, den Minister für Soziales und den Leiter des Komitees für nationale Fragen. In den Bezirks- und Lokalstrukturen waren die Krimtataren nur mit etwa 20 Personen vertreten, da sie im Juni 1995 zum Boykott der Kommunalwahlen aufgerufen hatten, weil ein Großteil der Krimtataren noch immer keine ukrainische Staatsbürgerschaft hatte und somit nicht zur Wahl zugelassen war. Dieselbe Taktik wurde bei den ukrainischen und regionalen Parlamentswahlen im Frühjahr 1998 angewandt, als noch immer über ein Drittel der im Prinzip wahlberechtigten Rückkehrer nicht an den Wahlen teilnehmen konnte.

Der ansonsten großzügigen ukrainischen Staatsbürgerschaftsregelung zufolge erhielten alle zum Zeitpunkt der ukrainischen Unabhängigkeit 1991 ansässigen Einwohner automatisch die ukrainische Staatsbürgerschaft unabhängig von ihrer Nationalität und Sprache. Die Mehrheit der Krimtataren kehrte jedoch erst nach diesem Stichdatum auf die Halbinsel zurück. Nachdem die Ukraine schließlich Sonderregelungen für die Krimtataren zuließ, versperrte ein weiteres bürokratisches Hindernis die politische Integration der Krimtataren: Da die Ukraine keine doppelte Staatsbürgerschaft zuläßt, mußten die krimtatarischen Anwärter den Nachweis erbringen, ihre vorherige Staatsbürgerschaft, in den meisten Fällen die usbekische, aufgegeben zu haben. Dieser Schritt wurde von den usbekischen Behörden sichtlich erschwert: Die Krimtataren mußten ihre Staatsangehörigkeit persönlich auflösen und noch dazu hierfür eine nicht unerhebliche Summe bezahlen. Erst durch ein Einverständnis zwischen dem ukrainischen Präsidenten Kučma und seinem usbekischen Kollegen Karimov wurde das Verfahren nach den Wahlen von 1998 vereinfacht. Diesem positiven Trend steht die Tatsache gegenüber, daß die nationalen Minderheiten 1998 ihre Quoten im Regionalparlament verloren, wodurch vor allem die Krimtataren – trotz erstmaliger Vertretung durch zwei Abgeordnete auf nationaler Ebene im ukrainischen Parlament in Kiev – auf der Krim erneut politisch isoliert waren. Bei den Regionalwahlen 2002 und 2006 schafften aber – auch ohne Quotenregelung – acht Krimtataren den Einzug ins Krimparlament. Dennoch verkörpern die Krimtataren weiterhin das wichtigste ethnische Konfliktpotential auf der Krim und in der Ukraine.

In den letzten drei Jahren hielten erneut illegale Landnahmen die Krimbevölkerung in Atem. Mit dem Rücken zur Wand besetzten krimtatarische Familien in Nacht- und Nebelaktionen brachliegendes Land, errichteten provisorische Unterkünfte und beanspruchten die Übereignung. Die örtlichen Machtorgane antworten selten mit gewaltsamen Räumungen, während die Öffentlichkeit eher mit Unverständnis reagiert. Hintergrund für die Konflikte sind jedoch allzuoft weniger aus der Not geborene Verzweiflungsakte der Besetzer als vielmehr handfeste Spekulationen mit Grundstücken, die zum Verkauf stehen.

Die Unterstützung der Krimtataren durch die Türkei ist häufig überschätzt worden. Die offzielle Politik der Türkei hat sich bisher kaum in die Krimpolitik eingemischt und sich auf die rhetorische Unterstützung der Krimtataren beschränkt, vor allem dadurch, daß die Ukraine als außenpolitischer Partner in der Schwarzmeerregion angesehen wird. Darüber hinaus fehlen der Türkei selbst die

Kleinhandel in den Straßen von Sevastopol'

finanziellen Mittel, um sowohl in Zentralasien als auch auf der Krim in größerem Maßstab aktiv zu werden. Die humanitäre Hilfe, die sich vor allem auf die medizinische Versorgung und den kulturellen Wiederaufbau konzentriert hat, stammt hauptsächlich von der krimtatarischen Diaspora in der Türkei, die heute etwa 200 000 bis 300 000 Menschen umfaßt. Weitere Infos zu den Krimtataren gibt es im Internet unter www.iccrimea.org.

Gesellschaft im Umbruch

Trotz der langwierigen politischen Auseinandersetzungen stehen heute sozioökonomische Fragen ganz oben auf der Tagesordnung der Krimbevölkerung. Im ukrainischen Gesamtvergleich gehört die Krim zu den Regionen mit den größten sozialen Problemen. Sowohl die Beschäftigungsrate als auch das durchschnittliche monatliche Einkommen sind auf der Krim nach wie vor niedriger als in der restlichen Ukraine. Den Einwohnern von Sevastopol' ging es im Durchschnitt allerdings ein wenig besser: Hier liegt das mittlere Monatseinkommen etwas über dem Durchschnitt der Krim und der Ukraine.

Wie in allen Staaten der ehemaligen Sowjetunion entstand auch auf der Krim durch das Wegfallen der Staatsideologie für viele Menschen ein Vakuum, das erst wieder gefüllt werden muß. So sind viele Krimbewohner auf der Suche nach neuen Werten und neuer Orientierung. Die Perestrojka eröffnete zwar einerseits mehr politische und persönliche Freiheiten, andererseits stellt das Umgehen mit diesen neuen Freiheiten häufig eine schwierige Aufgabe dar. Die Krim war zudem durch ihre demographische Struktur – sie war ein Refugium für Rentner aus dem sowjetischen Militär – und ihre wirtschaftliche Orientierung (Tourismusindustrie, militärisch-industrieller Komplex) besonders sowjetisch geprägt. Die Grenzen zwischen dieser sowjetischen und einer russisch-nationalen Identität der Krim sind fließend, doch haben beide die Integration in den neuen ukrainischen Staat erschwert. Die ›sowjetische‹ Orientierung von großen Teilen der Krimbevölkerung läßt sich auch daran festmachen, daß die Kommunistische Partei, bis heute die stärkste Partei im Regionalparlament geblieben ist.

Hinzu kommen die wirtschaftlichen Probleme, die das Leben zusätzlich erschweren. Besonders für ältere Menschen ist es nicht leicht, sich in der neuen, unsicheren Situation zurechtzufinden. Die Rente reicht kaum für das tägliche Leben – Pensionären standen im Jahr 2006 rund 100 Hryvnja pro Monat zu. So sind viele – besonders die, die keine Familie mehr haben – gezwungen, zu betteln oder ihre wenigen Habseligkeiten am Straßenrand zu verkaufen. Doch nicht nur die Rentner sind von dieser Situation betroffen, sondern all jene, die aufgrund von Krankheit oder wegen ihres Alters nicht in der Lage sind, den nahezu frühkapitalistischen Bedingungen des ›wilden Ostens‹ zu entsprechen. Die Bevölkerung verhält sich gegenüber Bettlern relativ großzügig und respektvoll.

Im Vergleich geht es den jungen Leuten besser. Viele von ihnen haben den Geist der neuen Zeit verinnerlicht und sehen Konsum und Reichtum als oberste Werte an. Traditionelle, heute schlecht bezahlte Berufe, wie zum Beispiel Arzt, Lehrer oder andere akademische Berufe, erscheinen immer weniger attraktiv. Es geht vor allem darum, Geschäfte zu machen – auf welche Weise auch immer. So hat sich eine neue Schicht der sogenannten ›Biznesmeny‹ herausgebildet, die auf mehr oder minder legale Weise zu Wohlstand zu gelangen versucht. Den Alten hingegen bleibt häufig nur die wieder erstarkende Kirche als Orientierungspunkt und Stütze inmitten des gesellschaftlichen Umbruchs, dessen Ende nicht abzusehen ist. Allerdings sind in den Kirchen auch vermehrt junge Leute anzutreffen.

Zu den am stärksten vom gesellschaftlichen Wandel betroffenen Bevölkerungsgruppen gehören auch Frauen mit Kindern. Auf ihnen lastet oft die gesamte Verantwortung für die Familie. Ihr Leben gleicht einem Balanceakt zwischen Küche, Arbeit und Kindergarten; mit wenig Geld und Unterstützung versuchen sie, ihre Familie zu ernähren. Allmählich halten westliche Ideen der Frauenemanzipation Einzug, wenngleich diese häufig den spezifischen Belangen und Erfahrungen (post-) sowjetischer Frauen angepaßt werden. Selbsthilfegruppen und Interessensvertretungen bilden sich seit Mitte der 1990er Jahre auch in der ukrainischen ›Provinz‹ heraus. Zum Teil werden sie maßgeblich durch internationale Fördermittel unterstützt.

Ein Beispiel ist die ›Fraueninitiative‹ in Simferopol', deren Vorsitzende und Gründerin Elena Semikolenova ist, eine Universitätsdozentin im Bereich Linguistik. Der 1995 gegründeten nichtstaatlichen Organisation (NGO) gehören mittlerweile knapp 20 Frauen an, größtenteils Dozentinnen und Studentinnen der Universität Simferopol'. Die Linguistin engagiert sich bereits seit 1994 im NGO-Bereich. Zunächst war sie Koordinatorin des internationalen Fonds ›Vozroždenie‹ mit Sitz in Kiev. Und als 1995 unter dem Dach dieses Fonds, der von Soros-Geldern unterstützt wird, ein Programm für Frauenorganisationen ins Leben gerufen wurde, interessierte sie sich gleich dafür. Eine weitere Unterstützung kam durch das zeitgleich gegründete ›Frauen-Konsortium GUS–USA‹, das alle Frauenorganisationen der Ukraine vereinigt und ebenfalls in Rußland, Weißrußland und Moldavien tätig ist. Hauptziel der ›Fraueninitiative‹ ist es, durch Seminare und auch durch Unterrichtsprogramme in Schulen und an der Universität zu einer

Auf dem Markt in Simferopol'
Strandleben bei Foros an der Südküste
Krimtatarinnen in traditioneller Kleidung

whiskas
Trill

Gleichberechtigung von Mann und Frau beizutragen. An den Seminaren ist, so betont Elena, neben dem Inhalt auch die Methode ein Novum. Denn in den Ländern der ehemaligen Sowjetunion sei man autoritäres Lehren, das Vermitteln einer einzigen richtigen Meinung sowie einen permanenten Geltungswettstreit zwischen den Lernenden gewohnt. In ihrem durch die amerikanischen Partnerorganisationen eingeführten antiautoritären Lehr- und Lernsystem fühle sich manch eine Frau zunächst etwas verloren, um dann jedoch um so mehr daraus zu lernen. Doch diese Seminare reichen Elena und ihren Mitstreiterinnen nicht. Sie wollen nicht nur punktuelle Trainings veranstalten, sondern bereits bei der Erziehung in Schulen und Universitäten ansetzen.

Zu den für das gesamte Gebiet der ehemaligen Sowjetunion typischen Problemen kommen auf der Krim noch andere Schwierigkeiten. Hier macht sich verstärkt bemerkbar, daß viele der ehemaligen Sowjetbürger heute durch internationale Grenzen von ihren Familienangehörigen getrennt sind. Dies trifft vor allem die Russen auf der Krim, denen es oft noch immer schwer fällt zu akzeptieren, daß Rußland heute für sie Ausland ist. War die ukrainisch-russische Grenze in den ersten Jahren nach 1991 noch sehr durchlässig, so nehmen die Grenzformalitäten zu. Hinzu kommt die Tatsache, daß vielen heute die finanziellen Mittel für die Reise in den Nachbarstaat fehlen. Ein durchschnittlicher Krimbewohner kann wegen der hohen Kosten kaum von der neuen Reisefreiheit profitieren. Während es früher durchaus erschwinglich war, das Flugzeug zu nehmen, um größere Entfernungen zu überwinden, reicht das Geld heute bei den meisten nicht einmal mehr für eine Bahnfahrt nach Moskau. Für die Mehrheit der Krimbevölkerung ist sogar der Urlaub auf der Krim unerschwinglich geworden. Nicht wenige Krimbewohner russischer Nationalität denken aufgrund der vergleichsweise besseren wirtschaftlichen Lage in Rußland daran, ihre Insel zu verlassen und nach Rußland zu ziehen – und viele haben diesen Weg bereits beschritten.

Trotz aller beschriebenen Probleme bleibt den Bewohnern der Halbinsel ein Trost: Sie leben auf der ›Sonnenseite‹ der ehemaligen Sowjetunion, die günstigen klimatischen Bedingungen und die vielseitige Natur lassen sich vom Zusammenbruch des alten Systems nicht beeindrucken. Dessen sind sich auch die meisten Krimbewohner bewußt. Ob Russen, Ukrainer, Krimtataren oder Angehörige anderer Nationalitäten, alle haben sie eine Gemeinsamkeit: die Liebe zu ihrer Insel. Vielleicht liegt in dieser Verbundenheit mit der Krim ihre größte Chance für eine bessere, friedliche und vor allem gemeinsame Zukunft.

Russische Jugendliche präsentieren Volkslieder
In der traumhaften Bucht von Novyj Svet
Griechischstämmige Krimbewohnerinnen

Orthodoxie und Islam heute

Auf der Krim sind heute offiziell etwa 800 religiöse Organisationen registriert, die rund 40 verschiedene Glaubensrichtungen repräsentieren. Die zahlenmäßig größte Konfession ist die ukrainisch-orthodoxe Kirche, gefolgt vom Islam. Mittlerweile sind wieder überall auf der Halbinsel orthodoxe Kirchen und Klöster sowie Moscheen zu sehen, die nach Wiederaufbau oder Restaurierung in neuem Glanz erstrahlen oder gar ganz neu gebaut wurden. Natürlich gilt dies auch für Gotteshäuser anderer Glaubensrichtungen, was allerdings auf den ersten Blick weniger deutlich wahrnehmbar ist.
Die orthodoxe Kirche gewinnt im gesellschaftlichen Leben der Schwarzmeerhalbinsel wieder zusehends an Bedeutung, und zwar bei allen sozialen Schichten und Altersgruppen, und zeichnet sich durch eine erstaunliche Einigkeit aus.
Während es in den übrigen Teilen der Ukraine unzählige Konflikte zwischen den christlich-orthodoxen Gemeinden gibt, hat die orthodoxe Kirche auf der Krim bisher keine Spaltung erfahren. Weitaus die meisten ukrainisch-orthodoxen Gemeinden sind nicht dem Kiever, sondern dem Moskauer Patriarchat verpflichtet.
Islamische Gemeinden gibt es auf der Krim erst wieder seit 1989, als die Rückkehr der Krimtataren aus den Deportationsgebieten einsetzte. Über 90 Prozent der Krimtataren bezeichnen sich als gläubige Moslems. Allerdings herrscht auf der Krim durch die nahezu unkontrollierte Rückkehr sowie durch einen häufig fehlenden Glaubensbezug während der Jahrzehnte der Verbannung unter den Krimtataren noch keine klare Glaubens- oder Gemeindestruktur. So gibt es auf der Krim beispielsweise keinen an einer Universität ausgebildeten moslemischen Geistlichen. Dieses Vakuum versuchen nun zahlreiche Missionare aus der Türkei und den arabischen Ländern aufzufüllen, welche die Gemeinden auch finanziell unterstützen. Zusehends ist eine Spaltung zwischen einer türkischen und einer arabischen Richtung des Islam auszumachen.
Friedliches Neben- und sogar Miteinander von Orthodoxie und Islam sind auf der Krim jahrhundertealte Tradition. Es ist deshalb auch kein Zufall, daß der Mufti der Krim und der Metropolit von Simferopol' und der Krim seit Anfang der 1990er Jahre gemeinsam dem überkonfessionellen Rat ›Friede ist Gottes Gabe‹ vorstehen. Der Rat bemüht sich um die Stabilisierung der Beziehungen zwischen den Konfessionen und Nationalitäten auf der Krim.

Kultur

Literatur und Malerei

Zwar verbrachten weder Puškin noch Tolstoj oder Čechov einen Großteil ihres Lebens auf der Krim, doch was sie auf der Halbinsel zu Papier brachten, machte sie für die Krimbewohner unsterblich. Kaum ein Ort, in dem nicht ein Denkmal, Museum oder ähnliches an Puškins Durchreise, Čechovs Leben oder Tolstojs Kriegsteilnahme erinnert. Ebenfalls ein inniges Verhältnis haben die Krimbewohner zu drei einheimischen Künstlern, die im Westen nahezu unbekannt sind: zu dem Schriftsteller und Maler Vološin, dem Schriftsteller Grin und dem Maler Ajvazovskij.

Aleksandr Sergeevič Puškin (1799–1837) wurde 1820 wegen seiner politischen Aktivitäten von Zar Alexander I. in den Süden Rußlands verbannt. Puškin hatte zahlreiche politische Gedichte geschrieben, die vor allem den Tyrannenmord glorifizierten und die Leibeigenschaft geißelten. Im Mai 1820 mußte Puškin Sankt Petersburg verlassen und durfte erst sechs Jahre später wieder zurückkehren. Im August 1820 machte er auf der Krim Zwischenstation. Nach dreiwöchigem Aufenthalt bei der Familie Raevskij in Gurzuf brach Puškin mit dem jüngeren Sohn der Raevskijs zu einer Rundreise über die Krim auf. Der Weg führte über Nikita, Jalta, Oreanda, Koreiz, Alupka und Simeiz über die Krimberge bis nach Bachči-saraj. Er schrieb in einem Brief an seinen Bruder, daß er auf der Krim im Kreise guter Freunde die ›glücklichsten Minuten‹ seines Lebens verbracht habe. Die Krim hinterließ eine deutliche Spur in Puškins Werk; sein Gedichtzyklus über ›Tavrida‹ ist von überschwenglichen Beschreibungen der Halbinsel durchzogen. Darüber hinaus sammelte er auf der Krim Ideen für sein Poem ›Bachčisarajskij Fontan‹ und ›Evgenij Onegin‹. In letzteres flossen die Zeilen ›Ihr seid wunderschön, Ufer Tauriens‹ ein. Außerdem begann er hier, am ›Gefangenen im Kaukasus‹ (Kavkaskij plennik) zu schreiben.

Graf Lev Nikolaevič Tolstoj (1828–1910) war dreimal auf der Krim: 1854 bis 1855, 1885 und 1901 bis 1902. Das erste Mal in militärischer Funktion, denn er nahm einige Monate am Krimkrieg teil. Aus diesen Erlebnissen entstanden 1855 seine ›Sevastopoler Erzählungen‹. Zu seinem letzten Besuch kam er aus Gesundheitsgründen: Er lebte in einem Sanatorium in Gaspra.

Anton Pavlovič Čechov (1860–1904) verbrachte mehrere Jahre seines Lebens auf der Krim. Sein Leben im Kurort Jalta inspirierte ihn unter anderem zum Schauplatz seiner Erzählung ›Die Dame mit dem Hündchen‹. Im Jahre 1898 ließ sich der Schriftsteller in Jalta ein Haus bauen, in dem er bis 1904 lebte. 1900 kaufte er sich zusätzlich ein kleines Häuschen in dem östlich von der Stadt Jalta gelegenen Küstenort Gurzuf. An diesem Ort, den er schwärmerisch in sein Herz geschlossen hatte, verbrachte er die meiste Zeit bis zu seinem Tod, der ihn 1904 in Deutschland ereilte.

Von den einheimischen Künstlern hat Maksimilian Aleksandrovič Vološin (1877–1932) wohl am nachhaltigsten das kulturelle Leben auf der Krim beeinflußt. Der Sohn einer Rußlanddeutschen und eines Wolgakosaken verbrachte seine Kindheit und Jugend in Moskau, Kiev, Taganrog, Sevastopol' und Feodosija – er war also wiederholt auf der Krim. Vološins Vater starb bereits 1881, im Jahre 1893 zog er schließlich gemeinsam mit seiner Mutter nach Koktebel' an der Südostküste der Krim um. Im Frühjahr 1901, nachdem er wegen ›Unzuverlässigkeit‹ von der Universität Moskau verwiesen worden war, reiste Vološin nach Paris, da er die Meinung vertrat, die Welt sei so klein, daß es peinlich sei, nicht alles gesehen zu haben, und daß man außerdem ein Land nur kennen könne, wenn man es zu Fuß erwandert habe. Also machte er sich noch im selben Jahr zu Fuß auf den Weg durch Frankreich, Spanien, Andorra, Italien, die Schweiz und Österreich.

In Paris beschäftigte sich Vološin vorwiegend mit Malerei. Einen Höhepunkt seiner Arbeit stellen die Aquarelle dar, bei denen er eine sehr charakteristische Technik entwickelte. Diese Technik wurde durch seine Studien der osteuropäischen und fernöstlichen, vor allem der japanischen, Kunst bestimmt. Im Jahre 1910 erschien die erste Gedichtsammlung Vološins, in der neben seinen Gedichten von 1900 bis 1910 auch eigene Übersetzungen französischer Lyrik enthalten sind.

Der Erste Weltkrieg schockierte den Pazifisten Vološin, der in seinen Werken großen Wert auf humanistische Motive legte. Als er 1916 nach Rußland zurückkehren mußte, um dort der Armee beizutreten, schrieb er eine prinzipielle Verweigerung und hatte kurz darauf großes Glück: Wegen seines Asthmas und einer kranken Hand erklärte ihn die Musterungskommission für untauglich. Sommer und Herbst desselben Jahres verbrachte er in Koktebel'.

Mit Unverständnis begegnete Vološin im Jahre 1917 der Gewalt der Revolution, welche er im Prinzip für richtig hielt. Er verließ jedoch nicht wie viele andere Schriftsteller das Land und blieb auch nicht tatenlos: Zur Zeit der weißgardistischen Besetzung versteckte Vološin in seinem Haus bolschewistische Untergrundkämpfer.

Auf der Krim erwachte seine große Liebe zur Natur. Die Schönheit des Karadag-Bergmassivs, für dessen Erklärung zum Nationalpark er eintrat, ist Thema vieler seiner Gedichte und Bilder; Koktebel' wurde ein Leitmotiv. In seiner Malerei stellte er die Landschaft von Koktebel' und Umgebung dar, die in seinen Gedichten immer wieder als ›Kimmerija‹ auftaucht.

Vološin war aktiv an der kulturellen Entwicklung der Krim beteiligt. In sein Haus, das er nach eigenen Entwürfen bauen ließ, lud er Künstler zu Arbeit und

Erholung ein. Beim Bau des Hauses legte Vološin besonderen Wert auf die große Anzahl von Gästezimmern und die räumliche Möglichkeit für alle Gäste, je nach Wunsch entweder ruhig zu arbeiten oder zu diskutieren. Dies erreichte er durch mehrere Terrassen, Außentreppen, Verbindungstüren zwischen den einzelnen Zimmern. Jeder konnte hier umsonst wohnen, und alle folgten dem gleichen Tagesablauf: In der ersten Tageshälfte wurde gearbeitet, danach diskutiert und meditiert oder für Unterhaltung gesorgt.

Hierher kamen zahlreiche namhafte Künstler Rußlands und der gesamten Sowjetunion. Um einen Eindruck von dem regen Leben zu vermitteln, seien nur einige Namen der Gäste genannt, die in dem Haus weilten: die Schriftsteller Gumilëv, Aleksej Tolstoj, Grin, Cvetaeva, Bunin, Bulgakov, Belkin, Mandel'štam, Trenëv, Gor'kij, Ėrenburg, der Maler Bogaevskij, der Sänger Šaljapin, der Bruder Lenins mit Frau, Schwester und Mutter und viele andere. Der Schriftsteller Andrej Belyj drückte die Bedeutung des Hauses so aus: »Das Haus Vološins in Koktebel' war eines der kulturellen Zentren nicht nur Rußlands, sondern sogar Europas.«

Maksimilian Vološin starb am 11. August 1932. Auf seinen eigenen Wunsch hin wurde er auf dem Berg Kučuk-Enišar beerdigt, nahe der Landzunge ›Chamäleon‹. Hier hatte er oft gerastet auf dem Fußweg nach Feodosija, um den schönen Ausblick zu genießen, der sich hier nach allen Seiten hin öffnet. Ein weiterer Wunsch Vološins war, kein Grab mit Blumen und Bäumen zu bekommen, daher ist das Grab nur mit Steinen bedeckt. Einer Legende nach ist der Olivenbaum neben dem Grab von allein gewachsen, kurz nachdem Vološin beerdigt worden war, wie um dem Toten Schatten zu spenden.

Auch nach Vološins Tod blieb sein Haus ein wichtiger Treffpunkt. Die Fortführung des kulturellen Lebens war größtenteils Verdienst seiner Witwe, Marija Stepanovna. Als Marija Stepanovna 1976 starb, wurde sie neben ihrem Mann beerdigt. Seitdem ist das Haus ein Museum, inzwischen auch wieder ein literarischer Treffpunkt. Jedes Jahr im Mai werden Vološin-Konferenzen und Dichterlesungen durchgeführt, zu denen Wissenschaftler und Literaturliebhaber aus der Ukraine, aus Rußland und mitunter auch aus dem weiter entfernten Ausland anreisen. Außerdem findet jedes Jahr traditionell am 11. August zum Gedenken an den Todestag Vološins ein Erinnerungsnachmittag statt, der von einem Aufstieg zu seinem Grab gekrönt wird.

Bei Vološin zu Gast war auch der zweite ›Heimatdichter‹ der Krim: Aleksandr Stepanovič Grin (1880–1932). Der Name dieses Schriftstellers verbindet sich mit zwei Städten, Feodosija und Staryj Krym – in der ersten verbrachte er viele Jahre seines Lebens, in der zweiten die letzte Zeit vor seinem Tod.

Grin, der eigentlich Grinevickij hieß, verbrachte seine Kindheit in Vjatka, das in der Sowjetzeit lange Kirov hieß, gut 300 Kilometer nördlich von Kazan'. Die Schule, die er seit 1889 besuchte, mußte er wechseln, weil er satirische Verse auf seine Lehrer verfaßt hatte. Nach dem Schulabschluß ging er 1896 nach Odesa, um als Matrose anzuheuern. Seine erste Fahrt führte ihn an die Schwarzmeerküste der Krim und des Kaukasus. Da sein Geld nicht für die Seefahrerausbildung reichte – oder er, wie andere Quellen sagen, dem harten Leben an Bord nicht standhielt – kehrte Grin bereits nach wenigen Monaten nach Hause zurück. Die folgenden Jahre lebte er in Odesa, Vjatka und als Fabrik- und Wanderarbeiter im Ural.

Im Jahr 1902 wurde Aleksandr Stepanovič Soldat. Von den zehn Monaten, die er im Reservebataillon diente, verbrachte er wegen seiner revolutionären Kontakte dreieinhalb unter Strafarrest. Nach seinem Ausschluß aus der Armee bereiste er mit einem falschen Paß per Zug Simbirsk, Samara, Saratov, Nižnij Novgorod, Tambov, Ekaterinoslav, Kiev und Odesa, bis er schließlich im Herbst des Jahres 1903 nach Sevastopol' kam. Nach weiteren bewegten Jahren schrieb Grin 1920 im ›Haus der Kunst‹ in Petersburg seinen wohl bekanntesten Roman: ›Alye parusa‹ (Purpursegel). In diesem Roman schuf der Schriftsteller die Fantasiewelt ›Grinlandija‹. Die Orte dieser Fantasiewelt haben in Lage und Aussehen Züge von verschiedenen Krimstädten. Grin hatte ›sein‹ Land genau beschrieben und kannte darin jeden Baum. Im Laufe der Werke veränderte er das Aussehen jedoch etwas, fügte beispielsweise neue Ufer hinzu. Die in dieser Welt handelnden Geschichten stehen im krassen Gegensatz zu den realistischen und publizistischen Texten Grins, sie sind romantisch, verträumt, märchenhaft. ›Alye parusa‹ wurde zu einem literarischen Symbol und in viele Sprachen übersetzt.

Im Mai 1923 zog Grin endgültig mit seiner Frau und deren Mutter auf die Krim, zunächst nach Feodosija, dann, 1930, nach Staryj Krym. Beide Unterkünfte sind heute Museen. Der Schriftsteller unterhielt freundschaftliche Beziehungen zu Künstlern wie Bogaevskij und Vološin, die ebenso wie er vor allem die östliche Krim liebten. In den Jahren in Feodosija schrieb Grin mehrere Romane und Erzählungen, ungefähr die Hälfte aller seiner Veröffentlichungen fallen auf den Lebensabschnitt in Feodosija. Die meisten Werke spielen in dem mit ›Alye parusa‹ ins Leben gerufenen ›Grinlandija‹.

1932 stellten die Ärzte Krebs im fortgeschrittenen Stadium fest, eine Operation war bereits sinnlos. Aleksandr Stepanovič Grin starb am 7. Juni 1932.

Auch das Leben und das Werk von Ivan Konstantinovič Ajvazovskij (1817–1900) sind eng mit Feodosija verbunden. Er setzte sich sehr für den Bau der Eisenbahnstrecke und die Anhebung des Wohlstands in Feodosija ein und vermachte der Stadt sein Haus und die Galerie.

Ajvazovskij wurde am 17. Juli 1817 am Rande Feodosijas als Sohn einer armenischen Familie geboren. Wegen seines schon früh erkennbaren Zeichentalents half ihm ein Architekt der Stadt, auf ein Gymnasium in Simferopol' zu kommen. Später ging Ajvazovskij auf die Kunstakademie in St. Petersburg, die er mit der goldenen Medaille innerhalb von vier anstatt der eigentlich vorgesehenen sechs Jahre abschloß. Die goldene Medaille gab ihm das Anrecht auf eine kostenlose Reise ins Ausland. Nach zwei Vorbereitungsjahren auf der Krim fuhr er 1840 mit anderen Mitgliedern der Akademie nach Italien, um dort die Ausbildung fortzusetzen. Bereits in diesem Jahr gab es Ausstellungen seiner Bilder in Italien, Frankreich, England, Spanien und Holland. Vier Jahre später kehrte er nach Feodosija zurück.

In den Jahren 1845 bis 1848 baute sich Ajvazovskij am Stadtrand nahe dem Ufer sein Haus, reiste aber auch weiterhin jedes Jahr mit Ausstellungen nach St. Petersburg, manchmal auch ins Ausland. 1880 erweiterte Ajvazovskij sein Haus; zum Atelier kam die Galerie hinzu, ein großer Saal von 260 Quadratmetern. Hier eröffnete er am 17. Juli 1880 die lokale Bildergalerie.

Ajvazovskij-Denkmal in Simferopol'

Nach dem Tod Ajvazovskijs im Jahr 1900 ging die Galerie auf testamentarischen Wunsch des Künstlers hin in den Besitz der Stadt über. Sie wurde 1921 an die staatlichen Museen angeschlossen, nun wurden nicht mehr nur die jüngsten Bilder Ajvazovskijs, sondern Exemplare aus allen Perioden seines Schaffens ausgestellt, dazu kamen Arbeiten anderer Künstler aus Feodosija, unter anderem von Vološin und Bogaevskij.

Am 30. September 1941 wurden Bilder, Vermögen und Archiv per Schiff vor der Wehrmacht in Sicherheit gebracht, zuerst nach Krasnodar, dann in die armenische Hauptstadt Erevan. Da das Haus Ajvazovskijs zu den wenigen Gebäuden gehört, die im Krieg nicht zerstört wurden, konnte bereits am 2. Mai 1945 eine Bilderausstellung eröffnet werden; ein Jahr später wurde die bis heute zur Besichtigung geöffnete Galerie eingeweiht, 1947 kam noch eine Gedenkabteilung (Memorial'naja) hinzu.

Theater

Die Krim ist Theaterprovinz. Sie gilt als Ausgangspunkt von Theaterkarrieren, doch nicht als deren angestrebte und ersehnte Endstation. Junge Schauspielerinnen und Schauspieler eignen sich hier ihre ersten Bühnenerfahrungen an, in der Hoffnung, sich anschließend in Kiev, Moskau oder Sankt Petersburg hocharbeiten zu können. So fühlt man sich in den Theatern der Krim bisweilen an Laienaufführungen erinnert, doch wird dies, neben dem Reiz einer fremden Sprache, durch die Gesamtatmosphäre wettgemacht.

Während die Theater zu Zeiten der Sowjetunion gut besucht waren, ist der gesellschaftliche und soziale Wandel auch an diesem Kulturbereich nicht spurlos vorübergegangen. Vielen Menschen fehlen Geld und Muße für den abendlichen oder vormittäglichen Theaterbesuch. Junge Leute, auch Studentinnen und Studenten, finden sich weniger häufig in den Zuschauerreihen; sie ziehen eindeutig die häufigen Fernseh- oder Videoabende, Feten und westliche Pop- und Rockmusik der eher besinnlichen Theateratmosphäre vor.

Der Moskauer Kaufmann Volkov gründete in den 1820er Jahren in Simferopol' das Russische Theater der Krim (Krymskij Akademičeskij Russkij Dramatičeskij Teatr). Auch im 19. Jahrhundert hatte es nur den Rang einer Provinzbühne, doch fanden hier bedeutende Gastspiele statt, die die Simferopoler Bevölkerung mit den neuen Stücken aus Rußland vertraut machten. Im Jahre 1911 wurde das heutige Gebäude in der ul. Puškina 15 (ул. Пушкина) errichtet und erhielt 1932 den Beinamen ›Gor'kij-Theater‹. Der Name steht für die Auswahl der Stücke, die auf dieser Bühne seit jeher gespielt wurden: Gor'kij-Inszenierungen haben hier Tradition. 1976 machte das Ensemble dieser Bühne bei einem erfolgreichen Gastspiel sogar in Moskau von sich reden und erhielt daraufhin 1977 die hohe und begehrte sowjetische Staatsprämie; es durfte sich nun ›Akademietheater‹ nennen. Im Sommer wird auch die ans Haus angeschlossene Freilichtbühne genutzt, die gerade an den warmen Abenden zum Erlebnis wird.

Ganz andere Kunst erwartet den Besucher im Puppentheater der Krim an der ul. Gor'kogo 9 (ул. Горького) in Simferopol'. Hinter der Bezeichnung verbirgt sich allerdings kein kleines Kasperletheater: Die Schauspielerinnen und Schauspieler entführen in lebensgroßen Masken und phantasievollen Kostümen nicht nur Kinder in die russische und ukrainische Märchen- und Fabelwelt.

Zur Pflege der ukrainischen Kultur wurde 1955 in Simferopol' das Ukrainische Musik- und Schauspieltheater der Krim (Ukrainskij musykal'nyj teatr) am pr. Kirova 17 (пр. Кирова) eröffnet. Zu dem Programm des Kiever Regionaltheaters zählen inzwischen überwiegend ukrainische Klassik, Komödien und Operetten. Während zu Sowjetzeiten auch oft russische Stücke gespielt wurden, ist die Bühnensprache inzwischen fast ausschließlich Ukrainisch.

Aufführung im Ukrainischen Musik- und Schauspieltheater in Simferopol'

Erwähnenswert ist auch das Krimtatarische Ensemble, das von den zurückgekehrten Krimtataren im Laufe der 1990er Jahre aufgebaut wurde mit dem Ziel, der krimtatarischen Theaterkultur wieder zu mehr Beachtung zu verhelfen. Seit einigen Jahren haben die Krimtataren ein eigenes Theatergebäuden der ul. Mendeleeva 5 (ул. Менделеева) im Zentrum Simferopols.

Theater in Jalta ist vor allem mit dem Namen Čechov verbunden. Zu Čechovs Lebzeiten kam das Moskauer Künstlertheater in das heute nicht mehr existierende Haus des Čechov-Theaters, um dem schwerkranken Dichter sein Stück ›Die Möwe‹ (Čajka) vor Ort darzubieten. Das heutige Čechov-Theater genoß lange Jahre besonders durch die jährlich stattfindenden Čechov-Tage Bekannt- und Beliebtheit. Jeweils in der ersten Aprilwoche reisten Ensembles aus der ganzen Welt an, um ihre Čechov-Inszenierungen aufzuführen. Heute wird jedoch nur noch der wissenschaftliche Teil der Čechov-Tage mit Vorträgen und Seminaren fortgeführt, die Theateraufführungen müssen ausfallen, da sich das Theater in einer endlos scheinenden Renovierungsphase befindet.

Schließlich ist das Theater der Schwarzmeerflotte aus Sevastopol' berühmt, das häufig auf Gastspielreisen unterwegs ist. Die Einwohner der Stadt witzeln schon darüber, daß Ausländern die hiesige Truppe meist bekannter ist als ihren eigenen Landsleuten.

Essen und Trinken

Wenngleich mittlerweile viele Haushalte mit einem Telefon ausgerüstet sind – in den Ländern der ehemaligen Sowjetunion sind auch spontane Besucher nach wie vor gern gesehene Gäste. Nach der Begrüßung werden sie direkt in die Küche geschoben. Kurzbesucher haben keine Chance – bei einer Tasse heißen Tees reichen die Themen von den Kindern der Nachbarin über die neuen Preise auf dem Markt bis zur Politik. Die Küche ist nicht nur Platz für Klatsch und Tratsch: Seit jeher wurde in ›Küchengesprächen‹ das besprochen, was man draußen nicht laut sagen durfte.

Wie in den meisten Ländern Osteuropas ist auch auf der Krim die herzliche, unkomplizierte und überaus großzügige Gastfreundschaft für jeden Westeuropäer immer wieder von neuem ein Erlebnis. Besonders an Geburts- und Feiertagen oder bei besonderen Gästen wird der Tisch selbst in wirtschaftlich schwierigen Zeiten reich gedeckt, nichts ist dem Gastgeber zu schade. Es gehört wohl zum Wesen vieler Menschen hier, daß sie lieber heute ein prächtiges und ausgelassenes Fest feiern und anschließend dafür jede Kopeke zwei Mal umdrehen müssen, anstatt ›vernünftig‹ und berechnend vorauszuplanen und einzuteilen.

Man kann nicht von typischer Krim-Küche sprechen, denn durch die vielen Völker, die die Krim seit Jahrhunderten bewohnen, ist eine variantenreiche Kochkunst entstanden, die sich keiner bestimmten Nation zuordnen läßt. Krimtatarische Čebureki, usbekischer Plov und russisch-ukrainischer Boršč, Pel'meni und Piroggen gehören gleichermaßen ins Repertoire.

Auf der Krim beliebt und populär: usbekischer Plov

Rezepte

Boršč
Wie bei vielen Gerichten gibt es auch für den Boršč so viele Rezepte wie Hausfrauen. Dies hier ist eine von zahlreichen Varianten.

Zutaten für drei Liter Wasser:
1 Kohlkopf
6 Kartoffeln
1 Knolle Rote Beete
1 Eßlöffel Zucker
Tomaten
Tomatenmark
etwas Butter
1 große Mohrrübe

Kohl und Rote Beete kleinschneiden und etwa 10 Minuten kochen. Dann die ebenfalls kleingeschnittenen Kartoffeln hinzugeben und weiterkochen, bis die Kartoffeln gar sind. Danach Tomaten und Tomatenmark, Zucker und den fein geschnittenen Kohl hinzufügen und 10 bis 15 Minuten – möglichst mit etwas Brühe verfeinert – erhitzen. Die Butter währenddessen in einer Pfanne erhitzen, dann die geraspelte Mohrrübe ebenfalls in die Pfanne geben und leicht anbraten, danach zur Suppe geben. Ein kleiner Trick ist noch, die Rote Beete nicht zu kochen, sondern ebenso wie die Mohrrübe zu raspeln und gemeinsam mit dieser in der Pfanne zu erhitzen und erst am Ende hinzuzugeben. Dann wird der Boršč schön rot.
Boršč wird meistens mit einem Löffel Smetana (fette saure Sahne) garniert gegessen.

Čebureki
Zutaten:
3 Tassen Mehl
3 Eßlöffel Butter
1 Tasse Wasser
2 Eier
400 g Rinderhack

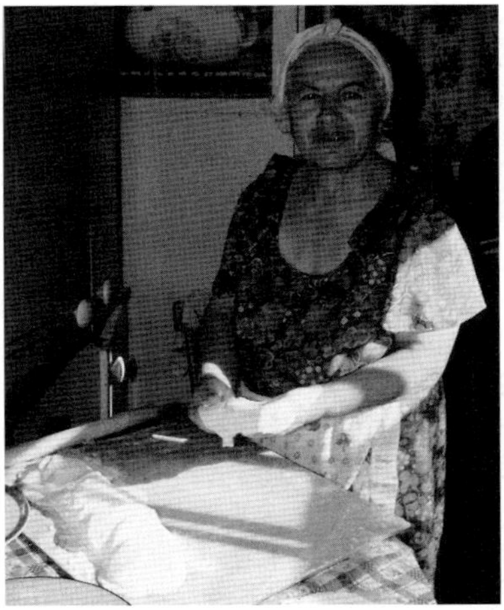
Eine Krimtatarin bereitet Čebureki zu

Das Mehl auf eine Platte streuen und eine Kuhle hineindrücken. Die Zutaten für den Teig mischen, in die Kuhle geben und mit dem Mehl nach und nach verkneten. Den Knetteig zwei Stunden in den Kühlschrank stellen. Danach den Teig ausrollen. Das Hack braten und nach Belieben würzen, dann auf den ausgerollten Teig ausbreiten, Teigtaschen formen und sofort in kochendem Öl ausbraten.

Wein

Auch wenn die Krim als touristisches Reiseziel noch nicht allen bekannt ist, so kennt doch jeder den weltberühmten Krimsekt. Dank der besonderen klimatischen Verhältnisse hat die Krim noch weit mehr zu bieten als diesen luxuriösen Trunk. So gelten auch die verschiedenen Krimweine, vor allem starke Likör- und Dessertweine, die auf der Halbinsel angebaut werden, als einzigartiger Genuß.

Bereits im 6. Jahrhundert vor Christus wurde auf der Krim Wein gekeltert. So finden sich zum Beispiel in Chersones bei Sevastopol' Überreste alter Kelteranlagen. Begünstigt wurde der Weinbau von jeher durch das mediterrane, zum Teil subtropische Klima und die von der Sonne verwöhnten Steilhänge der Südküste, die den Krimweinen ihren einzigartigen Geschmack und ihre Farbe verleihen. Durch den Vertrieb in der gesamten Sowjetunion zählten sie für die Krim zu den wichtigsten Wirtschaftsfaktoren. Daher darf der ökonomische Schaden nicht unterschätzt werden, welcher durch das Abholzen eines Viertels der Weinberge während der Anti-Alkoholkampagne unter Gorbačëv entstand. Zudem bleibt natürlich auch der Weinanbau von der desolaten wirtschaftlichen Situation in den Ländern der ehemaligen UdSSR nicht verschont.

Die Rebfläche auf der Krim beträgt heute 50 000 bis 60 000 Hektar. Die hauptsächlichen Anbaugebiete befinden sich bei Massandra, Sevastopol', Jalta, Alušta, Simferopol' und Sudak.

Die Krimweine erfreuen sich besonders in den Ländern der ehemaligen Sowjetunion und im übrigen Osteuropa großer Beliebtheit und haben dort einen ausgezeichneten Ruf. Auch wenn es seit ein paar Jahren hierzulande einige Sorten zu kaufen gibt, sind die Krimweine im Westen bislang eher unbekannt. Dies erklärt sich vor allem mit den sehr verschiedenen Weintrinkgewohnheiten. Während bei uns von der Mehrheit die trockenen Tischweine bevorzugt werden, mögen die Krimbewohner hauptsächlich süße, schwere Likör- und Dessertweine, für deren Anbau sich das Klima auf der Schwarzmeerhalbinsel auch besonders eignen soll. Die Likörweine weisen gut und gerne einen Alkoholgehalt von bis zu 20 Prozent auf, die Dessertweine bringen es auf einen natürlichen Zuckeranteil von bis zu 27 Gramm pro 100 Kubikzentimeter. Die Keltereien der Krim stellen aber auch einige Tischweine her.

War die Qualität des Krimweines an sich schon immer unbestritten, hat sich jetzt auch die Verpackung verändert und internationalen Standards angenähert. Bis Mitte der 1990er Jahre waren beinahe alle Weine mit einem Plastikaufsatz verschlossen, heute sind die Weine mehrheitlich verkorkt. Das Alter des Weines kann mittlerweile meist ergründet werden, wenn auch der Jahrgang nicht wie bei uns direkt angeben wird. Auf den vorfabrizierten Etiketten findet sich der Hinweis, wie viele Jahre der Wein im Faß gelagert wurde, bevor er in die vorwiegend

Degustationssaal in den Weinkellereien von Massandra bei Jalta

0,5- und 0,7-Liter-Flaschen abgefüllt wurde. Das Abfülldatum wird schließlich nachträglich auf die Etikette aufgestempelt. Im Normalfall sind auch Zucker- und Alkoholgehalt angegeben.

Hier nun eine Auswahl von einigen typischen Krimweinen, die in der berühmten Kelterei von Massandra bei Jalta hergestellt werden.

Roter Alušta – Столовое Красное Алушта (roter Tischwein)

Einzigartiger roter Qualitäts-Tischwein aus den Traubensorten Cabernet, Saperavi und Morastel, die im Alušta-Tal und auf den sanft geneigten Ausläufern des Krimgebirges (Čatyr-Dag und Demerdži) wachsen. Hergestellt von der Weinkelterei ›Alušta‹, die zu den Massandra-Keltereien gehört. Die Region Alušta ist besonders für die Herstellung von Rotweinen geeignet. Die Trauben werden bei einem Zuckergehalt von 18 bis 22 Prozent gelesen.

Der Wein ist von dunkelroter Farbe. Das Bouquet hat einen leichten Saffiananflug, der von den Cabernet-Trauben herrührt. Der Geschmack ist mild und gleichzeitig angenehm säuerlich, also sowohl fein als auch pikant.

Reift zwei Jahre in Eichenbehältern.

Alkoholgehalt: 10 bis 13 Prozent.

Madera Massandra – Мадера Массандра

Starker weißer Qualitätswein aus den Traubensorten Sercial, Verdello und Albillo, die auf gut durchwärmten Schieferböden wachsen. Die Trauben werden erst bei einem Zuckergehalt von mindestens 20 Prozent gelesen. Das Besondere an diesem Wein ist, daß er fünf Jahre lang in nicht ganz gefüllten Eichenfässern lagert, die an der Sonne stehen. Dadurch wird jener Prozeß im Wein ausgelöst, der das besondere Bouquet und den Madera-Geschmack dieses einzigartigen Weines formt. Man nennt den Madera auch den ›zweimal durch die Sonne Geborenen‹.

Der Wein ist von schmucker goldener Farbe. Das Bouquet ist ausgeprägt sowie fein und von guter Abrundung. Sein Geschmack ist voll, harmonisch und feurig und weist einen markanten Anflug von gerösteten Nüssen auf.

Alkoholgehalt: 19,5 Prozent; Zuckergehalt: 3 Gramm auf 100 Kubikzentimeter.

Sherry Massandra – Херес Массандра

Kräftiger weißer Qualitätswein – der beste der Sherry-Weine – aus Sercial-, Verdello- und Albillo-Trauben. Das Charakteristische an diesem Wein ist, daß er ein Jahr lang unter dem besonderen Sherry-Hefefilm reift. Im Laufe der Sherryherstellung werden dem Wein verschiedene organische Stoffe wie Aldehyde und Acetale zugeführt. Daraus entsteht sein unverwechselbarer Geschmack mit einem leichten Anflug von Bittermandel und gerösteten Nüssen. Der goldfarbene Wein hat ein feines, rundes Bouquet und einen harmonischen vollen Geschmack.

Das gesamte Herstellungsverfahren dauert vier Jahre.

Alkoholgehalt: 19,5 Prozent; Zuckergehalt: 2,5 Gramm auf 100 Kubikzentimeter.

Südküsten-Kagor – Кагор Южнобережный

Einzigartiger roter Qualitäts-Dessertwein aus der alten georgischen Traubensorte Saperavi. Die Trauben werden erst bei einem Zuckergehalt von mindestens 24 Prozent gelesen.

Der Wein hat eine leuchtende rote Farbe. Sein Bouquet ist rund, abgestimmt und hat einen leichten Anflug sowohl von Sahne als auch von Brombeeren. Der Geschmack des Weines ist stark, etwas sperrig und weist eine milde Strenge nach Gerbsäure auf. Der ›Kagor‹ wird im Volksmund auch ›Kirchenwein‹ genannt, wurde er doch früher ausschließlich in Klöstern hergestellt.

Reift drei Jahre lang in Eichenbehältern.

Alkoholgehalt: 16 Prozent; Zuckergehalt: 18 Gramm auf 100 Kubikzentimeter.

Roter Portwein Livadija – Портвейн Красный Ливадия

Kräftiger roter Qualitätswein aus Cabernet- und Sauvignon-Trauben, die auf warmen Schieferböden wachsen. Zum ersten Mal wurde dieser klassische Wein 1891 in den Kellereien des Zaren in Livadija hergestellt.

Der Wein bezaubert durch seine lebendige dunkelrote Farbe. Das Bouquet ist markant, abgestimmt und hat einen leichten Saffiananflug. Der Wein hat einen harmonischen, vollen Geschmack mit einem langanhaltenden Nachhall.

Reift drei Jahre in Eichenbehältern.

Alkoholgehalt: 18,5 Prozent; Zuckergehalt: 8 Gramm auf 100 Kubikzentimeter.

Rosé-Dessert-Muskat – Мускат Розовый Десертный

Rosé Qualitäts-Dessert-Likörwein aus Muskateller-Trauben. Die Trauben werden erst bei einem Zuckergehalt von mindestens 29 Prozent gelesen.

Der Wein hat eine rosa Farbe. Sein Bouquet ist markant, ausgewählt und enthält einen Anflug von Teerose. Der Geschmack des Weines ist voll, ölig, harmonisch.

Reift zwei Jahre lang im Eichenfass.

Alkoholgehalt: 13 Prozent; Zuckergehalt: 23 Gramm auf 100 Kubikzentimeter.

Weißer Muskat des Roten Steines – Мускат Белый Красного Камня

Weißer Qualitäts-Likörwein, der König unter den Muskat-Weinen der Krim, aus weißen Muskateller Trauben. Die Trauben werden erst bei einem Zuckergehalt von mindestens 29 Prozent gelesen.

Die Reben geben dem Wein die wundervolle Farbe eines hellen Bernsteins. Das feine, einzigartige Bouquet enthält das Aroma der Muskateller Beeren mit Anflügen von Blütenhonig, Alpenkräutern, Teerose und Orangenschale. Der leichte Zitronengeschmack macht diesen Wein einzigartig, auserlesen fein und edel.

Reift zwei Jahre lang in Eichenbehältern.

Alkoholgehalt: 13 Prozent; Zuckergehalt: 23 Gramm auf 100 Kubikzentimeter.

Pinot-Gris Ai-Danil – Пино-Гри Ай-Даниль

Einzigartiger weißer Qualitäts-Dessert-Likörwein aus Pinot-Gris-Trauben. Diese rauchfarben-grauen Trauben haben einen Zuckergehalt von über 30 Prozent und ergeben einen äußerst sanften Dessertwein.

Der Wein hat eine wunderbare Farbe – eine Mischung aus dunklem Bernstein und rosa-goldenem Glanz. Sein besonderes Bouquet mit dem Aroma von frisch gebackenem Roggenbrot und mit einer feinen Nuance wohlriechender Quitte verzaubert die Sinne von Liebhabern feiner Weine. Die Fülle des Geschmacks im Wein und seine besondere ölige Konsistenz verschmelzen zu einer harmonischen Einheit.

Reift zwei Jahre lang in Eichenbehältern.

Alkoholgehalt: 13 Prozent; Zuckergehalt: 24 Gramm auf 100 Kubikzentimeter.

Sekt

Der im Ausland erhältliche Krimsekt unterschied sich bisher nicht nur durch das Etikett, sondern auch geschmacklich deutlich von dem in der Ukraine gehandelten – vor allem war er weniger süß. In der Sowjetunion wurde grundsätzlich jeder Sekt mit dem Etikett ›Sovetskoe Šampanskoe‹ versehen, 1993 wurde zur Bezeichnung ›Ukrainski Šampanske‹ gewechselt. Kommt der Sekt direkt von der Krim aus dem Ort Novyj Svet, trägt er inzwischen meist wieder ein Etikett mit der Aufschrift ›Novyj Svet‹ (Новый Свет). Den Sekt, der wirklich von der Krim kommt, erkennt man am sichersten an dem Herkunftsort, der am unteren Rand des Etiketts angegeben ist. Nur ein Sekt aus Novyj Svet ist ein ›echter Krimsekt‹! In dem Ort kann man in der dortigen Kellerei die verschiedenen Sorten auch direkt probieren.

Die Sektsorten werden in fünf Geschmacksrichtungen unterteilt: brut (brjut/брют), trocken (suchoe/сухое), halbtrocken (polusuchoe/полусухое), halbsüß (polusladkoe/полусладкое, gibt es nur selten) und süß (sladkoe/сладкое). Da ein halbsüßer Sekt immerhin 60 Gramm Restsüße pro Liter aufweist, sollte man bevorzugt eine der anderen Kategorien suchen.

Auch roten Sekt gibt es übrigens auf der Krim, er wird ebenfalls in Novyj Svet hergestellt. Einfache, qualitativ minderwertige Schaumweine werden unter der Bezeichnung ›Šipučee‹ angeboten. Diese sind zwar günstiger, dafür aber sehr süß.

Vodka und Bier

Vorurteile hin oder her – Vodka war, ist und bleibt ein äußerst beliebtes alkoholisches Getränk der Einheimischen. Wer als Einheimischer Vodka trinkt, schwört meist auf die ukrainischen, vielleicht noch auf die russischen Sorten. Importvodkas hingegen werden nicht so ohne weiteres angenommen – schließlich kann nur ein Russe echten Vodka brennen. Die Sortenvielfalt hat sich in den letzten Jahren wesentlich vergrößert. Einige der gängigsten ukrainischen Vodkasorten auf der Krim sind ›Sojuz Viktan‹ und ›Nemiroff‹; ebenfalls beliebte russische Vodkasorten sind zum Beispiel ›Russkaja vodka‹, ›Moskovskaja vodka‹ und ›Russkij Standart‹.

Vodka wird meistens in 0,5 Liter Flaschen angeboten. Im Restaurant oder in einer Bar wird Vodka in Gramm bestellt, wenn man nicht gleich eine ganze Flasche kauft. Die üblichen Mengenangaben sind hierbei 50 Gramm (pjat'desjat gramm) oder 100 Gramm (sto gramm).

Auch Bierfreunde müssen auf der Krim keineswegs darben. Jeder Kiosk, jedes Geschäft bietet eine ganze Palette von Biersorten an, Restaurants und Bars sowieso. Einige Beispiele sind die ukrainischen Sorten ›Slavutič‹ und ›Obolon'‹ oder das russische ›Baltika‹ das, wohl wegen seines Herstellungsortes St. Petersburg, besonders von russischen Gästen bevorzugt wird. Wem ukrainisches oder russisches Bier nicht schmeckt, der findet überall Importbier zu erschwinglichen Preisen.

Auf den Etiketten bezieht sich die links stehende Prozentangabe auf die Stammwürze, die rechte auf den Alkoholgehalt. Etliche Biersorten gibt es in unterschiedlichen Stärkegraden. Manchmal wird dabei nur nach ›hellem Bier‹ (svetloe pivo) und ›dunklem Bier‹ (tëmnoe pivo) unterschieden, manche Marken haben ihre einzelnen Sorten auch durchnumeriert. Dabei gilt, daß das Bier um so stärker ist, je höher die Zahl.

Manche Geschäfte, Kiosks und Straßenstände füllen Bier auch in mitgebrachte Flaschen, zu erkennen ist diese Möglichkeit an dem Aushang ›razlivnoe pivo‹ (разливное пиво).

Die meist gelben Tankwagen, aus denen noch vor einigen Jahren Bier auf der Straße verkauft wurde, sind verschwunden oder erfüllen inzwischen einen anderen Zweck. Oftmals dienen sie heute zum Verkauf von Kvas, einem alkoholfreien bierähnlichen Getränk aus gegorenem Schwarzbrot und Malz, einem beliebten Durstlöscher im Sommer.

Noch ein paar Worte zu den Trinkgewohnheiten: Zu passender Gelegenheit (und derer gibt es viele) wird gern und viel getrunken – vor allem Vodka; jedoch nie, ohne vor jedem Glas einen Toast auszubringen. Dies kann ein kurzer geistreicher Trinkspruch sein oder auch die Form einer längeren Anekdote annehmen. Anschließend stößt man mit allen Anwesenden an. Vodka trinkt man pur und ›auf ex‹. Es ist üblich, direkt daran anschließend ›nachzubeißen‹ beziehungsweise ›nachzutrinken‹; dies, um den starken Geschmack des Vodkas etwas ›abzumildern‹. So trinken die Einheimischen oft einen Schluck Saft oder Wasser hinterher oder aber genehmigen sich einen Bissen Brot oder eine Gabel der aufgetischten Speisen. Besonders geeignet fürs ›Nachbeißen‹ sind die allseits beliebten eingelegten Salzgurken. Vodkaktrinken ist Kultur und Wissenschaft zugleich! Und noch etwas: Beim Biertrinken wird weder angestoßen noch werden Toasts ausgebracht, bei Wein hingegen ist dies durchaus gebräuchlich!

In diesem Sinne: ›Za zdoróv'e! – Auf die Gesundheit!‹

Sprache

Die Sprache gehört zu den Grundelementen einer ethnischen Identität und hat im post-sowjetischen Kontext zu zahlreichen Auseinandersetzungen geführt. Die Verfassung der Krim vom September 1992, die als vorübergehende Kompromißlösung in den Auseinandersetzungen zwischen Kiev und Simferopol' angenommen wurde, betonte die Gleichberechtigung aller Nationalitäten. Doch sie beschränkte sich auf allgemeine, vor allem mit Hinblick auf die Krimtataren nur sehr begrenzt verwirklichte Grundsätze wie das Recht auf landesweit einheitliche Siedlungsformen und nationale Einrichtungen zur Förderung von Kultur und Sprache. Zu den wichtigsten Kennzeichen dieser Periode im langwierigen Verfassungsstreit gehörte die liberale Sprachenregelung, der zufolge den drei Sprachen Russisch, Ukrainisch und Krimtatarisch eine gleichberechtigte Stellung im offiziellen Sprachgebrauch auf der Krim garantiert wurde. So erschienen zum Beispiel die Beschilderungen der offiziellen Krim-Institutionen in dreisprachiger Ausführung.

Die ukrainische Staatsverfassung vom Juni 1996 verankert jedoch das Ukrainische als einzige Staatssprache auf dem gesamten Territorium der Ukraine, also auch auf der Krim. Ein gewisser konstitutioneller Spielraum ist geblieben: In Regionen mit kompakter Besiedelung durch eine oder mehrere Nationalitäten

Die Lehrkräfte der krimtatarischen nationalen Schule in Zuja

können Sonderregelungen eingeführt werden. Dieser potentielle Freiraum ist allerdings bisher in der Regionalpolitik der Krim nicht konstruktiv ausgeschöpft worden. Wenngleich der Titel ›Staatssprache‹ in einer Region wie der Krim, wo Russisch im Alltag die weitaus wichtigste Sprache ist, nicht automatisch zur Realität wird, so ist diese Entscheidung doch Signal und ausdrucksstarkes Symbol zugleich. Das ukrainische Sprachengesetz von 1989 sah einen ehrgeizigen Übergang zur ukrainischen Sprache innerhalb eines Jahrzehnts vor, doch Kiev hat die Ukrainisierung der Region nicht forciert. Eine als Bedrohung empfundene Ukrainisierung hätte die russisch-nationalistischen beziehungsweise separatistischen Bestrebungen vertiefen können. Während es beispielsweise 1996 bereits vier krimtatarische Schulen auf der Krim gab, existierte noch keine einzige ukrainische Schule – es gab lediglich eine Schule mit speziellen ukrainischen Klassen. 2002 existierten immerhin vier ukrainische Schulen, während sich die Zahl der krimtatarischen auf 14 erhöht hatte.

Gemäß der Volkszählung von 2001 bezeichneten 78,8 Prozent der Krimbevölkerung Russisch als ihre Muttersprache, 9,9 Prozent Ukrainisch und 9,5 Prozent Krimtatarisch (bei Bevölkerungsanteilen von 60,1 Prozent Russen, 23,5 Prozent Ukrainern und 10,3 Prozent Krimtataren). Fast 60 Prozent der Krim-Ukrainer gaben Russisch als ihre Muttersprache an. Über gute Russischkenntnisse verfügen wohl annähernd 100 Prozent der Krimbewohner. Anders als zum Beispiel in Estland und Lettland war die ukrainische Staatsbürgerschaft ab 1991 nicht an die ukrainische Sprache, sondern an den Wohnort gebunden.

Obwohl das Russische die bei weitem geläufigste Sprache auf der Krim ist, genießt es nicht den Status einer offiziellen Amtssprache. Dieser Status wurde und wird von politischen Kräften aber immer wieder verlangt. Die Krimverfassung bezeichnet Russisch nur als die Sprache der Mehrheit der regionalen Bevölkerung und sichert ihren Gebrauch als Sprache des ›interethnischen Kontakts‹ (mežnacional'noe obščenie) in allen Bereichen des gesellschaftlichen Lebens. Auch Krimtatarisch ist nach wie vor keine offizielle Amtssprache der Krim, obwohl die Krimtataren dies schon seit langem fordern. Während die Regierung in Kiev versucht, die ukrainische Sprache auch auf der Krim mehr und mehr durchzusetzen, fehlt den Krimtataren eine derartige Vertretung. Noch dazu wäre ein offizieller Schriftverkehr in Krimtatarisch von vornherein äußerst kompliziert oder sogar unmöglich, da selbst von den zurückgekehrten Krimtataren nur wenige die eigene (Schrift-) Sprache beherrschen.

Auf den Straßen der Krim, in den Geschäften und an der Universität ist überwiegend die russische Sprache zu hören. In den Bars und Cafés läuft fast ausschließlich russischsprachiges Radio. Aber das Ukrainische nimmt an Bedeutung zu, vor allem in Bereichen, in denen der ukrainische Staat von Kiev aus seinen Einfluß geltend machen kann. So beklagen sich viele russischsprachige Krimbewohner darüber, daß sie abgesehen von den Regionalsendern mittlerweile keinen einzigen russischsprachigen Fernsehkanal mehr zur Verfügung haben.

Mitunter, vor allem in den ländlichen Gebieten und im stärker von Ukrainern besiedelten Norden der Krim, ist das Russische von einem kleinen ukrainischen Einschlag geprägt, der unter anderem dadurch zu erkennen ist, daß anstelle des russischen ›g‹ ein gehauchtes ukrainisches ›h‹ gesprochen wird.

Die stockende Ausbreitung des Ukrainischen ist begründbar: Selbst die Krimbewohner, die ukrainischer Nationalität sind, beherrschen ihre Sprache häufig nicht richtig. Zwar ist Ukrainisch an den Schulen für alle Kinder seit langem ein Pflichtfach, doch durch die Nähe der beiden slawischen Sprachen haben viele sie nicht als eigenständige Sprache neu erlernt. Sie können Ukrainisch verstehen, jedoch nicht fließend sprechen oder schreiben.

Zusätzliche Probleme kommen auf die Schulabgänger zu: Die Examen an den ukrainischen Universitäten werden zunehmend auf Ukrainisch abgenommen, was die Chancen der Krim-Jugendlichen verschlechtern könnte. Die Universität von Simferopol' ist die einzige Universität des Landes, die den Status einer russischsprachigen Universität besitzt. Auf der Krim wächst allmählich eine junge, pragmatische Generation heran, für die Zweisprachigkeit (Russisch-Ukrainisch), beziehungsweise im Falle der Krimtataren, die ihre eigene Sprache neu erlernen und pflegen, Dreisprachigkeit (Russisch-Ukrainisch-Krimtatarisch) zur Realität wird.

Die Vereinigung krimtatarischer Lehrkräfte ›Maarifči‹

»Wir setzen uns ein für die Wiederbelebung und Entwicklung der krimtatarischen Sprache in Schule und Erziehung«. Dies sagt Safure Kadžametova, die Vorsitzende der Vereinigung krimtatarischer Lehrkräfte ›Maarifči‹ (Маарифчи) in Simferopol'. Die 1951 in Usbekistan geborene Russischlehrerin und Philologin erklärt denn auch gleich, weshalb es ihre 1995 gegründete Vereinigung braucht: »Von den schon bald 300 000 Krimtataren auf der Halbinsel sprechen rund 90 Prozent ihre Muttersprache nicht mehr!« ›Maarifči‹ will dieses Problem nun von unten her angehen. Die krimtatarischen Schüler sollen in den Schulen intensiv Krimtatarisch lernen und so die Muttersprache wieder in die Familien bringen. Deshalb liegt das Schwergewicht der Arbeit von ›Maarifči‹ in der Forderung nach sowie der Unterstützung von krimtatarischen nationalen Schulen. Zu diesem Zweck eröffnete ›Maarifči‹ im Oktober 1999 das Zentrum für die Entwicklung der krimtatarischen Sprache ›Tasil'‹. Ein besonderes Augenmerk richtet die Organisation auf die unteren Schulstufen, weil man hier noch am meisten bewirken könne.

Safure Kadžametova, die Vorsitzende von ›Maarifči‹

Bis 2002 wurden auf der Krim 14 krimtatarische Schulen eröffnet. In diesen Schulen wird nicht nur besonderer Wert auf den Unterricht in krimtatarischer Sprache gelegt, sondern auch auf das Vermitteln der nationalen Kultur und der Traditionen. Zudem gab es 2002 auf der Krim 56 Schulen, in denen einzelne krimtatarische Klassenzüge geführt werden. Laut Safure Kadžametova besuchten im Jahr 2000 von den rund 40 000 krimtatarischen Schülern nur etwa 5000 krimtatarische Klassen. Für die anderen sei es teilweise schon schwierig, überhaupt ein wenig Unterricht in ihrer Muttersprache zu bekommen. So wurde beispielsweise in Simferopol' im Jahr 2000 nur an 15 von insgesamt 45 Schulen Krimtatarisch angeboten.

Als einen Hauptgrund für die nur zögerliche Verbreitung des Krimtatarischen an den Schulen der Scharzmeerhalbinsel bezeichnet Safure Kadžametova den Umstand, daß viel zu wenig ausgebildete Lehrkräfte zur Verfügung stehen, welche Unterricht in Krimtatarisch erteilen können. An den Hochschulen gibt es keine entsprechenden Ausbildungsmöglichkeiten. Eine weitere große Schwierigkeit liegt im Mangel an krimtatarischen Lehrbüchern. Für andere Fächer hat man zum Teil Übersetzungen von russischen Lehrmitteln, so etwa in Mathematik. Eine besondere Unterstützung erfuhr ›Maarifči‹ durch die Soros-Stiftung, welche die Übersetzung und den Druck von 27 Lehrbüchern in einer Auflage von je 1000 Stück finanzierte.

›Maarifči‹ pflegt enge Kontakte mit der Türkei, deren Sprache mit dem Krimtatarischen eng verwandt ist. Die Vereinigung vermittelt beispielsweise Studienplätze an türkischen Universitäten oder organisiert Austausche von Studierenden und Lehrkräften. ›Maarifči‹ hat schon mehrere Konferenzen zu Bildungs- und Erziehungsfragen durchgeführt, gibt seit 1999 die Zeitung ›Maarif Išleri‹ als Beilage zum Blatt ›Yany Duniya‹ heraus oder vergibt seit 1997 jährlich die Auszeichnung ›Bester Lehrer des Jahres‹. Neben anderen Projekten strebt die Vereinigung in Zusammenarbeit mit ukrainischen Kollegen den Aufbau eines eigenen krimtatarisch-ukrainischen Fernsehsenders zur Verbesserung der jeweiligen Muttersprachkenntnisse an. Das Geld dazu fehlt allerdings noch. Alle Aktivitäten von ›Maarifči‹ sind immer auch begleitet von der Forderung, dem Krimtatarischen den Status einer offiziellen Amtssprache der Autonomen Republik Krim zu gewähren.

Die Büros der Vereinigung ›Maarifči‹ liegen in Simferopol' an der ul. Jaltinskaja 143 (ул. Ялтинская), Wohnung 3, Tel./Fax 06 52/23 25 96, e-mail: maarif@crimea.com.

Das kyrillische Alphabet

Das kyrillische Alphabet entstand am Anfang des 10. Jahrhunderts, als die heutigen Unterschiede zwischen den einzelnen slawischen Sprachen (Polnisch, Tschechisch, Slowakisch, Bulgarisch, Russisch und anderen ostslawischen Sprachen) noch nicht bestanden und eine Verständigung untereinander problemlos möglich war. Die Schaffung einer Schrift, die sich an die in den slawischen Völkern gesprochene Sprache anlehnte, stand in enger Verbindung mit der Christianisierung der einzelnen Länder.

Auf die Bitte Fürst Rastislavs schickte der byzantinische Kaiser Michael III. die beiden Brüder Kyrill (um 827–869) und Method (um 815–885) ins Großmährische Reich, um dort eine selbständige Kirchenorganisation aufzubauen. Die beiden hochgebildeten Patriziersöhne stammten aus der Gegend um Saloniki und waren mit einem altbulgarischen Dialekt vertraut. Für die Missionierungsarbeit in Mähren schuf Kyrill die glagolitische Schrift (slawisch ›glagol‹ – ›Wort‹). Diese ›Glagolica‹, der vermutlich die griechische Majuskelschrift und verschiedene astronomische und chemische Symbole wie auch orientalische Schriftzeichen zugrunde lagen, war dem slawischen Lautsystem vorzüglich angepaßt. Die Brüder übersetzten die wichtigsten Kirchenbücher, bildeten Schüler aus und führten die slawische Liturgie in den Gottesdienst ein.

Die als ›Slawenapostel‹ in die Geschichte eingegangenen Brüder gerieten bald in Konflikt mit der Papstkirche, da sie für die Ebenbürtigkeit der slawischen

Kenntnisse des kyrillischen Alphabets erleichtern die Orientierung

Sprache mit dem Griechischen, Lateinischen und Hebräischen eintraten und das Recht der slawischen Völker auf eine in ihrer Sprache abgehaltene Liturgie verteidigten. Nach dem Tod Kyrills und Methods wurden ihre Schüler aus Mähren vertrieben und gingen nach Bulgarien. Dort entstand das nach Kyrill benannte kyrillische Alphabet, das hauptsächlich auf den griechischen Großbuchstaben und den aus der Glagolica übernommenen Zeichen für die slawischen Zischlaute basierte. Das Altbulgarische (auch Altslawisch oder Altkirchenslawisch genannt) bildete die Grundlage für die Schriftsprache in Bulgarien, in der 988 christianisierten Kiever Rus' und in Serbien. In Rußland wird das kyrillische Alphabet, abgesehen von einigen 1709 durch Peter I. und 1917 durch die Sowjetmacht vorgenommenen Veränderungen, bis heute verwendet. Auch das Ukrainische benutzt das kyrillische Alphabet, allerdings weichen einige Buchstaben vom russischen Kyrillisch ab.

Da eine Orientierung ohne Kenntnis der kyrillischen Buchstaben schwer möglich ist, werden in den Texten die Namen der wichtigsten Orte und Sehenswürdigkeiten sowie der Straßen und Plätze sowohl in der Umschrift (beziehungsweise deutschen Benennung) als auch auf Russisch (oder Ukrainisch für Namen außerhalb der Krim) angegeben. Die Umschrift orientiert sich an der in der wissenschaftlichen Literatur üblichen Transliteration. Nur bei Eigennamen, die auch im deutschen Sprachgebrauch bekannt sind, wurde die gängige Umschreibung vorgezogen.

Russische Transliteration

kyrillisch	lateinisch	Aussprache
А, а	a	›a‹ in Vater
Б, б	b	›b‹ in Ball
В, в	v	›w‹ in Wasser
Г, г	g	›g‹ in gut
Д, д	d	›d‹ in Dom
Е, е	e	›je‹ in jeder
Ť, ë	ë	›jo‹ nach ж, ч, und щ wie in offen, sonst wie Joch
Ж, ж	ž	stimmhaftes ›sch‹ wie in Garage oder Journal
З, з	z	›s‹ in Rose (stimmhaft)
И, и	i	›i‹ in Mine
Й, й	j	kurzes i wie in Mai
К, к	k	›k‹ in Karte
Л, л	l	›l‹ in Lampe
М, м	m	›m‹ in Mutter
Н, н	n	›n‹ in Nase (stimmlos)
О, о	o	›o‹ in Sommer (offen)
П, п	p	›p‹ in Post
Р, р	r	rollendes Zungenspitzen-r wie im Italienischen
С, с	s	›s‹ wie in was
Т, т	t	›t‹ in Tante
У, у	u	›u‹ in Mut
Ф, ф	f	›f‹ in Feder
Х, х	ch	vor a, o, e, u ein ach-Laut wie in Bach vor i ein ich-Laut wie in China
Ц, ц	c	›z‹ in Zebra
Ч, ч	č	›tsch‹ in Kutsche
Ш, ш	š	›sch‹ in Schule
Щ, щ	šč	›schtsch‹ (stimmlos)
ъ		vorangehender Mitlaut wird härter ausgesprochen
Ы, ы	y	zwischen ›i‹ und ›y‹ in Fisch
ь	'	vorangehender Mitlaut wird weicher ausgesprochen
Э, э	ė	›e‹ in Erbe
Ю, ю	ju	›ju‹ in Juni
Я, я	ja	›ja‹ in Jasmin

Ukrainische Transliteration

kyrillisch	lateinisch	Aussprache
А, а	a	›a‹ in Vater
Б, б	b	›b‹ in Ball
В, в	v	›w‹ in Wasser
Г, г	h	›h‹ in Hose (immer hörbar)
Ґ, ґ	g	›g‹ in gut
Д, д	d	›d‹ in Dom
Е, е	e	›e‹ in Bett (halboffen)
Є, є	je	›je‹ in jemand
Ж, ж	ž	stimmhaftes ›sch‹ wie in Garage oder Journal
З, з	z	›s‹ in Rose (stimmhaft)
И, и	y	›e‹ in Gesang (halboffen)
І, і	i	›i‹ in Mine
Ї, ї	ji	›ji‹ in jiddisch
Й, й	j	vor a, o, e und u wie ›j‹ in Maja; nach a, o, e, u und y kürzer, wie ›i‹ in Mai
К, к	k	›k‹ in Karte
Л, л	l	›l‹ in Lampe
М, м	m	›m‹ in Mutter
Н, н	n	›n‹ in Nase
О, о	o	›o‹ in Sommer (offen)
П, п	p	›p‹ in Post
Р, р	r	rollendes Zungenspitzen-r wie im Italienischen
С, с	s	›s‹ wie in was
Т, т	t	›t‹ in Tante
У, у	u	›u‹ in Mut
Ф, ф	f	›f‹ in Feder
Х, х	ch	vor a, o, e, u ein ach-Laut wie in Bach; vor i ein ich-Laut
Ц, ц	c	›z‹ in Zebra
Ч, ч	č	›tsch‹ in deutsch (stimmlos)
Ш, ш	š	›sch‹ in Schule (stimmlos)
Щ, щ	šč	›schtsch‹ (stimmlos)
Ю, ю	ju	›ju‹ in Juni
Я, я	ja	›ja‹ in Jasmin
ь	'	vorangehender Mitlaut wird weicher ausgesprochen

Kleiner Sprachführer

Im Russischen ist zu beachten, daß ein unbetontes ›o‹ meist als ›a‹ ausgesprochen wird. Im Ukrainischen dagegen bleibt ein ›o‹ ein ›o‹. Das Zeichen ' ist in der Transliteration ein Betonungszeichen.

deutsch
russisch [Transliteration]
ukrainisch [Transliteration]

Begrüßungsformeln
Guten Morgen!
Доброе утро! [Dóbroe útro!]
Доброго ранку! [Dóbroho ránku!]

Guten Tag!
Добрый день! [Dóbryj den'!]
Добрий день! [Dóbryj den'!]

Guten Abend!
Добрый вечер! [Dóbryj véčer!]
Добрий вечір! [Dóbryj véčir!]

Gute Nacht!
Спокойной ночи! [Spokójnoj nóči!]
Добраніч! [Dobránič!]

Hallo!
Привет! [Privét!]
Привіт! [Pryvít!]

Tschüß!
Пока! [Poká!]
Пока! [Póka!]

Seien Sie gegrüßt!/Seid gegrüßt!
Здравствуйте! [Zdrávstvujte!]
Здрастуйте! [Zdrástujte!]

Herr …
господин … [gospodín]
пан … [pan]

Frau …
госпожа … [gospožá]
пані … [páni]

Wie heißt Du/heißen Sie?
Как тебя/вас зовут? [Kak tebjá/vas zovút?]
Як тебе/вас звуть? [Jak tebé/vas zvut'?]

Ich heiße …
Меня зовут … [Menjá zovút …]
Мене звуть … [Mené zvut' …]

Wie geht es Dir/geht es Ihnen?
Как вы поживаете? [Kak vy/ty poživáete/poživáeš'?]
Як ваші/твої справи? [Jak vaši/tvoji spravy?]

Danke, gut.
Хорошо, спасибо. [Chorošó, spasíbo.]
Добре, дякую. [Dóbre, djákuju.]

Schlecht.
Плохо. [Plócho.]
Погано. [Poháno.]

Es geht so.
Нормально. [Normál'no.]
Нормально. [Normál'no.]

Danke!
Спасибо! [Spasíbo!]
Дякую! [Djákuju!]

Bitte!
Пожалуйста! [Požálujsta!]
Будь ласка! [Bud' láska!]

ja
да [da]
так [tak]

nein
нет [net]
ні [ni]

Entschuldigung!
Извините! [Izviníte!]
Вибачте! [Výbačte!]

Macht nichts.
Ничего. [Ničegó.]
Ничого. [Ničóho.]

Hilfe!
Помогите! [Pomogíte!]
Допомога! [Dopomóha!]

Ich verstehe nicht!
Я не понимаю! [Ja ne ponimáju!]
Я не розумію! [Ja ne rozumíju!]

Sprechen Sie deutsch/englisch?
Вы говорите по-немецки / по-английски?
[Vy govoríte po-nemécki/po-anglíjski?]
Чи ви розмовляете німецькою /англійською мовою?
[Čy vy rozmovljáete niméc'koju/ anhlíjs'koju móvoju?]

Bitte sprechen Sie langsam.
Говорите, пожалуйста, медленно.
[Govoríte, požálujsta, médlenno.]
Будь ласка,розмовляете помало!
[Bud' láska, rozmovljáete pómalo!]

Schreiben Sie mir das bitte auf.
Напишите мне это, пожалуйста.
[Napišite mne ėto, požalujsta.]
Будь ласка, напішить мені це. [Bud' láska, napyšít' meni ce.]

Ich weiß nicht.
Я не знаю. [Ja ne znáju.]
Я не знаю. [Ja ne znáju.]

Zeitangaben
Wie spät ist es?
Который час? [Kotóryj čas?]
Котра година? [Kótra hodýna?]

Um wieviel Uhr?
Во сколько? [Vo skól'ko?]
Коли? [Kóly]

heute
сегодня [segódnja]
сьогодні [s'ohódni]

morgen
завтра [závtra]
завтра [závtra]

übermorgen
послезавтра [poslezávtra]
післязавтра [pisljazávtra]

gestern
вчера [včerá]
вчора [včóra]

täglich
ежедневно [ežednévno]
щодня [ščódnja]

am Morgen
утром [útrom]
ранком [ránkom]

vormittags
до обеда [do obéda]
Я не знаю. [péred obídom]

mittags
в полдень [v pólden']
в обід [v obíd]

nachmittags
после обеда [pósle obéda]
після обіду [píslja obídu]

am Abend
вечером [véčerom]
ввечері [vvéčeri]

Nacht
ночь [noč]
ніч [nič]

Stunde
час [čas]
година [hodýna]

Tag
день [den']
день [den']

Woche
неделя [nedélja]
тиждень [týžden']

jetzt
сейчас [sejčás]
зараз [záraz]

bald
скоро [skóro]
скоро [skóro]

früher
раньше [ránše]
раніш [rániš]

später
поже [póže]
пізніше [pizníše]

Wochentage

Montag
понедельник [ponedél'nik]
понеділок [ponedílok]

Dienstag
вторник [vtórnik]
вівторок [vivtórok]

Mittwoch
среда [sredá]
середа [seredá]

Donnerstag
четверг [četvérg]
четвер [četvér]

Freitag
пятница [pjátnica]
п'ятниця [p'játnycja]

Samstag/Sonnabend
суббота [subbóta]
субота [subóta]

Sonntag
воскресенье [voskresén'e]
неділя [nedílja]

Ortsangaben

wo
где [gde]
де [de]

rechts
справа [správa]
праворуч [pravóruč]

links
слева [sléva]
ліворуч [livóruč]

geradeaus
прямо [prjámo]
прямо [prjámo]

zurück
назад [nazád]
назад [nazád]

gegenüber
напротив [naprótiv]
напроти [napróty]

weit
далеко [dalekó]
далеко [daléko]

nah
близко [blízko]
близько [blíz'ko]

hier
здесь [zdes']
тут [tut]

dort
там [tam]
там [tam]

Norden
север [séver]
північ [pivníč]

Süden
юг [jug]
південь [pivdén']

Westen
запад [západ]
захід [záchid]

Osten
восток [vostók]
схід [schid]

Wo ist …?
Где находится … ?
[Gde nachóditsja …?]
Де знаходиться … ?
[De znachódyt'sja …?]

Wie komme ich zu …?
Как мне дойти до...? [Kak mne dojtí do...?]
Як мені дойти до..? [Jak méni dojtý do...?]

Straße
улица [úlica]
вулиця [vúlycja]

Platz
площадь [plóščad']
площа [plóšča]

Brücke
мост [most]
міст [mist]

Strand
пляж [pljaž]
пляж [pljaž]

Bank
банк [bank]
банк [bank]

Kirche
церковь [cérkov']
церква [cérkva]

Kloster
монастырь [monastýr']
монастир [monastýr]

Museum
музей [muzéj]
музей [muzéj]

Theater
театр [teatr]
театр [teatr]

Postamt
почтамт [počtámt]
поштамт [poštámt]

Internetcafé
Интернет кафе [Internét kafé]
Інтернет кафе [Internét kafé]

Eingang
вход [vchod]
вхід [vchid]

Ausgang
выход [východ]
вихід [výchid]

Toilette
туалет [tualét]
туалет [tualét]

Mann
мужчина [mužčína] (Abk.: М)
чоловік [čolovík] (Abk.: Ч)

Frau
женщина [žénščina] (Abk.: Ж)
жінка [žínka] (Abk.: Ж)

Reise
Bahnhof
вокзал [vokzál]
вокзал [vokzál]

Zug
поезд [póezd]
потяг/поїзд [potjáh/pójizd]

Fahrkarte
билет [bilét]
квиток [kvytók]

Fahrplan
расписание [razpisánie]
розклад [rosklád]

Wann fährt der Zug nach …?
Во сколько отправляется поезд на...? [Vo skól'ko otpravljáetsja póezd na...?]
Коли виправляется потяг на...? [Kóly vypravljáetsja pótjah na...?]

Von welchem Bahnsteig?
С какого платформа? [S kakógo platfórma?]
З якої колії? [Z jákoji kóliji?]

Einen Fahrschein nach …, bitte!
Один билет на...,, пожалуйста. [Odín bilét na ..., požálujsta.]
вокзал [Odýn kvytók na..., bud' láska.]

Abfahrt
отправление [otpravlénie]
відправлення [vidprávlennja]

Ankunft
прибытие [pribýtie]
прибуття [prybuttjá]

Verspätung
опоздание [opozdánie]
спізнення [spíznennja]

Bus
автобус [avtóbus]
автобус [avtóbus]

Trolleybus
троллейбус [trolléjbus]
троллейбус [trolléjbus]

Straßenbahn
трамвай [tramváj]
трамвай [tramváj]

U-Bahn
метро [metró]
метро [metró]

Haltestelle
остановка [ostanóvka]
зупинка [zupýnka]

Vorortzüge
пригородные поезда [prígorodnye poezdá]
приміські поїзди [prymis'kí pojizdý]

Flugplatz
аэропорт [aėropórt]
аеропорт [aeropórt]

Tankstelle
автозаправочная станция [avtozaprávočnaja stáncija]
автозаправна станція [avtozaprávna stáncija]

Autowerkstatt
авторемонтная мастерская [Avtoremóntnaja masterskája]
станція техобслуговування [stáncija techobslúhovovannja]

Ich habe eine Panne.
У меня поломалась машина. [U menjá polomálas' mašína.]
Моя машина несправна. [Mojá mašýna nesprávna.]

Unterkunft
Hotel
гостиница [gostínica]
готель [hotel']

Pension
пансион [pansión]
пансіон [pansión]

Zimmer
номер [nómer]
номер [nómer]

Campingplatz
кемпинг [kémping]
кемпінг [kémping]

Ich möchte ein Einzel-/Doppelzimmer
Я хотел бы номер на одного человека/на двух человек. [Ja chotél by nómer na odnogó čelovéka/na dvuch čelovék.]
Я хотел би одинарний/двійний номер. [Ja chotel by odynárnyj/dvíjnyj nomer.]

Wieviel kostet das Zimmer?
Сколько стоит номер? [Skol'ko stoit nomer?]
Скільке коштує номер? [Skil'ke koštuje nomer?]

Ich möchte … Tage bleiben.
Я хочу остаться на ... дней [Ja chočú ostát'sja na ... dnej.]
Я хочу залишитися на ... днів. [Ja chóču zalýšytysja na ... dniv.]

Dusche/Bad
душ/ванная комната [duš/vánnaja kómnata]
душ/ванна [duš/vánna]

Essen und Trinken
Restaurant
ресторан [restorán]
ресторан [restorán]

Frühstück
завтрак [závtrak]
сніданок [snidánok]

Mittagessen
обед [obéd]
обід [obíd]

Abendessen
ужин [úžin]
вечеря [večérja]

Speisekarte
меню [menjú]
меню [menjú]

Vorspeisen
закуски [zakúski]
закуски [zakúsky]

warme Speisen
горячие блюда [gorjáčie bljúda]
гарячі страви [harjáči stravy]

kalte Speisen
холодные блюда [cholódnye bljúda]
холодні страви [cholódni strávy]

Dessert
десерт [desért]
десерт [desért]

Fisch
рыба [rýba]
риба [rýba]

Fleisch
мясо [mjáso]
м'ясо [m'jáso]

Rindfleisch
говядина [govjádina]
яловичина [jálovyčyna]

Schweinefleisch
свинина [svinína]
свинина [svynýna]

Käse
сыр [syr]
сир [syr]

Obst
фрукты [frúkty]
фрукти [frúkty]

Gemüse
овощи [óvošči]
овочі [óvoči]

Brot
хлеб [chleb]
хліб [chlib]

Saft
сок [sok]
сік [sik]

Mineralwasser
минеральная вода [minerál'naja vodá]
мінеральна вода [minerál'na vodá]

Tee
чай [čaj]
чай [čaj]

Kaffee
кофе [kófe]
кава [káva]

...mit Zitrone
с лимоном [s limónom]
з лимоном [z lymónom]

...mit Milch
с молоком [s molokóm]
з молоком [z molokom]

...mit Zucker
с сахаром [s sácharom]
з цукром [z cúkrom]

Wein
вино [vinó]
вино [vynó]
Weißwein
белое вино [béloe vinó]
біле вино [bíle vynó]

Rotwein
красное вино [krásnoe vinó]
червоне вино [červóne vynó]

Sekt
игристое вино [igrístoe vino]
ігристе вино [ihrýste vynó]

Bier
пиво [pívo]
пиво [pývo]

vom Faß
из бочки [iz bóčki]
з бочки [z bóčky]

Messer
нож [nož]
ніж [niž]

Gabel
вилка [vílka]
виделка [vydélka]

Löffel
ложка [lóžka]
ложка [lóžka]

Glas
стакан [stakán]
склянка [skljánka]

Tasse
чашка [čaška]
чашка [čaška]

Flasche
бутылка [butýlka]
бутилка [butýlka]

Salz
соль [sol′]
сіль [sil′]

Pfeffer
перец [pérec]
перець [pérec′]

Geben Sie mir bitte die Rechnung.
Дайте мне рахунек, будь ласка.
[Dájte mne rachúnek, bud′ láska.]
Дайте мне счёт, пожалуйста.
[Dájte mne sčët, požálujsta.]

Einkaufen
geöffnet
открыто [otkrýto]
відкрито [vidkrýto]

geschlossen
закрыто [zakrýto]
закрито [zakrýto]

Geschäft
магазин [magazín]
магазин [mahazýn]

Kaufhaus
универмаг [univermág]
універмаг [univermáh]

Lebensmittelladen
гастроном [gastronóm]
гастроном [gastronóm]

Bäckerei
булочная [búločnaja]
булочна [búločna]

Zeitungskiosk
газетный киоск [gazétnyj kiósk]
газетний кіоск [hazétnyj kiósk]

Auf dem Markt

Fotogeschäft
магазин фототоваров [magazín fototovárov]
магазин фототоварів [mahazýn fototováriv]

Wo kann man … kaufen?
Где можно купить...? [Gde móžno kupít'...?]
Где можно купити...? [Gde móžno kupýty...?]

Ich brauche …
Мне нужно... [Mne núžno...]
Мені потребно... [Meni potrébno...]

Wieviel kostet …?
Сколько стоит...? [Skól'ko stóit...?]
Скільки коштує...? [Skil'ky koštuje...?]

Gramm
грамм [gramm]
грамм [hramm]

Kilo
килограмм [kilográmm]
кілограмм [kilohrámm]

groß
большой [bol'šój]
великий [velýkyj]

klein
маленький [málen'kij]
маленький [malén'kyj]

Gesundheit

Arzt
врач [vrač]
лікар [líkar]

Zahnarzt
зубной врач [zubnój vrač]
зубний лікар [zubnýj likar]

Krankenhaus
больница [bol'níca]
лікарня [likárnja]

Apotheke
аптека [aptéka]
аптека [aptéka]

Medikamente
лекарство [lekárstvo]
ліки [líky]

Pflaster
пласта [plásta]
пластер [pláster]

Ich habe Kopfschmerzen.
У меня болит голова. [U menjá bolít golová.]
В мене болить голова. [V méne bolýt' holová.]

Ich habe Zahnschmerzen.
У меня болят зубы. [U menjá bolját zúby.]
В мене болять зуби. [V méne bolját' zúby.]

Erkältung
простуда [prostúda]
простуда [prostúda]

Fieber
температура [temperatúra]
температура [temperatúra]

Durchfall
понос [ponós]
понос [ponós]

Sonnenbrand
солнечный ожёг [sólnečnyj ožóg]
солнячний опік [sólnjačnyj opik]

Rufen Sie bitte einen Arzt.
Вызовите, пожалуйста, врача. [Výzovite, požálujsta, vračá.]
визвіть, будь ласка, врача. [výzvit', bud' láska, vračá]

Zahlen

eins
один [odín]
один [odýn]

zwei
два [dva]
два [dva]

drei
три [tri]
три [try]
vier
четыре [četýre]
чотири [čotýry]

fünf
пять [pjat']
п'ять [p'jat']

sechs
шесть [šest']
шість [šist']

sieben
семь [sem']
сім [sim]

acht
восемь [vósem']
вісім [vísim]

neun
девять [dévjat']
девять [dévjat']

zehn
десять [désjat']
десять [désjat']

elf
одиннадцать [odínnadcat']
одинадцять [odýnadcjat']

zwölf
двенадцать [dvenádcat']
дванадцять [dvanádcjat']

dreizehn
тринадцать [trinádcat']
тринадцять [trynádcjat']

vierzehn
четырнадцать [četýrnadcat']
чотирнадцять [čotýrnadcjat']

fünfzehn
пятнадцать [pjatnádcat']
п'ятнадцять [p'jatnádcjat']

sechzehn
шестнадцать [šestnádcat']
шістнадцять [šistnádcjat']

siebzehn
семнадцать [semnádcat']
сімнадцять [simnádcjat']

achtzehn
восемнадцать [vosemnádcat']
вісімнадцять [visimnádcjat']

neunzehn
девятнадцать [devjatnádcat']
девятнадцять [dev'jatnádcjat']

zwanzig
двадцать [dvádcat']
двадцять [dvádcjat']

einhundert
сто [sto]
сто [sto]

eintausend
тысяча [týsjača]
тисяча [týsjača]

Simferopol', die Hauptstadt der Krim, ist für viele Touristen nur Durchgangsstation auf dem Weg in den Süden. Zu Unrecht, denn als kulturelles und wirtschaftliches Zentrum hat die Stadt einiges zu bieten. Sie ist auch ein guter Ausgangspunkt für Erkundungen der ruhigen Westküste.

Simferopol' und die Westküste

Simferopol'

Die Hauptstadt Simferopol' (Симферополь) ist das kulturelle und wirtschaftliche Zentrum der Krim. Fast in der geographischen Mitte der Halbinsel zwischen Steppen- und Bergregion gelegen, ist Simferopol' auch der Verkehrsknotenpunkt. Hier laufen die wichtigsten Straßen zusammen, von hier aus ist die Krim an die Ukraine und Rußland angeschlossen. In der Nachkriegszeit wurde die 1395 Kilometer lange Straßenverbindung Simferopol'–Moskau fertiggestellt. Von ihrer symbolischen Bedeutung zeugen die Wegweiser an einigen Straßenkreuzungen, die neben Orten der Umgebung auch Moskau als weiteren Orientierungspunkt angeben. Lange an zweiter Stelle, ist Simferopol' mittlerweile mit 344 000 Einwohnern (im Jahr 2001) die größte Stadt der Krim und hat damit Sevastopol' (342 000 Einwohner) knapp überholt.

Simferopol' besitzt den einzigen internationalen und mittlerweile modernen Flughafen der Krim und ist häufig nur Durchgangsstation von Touristen auf ihrem Weg zur Südküste. Zu Unrecht – denn gerade diese Stadt vermittelt einen guten Eindruck vom Alltagsleben auf der Krim, das bei weitem mehr Facetten aufweist als nur Urlaubsstimmung und Sanatoriumsatmosphäre in den Kurorten.

Simferopol' wird durch zwei Gebirgszüge im Süden geschützt, die jährliche Durchschnittstemperatur liegt bei 10,2 °C. Die heißesten Monate sind Juli und August mit 30 bis 38 °C. Drückende Luft und trockener Staub bestätigen dann den

Blick über Simferopol'

ironischen Zweitnamen ›Simferopyl'‹ – pyl' bedeutet auf Russisch ›Staub‹. Arge Wasserprobleme machen der Stadt vor allem in den heißen Sommern zu schaffen. Der Wasserhahn bleibt für private Haushalte mitunter mehrere Tage abgestellt, zeitweilig ist ein aus dem Dnipro gespeister Kanal die einzige Wasserquelle.

Mitten durch die Stadt schlängelt sich der Salgir, der längste Fluß der Krim. Früher ein mächtiger Strom, ist er heute an vielen Stellen nicht mehr als ein Bach, der im Sommer rasch austrocknet. Der Salgir, schon von Puškin in seinem Poem ›Bachčisarajskij Fontan‹ als Symbol der Krim gepriesen, entsteht einige Kilometer südöstlich von Simferopol' aus dem Zusammenfluß von kleineren Flüssen und Bächen. Gleich hinter dem Ortsausgang von Simferopol', auf der linken Straßenseite in Richtung Südküste, wurde Anfang der 1950er Jahre ein Wasserschutzgebiet mit Stausee angelegt, durch den der Salgir hindurch fließt. Der See wird mitunter das ›Meer von Simferopol'‹ (Simferopol'skoe more) genannt und fügt sich mit seiner Lage vor einem kleinen Berghang in die Wald- und Grasumgebung ein wie ein natürlicher See. Er lädt zum Spaziergang oder Picknick ein und bietet Zuflucht vor dem betriebsamen Alltag der Stadt.

Geschichte

Im Vergleich zu Städten wie Kerč', Feodosija und Evpatorija ist Simferopol' eine sehr junge Stadt. Sie wurde 1784 gegründet, ein Jahr nach der Angliederung der Krim an Rußland und der Entstehung von Sevastopol'.

Vielerorts trifft man auf die Spuren einer bewegten Geschichte. In Simferopol' und seiner nahen Umgebung siedelten bereits Steinzeitmenschen, Taurier und Skythen. Einer der ältesten auf dem Gebiet der ehemaligen Sowjetunion gefundenen Siedlungsreste ist die etwa 50 000 Jahre alte Grotte Čokurča aus dem Paläolithikum am nördlichen Stadtrand von Simferopol'.

Schon im 7. und 6. Jahrhundert vor Christus gelangten die Skythen auf die Krim. Ihr weitläufiger Staat reichte schließlich von der Donau bis zum Don und schloß die Krim ein. Ihr Zentrum verlagerte sich von der Dnipro-Gegend auf die Krim, und ›Neapolis‹ – griechisch für ›Neue Stadt‹ – wurde die Hauptstadt des späten Skythenreiches. Zwar unterlagen die Skythen den Griechen Ende des 2. vorchristlichen Jahrhunderts, doch ihr Reich bestand bis zum 4. Jahrhundert fort. Die um 370 nach Christus eindringenden Hunnenhorden hinterließen schließlich von Neapolis nur noch Ruinen.

In den 1830er kamen russische Truppen bis auf die Krim und zerstörten 1736 Ak-Mečet' (Weiße Moschee), die krimtatarische Vorgängersiedlung von Simferopol'. Diese war um eine Moschee herum entstanden, die aus für Krimtataren-Moscheen untypischem weißen Kalkstein gebaut war. 1993 wurde an dieser

Stelle, auf dem Gebiet der heutigen ul. Kurčatova 4 (ул. Курчатова) im Zentrum von Simferopol', mit dem Wiederaufbau der Moschee begonnen. Inzwischen sind die Renovierungsarbeiten abgeschlossen, die Kebir-Džami-Moschee ist bereits seit einigen Jahren wieder in Benutzung.

Die russisch-türkischen Kriege fanden 1774 mit dem Sieg Rußlands und dem Ende der Abhängigkeit der Krim vom Osmanischen Reich ein vorläufiges Ende. An die Ankunft russischer Truppen 1771 erinnert ein Mitte des 19. Jahrhunderts errichteter Obelisk im heutigen Stadtzentrum von Simferopol' in der ul. Žukovskogo.

Als neue kriegerische Auseinandersetzungen mit der Türkei aufflackerten, wurde 1777 der russische Feldherr Fürst Aleksandr Vasilevič Suvorov zu Hilfe gerufen. Er ließ sich mit seinen Truppen am linken Salgirufer nieder, wo schon 1771 die russischen Truppen unter Dolgorukov gelagert hatten. Im Jahre 1783 dankte der letzte Khan ab. An Suvorov erinnert ein wuchtiges Denkmal am Hang des westlichen Salgirufers hinter der Hauptpost (ul. Rozy Ljuksemburg 1).

Per Ukas legte Katharina II. im Februar 1784 den Grundstein für das Gebiet Taurien unter Generalgouverneur Potëmkin. Simferopol' wurde aus geographischen und wirtschaftlichen Gründen als Verwaltungs- und Handelszentrum in der Nähe von Ak-Mečet' errichtet. Der Name Simferopol' entsprach der Mode, griechische Namen nachzuahmen, und hieß wörtlich übersetzt ›Sammlerstadt‹. Die neu gegründete Stadt sollte die einzelnen Teile der Krim miteinander verbinden. Die ersten Siedler in Simferopol' waren Soldaten sowie russische und ukrainische Adlige mit ihren Leibeigenen. Nach dem Tod von Katharina II. im Jahre 1796 stockte der wirtschaftliche Aufbau von Simferopol', das nun wieder in Ak-Mečet' umbenannt wurde. Unter Alexander I. entstand 1802 das neue Gouvernement Taurien mit Simferopol' als Zentrum, doch der Ausbau der Stadt ging weiterhin nur langsam voran. In den Jahren 1824 bis 1826 wurde die erste Straße von Simferopol' nach Alušta gebaut, in den 1830er Jahren erfolgte der Anschluß an Jalta.

Im Krimkrieg (1853–1856) wurden Teile der Stadt evakuiert, obgleich sie nie ernsthaft bedroht war und hier in erster Linie Verwundete in den Lazaretten behandelt wurden.

In der zweiten Hälfte des 19. Jahrhunderts wurde Simferopol' von der rascheren Entwicklung in ganz Rußland erfaßt. 1874 wurde die Bahnlinie Losovaja – Simferopol' eröffnet (Losovaja liegt in der Ukraine, nordöstlich von Dnipropetrovs'k), 1875 wurden Simferopol' und Sevastopol' durch eine Bahnlinie verbunden.

In den 1880er Jahren wurde mit der Bebauung des rechten Salgirufers begonnen, das durch die Grundstücke der Gutsbesitzer, durch Gärten und Fabriken geprägt war. Ende des Jahrhunderts war das Gebiet zwischen dem heutigen pr. Kirova und der ul. Špoljanskoj (ул. Шполянской) ins Stadtgebiet integriert. 1910 waren in Simferopol' etwa 65 000 Einwohner registriert, die Wohnbedingungen für einen Großteil der Bevölkerung waren katastrophal.

Zur Zeit der Februarrevolution 1917 gab es in Simferopol' noch keine bolschewistische Organisation. Menschewisten und Sozialrevolutionäre übernahmen im neuen Sowjet die Führung. Nach massiver Aufbauarbeit – die ersten bolschewistischen Treffen fanden in den kleinen, heute noch atmosphärisch passenden

Die Kebir-Džami-Moschee im Altstadtviertel Ak-Mečet'

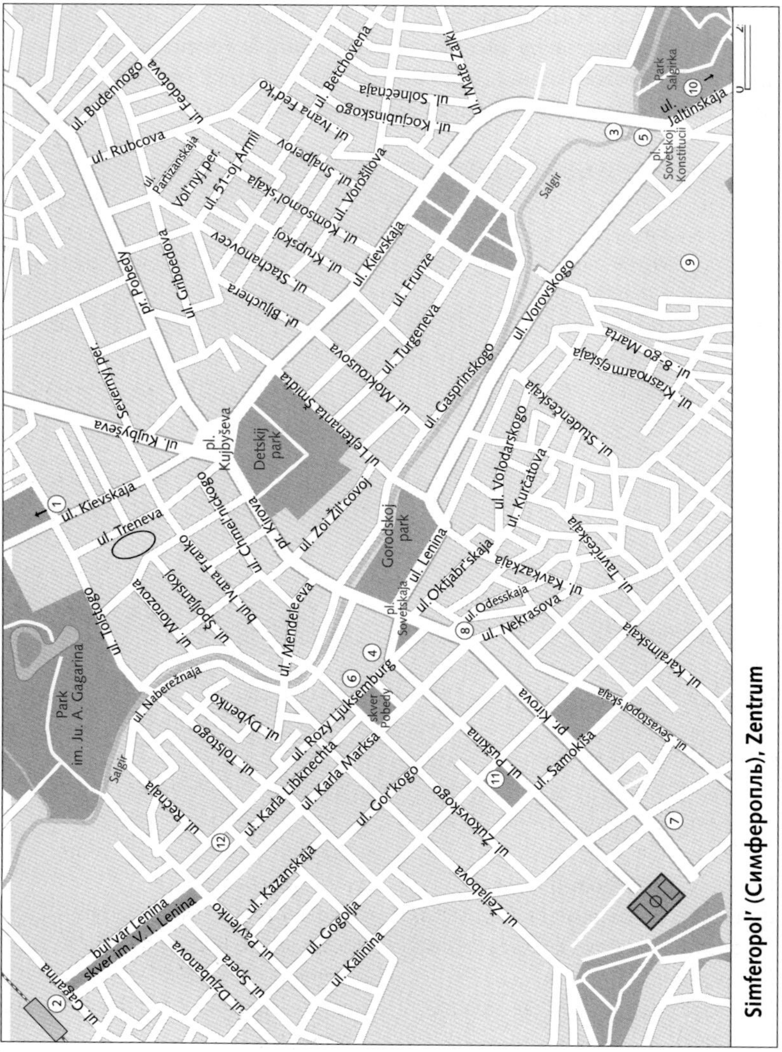

Simferopol' (Симферополь), Zentrum

Legende

1 Flughafen (Аэропорт)
2 Bahnhof (Вокзал)
3 Busbahnhof (Автовокзал)
4 Hauptpostamt (Главпочтамт)
5 Hotel ›Moskau‹ (Гостиница ›Москва‹)
6 Hotel ›Ukraina‹ (Гостиница ›Украина‹)
7 Zentralmarkt (Центральный Рынок)

Häusern hinter der orthodoxen Kathedrale zur Heiligen Dreifaltigkeit (Svjato-Troickij kafedral'nyj sobor, ul. Odesskaja 16) statt – etablierte sich die Sowjetmacht in Simferopol' erst im Januar 1918. Bereits kurz darauf wurde die Krim von deutschen und ukrainischen Truppen besetzt. Im Bürgerkrieg fiel die Stadt in die Hände weißer Truppen und wurde erst im November 1920 von roten Truppen unter Michail Frunze zurückerobert.

Vom 18. Oktober 1921 an war Simferopol' die Hauptstadt der Autonomen Sowjetrepublik Krim innerhalb der RSFSR. Im Zweiten Weltkrieg wurde die Stadt von November 1941 bis April 1944 von deutschen Truppen besetzt. Im Gedenken an die Befreiung steht noch heute im Zentrum der Stadt, auf dem Platz des Sieges (skver Pobedy – сквер Победы) vor dem Parlamentsgebäude (Oberste Rada der Krim), ein sowjetischer T-34-Panzer, der an der Schlacht zur Befreiung Simferopol's teilgenommen hatte und dessen Besatzung dabei ums Leben kam. Der Panzer ist nach wie vor ein beliebtes Fotomotiv bei Einwohnern und Besuchern und dient den Simferopolern als Treffpunkt.

Die Stadt ist mit den Namen zahlreicher Künstler und Literaten verbunden. Vor allem in den zwanziger Jahren des 19. Jahrhunderts machten viele hier Station. Die Stadt selbst wurde jedoch nur selten zum Thema ihrer Werke.

Unter anderem weilte Aleksandr Puškin 1820 in Simferopol'; das Haus, in dem er damals lebte, ist jedoch nicht mehr erhalten. Am pr. Kirova 24 steht dafür noch das Haus des bekannten Arztes Mjul'gausen (Mülhausen), wo sich Puškin während seines Aufenthaltes behandeln ließ. Die ul. Puškina wurde zu Ehren von Puškins 100. Geburtstag nach ihm benannt. Sie stellt ein gutes Beispiel der Architektur des

8 Kaufhaus (Центральный Универмаг ›ЦУМ‹)
9 Ruinen der Skythenstadt (Неаполь-Скифский)
10 Universität (Университет)
11 Heimatkundemuseum (Крымский республиканский краеведческий музей)
12 Kunstmuseum (Художественный музей)

Straßen und Plätze

Gogolja, ul. (Гоголя, ул.)
Gor'kogo, ul. (Горького, ул.)
Karla Libknechta, ul. (Карла Либкнехта, ул.)
Karla Marksa , ul. (Карла Маркса, ул.)
Kievskaja, ul. (Киевская, ул.)
Kirova, pr. (Кирова, пр.)
Kujbyševa, pl. (Куйбышева, пл.)
Lenina, ul. (Ленина, ул.)
Mendeleeva, ul. (Менделеева, ул.)
Odesskaja, ul. (Одесская, ул.)
Puškina, ul. (Пушкина, ул.)
Rozy Ljuksemburg, ul. (Розы Люксембург, ул.)
Sevastopol'skaja, ul. (Севастопольская, ул.)
Sovetskaja, pl. (Советская, пл.)
Tolstogo, ul. (Толстого, ул.)
Vorovskogo, ul. (Воровского, ул.)
Žukovskogo, ul. (Жуковского, ул.)

19. Jahrhunderts dar. Heute wie damals befinden sich im Erdgeschoß Geschäfte und Cafés, darüber leisten sich Wohlhabende eine Wohnung im Zentrum. Einige Abschnitte der ul. Puškina und der ul. Karla Marksa wurden 2002 ansprechend restauriert und laden nun als Fußgängerzonen zum Flanieren und Einkaufen ein.

Dem Schriftsteller Aleksandr Griboedov, der im Juni 1825 nach Simferopol' kam, gefiel die Stadt nicht – er bezeichnete sie als dreckig. Auch Lev Tolstoj lebte von 1854 bis 1855 in Simferopol', er wohnte in der heutigen ul. Tolstogo 4.

Sehenswürdigkeiten

Auf dem Plateau der Petrov-Felsen (Petrovskie Skaly) am südöstlichen Stadtrand haben sich Reste der Skythenstadt Neapolis (Neapol' Skifskij) erhalten. Den Bewohnern von Simferopol' war die Skythenstadt lange Zeit unter der Bezeichnung ›Kermenčik‹ – kleine Festung – bekannt. Noch im 18. Jahrhundert waren zahlreiche Reste der Verteidigungsmauern und verschiedene Gebäude vorhanden, deren Steine jedoch ungehindert für Neubauten verwendet wurden. Trotz etappenweiser Ausgrabungen im 19. Jahrhundert, die unter anderem Inschriften und Münzabbildungen zu Tage förderten, wurden Verfall und Zerstörung nicht gestoppt. Bis zum Ende des 19. Jahrhunderts war nicht viel mehr als ein hügeliges Brachgelände mit einigen Fundamenten und Steinresten übriggeblieben. Die Festungsmauern waren kaum noch zu erkennen. Erst nach dem Zweiten Weltkrieg wurden systematische Ausgrabungen aufgenommen, bei denen neben Steinhäusern und Freskenresten ein Mausoleum entdeckt wurde. Weitere Funde weisen auf Reichtum, ausgedehnte Handelsbeziehungen und die Bedeutung der Landwirtschaft hin.

Heute ist das Gelände markiert, jedoch nach wie vor frei zugänglich. Von oben reicht der Blick auf die Neubaugebiete Simferopols – der Kontrast zu den skythischen Siedlungsresten könnte kaum größer sein. Es bedarf zwar einer Portion Phantasie, um sich aus einem Turm und einigen Fundamentresten die einst blühende Skythenhauptstadt vorstellen zu können, doch lohnt der Aufstieg allemal.

Die Ruinen der Skythenstadt Neapolis sind am besten vom Salgir aus zu erreichen. Der Aufstieg beginnt in der ul. Vorovskogo am Ausgang eines kleinen Parks, des skver Mira (сквер Мира). Diesen Park kann man auch von der ul. Kievskaja aus erreichen, zu erkennen ist er am Partisanendenkmal. Hier befindet sich auch eine Haltestelle der Trolleybuslinien 4, 6 und 12. Durchquert man den Park vom Partisanendenkmal aus geradeaus bis zur ul. Vorovskogo, sieht man auf der anderen Straßenseite bereits den Weg, der zu den Ausgrabungen hinaufführt. Ein paar Meter rechts vom Weg nach Neapolis beginnt eine Treppe, die den Aufstieg mit einer schönen Aussicht auf Simferopol' belohnt. Diese Treppe trägt den Namen ›Treppe der Liebe‹ – ›Lestnica ljubvi‹ (Лестница любви).

Im Stadtzentrum sind einige kleine Häuser vom Ende des 18. und Anfang des 19. Jahrhunderts heute noch erhalten, so zum Beispiel in der ul. Odesskaja, die wie eine Filmkulisse wirkt. Die damals noch immer kleine Stadt beschränkte sich bis Ende der 1830er Jahre im wesentlichen auf das heutige Viereck, das von den Straßen ul. Puškina, ul. Gor'kogo, ul. Tolstogo und dem Salgir gebildet wird. Noch heute sind alte prunkvolle Häuser in der ul. Karla Marksa erhalten. In den Parallelstraßen findet man hier und dort einfache, einstöckige Häuser – ihre Fensterreihe befindet sich heute auf einer Höhe mit dem Fußweg.

Nach Michail Frunze war bis vor kurzem die Simferopoler Universität in der ul. Jaltinskaja 4 (ул. Ялтинская) benannt, die 1918 gegründet und im Laufe ihres Bestehens etliche Umbenennungen mitgemacht hat: Hieß sie zunächst Taurische Universität, wurde sie bereits drei Jahre nach der Gründung umbenannt in Krim-Universität. 1925 wurde auf dieser Grundlage das Staatliche Pädagogische Institut der Krim gegründet. In dieser Form blieb die Lehranstalt lange Zeit bestehen, erst 1972 kam es wieder zu einer Umbenennung, und sie erhielt den Namen ›Simferopoler Staatliche Frunze-Universität‹. Das Denkmal zu Ehren Frunzes steht nach wie vor auf dem Vorplatz der Universität, ansonsten ist einiges im Umbruch: Seit 1999 nennt sich die Lehranstalt ›Taurische Nationale Vernadskij-Universität‹, und im Jahr 2002 konnten umfassende Renovierungsarbeiten abgeschlossen werden (mehr zur Uni unter www.ccssu.crimea.ua).

Die Kathedrale der Heiligen Dreifaltigkeit im Stadtzentrum

Ein Wahrzeichen Simferopols: Der Bahnhof mit seinem Uhrenturm

Die Umgebung des heutigen Simferopoler Bahnhofs wurde in der Sowjetzeit gänzlich umgestaltet und gegenüber dem Uhrenturm mit einem ungewöhnlichen Lenin-Denkmal versehen, das den Revolutionär entspannt mit einem Buch in der Hand auf einer Bank sitzend zeigt: ›Lenin im Urlaub‹ (Lenin na otdyche) heißt das Werk – obwohl Lenin Zeit seines Lebens nie auf der Krim war.

Ein weiteres Kuriosum des Bahnhofes ist seine Uhr: Auf den ersten Blick ist jede Uhrzeit mit dem Symbol eines Sternzeichens versehen. Bei genauerem Hinsehen entsprechen die Symbole bei den Uhrzeiten drei und vier jedoch nicht dieser Systematik. Anstelle der Sternkreiszeichen sind hier eine Schlange und ein Schwan abgebildet. Was sich der Künstler dabei dachte, scheint niemand genau erklären zu können.

Die Parks von Simferopol'

Ein Spaziergang entlang des Salgir oder durch einen der Parks in Simferopol' gehört zu jeder Stadtbesichtigung.

Der Gagarin-Park – benannt nach Jurij Gagarin, dem sowjetischen Kosmonauten, der 1961 mit der ›Vostok 1‹ als erster Raumfahrer die Erde umkreiste – erstreckt sich zwischen der ul. Gagarina (ул. Гагарина) und der ul. Kievskaja über ein Gebiet von 40 Hektar. Er wurde Anfang der 1960er Jahre im Landschaftsstil angelegt. In der Mitte des Parks befindet sich ein kleiner See, auf dem man Tretboot fahren kann. Für Kinder gibt es darüber hinaus Karussells, Schaukeln und andere Attraktionen, so daß der Park am Wochenende ein beliebtes Ausflugsziel für Familien ist. Neben unbeschwerter Erholungsstimmung verbinden sich auch historische Erinnerungen mit diesem Gelände: 1975 wurde im Gagarin-Park das Grabmal des unbekannten Soldaten errichtet – ein großer Gedenkkomplex mit einem ewigen Feuer. Diese Gedenkstätte wird jedes Jahr am

9. Mai, dem ›Tag des Sieges‹ über die deutschen Truppen im Zweiten Weltkrieg, dem ›Den' pobedy‹, zum Zentrum der städtischen Feierlichkeiten. An diesem Tag scheint die ganze Stadt auf den Beinen zu sein. Große Menschentrauben ziehen zum städtischen Friedhof und zu den verschiedenen Kriegsdenkmälern, Veteranen tragen stolz ihre farbenprächtigen Orden an der Brust – ein Zeichen dafür, welchen Stellenwert der Zweite Weltkrieg im Bewußtsein vieler nach wie vor hat.

Der 42 Hektar große Salgirka-Park zwischen Salgir und ul. Jaltinskaja (ул. Ялтинская), der an die Universität grenzt, wurde von Pëtr Simon Pallas, einem der größten russischen Akademiker, angelegt. Pallas unternahm 1793 seine ersten Reisen auf die Krim. Er gehörte zu den ersten russischen Naturforschern, die durch ihre Beschreibungen und Illustrationen der Krimlandschaft berühmt geworden sind. 1795 kaufte er das Grundstück in Simferopol', sein Haus im Park ist heute noch erhalten. Teile davon werden inzwischen als Observatorium der Universität genutzt, es ist leicht anhand seiner weißen Kuppel zu erkennen. Anfang des 19. Jahrhunderts ging das Grundstück in den Besitz des Gouverneurs Naryškin über, der hier 1826 im Stil des späten russischen Empire ein kleines Schloß mit Paradetreppe bauen ließ. Dieses gehörte bald dem Grafen Voroncov und ist seitdem als ›Voroncov-Haus‹ (Dom Voroncova) bekannt. Heute sind in dem Schloß mit seiner bröckelnden Fassade eine Abteilung des archäologischen Instituts der Universität sowie ein Stadtplanungsbüro untergebracht. Sehenswert ist vor allem das separat stehende ehemalige Küchenhaus des Schlosses, das durch seine pittoresken ›Minarette‹ nicht zu verfehlen ist.

Der Städtische Park (Gorodskoj park) ist eine kleine, hinter dem Kino ›Simferopol'‹ am Kreisverkehr ploščad' Sovetskaja gelegene Grünanlage und bereits rund 180 Jahre alt. Er wurde in den zwanziger Jahren des 19. Jahrhunderts im englischen Landschaftsstil angelegt. In den 1970er Jahren wurde er teilweise umgestaltet und um eine Freilichtbühne ergänzt, die im Sommer zu Theaterabenden und Musikveranstaltungen einlädt.

Im Zentrum der Stadt, in der Nähe des Kujbyšev-Marktes (Kujbyševskij rynok) schließlich befindet sich der Kinderpark (Детский парк/Detskij park). Sein Haupteingang am pr. Kirova ist durch die auffällig großen Buchstaben seines Namens nicht zu verfehlen. Im 19. Jahrhundert befand sich das rund 15 Hektar große Gelände in Privatbesitz. In der Sowjetzeit wurde hier zunächst ein Obstgarten und später ein Teilbereich des Botanischen Gartens von Nikita sowie ein Lehrgebiet für das pädagogische und landwirtschaftliche Institut angelegt. Im Jahre 1958 wurde daraus der ›Kinderpark‹ mit einem kleinen Zoo, Spielgeräten, Schiffschaukeln und Karussells. Ein Unikum in diesem Park ist eine über 500 Jahre alte Eiche, unter deren Baumkrone Nachbildungen russischer Märchengestalten aufgestellt sind.

Die längste Trolleybusstrecke Europas

Der Trolleybus, gemeinhin als innerstädtisches Verkehrsmittel eingesetzt, kommt auf der Krim zu außergewöhnlichen Ehren und hat der Halbinsel im Schwarzen Meer gar zu einem Europarekord verholfen: zur längsten Trolleybusstrecke unseres Kontinents. Sie führt vom Flughafen Simferopol' über die Berge gen Süden nach Alušta und weiter bis zum Küstenkurort Jalta und mißt stolze 96 Kilometer.

Am 6. November 1959 wurde das Teilstück vom Simferopoler Hauptbahnhof nach Alušta (52 km) eröffnet, nachdem die bis dahin schmale Bergstraße ausgebaut und an vielen Stellen begradigt worden war. Zwei Jahre später folgte der Küstenabschnitt von Alušta nach Jalta (33 km) sowie die Verbindung des Simferopoler Flughafens mit dem Bahnhof der Krimhauptstadt (11 km). In den ersten Jahren arbeiteten in den Bussen noch Schaffner, die nicht nur Fahrkarten verkauften, sondern den Fahrgästen auch als Reiseleiter und Touristenführer zur Verfügung standen. Schon Mitte der 1960er Jahre schaffte man die Schaffner ab, und seither werden die Fahrkarten an den gut sichtbaren Kassen am Bahnhof von Simferopol' verkauft. In den 1980er Jahren, der Blütezeit des Tourismus auf der Krim, beförderten die Trolleybusse jährlich rund zehn Millionen Passagiere von Simferopol' nach Jalta/Alušta und zurück. In der Sommersaison fuhren die Busse – rund 120 waren damals in Betrieb – im Abstand von zwei Minuten von Simferopol' abwechselnd nach Alušta beziehungsweise Jalta ab.

Heute, über zehn Jahre nach dem Zerfall der Sowjetunion, sehen die Zahlen und der Fahrplan allerdings anders aus. Im Sommer fahren die Busse noch alle 15 Minuten, im Winter im Halbstundentakt. 1999 beförderte ›Krymtrollejbus‹, wie der Betrieb heute heißt, gerade noch knapp über eine Million Fahrgäste. Dennoch sind die Trolleybusse im Sommer häufig überfüllt, da sie das Hauptverkehrsmittel der lokalen Bevölkerung darstellen.

Den Einbruch bei den Passagierzahlen schreibt man bei ›Krymtrollejbus‹ zu einem großen Teil den neu entstandenen Landesgrenzen zu. Die Touristen aus Rußland würden nun eben öfter Feriendestinationen im eigenen Land oder gleich im westlichen Ausland aufsuchen, sofern sie sich überhaupt einen Urlaub leisten können. Zudem, und dies dürfte ein wesentlicher Grund für die Abnahme der Fahrgastzahlen sein, hat der Trolleybus, der von Simferopol' nach Jalta zwei Stunden und 40 Minuten benötigt, Konkurrenz bekommen: Autobusse und unzählige ›Maršrutnye taksi‹ (Sammeltaxis) werben viele Fahrgäste ab. Sie sind schneller am Ziel und kosten trotzdem nicht die Welt. So ist es auch nicht verwunderlich, daß ›Krymtrollejbus‹ kein Geld hat, um seine Fahrzeugflotte zu erneuern. Die rund 40 Škoda-Busse, die heute auf der Strecke zwischen der Hauptstadt und der Südküste unterwegs sind, wurden allesamt in den 1970er Jahren oder noch früher gebaut.

Bleibt die Frage, weshalb überhaupt im Jahre 1959 eine Trolleybuslinie zwischen Simferopol' und der Südküste eingerichtet wurde, wo doch eine Autobusverbindung viel einfacher zu unterhalten wäre. Der Umweltschutzgedanke habe den Ausschlag gegeben, erklären die Verantwortlichen von ›Krymtrollejbus‹. Man habe die Luft des für die ganze Sowjetunion so bedeutsamen Kurgebietes nicht mit Abgasen verpesten wollen. Ein für die damalige Zeit in der Tat fortschrittlicher Gedanke!

Wer mehr über die Rekord-Trolleybusstrecke Simferopol'–Jalta erfahren will, dem sei ein Besuch im Trolleybus-Museum von ›Krymtrollejbus‹ empfohlen. Das mit viel Liebe gepflegte Kleinod auf dem Gelände eines der beiden Simferopoler Trolleybus-Werkhöfe zeigt anhand von genau 615 Exponaten die Geschichte des Trolleybusses in der Stadt Simferopol' und auf der Strecke nach Jalta. Das 1977 eröffnete Museum hat nichts von seinem sowjetischen Charme eingebüßt – ein Besuch mit einer Führung durch Museumsdirektor Georgij Michajlovič Slavnyj lohnt sich allein schon aus diesem Grund. Nicht nur Simferopoler Schulklassen sind hier oft zu Gast – das Museum markiert bis heute den Anfangs- und den Schlußpunkt der viermonatigen Ausbildung der Trolleybus-Fahrer. In der ersten Unterrichtsstunde werden sie hier mit der Geschichte ihres künftigen Berufes vertraut gemacht, und zum Abschluß bekommen sie hier ihre Diplome überreicht.

Das Museum befindet sich auf dem Gelände des Trolleybus-Werkhofes an der ul. Kievskaja 78. Es kann nur nach Voranmeldung bei Museumsdirektor Georgij Michajlovič Slavnyj besucht werden, 2. Etage, Büro Nr. 55, Tel.06 52/24 68 35.

Der Trolleybus unterwegs von Simferopol' in Richtung Jalta

Vorwahl: 06 52.
Vom zentralen Postamt an der ul. Rozy Ljuksemburg 1 kann man täglich rund um die Uhr ins In- und Ausland telefonieren.

Fahrkarten für die Vorortzüge gibt es an den Vorortkassen neben dem Eingang zur Unterführung, Tel. 24 22 39 und 24 25 39 (international), zu kaufen.

▸ Bahntickets in Städte außerhalb der Krim gibt es nicht auf dem Bahnhof, sondern bei den Eisenbahn-Kassen (Železno-dorožnye kassy/Железнодорожные кассы) an der ul. Tolstogo 6/Ecke ul. Rozy Ljuksemburg in einem gewöhnlichen Wohnblock, Tel. 24 27 54, tgl. 7–19.45 Uhr. Gegen einen Aufpreis von umgerechnet etwa 2 Euro erhält man Fernfahrkarten auch im Service-Zentrum des Hauptbahnhofs (am kleinen Platz mit dem Springbrunnen).

Vom Hauptbahnhof aus fahren nebst den Zügen Autobusse und Sammeltaxis in alle Richtungen der Halbinsel ab.

▸ Im rechten Teil des Bahnhofsgebäudes kann man für wenig Geld Fahrkarten für die einmalige Trolleybusfahrt (Nr. 51 und 52) nach Alušta und Jalta kaufen, zu der man hier am Bahnhof, aber auch schon am internationalen Flughafen zusteigen kann. Achtung: Nicht alle Busse fahren bis nach Jalta (Ялта), ein Teil fährt nur bis Alušta (Алушта). In der Hochsaison Tickets für den Trolley zu bekommen ist sehr schwer; die Fahrkarten werden für Stunden im voraus verkauft.

▸ Neben dem Bahnhof befindet sich einer der vier Busbahnhöfe (avtostancija/автостанциая) Simferopols, von dem aus Busse in alle Städte (außer Kerč) verkehren.

▸ Nach Kerč gelangt man vom Zentralen Busbahnhof (avtostancija ›Centralnaja‹/автостанциая Центральная), er liegt in der ul. Kievskaja 4, nahe dem Hotel ›Moskva‹.

▸ An der ul. Sevastopol'skaja 5, ganz am südwestlichen Stadtrand liegt der Westliche Busbahnhof (avtostancija ›Zapadnaja‹/Западная), von dem aus Busse nach Bachčisaraj, an die Westküste und nach Sevastopol' fahren.

Der internationale Flughafen heißt ›Central'nyj‹ (Центральный), Tel. 29 55 45, Fax 27 43 43, www.airport.crimea.ua, und liegt etwa 20 Autominuten vom Stadtzentrum entfernt in Richtung Evpatorija. Er ist vom Stadtzentrum auch per Sammeltaxi oder Trolleybus zu erreichen. Flugtickets können im Reisebüro im Hotel ›Ukraina‹ sowie bei ›Kijavia‹, ul. Sevastopol'skaja 22, Tel. 27 21 16, beim Reisebüro ›SAM‹, ul. Kievskaja 76, Tel. 51 04 93/97, oder direkt am Flughafen gekauft werden.

Eine der traditionell besten Adressen in Simferopol' ist das Hotel ›Moskva‹, Tel. 23 75 20. Ein- und Zweibettzimmer

in verschiedenen Kategorien.
70–300 Hryvnja pro Person und Übernachtung.

▶ Das Hotel ›Ukraina‹, Tel. 27 55 73, 51 00 62, ul. Rozy Ljuksemburg 7, gleich neben dem Zentralen Postamt direkt im Stadtzentrum bietet Unterkunft zu etwa gleichen Preisen. Das sich im EG befindende Reisebüro handelt mit Tickets für nationale und internationale Linienflüge.

Am Bahnhof von Simferopol' befindet sich eine Zimmervermittlung, außerdem bieten hier Privatpersonen Unterkünfte an.

Im Zentrum von Simferopol' gibt es mehrere Cafés, Bars, Bäckereien und Restaurants. Viele von ihnen sind durchaus passabel und in unterschiedlichen Preisklassen angesiedelt. Neben russischen, ukrainischen und krimtatarischen Spezialitäten fanden auch andere Geschmacksrichtungen – beispielsweise italienische oder auch chinesische Küche ihren Weg nach Simferopol'. Aufgrund der augenscheinlich recht großen Fluktuation an dieser Stelle nur einige konkrete Restaurant-Tips. Ein Streifzug durch die Straßen der kompakten Innenstadt verschafft schnell einen Überblick über die aktuelle Lage.

▶ Mit ukrainischer Küche in traditioneller Atmosphäre zu moderaten Preisen wird der Gast im ›Knjažja Vticha‹, ul. Turgeneva 35, in der Nähe des Zentralen Busbahnhofs verwöhnt.

▶ Spezialist für jüdische kulinarische Finessen ist ›Evrejskaja Kuchnja‹, ul. Užinskogo 4, tgl. 12–24 Uhr, Gerichte ab 20 Hryvnja.

▶ Großer Beliebtheit bei Freunden rustikaler Eßkultur erfreut sich das Restaurant der Brauerei ›Krim‹ in der ul. Karla Marksa 7. Ein vollwertiges Mittagessen kostet ab 15 Hryvnja. Das lokale Bier ist sehr empfehlenswert.

▶ Bei Studenten hoch im Kurs steht das ›Baza‹, prospekt Kirova 34, im Keller. Geöffnet tgl. 10 bis 23 Uhr. Mittagessen ab 15 Hryvnja.

Freunde langer Nächte finden mittlerweile eine recht breite Auswahl an Clubs in Simferopol'. Einige davon sind:

▶ ›Dva Kapitana‹, pr. Kirova 54, Club der Hippie-Jugend, direkt am Fluß Salbyr gelegen.

▶ Zel'enyj teatr‹ mit angeschlossener Diskothek im Kultur- und Erholungspark an der ul. Lenina.

▶ Club ›Galereja KĖB‹, ul. Žukovskogo 7, Tel. 25 23 15, in dem auch Ausstellungen alternativer Künstler veranstaltet werden.

Simferopol' verfügt über zwei große Märkte, den Zentralmarkt (Central'nyj rynok) auf dem pr. Kirova, an der westlichen Endstation der Trolleybuslinie 4, und den Kujbyšev-Markt am pl. Kujbyševa.

▶ Außerdem findet auf dem pr. Pobedy (пр. Победы) – zu erreichen mit der Trolleybuslinie 10 – ein Kleidermarkt statt, der sich zu einem allgemeinen Trödelmarkt entwickelt hat und zur Schnäppchenjagd einlädt.

▶ Gegenüber vom Bahnhof kann man samstags einen gutbestückten Büchermarkt besuchen.

▶ Das Kaufhaus von Simferopol', der ›Central'nyj Univermag‹ (CUM), befindet sich auf dem pr. Kirova, direkt gegenüber der ul. Karla Marksa.

▶ Der Weinladen ›Solnce v bokale‹ (Sonne im Weinglas) liegt gegenüber dem Kaufhaus und führte noch vor einigen Jahren das beste Weinsortiment der Stadt. Inzwischen hat er jedoch ernsthafte Konkurrenz bekommen, unter anderem durch das Geschäft ›Vina Kryma‹ (Weine der Krim) in der ul. Karla Marksa 42, etwa zehn Minuten zu Fuß vom Bahnhof entfernt, Tel. 51 03 15.

▶ In der ul. Gorkogo 7 befindet sich ›Massandra‹, der Weinladen und die Verkostungsstube des bekanntesten Weingutes auf der Krim, geöffnet tgl. 10–20 Uhr.

Es gibt in Simferopol' mehrere Theater:

▶ Russisches Gor'kij-Theater im Eckhaus zwischen der ul. Puškina und der ul. Gor'kogo mit einer Filiale am pl. Sovetskaja, www.russian-theatre.crimea.edu.

▶ Ukrainisches Musik- und Schauspieltheater, pr. Kirova 17.

▶ Krimtatarisches Musik- und Dramentheater ul. Mendeleeva 5.

▶ Puppentheater, ul. Gor'kogo 9.

▶ Ebenfalls in der ul. Gor'kogo gibt es einen 2002 renovierten ständigen Zirkus.

Wer sich umfassend über die Geschichte der Krim informieren will, sollte unbedingt das Heimatkundemuseum (Krymskij respublikanskij kraevedčeskij muzej) an der ul. Gogolja 14, Tel. 25 25 11, besuchen.

▶ Zum Heimatkundemuseum gehört auch das Ethnographische Museum (Krymskij ėtnografičeskij muzej) nebenan, ul. Puškina 18, Tel. 25 52 23, mit Ausstellungen über verschiedene Volksgruppen der Krim. Tgl. außer Di 9–17 Uhr.

▶ Simferopol' verfügt zudem über ein Kunstmuseum an der ul. Karla Libknechta 35. Dort sind hauptsächlich Werke russischer Maler aus dem 18. und 19. Jahrhundert zu sehen.

▶ Im Obergeschoß desselben Gebäudes gibt es ein neues krimtatarisches Museum.

▶ Eine Möglichkeit, zeitgenössische Krim-Malerei anzusehen, bietet der Ausstellungsraum der Krim-Maler (Vystavočnyj zal krymskich chudožnikov) in der ul. Karla Marksa 13/16.

Im Obergeschoß der Hauptpost, mit den billigsten Angeboten (deshalb oft mit Wartezeit), ul. R. Ljuksemburg 1.

▶ ›Orbita‹, an der Mündung des pr. Kirova in den pl. Sovetskaja (Platz der Sowjets), hinter dem Denkmal, Eingang an der Rückseite.

Helene Ludvigovna

Der 20. August 1941 hat das Leben von Helene Ludvigovna Kalinina, geborene Gretschmann, komplett verändert. Die damals 24jährige steckte mitten in einer erfolgversprechenden Karriere als Spitzenleichtathletin, als sie zusammen mit unzähligen anderen Krimdeutschen aus Simferopol' die Viehwaggons besteigen mußte und eine unerträgliche Reise ins Ungewisse begann:
»In der Nacht vom 15. auf den 16. August 1941 hatte ich Nachtschicht. Ich arbeitete als Telegraphistin auf dem städtischen Telegraphenamt. In dieser Nacht traf ein Telegramm an unsere Regierung ein, in dem stand, daß die Krimdeutschen mit den Faschisten Kontakte hätten und deshalb ausgesiedelt werden müßten. Ich las dieses Telegramm, noch bevor es die Regierung zu Gesicht bekam. Niemals dachte ich daran, daß auch mich diese Nachricht so direkt betreffen könnte. Als ich ein paar Tage später, es war der 20. August, gerade erst von der Nachtschicht nach Hause gekommen war, klopfte es an der Türe. Der Mann da draußen wurde ganz rot, als er mir ins Gesicht sah. Er hatte sofort gemerkt, wer ihm gegenüber stand. Denn als Spitzensportlerin war ich auf der Krim doch vielen bekannt. Es war 10 Minuten vor 11; der Mann sagte mir, daß ich um 14 Uhr auf dem Bahnhof sein müsse. Gerade erst hatte mir mein Schwiegervater erzählt, daß man meinen Mann in die Rote Armee geholt hätte und er sich im Militärkommissariat der Stadt befinde – und jetzt noch dies! Ich bat Freunde, doch meinen Mann hierher zu holen. Es war genau 12 Uhr, als Lev kam. Obwohl Lev Russe war, mußte er als Ehemann einer Deutschen auch mitfahren.

Die Krimdeutsche Helene Ludvigovna blickt auf ein bewegtes Leben zurück

Es war heiß auf dem Bahnhof, alle schwitzten, Wasser gab es keines. Aus ganz Simferopol' kamen Deutsche hierher. Am Abend setzte man uns dann in die Viehwaggons – 100 Mann in einen Waggon – Kinder, Kranke, Alte, alle zusammen. Niemand sagte uns, wohin wir fahren. 17 Tage lang waren wir unterwegs. Rund um uns herum wurde bombardiert, zahlreiche Stationen waren zerstört. Viele Menschen starben auf der Fahrt. Mitten in der Nacht kamen wir schließlich in Stavropol' an. Von dort brachte man uns mit Pferdewagen zu den Kolchosen, wo wir arbeiten mußten. Ich mußte nicht arbeiten, weil unser Sohn Vova erst zweijährig war. Nach wenigen Tagen sagte Lev zu mir: Wir verhungern hier! Was konnten wir tun? Bei der nächstbesten Gelegenheit schlich er sich fort und schlug sich nach Stavropol' durch, um dort eine andere Arbeit zu finden. Ich blieb mit Vova zurück, aber Brot gab es keines. Doch dann hatte ich Glück. Die Frau, bei der wir einquartiert waren, konnte weder lesen noch schreiben. Zuerst kam sie, und bald kamen auch verschiedene andere zu mir, auf daß ich ihnen Briefe vorlese und schreibe. Dafür erhielt ich Lebensmittel. Nach drei Wochen kam Lev zurück – und ich hatte schon einen ganzen Sack getrocknetes Brot gesammelt. In dieser Zeit war es meinem Mann gelungen, in der Stadt Arbeit zu finden, und in einer Nacht machten wir uns davon. Lev übernahm im Sportverein ›Spartak‹ die Stelle des Vorsitzenden. Natürlich wußten sie, daß mein Mann deswegen nicht an der Front kämpfte, weil ich Deutsche war. Dennoch konnte ich mit den andern Vereinsmitgliedern trainieren. Aber nach nur einem Monat nahmen sie Lev trotzdem in die Rote Armee – sie brauchten wieder Soldaten.

Am 2. August 1942 marschierte die Wehrmacht in der Stadt ein. Ich hatte keine Arbeit und keine Kopeke Geld. Und weil ich Deutsche war, hatte man mich auch nirgendwo anstellen wollen. Nachdem uns die Wehrmacht alle zusammengenommen hatte, um uns zu zählen, fand ich anschließend Arbeit in der Speisehalle der ›Zentralhandelsgesellschaft Ost‹. Nach sechs Monaten wurden die deutschen Truppen aus der Stadt vertrieben – dabei nahmen sie uns mit nach Deutschland.

Auf dem Gebiet, das damals zu Deutschland gehörte, lebte ich meist in Lagern, in denen ausschließlich Deutsche aus Rußland untergebracht waren.

Dann kam das Jahr 1945. Ich und mein Sohn wurden von Wehrmachtssoldaten nach Dresden gebracht. Unmittelbar nach unserer Ankunft wurde die Stadt von den Amerikanern und Engländern bombardiert. Wie durch ein Wunder erreichten wir den letzten Zug, der die Stadt verließ, bevor alles zerstört wurde. In der Nähe von Zwickau kamen ich und mein Sohn schließlich bei Frau Terpe unter, wo wir versorgt wurden. Am 17. April trafen die Amerikaner in Zwickau ein. Nachdem man uns registriert hatte, wurden wir der Sowjetarmee übergeben und auf das von ihr kontrollierte Territorium gebracht. Die Russen schickten uns nach Kriegsende in die Tschechoslowakei, wo uns der NKWD (Anm.: Vorgängerorganisation des Geheimdienstes KGB) registrierte. Nach eineinhalb Monaten bekamen wir eine Fahrkarte – auf die Krim! In Džankoj ließen sie uns aber nicht weiterreisen. Die Krimtataren, Armenier, Bulgaren, Griechen und uns Deutsche ließ man nicht durch. Etwa zwei Wochen mußten wir warten – dann gaben sie uns eine Fahrkarte nach Sverdlovsk (Anm: heute Ekaterinburg) in Sibirien. Ich war verzweifelt – so nahe bei der Heimat, und man ließ uns nicht nach Hause. Per Zufall erkannte ich auf dem Bahnhof einen Freund – wir hatten vor dem Krieg zusammen Sport gemacht –, einen Lokführer. Er sagte meinem Schwiegervater in Simferopol' Bescheid, daß ich hier sei. Sofort reiste der Schwiegervater zu uns. Aber auch er konnte uns nicht helfen. Er schlug mir vor, ich solle doch alleine nach Sibirien fahren und wenigstens Vova, der mittlerweile sechs Jahre alt war, hier auf der Krim lassen. Aber ich brachte es nicht übers Herz, nach dem, was wir zusammen erlebt hatten – Bombardements und alles. Nach einer schlaflosen Nacht entschied ich mich, Vova mitzunehmen, komme was wolle.

Am nächsten Tag schickten sie uns los in Richtung Sibirien. Wir waren eine Gruppe von 28 Menschen – Krimtataren, Bulgaren und Griechen und ich als einzige Deutsche. Wir fuhren bis nach Rusaevki. Ich wußte, in Sibirien erwartete uns im Winter der sichere Tod. Dann kam der Zug. Wir stellten uns vor der Waggontüre in die Schlange – da stieg mein Mann aus dem Zug! Ich dachte, das sei eine Halluzination – und fiel in Ohnmacht. Ich habe schon immer an Gott geglaubt – aber seit diesem Tag glaube ich noch viel mehr an ihn.

Mein Mann wurde nach dem Krieg Trainer und Sportlehrer in einer Lehranstalt für Panzerfahrer in Gor'kij, dem heutigen Nižnij Novgorod. Als wir uns trafen, war er auf dem Weg nach Perm', um dort mit seinen Männern ein Fußballspiel auszutragen. Alle zusammen fuhren wir zurück nach Gor'kij, unendlich dankbar für das, was sich auf diesem Bahnhof ereignet hatte. In Gor'kij holte uns die Realität aber wieder ein. Lev wurde aus dem Dienst entlassen – weil seine Frau Deutsche war. Dann, 1947, fuhren wir endlich dorthin, wohin ich schon immer wollte: heim nach Simferopol'. Noch bis 1949 wurde ich immer wieder auf den KGB, diese kriminellste aller Organisationen, gerufen. Aber dann bekam ich einen Paß, und es belästigte mich niemand mehr. In Simferopol' arbeitete ich wiederum als Trainerin und war gleichzeitig Spitzensportlerin. Eine andere Arbeit bekam ich als Deutsche nicht. Ja, und aufs Telegraphenamt zurückkehren konnte ich auch nicht, die Technik hatte sich bereits zu sehr verändert seit meinem letzten Arbeitstag am 20. August 1941.

Die Westküste

Westlich von Simferopol' gehen die Ausläufer der nördlichsten Gebirgskette in eine ebene Steppenlandschaft über. Anfangs dominieren Weinstöcke, die von endlosen Sonnenblumenfeldern abgelöst werden. Später schließen sich Maisfelder und die Anbauflächen der Tabak- und Getreidekombinate an. Die Eintönigkeit der Landschaft setzt sich bis zur Küste fort. Kilometerlange Sandstrände erstrecken sich entlang der Kalamitskij-Bucht vom Kap Lukull bis nach Evpatorija.

Östlich von Evpatorija liegt der Sasyk-Sivaš-See, der größte Salzsee der Krim. Auf einer Länge von 13 Kilometern, nur durch wenige Meter Land vom Meer getrennt, hat sich hier eine bedeutende Salzgewinnungsindustrie entwickelt.

Bestimmend für das Klima der Westküste ist das Aufeinandertreffen von feuchter Meeresluft und warmen Steppenwinden. Im Gegensatz zur Südküste ist das Klima durch den fehlenden Schutz der Berge weniger mediterran und trockener. Die Durchschnittstemperatur im Juli liegt mit 23 °C dennoch nur wenig unter dem Mittelwert der Südküste, die Niederschlagsmenge ist vergleichsweise gering.

Touristen, die den zur Hochsaison hoffnungslos überfüllten Stränden des Südens entkommen wollen, fliehen oft zu den bislang weniger erschlossenen Küstenstreifen im Westen. Allerdings sind vor allem die langen und flach ins Meer abfallenden Sandstrände zwischen Saki und Evpatorija längst kein Geheimtip mehr.

Saki

Schon im 5. Jahrhundert berichtete der griechische Geschichtsschreiber Herodot, daß in Taurien mit Hilfe von Schlamm geheilt werde. Der Saki-See ist fünf Kilometer lang und erreicht eine Breite von zwei Kilometern. Heute wie damals wird der Schlamm des Saki-Sees zu Heilzwecken verwandt. An seinem nordöstlichen Ufer entstand 1927 zeitgleich mit der ersten Heilanstalt der Kurort Saki (Саки). In den 1890er Jahren wurde rund um die damals existierenden Sanatorien ein Park angelegt. Heute stellt dieser Kurpark den Mittelpunkt von Saki dar und erscheint wie eine grüne Oase in der Steppenlandschaft. Saki zählt heute 35 000 Einwohner und ist das Zentrum eines überwiegend landwirtschaftlich geprägten Gebietes mit Geflügelzucht, Gemüse-, Obst- und Weinanbau.

Da Saki nicht direkt am Meer liegt, sondern etwa vier bis fünf Kilometer von der Küste entfernt, ist es nicht die erste Adresse für einen Badeurlaub. Eher lohnt es sich da, knapp zehn Kilometer weiter auf der Hauptstraße in Richtung Evpatorija zu fahren, beziehungsweise mit dem Zug noch eine Station weiter bis Pribrežnoe. Ein paar Schritte der frischen Meeresluft entgegen, und vor dem Besucher liegt ein selbst für hiesige Verhältnisse breiter Sandstrand. Auf einer Länge von fast 15 Kilometern zieht er sich bis nach Evpatorija hin. In den Sommermonaten reihen sich an der Straße, die unmittelbar hinter dem Strand verläuft, kilometerlang Autos und Zelte aneinander. Der feine Sand und das saubere Meer lassen Tausende von Sonnenhungrigen, meist aus Saki oder Simferopol', den fehlenden Komfort vergessen.

Vorwahl: 06563.

Der 44 Kilometer nordwestlich von Simferopol' gelegene Kurort Saki ist mit Bus oder Ėlektrička zu erreichen, er liegt an der Hauptstraße nach Evpatorija. Von der Bahnstation aus erreicht man nach etwa 20 Gehminuten den Kurpark. In unmittelbarer Nähe, an der ul. Simferopol'skaja (ул. Симферопольская) befindet sich der Busbahnhof, von dem aus Busse nach Evpatorija (ca. 30 min, Abfahrt ca. alle 15 min), Simferopol' (ca. eine Stunde, alle 30 min) und Sevastopol' (ca. 1.45 Std., alle 40 min) verkehren.

Das einzige Hotel am Ort ist das ›Čajka‹ in der ul. Kurortnaja 71 (ул. Курортная), Tel. 2 33 69.
▸ Alternativen finden Touristen im Büro für Wohnraumvermittlung in der ul. Lenina 12 (ул. Ленина), Tel. 2 42 90.
▸ Wer des Russischen mächtig ist, kann sich auch an die Firma Saki-Intur an der ul. Kurortnaja 4 (ул. Курортная) wenden. Tel. 305 30, 255 37, www.saki-intur.com.ua.

Wer an dem langen Sandstrand sein Zelt aufschlagen möchte, sollte sich vorher erkundigen, ob der jeweilige Stellplatz kostenpflichtig ist.

Nikolaevka

Unter einer Reihe kleiner Dörfer entlang der Westküste zwischen Saki und Sevastopol' ist der kleine Ort Nikolaevka (Николаевка) für Badefreunde der interessanteste. Die nur 40 Kilometer lange Straße nach Nikolaevka ist die kürzeste Verbindung von Simferopol' zum Schwarzen Meer. Besonders an Wochenenden fahren viele Simferopoler auf einen Sprung an den Strand.

Der Bus aus Simferopol' hält direkt im Zentrum, schräg gegenüber vom Markt. Hier stehen häufig ältere Frauen und bieten günstig freie Zimmer an. Komfort sollte man natürlich nicht erwarten, aber wer sich mit Plumpsklo und Waschstelle im Garten begnügt, ist dort genau richtig.

Bedeutend schöner als in Jalta ist der Sand- und Kieselstrand, der sich über mehrere Kilometer erstreckt. Wegen der landschaftlichen Schönheit lohnt sich ein Strandspaziergang bis in das acht Kilometer entfernte Beregovoe; der Weg führt über den Sandstrand am Meer entlang, zum Teil am Fuße meterhoher Felsen.

Am Südrand von Nikolaevka haben entlang der Küste verschiedene ukrainische Großbetriebe eigene ›Erholungszentren‹ für ihre Arbeiter gebaut. Die Bars und Diskotheken dieser Hotels mit ihren klangvoll-sowjetischen Namen wie zum Beispiel ›Bol'ševik‹ oder ›Ėnergetika‹ stehen allen offen, so daß sich im Sommer in diesem unscheinbaren Dörfchen ein recht reges Nachtleben entwickelt.

Der kleine Platz im Herzen von Nikolaevka, an dem sich zwischen Markt und Strand verschiedene Tanzbars und Cafés befinden, erwacht erst abends und ist vor allem an Wochenenden bis spät in die Nacht ein lebendiger Treffpunkt. Aus Simferopol' fahren mehrmals täglich Busse nach Nikolaevka.

Zwischen Saki und Evpatorija liegt direkt am Meer der Strand von Solnyžko, an dem ein großes Freizeitzentrum mit Aquapark eröffnet wurde. Hier finden Konzerte und Diskoveranstaltungen statt. Das Festzelt befindet sich direkt gegenüber einer Bushaltestelle. Wer sein eigenes Zelt mitbringt, kann es an Ort und Stelle gegen einen geringen Obolus aufstellen.

Evpatorija

Evpatorija (Евпатория) ist mit 106 000 Einwohnern (im Jahr 2001) das Zentrum der Westküste. Die Stadt liegt im Norden der Kalamitskij-Bucht, die sich nach Süden bis zum Kap Lukull erstreckt. Evpatorija blickt auf 2800 Jahre Geschichte zurück. Der Ort vereinigt günstige klimatische Bedingungen – überdurchschnittlich viel Sonne und eine Mischung aus Meeresluft und trockener Steppenluft – mit schönen Sandstränden, seichtem Wasser, Schlammbädern und Thermalquellen.

Im 6. Jahrhundert vor Christus entstand auf dem Gebiet des heutigen Evpatorija die griechische Siedlung Kerkinitida. Die Stadt trieb ebenso wie Chersones lebhaften Handel mit anderen Schwarzmeerstädten. Noch heute sind Überreste einer griechischen Handelsniederlassung im Stadtteil Čajka zu besichtigen. Am östlichen Ende der Uferpromenade (Naberežnaja Gor'kogo) im Süden der Stadt zeugen vereinzelte Überreste der griechischen Stadtmauer von der einstigen Kolonie.

Noch vor den Griechen bewohnten Kimmerier, Taurier und Skythen die Bucht des heutigen Evpatorija. In Čajka wurden neben den griechischen Ruinen auch Mauern aus skythischer Zeit entdeckt. Im 4. Jahrhundert vor Christus verlor Kerkinitida seine Unabhängigkeit an Chersones. Noch jahrhundertelang rangen Griechen und Skythen um die Vorherrschaft an der Westküste, bis die Stadt im 3. nachchristlichen Jahrhundert schließlich den Hunnen in die Hände fiel. Nach

Das karaimische Zentrum von Evpatorija

Jahrhunderten der Bedeutungslosigkeit entstand hier nach dem Türkeneinfall Ende des 15. Jahrhunderts wieder eine Festung: Geslev. Der Name setzt sich aus den türkischen Wörtern für ›Haus‹ und ›Auge‹ zusammen, denn zur damaligen Zeit wurden kleine Häuser mit winzigen runden Fenstern, den ›Augen‹, errichtet. Der türkische Hafen entwickelte sich schon bald zu einem befestigten Handelsplatz.

Erst unter Katharina II. wurde der Ort Evpatorija benannt, weil die Zarin glaubte, ihm damit seinen alten Namen zurückzugeben. Doch dies war ein Irrtum: Wie sich später herausstellte, lag die antike griechische Festung mit dem Namen ›Eupatoria‹ nicht im Norden, sondern im Süden der Kalamitskij-Bucht.

Nach dem Beschluß Lenins, die Krim zum Erholungsheim der Sowjetunion zu machen, wurde Evpatorija zum bedeutendsten Kurort der Westküste. So entwickelte sich die Stadt zum ›All-Unions-Kinderkrankenhaus‹. Noch heute sind mehr als die Hälfte der Sanatorien Kindern vorbehalten.

Entlang der Alleen des sauberen und gepflegten Zentrums spenden hohe Bäume in der Mittagshitze Schatten. Auch die ufernahen Parks laden zu Spaziergängen ein. Das viele Grün ist nicht von der Natur gegeben, sondern Ergebnis durchdachter Planung: Weil Evpatorija in der Steppenzone liegt, wurde alles künstlich angelegt.

Evpatorija führt deutlich die kulturelle Vielfalt vor Augen, die für die Krim insgesamt so typisch ist. So fallen vom Strand aus die Minarette der Moschee Džuma-Džami in der ul. Revoljucii ins Auge. Vor 400 Jahren wurde sie von dem türkischen Baumeister Sinan errichtet. Das schöne Gebäude wird seit einigen Jahren wieder von den Krimtataren als Moschee genutzt. Ein weiteres türkisches Bauwerk

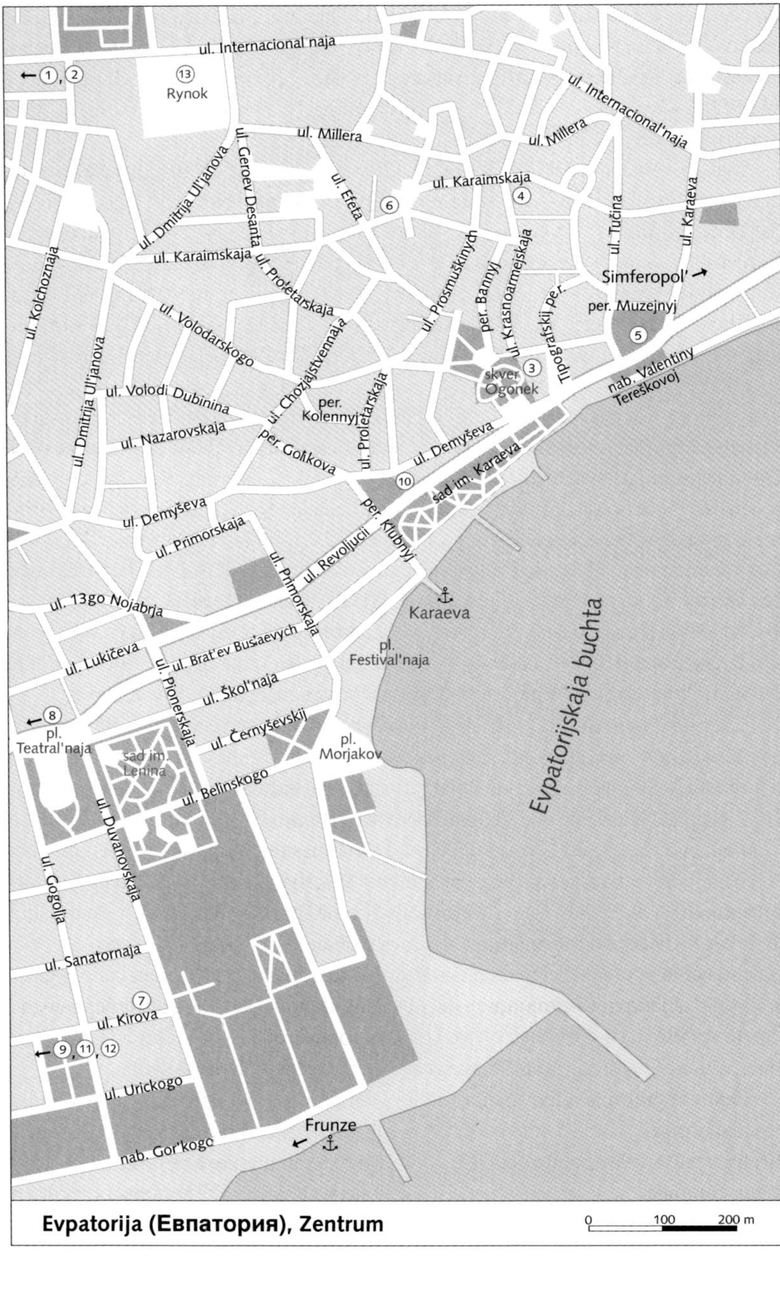
ul. Internacional'naja
←①,②
⑬ Rynok
ul. Millera
ul. Dmitrija Ul'janova
ul. Geroev Desanta
ul. Efeta
⑥
ul. Karaimskaja
④
ul. Internacional'naja
ul. Millera
ul. Tučina
ul. Karaeva
Simferopol' →
per. Muzejnyj
⑤
ul. Karaimskaja
ul. Proletarskaja
ul. Kolchoznaja
ul. Volodarskogo
ul. Prosmuškinych
per. Bannyj
ul. Krasnoarmejskaja
Tipografskij per.
skver ③ Ogonek
nab. Valentiny Tereškovoj
ul. Dmitrija Ul'janova
ul. Volodi Dubinina
ul. Chozjajstvennaja
per. Kolennyj
ul. Proletarskaja
ul. Nazarovskaja
per. Gol'kova
ul. Demyševa
⑩
sad im. Karaeva
ul. Demyševa
ul. Primorskaja
per. Klubnyj
ul. Revoljucii
ul. Primorskaja
ul. 13go Nojabrja
Karaeva
Evpatorijskaja buchta
ul. Lukičeva
ul. Brat'ev Bušaevych
ul. Pionerskaja
pl. Festival'naja
ul. Škol'naja
←⑧
pl. Teatral'naja
ul. Černyševskij
sad im. Lenina
pl. Morjakov
ul. Belinskogo
ul. Duvanovskaja
ul. Gogolja
ul. Sanatornaja
⑦
ul. Kirova
←⑨,⑪,⑫
ul. Urickogo
Frunze
nab. Gor'kogo
Evpatorija (Евпатория), Zentrum
0 100 200 m

aus dem 16. Jahrhundert ist das türkische Bad in der ul. Krasnoarmejskaja 20. Bis in die 80er Jahre hinein wurde das einstmals prächtige Bad noch benutzt. Dann verfiel es. Vor vier Jahren schaffte man den Schmutz beiseite. Seitdem können Besucher für 2 Hryvnja Eintritt ihrer Phantasie freien Lauf lassen. Nur wenige Meter entfernt steht seit 1898 die orthodoxe Nikolaj-Kirche.

Evpatorija ist seit 1837 Mittelpunkt des religiösen und kulturellen Lebens der Karaimer auf der Krim. Die Karaimer sind ein kleines Turkvolk mit einem der jüdischen Religion verwandten Glauben. An der ul. Karaimskaja 68, die erst seit kurzer Zeit so heißt, befinden sich zwei Gebetshäuser, sogenannte Kenassen, die ein Teil des karaimischen Zentrums sind. Das Zentrum, zu dem weiter ein karaimisches Museum und ein kleines Restaurant mit sehr empfehlenswerten karaimischen Spezialitäten gehören, steht auch für interessierte Touristen offen.

Direkt hinter dem mächtigen Eingangsportal liegt ein von Weinreben überwachsener und mit weißen Säulen abgeschlossener Innenhof, an dessen Wänden verschiedene Tafeln mit hebräischen Inschriften aus der Thora angebracht sind. Dahinter schließen sich rechts die kleine und links die große Kenasse an. Zwischen den Gebetshäusern steht ein Denkmal, welches die Karaimer 1851 zur Erinnerung an den Besuch von Zar Aleksandr I. 1825 in Evpatorija aufgestellt hatten.

Legende

1 Bahnhof (Вокзал)
2 Busbahnhof (Автовокзал)
3 Moschee Džuma-Džami (Мечеть Джума-Джами)
4 Türkisches Bad (Турецкая баня)
5 Nikolaj-Kirche (Собор Николая)
6 Karaimisches Zentrum (Комплекс Кенас)
7 Heimatkundemuseum (Краеведческий музей)
8 Hotel ›Ukraina‹ (Гостиница ›Украина‹)
9 Hotel ›Južnaja‹ (Гостиница ›Южная‹)
10 Hotel ›Krym‹ (Гостиница ›Крым‹)
11 Hotel ›Evpatorija‹ (Гостиница ›Евпатория‹)
12 Hotel ›Planeta‹ (Гостиница ›Планета‹)
13 Markt (Рынок)

Straßen und Plätze

Demyševa, ul. (Демышева, ул.)
Dmitrija Ul'janova, ul. (Дмитрия Ульянова, ул.)
Internacional'naja, ul. (Интернациональная, ул.)
Karaimskaja, ul. (Караимская, ул.)
Kirova, ul. (Кирова, ул.)
Krasnoarmejskaja, ul. (Красноармейская, ул.)
Lenina, pr. (Ленина, пр.)
Morjakov, pl. (Моряков, пл.)
Moskovskaja, ul. (Московская, ул.)
Naberežnaja Gor'kogo (Набережная Горького)
Pobedy, pr. (Победы, пр.)
Primorskaja, ul. (Приморская, ул.)
Puškina, ul. (Пушкина, ул.)
Revoljucii, ul. (Революции, ул.)
Teatral'naja, pl. (Театральная, пл.)

An den Seiten befinden sich zudem ein kleiner Friedhof und eine Gedenktafel für die im Zweiten Weltkrieg gefallenen Krim-Karaimer.

Die kleine Kenasse erstrahlt – wie übrigens auch der ganze Innenhof – seit der von einem kürzlich verstorbenen wohlhabenden Karaimer aus Paris finanzierten Restaurierung im Jahr 1999 wieder in neuem Glanz. Die weiß getünchten Mauern und Säulen bieten besonders im Abendlicht einen wunderschönen Anblick. Der Gebetsraum der Kenasse, der stark an eine Synagoge erinnert, darf nur von Männern betreten werden. Vorschrift ist zudem eine Kopfbedeckung, die Schuhe müssen ausgezogen werden. Hier versammeln sich seit 1999 jeden Samstag, dem Sabbat, sowie an Feiertagen rund 50 Karaimer zum zweisprachigen russisch-karaimischen Gottesdienst, dem ihr Geistlicher Viktor Tiriaki vorsteht. Er gehört zu den wenigen, die die karaimische Sprache noch sprechen und ist gerne bereit, interessierte Touristen nach Voranmeldung durch die Anlage zu führen.

Die Restauration der großen Kenasse steht noch bevor, man will dort in Zukunft das karaimische Museum unterbringen. Dieses befindet sich zur Zeit noch in einem kleinen Raum des Nebengebäudes rechts des Eingangsportals. Das 1995 eröffnete Museum ist das Lebenswerk von Semita Isaakovna Kušul (1906–1996). Sie sammelte rund 2000 Gegenstände aus dem Leben und Alltag der Karaimer. Zu sehen sind Geschirr, Nationaltrachten, Bibel-Taschen, ein Heiratsvertrag, Fotografien und vieles mehr. Einige Exponate sind bis zu 500 Jahre alt, aufgrund der prekären Platzverhältnisse kann aber vieles nicht gezeigt werden.

Vorwahl: 0 65 69.

Evpatorija ist von Simferopol' aus gut per Bus oder Ėlektrička in etwa zwei bis drei Stunden zu erreichen. Die Električka (8 x tgl.) braucht gut eine halbe Stunde länger als die Busse. Der Zug fährt über einen Damm zwischen dem Meer auf der einen und dem Saki-Salzsee auf der anderen Seite. Der Ausblick auf die Salzberge und Bagger ist reizvoll. Da der Bahndamm die Sicht von der Straße behindert, hat man ihn nur aus dem Zugfenster. Bahnhof und Busbahnhof liegen in der ul. Internacional'naja, von hier aus fahren alle Straßenbahnen ins Zentrum. Vom Bahnhof aus fahren Busse in die Vororte Evpatorijas, so auch nach Čajka (Чайка), wo sich die

Glasklares Wasser am Kap Tarchankut im Nordwesten der Krim
In den Weinkellereien von Massandra
Älteste Flaschen in der Vinothek der Weinkellereien von Massandra
Das Čechov-Denkmal im Gagarin-Park von Jalta

Херес Массандра 1920
Херес Индия 1970
Херес Солера 1847
Херес Массандра 1975
Херес Тио-Пепе
Херес Нектар
Херес Дуглас Сильвестро 1841
Херес Де-ла-Фронтера 1775
Херес Манзанила

ЧЕХОВУ

griechische Ausgrabungsstätte befindet.

Der Hafen am pl. Morjakov 1 ist Ausgangspunkt für Segeltörns. Hier können Interessierte zu den Bootsbesitzern Kontakt aufnehmen, um individuell Charterbedingungen auszuhandeln.

▶ Die Firma ›Ellada‹, Tel. 3 24 96, bietet sechstägige Reisen nach Istanbul.

▶ Von der Anlegestelle Karaeva (причал Караева, pričal Karaeva) startet tgl. um 6.30 Uhr ein Schiff zu einem Tagesausflug nach Sevastopol'. Die Tickets (50 Hryvnja) erhält man an Tischen auf der Promenade. Das gleiche Schiff veranstaltet in den Abendstunden Diskotheken auf dem Meer, Abfahrt 21 und 23 Uhr von der Anlegestelle Frunze (причал Фрунзе, pričal Frunze).

▶ Von der Anlegestelle Karaeva starten nachmittags Ausflugsschiffe in die Umgebung von Evpatorija (1 Std., 12 Hryvnja), die in den Abendstunden ebenfalls zu Tanzschiffen umfunktioniert werden (Abfahrt 21und 23 Uhr).

Das Hotel ›Ukraina‹ befindet sich am pr. Lenina 42/19, Tel. 302 90.

▶ Näher am Strand gelegen sind das ›Južnaja‹, ul. Kirova 50, Tel. 304 07, und das ›Krym‹, ul. Revoljucii 46, Tel. 23 412.

▶ Hotel ›Evpatorija‹, pr. Pobedy 1/64, Tel. 5 15 48, 5 17 88.

Richtung westlicher Stadtrand liegt das luxuriöse Hotel ›Planeta‹ mit modernen Zimmern, eigenem Strand, Wassersportangeboten, Bar, Restaurant, Pool, Sauna, Tennisplatz, Fitnessraum, Billard und einem Casino. Es werden Sanatoriums-Dienstleistungen angeboten, vor allem die Behandlung mit Heilschlamm. Das Hotel liegt in der ul. Kosickogo 29/73 (ул. Косицкого), Tel. 6 05 38.

▶ Es ist empfehlenswert, sich in der Hauptsaison zumindest für die ersten Nächte im voraus ein Zimmer zu reservieren, denn Evpatorija erfreut sich großer Beliebtheit und ist entsprechend überlaufen. Ansonsten bleibt das Büro für Wohnraumvermittlung am Bahnhof.

Museum für karaimische Kultur, ul. Karaimskaja 68; sie ist in alten Stadtplänen noch als ul. Matveeva bezeichnet (ул. Матвеева). Im Sommer werden täglich außer samstags von 10–20 Uhr Führungen angeboten.

Wer durch den Karaimer-Geistlichen

Im ›Jachthafen‹ von Jalta
Der kleine Stadtstrand inmitten von Jalta
Ein Kreuzstein an der armenischen Ripsime-Kirche in Jalta
In der Bucht von Simeiz

Viktor Tiriaki oder außerhalb der Sommersaison geführt werden will, sollte sich im voraus bei der karaimischen Gemeinde melden: Tel. 3 30 35 oder 3 03 65. Das kleine Restaurant bietet das ganze Jahr über tgl. 12–17 Uhr karaimische Spezialitäten an.

▶ Das Heimatkundemuseum ist in der auf den Strand zulaufenden ul. Kirova 2/11 untergebracht.

Im Gebäude der Hauptpost, ul. Primorskaja 2 (in der Nähe des Seehafens), sehr billig, an freien Tagen kostenlos, deshalb oft lange Wartezeiten.

▶ ›Lion‹, ul. Pobedy 31, 9–0 Uhr, So. geschlossen,

▶ ›Kentavr‹, ul. Gorkogo (im Gebäude des Aquariums), rund um die Uhr geöffnet, 6 Hryvnja pro Stunde, nachts 3 Hryvnja.

Der Norden

Die Landenge von Perekop ist das Tor zur Krim: Sie verbindet auf einer Breite von nur wenigen Metern das ukrainische Festland mit der Halbinsel. Die sich anschließenden Steppengebiete, inzwischen meist Äcker, Felder und Wohngebiete, reichen vom Kap Tarchankut im Westen bis zum Sivaš, dem sogenannten Faulen Meer, das sich entlang der Ostküste erstreckt und durch eine ebenfalls nur wenige Meter breite Landzunge vom Asovschen Meer getrennt ist.

Die einzige größere Stadt der nördlichen Krim ist mit etwa 43 000 Einwohnern Džankoj. Im Stadtkern sind einige schön restaurierte Gebäude aus der Zeit der Wende vom 19. zum 20. Jahrhundert zu sehen. Ansonsten hat die mitten in der Steppe gelegene Stadt das typische Flair sowjetischer Provinzstädte. Viele kleine Orte des Nordens bildeten zu Zeiten der Sowjetunion einen Teil der großen Landwirtschaftskombinate. Heute zeugen vor sich hin rostende Mähdrescher und verfallene Lagerhallen vom gesellschaftlichen Wandel in den letzten Jahren. Die Bewohner produzieren oft nur noch für den Eigenbedarf, die bescheidenen Überschüsse verkaufen sie auf den Märkten der größeren Städte. Zum Teil bestehen die einstigen Kolchosen als private und selten profitable Agrofirmen fort. Die größeren unter ihnen – zum Beispiel ›Rossija‹ nördlich von Simferopol' – sind intern noch immer wie eine Kommune organisiert, versorgen die Einwohner, die für ihre Arbeit mit landwirtschaftlichen Produkten entlohnt werden, und unterhalten Schulen und Krankenstationen. Ein großer Teil der Industrie ist im Norden der Krim angesiedelt.

Westlich von dem rein industriell geprägten Ort Krasnoperekopsk befindet sich an der Nordküste ein großes Vogelschutzgebiet. Am 20 Kilometer weiter westlich gelegenen Kap Pesčanyj schiebt sich eine sandige Landzunge wie eine große Düne ins Meer. Bei ständigem Westwind herrscht auf ihrer Westseite hoher

Wellengang, während keine 50 Meter weiter auf der Ostseite nur ein schwacher Windhauch das stille und klare Wasser kräuselt.

Die Halbinsel Tarchankut ist die landschaftlich reizvollste Gegend der Steppengebiete. Ihre Küste zeichnet sich durch den abrupten Wechsel von sanft ins Meer abfallenden Sandstränden und Steilküste aus. Černomorskoe, das von Evpatorija aus mit dem Bus erreicht werden kann, ist zwar Badeziel vieler Einheimischer, das Bad im Hafenbecken neben den Schiffen der Schwarzmeerflotte ist allerdings ein eher zweifelhaftes Vergnügen.

Olenevka im äußersten Westen liegt an einer Bucht zwischen dem Kap Pribojnyj und dem Kap Tarchankut. Es kann von Evpatorija und Černomorskoe aus per Bus erreicht werden. Allerdings fahren die Busse recht selten, daher sollte man sich lieber vorher nach den Abfahrtszeiten erkundigen. Lediglich durch eine Düne vom offenen Meer getrennt, befindet sich in Olenevka ein Salzsee. Am seinem nördlichen Ufer wurden skythische und griechische Befestigungsreste ausgegraben. Die langgestreckte Düne bildet mit ihren Sandstränden ein ideales Badegebiet, die nahegelegenen Steilküsten sind ein Paradies für Taucher. Fachkundige Lehrer des Tauchklubs am Nordrand Olenevkas führen auch Touristen in die faszinierende Unterwasserwelt ein. Die beeindruckendsten Felsen ziehen sich südlich von Olenevka vom Kap Tarchankut über mehrere Kilometer bis Marino.

Die herausragende Sehenswürdigkeit am anderen, östlichen Ende des Steppengebietes stellt die Arabatskaja Strelka dar, eine 130 Kilometer lange Landzunge, die auf wenigen Metern Breite das Faule Meer vom Azovschen Meer trennt. Sie beginnt in dem Dorf Kamenskoe und endet kurz vor dem Ort Geničes'k auf dem ukrainischen Festland. Faszinierend und zum Baden geeignet ist der einmalige Strand der Arabatskaja Strelka zum Azovschen Meer hin, der nicht aus Sand oder Kies, sondern aus Abermillionen von angeschwemmten Muscheln besteht. Typisch für das sehr salzhaltige Faule Meer – auch Sivaš genannt – sind die durch das Salz weiß schimmernden Küstenstreifen. Zur Salzgewinnung werden ganze Küstenabschnitte gezielt abgegrenzt und trockengelegt.

Kamenskoe direkt an der Arabatskaja Strelka kann mit dem Bus von Feodosija und von Kerč' über Lenino erreicht werden.

Einzigartiger Muschelstrand an der Arabatskaja Strelka

Die Südküste ist der klimatisch bevorzugte Landstrich der Krim. Deswegen befinden sich hier schon seit Zarenzeiten die beliebtesten Ferienorte für Sonnenhungrige. Davon zeugen auch zahlreiche Schlösser und Sommersitze von Zaren und anderen bekannten Persönlichkeiten.

Jalta und die Südküste

Alušta

Der Weg von Simferopol' zur Küste führt durch das Krimgebirge. Am Angarskij-Paß (Angarskij pereval), dem mit 752 Metern höchsten Punkt der Strecke, erheben sich rechts der Čatyr-Dag und links der Demerdži. Nachdem man den Angarskij pereval überquert hat, passiert die Straße zwei Sowjetdenkmäler: Knapp 30 Kilometer hinter Simferopol' steht am linken Straßenrand ein Denkmal zu Ehren der Partisanen des Zweiten Weltkrieges. Zehn Kilometer weiter kennzeichnet ein Monument die Stelle, an der sich Kutuzov angeblich 1774 an einer Quelle wusch, nachdem er im Kampf gegen die türkischen Truppen ein Auge verloren hatte. Fast 40 Jahre später wurde Kutuzov Feldherr im Krieg gegen Napoleon.

Wenige Kilometer hinter dem Angarskij pereval öffnet sich der Blick auf die Südküste und das Schwarze Meer. Als erste Küstenstadt erreicht man nach gut 50 Kilometern Fahrt Alušta (Алушта), eine Stadt mit rund 35 000 Einwohnern (im Jahr 2001).

Alušta, auf dessen Gebiet Funde aus dem 5. und 4. Jahrhundert vor Christus gemacht wurden, fand im 6. Jahrhundert unserer Zeitrechnung erstmals schriftlich Erwähnung. Damals gründeten Byzantiner die Festung Aluston. Auf einer Anhöhe im Zentrum der Altstadt ist noch ein Turm der damaligen Befestigungsanlagen erhalten. Die Bewohner betrieben Landwirtschaft und Fischzucht, in der Stadt waren außerdem zahlreiche Handwerke vertreten.

Legende

1 Busbahnhof (Автовокзал)
2 Hauptpost (Главпочтамт)
3 Hafen (Морской вокзал)
4 Heimatmuseum (Историко-Краеведческий музей)
5 Hotel ›Alušta‹ (Гостиница ›Алушта‹)

Straßen und Plätze

15-go Aprelja, ul. (15-го Апреля, ул.)
Baglikova, ul. (Багликова, ул.)
Čatyrdagskaja, ul. (Чатырдагская, ул.)
Gor'kogo, ul. (Горького, ул.)
Jaltinskoe šosse (Ялтинское шоссе)
Komsomol'skaja, ul. (Комсомольская, ул.)
Krasnoarmejskaja, ul. (Красноармейская, ул.)
Lenina, ul. (Ленина, ул.)
Naberežnaja, ul. (Набережная, ул.)
Oktjabr'skaja, ul. (Октябрьская, ул.)
Parkovaja, ul. (Парковая, ул.)
Partizanskaja, ul. (Партизанская, ул.)
Perekopskij per. (Перекопский пер.)
Simferopol'skaja, ul. (Симферопольская, ул.)
Sovetskaja, pl. (Советская, пл.)
Turistov, ul. (Туристов, ул.)
Vladimira Chromych, ul. (Владимира Хромых, ул.)

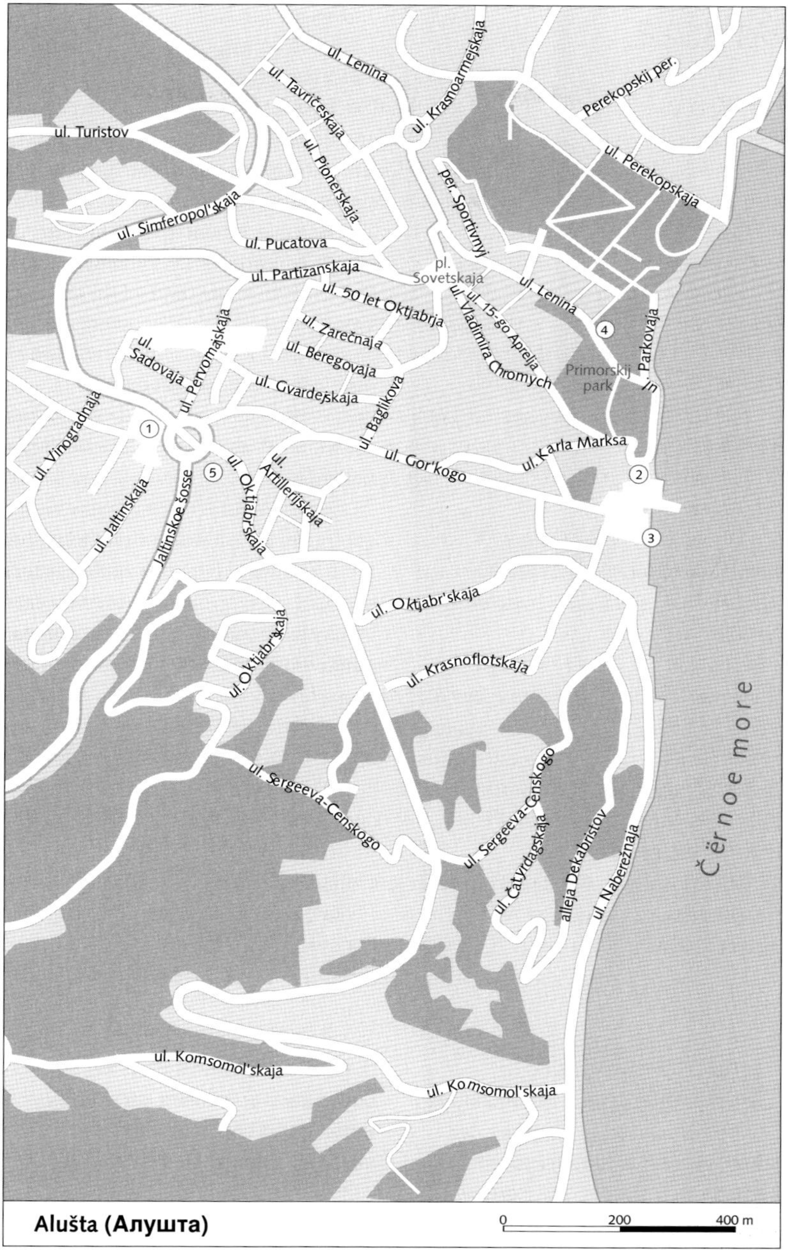

Alušta (Алушта)

Auf der Uferpromenade von Alušta

Das ruhige Leben in Aluston hatte 1239 vorerst ein Ende, als Tataren der Goldenen Horde die Stadt zerstörten. Ein Jahrhundert später wurden die Genueser neue Herren der Stadt. Sie bauten Aluston zu einem befestigten Hafen aus. 1475 ergriffen türkische Truppen die Macht und behielten sie bis 1774, als der Friede von Kütschük-Kainardschi dem türkisch-russischen Krieg ein vorläufiges Ende bereitete.

Seit 100 Jahren lebt die Bevölkerung der Küstenstadt von Weinanbau und -kelterei, Tabak- und Obstanbau sowie der Herstellung landwirtschaftlicher Geräte.

Die Küstenstadt, um die das Krimgebirge in bis zu zehn Kilometern Entfernung einen Halbkreis bildet, unterscheidet sich grundlegend von dem benachbarten Jalta. Alušta ist weniger durch die Berge geschützt als die Orte weiter westlich, daher ist es in der Stadt etwas kühler. Als Kurort steht Alušta in Jaltas Schatten, es ist bei weitem nicht so prächtig wie die Touristenmetropole im Westen und ist im Sommer mit Touristen überfüllt. Die Strände sind verschmutzt und die touristische Infrastruktur auf billigen Massentourismus orientiert. Um eine einigermaßen erschwingliche Unterkunft, etwa auf der Durchreise, zu finden braucht es Glück.

Der Primorskij park direkt am Meer lädt zum Spaziergang ein. Ebenfalls einen Besuch wert ist die orthodoxe Kirche des Fëdor Stratilat, errichtet 1842; ul. Vladimira Chromych 16.

Die Überreste der Festung Aluston befinden sich in der ul. 15-go Aprelja.

Vorwahl: 0 65 60.

Die Post liegt direkt an der Uferpromenade, gegenüber der Anlegestelle, in der ul. Lenina 15.

Aus Simferopol' fahren Trolley- und Autobusse an die Küste; ihre Endstation ist entweder Alušta oder Jalta (Trolleybuslinien 51, 52). Aus Jalta fährt auch der Trolleybus Nr. 53 nach Alušta. Außerdem bieten die zahlreichen Sammeltaxen, die zwischen

Jalta und Simferopol' pendeln, eine gute Möglichkeit, zügig und ebenfalls günstig an die Küste zu gelangen.

Es ist schwierig, im Sommer eine Unterkunft für eine Nacht unter 100 Hryvnja in einem der zahlreichen, in den letzten Jahren wie Pilze aus dem Boden geschossenen kleinen privaten Hotels zu finden. Mit einigem Glück handelt man mit einer der Babuschkas am Busbahnhof einen Preis von 40 Hryvnja in einer privaten Wohnung aus.

▶ Unterkunftsvermittlungen gibt es in der ul. Lenina 5 (Tel. 3 32 12), 7 (Tel. 3 02 91) und 44 (Tel. 3 32 59) sowie in der ul. Oktjabrskaja 31 (Tel. 3 52 78) und 50 (Tel. 5 06 06).

▶ Am Busbahnhof befindet sich das Hotel ›Alušta‹, ul. Oktjabr'skaja 50, Tel. 55062, Preise in der Saison ab 150 Hryvnja pro Person.

▶ Nach langer Rekonstruktion neu eröffnet hat das Hotel ›Krimskaja Riv'era‹, ul. Lenina, mit Zugang zum eigenen Strand, DZ ab 150 Euro in der Hochsaison, Tel. 2 62 26, 2 62 36, www.crimean-riviera.com (englisch, russisch).

▶ 12 km vom Stadtzentrum entfernt, Richtung Jalta, befindet sich das ›Santa Barbara‹, selo Malyj majak, p. Utes (село Малый маяк, п. Утес), Tel. 2 19 02, 2 19 03, ab 150 Hryvnja pro Person in der Hochsaison.

Kleinere private Pensionen sind unter anderem:

▶ ›Kruis-1‹ (ul. Tavričeskaja), ›Kruis-2‹ (ul. Sverdlova), ›Kruis-3‹ (ul. Beregovaja), ›Afon‹ (ul. Sverdlova), ab 20 Hryvnja pro Person im Hochsommer, Tel. 0 03 80/67/7 34 43 74 (mobil) .

▶ ›Vita‹, ul. Gorkogo 15a, Tel. 311 22.

▶ ›Vodolej‹, ul. Naberežnaja 2b, Tel. (mobil) 0 03 80/67/7 80 69 51.

▶ ›Kristall‹, Professorskij Ugolok, Tel. 307 92.

Entlang der Uferpromenade befinden sich mehrere kleine Cafés, Restaurants und Schnellimbisse. Wer gediegener speisen möchte, kann außerdem im Restaurant des Hotels ›Alušta‹ einkehren.

Naturkundemuseum des Nationalparks (Музей Природы, Muzej Prirody), ul Partizanskaja 42, Tel. 3 50 33, Di–Sa 9–13 und 14–19 Uhr. Es gibt einen Dendrozoologischen Park (Mufflons, Hirsche, Rehe, Adler u.a.). Die Mitarbeiter des Nationalparks bieten zwei ökologische Exkursionen an: zum Cosima-und-Damian-Kloster (50 Hryvnja) und zur Uzen-Baš-Quelle zu Füßen des Roman-Kož, des höchsten Berges der Krim (80 Hryvnja). Der letztgenannte Ausflug ist die einzige legale Möglichkeit ins Totalreservat des Krimgebirges zu gelangen.

Im Gebäude der Ukrtelekom, neben der Hauptpost, ul. Lenina 15. www.alushta.crimea.ua (russsich).

Theodora

Bei Alušta endet eine Legende, die viel weiter östlich – in Sudak – ihren Anfang nimmt:
Theodora, die Herrscherin von Sugdeja, dem späteren Sudak, lebte vor langer Zeit in jenem Ort an der Südostküste der Krim. Sie wuchs gemeinsam mit den zwei Söhnen eines Fürsten auf, den Zwillingen Herakel und Konstantin. Die drei standen sich sehr nah, und das Gefühl der Verbundenheit zu der schönen Theodora verwandelte sich bei den Zwillingen in Liebe. Herakel faßte einen Entschluß: Entweder würde Theodora ihm gehören und er mit ihr über das Land herrschen, oder sie müßte sterben. Konstantin war von besserem Charakter, er strebte nicht nach Macht, sondern wollte nur gemeinsam mit Theodora glücklich sein.
So entschloß sich Herakel zum Verrat: Er ging zum Herrscher von Caffa, dem heutigen Feodosija, und überzeugte den genuesischen Konsul davon, Sugdeja zu überfallen und zu erobern. Als Lohn für seine Hilfe verlangte er, daß ihm Theodora ausgehändigt werde. Zwei Monate dauerte der blutige Kampf, die Verteidiger der Stadt wurden von Theodora und Konstantin angeführt. Doch die Kräfte waren ungleich verteilt, und so entschlossen sich Theodora, Konstantin und ein Teil der Kämpfer sowie der Bewohner der Stadt zur Flucht weiter nach Westen. Sie flohen nach Aluston, dem heutigen Alušta.
Doch die Feinde folgten ihnen auf den Fersen, und als sie merkten, daß Aluston den Angriffen nicht standhalten würde, flohen Theodora, die Soldaten und Stadtbewohner weiter zum Kastel-Berg bei Aluston. Doch auch hier waren sie den Angreifern unterlegen, die Festung wurde eingenommen. Dennoch brachte dies Herakel nicht sein Glück, sondern den Tod: Theodora ermordete den Verräter. Auch dies konnte die Festung jedoch nicht retten, und das Kastel fiel.
Noch heute sind am Südwesthang des Berges dunkle Streifen zu sehen. Die Legende besagt, daß dies die Blutspuren der Verteidiger der Festung seien, die im Kampf, geführt von ihrer Herrscherin Theodora, hier ihr Leben ließen.

Der Bezirk Groß-Jalta

Einst der Modekurort von Zarenaristokratie und aufstrebendem Bürgertum, ist der Bezirk Groß-Jalta, der das Gebiet von Gurzuf und dem Aju-Dag im Osten bis nach Foros im Westen einschließt, auch heute der touristische Mittelpunkt der Krim. Groß-Jalta erstreckt sich über 75 Kilometer entlang der Küste. Heute ist die Region mit rund 145 000 Einwohnern (im Jahr 2001) Anlaufpunkt der in- und ausländischen Touristen. Die Berge schützen sie vor nördlichen Winden, und im Sommer lindert das Schwarze Meer die drückende Hitze und erzeugt so ein einzigartig mildes Klima mit Juli-Durchschnittstemperaturen von 25 °C.

Aju-Dag

Auf halbem Weg von Alušta nach Jalta fällt der Blick auf einen gewaltigen, weit ins Meer ragenden Berg – den 570 Meter hohen Aju-Dag (Аю-Даг). Seinen krimtatarischen Namen ›Bärenberg‹ verdankt dieses mächtige, nur spärlich bewachsene Felsmassiv seiner markanten Form, die von der Seite an einen auf dem Bauch liegenden Bären erinnert. Aufgrund seiner Größe dient er als Orientierungspunkt an der Südküste.

Um den Aju-Dag ranken sich – wie um viele Felsformationen auf der Krim – zahlreiche Legenden. Eine von den Krimtataren überlieferte Version ist diese: Vor langer, langer Zeit war dieser Küstenstreifen des Schwarzen Meeres von riesigen Bären bewohnt. Eines Tages stießen einige von ihnen am Ufer auf ein kleines Mädchen, das als einzige Überlebende eines Schiffbruches an Land gespült worden war. Die Bären nahmen das Mädchen bei sich auf und zogen es in ihrer Familie groß. Sie gewannen das Menschenkind sehr lieb und beschlossen, es nie wieder fortgehen zu lassen. Als es herangewachsen war, traf das Mädchen eines Tages am Strand einen hübschen Jüngling, der genau wie sie Opfer eines Schiffbruches geworden war. Sie pflegte ihn gesund und hielt ihn vor den Bären versteckt. Mit der Zeit wuchs zwischen dem Jüngling und dem Mädchen die Liebe und mit ihr der Wunsch, die Bärenküste zu verlassen. Heimlich bauten sie sich ein kleines Segelboot, und eines Tages, als alle Bären auf der Jagd waren, flohen sie hinaus auf das offene Meer. Als die Bären nach Hause kamen, bemerkten sie, daß das Mädchen verschwunden war. Sie liefen sofort zum Strand und erspähten am Horizont noch das kleine weiße Segel. Die Bären begannen zu rufen und zu winken, und jener Bär, der das Mädchen am meisten liebte, kniete sich zum Wasser nieder und begann, das Meer auszutrinken, um so das Boot zu sich zurückzuholen. Auch die anderen Bären knieten sich hin und begannen zu trinken. Das Mädchen aber fing an zu singen und betete zu Allah. Die Bären vernahmen den Gesang und hörten auf zu trinken. Nur der alte Bär, der, der das Mädchen am liebsten hatte, trank immer weiter. Doch Allah kam den beiden Fliehenden zur Hilfe und ließ diesen Bären zu Stein erstarren. Und so liegt er noch immer vor uns …

Der etwa 150 Millionen Jahre alte Berg ist ein sogenannter mißlungener Vulkan: Durch eine Bruchstelle in der Erdkruste drang an der Stelle des heutigen Aju-Dag Magma hervor, doch die Kraft reichte nicht aus, um an die Oberfläche zu gelangen. Sie erkaltete unter dem Schichtgestein, wobei sich die eigentümliche Kuppel formte. Im Laufe von Jahrmillionen kam Magmagestein unter dem ausgehöhlten Sedimentgestein zum Vorschein und bildete weitere Kuppeln. Aufgrund seiner Vielfalt an seltenen Mineralien wird der Aju-Dag auch als ›natürliches mineralogisches Museum‹ bezeichnet.

Die Witterungsbedingungen auf dem Bärenfelsen sind nicht besonders einladend: Im Winter hält sich der Schnee lange, im Sommer ist die Spitze meist von Wolkendunst umgeben. Trotzdem war der Aju-Dag vermutlich vom 8. bis zum 15. Jahrhundert besiedelt, da er nur schwer zugänglich war und guten Schutz vor Feinden bot. Doch durch die Wasserknappheit verlor die Siedlung allmählich ihre Lebensgrundlage.

Der obere Teil dieses etwa drei Kilometer langen und zwei Kilometer breiten Berges ist mit für die Südkrim typischen Baum- und Buscharten bewachsen, unter anderem mit Kiefer, Eiche, Ahorn, Wacholder und wilder Pistazie. Die Hänge des Bärenberges hingegen sind mit Geröll aus Sandstein, Muschelkalkstein, dichtem

Der ›Bärenberg‹ Aju-Dag, rechts der Kurort Partenit

Lehm und Erdschollen bedeckt. Der ursprüngliche Wald ist abgeholzt – ein neuer wächst langsam nach.

Mittelalterliche Überreste auf dem Aju-Dag und in seiner nahen Umgebung zeugen von der Bedeutung dieses zentralen Punktes an der Südküste. So hinterließen beispielsweise die Genueser auf dem kleinen Berg nahe Partenit, auch ›Kleiner Bär‹ genannt, ihre Spuren in Form von Turmresten. Die Genueser sahen in dem großen Berg übrigens keinen Bären, sondern ein Kamel. Auf dem Aju-Dag selbst wurden Reste mittelalterlicher Verteidigungsanlagen entdeckt – die größte Siedlung befand sich auf der Südseite.

Forscher suchten hier im 18. Jahrhundert unter anderem nach Spuren der vielbesungenen Iphigenie von Tauris, der Tochter Agamemnons, die von Artemis nach Taurien entführt worden war. Das eng mit den Mythen über die Taurier verbundene Felsmassiv ›Barannyj lob‹ (Hammelstirn) wähnten die Altertumswissenschaftler ebenfalls hier. Bis heute konnte die Gesteinsformation nicht gefunden werden, obwohl an verschiedenen Stellen der Krim nach ihr gesucht wurde. Der aus dem Mittelalter stammende Name des nahegelegenen Dorfes Partenit ist eine griechische Übersetzung des Wortes ›Deva‹, zu deutsch: ›Jungfrau‹. Die darauf begründete Annahme, der Aju-Dag sei das gesuchte Heiligtum der ›Deva‹, der Gottheit der Taurier, konnte jedoch bisher nicht bestätigt werden.

Die Spekulationen setzen sich bei der Namensgebung fort: Das lateinische Wort für ›Bär‹ (ursus) könnte die Wurzel für den heutigen Namen des nahe dem Aju-Dag gelegenen Ortes Gurzuf sein. ›Bär‹ heißt auf griechisch ›arktos‹, was wiederum Ähnlichkeit hat mit ›Artek‹, einem Ort am westlichen Fuß des Berges. Es ist auch möglich, daß ›Aju-Dag‹ nur die krimtatarische Umschrift für frühere Bezeichnungen ist. In einer anderen Turksprache bedeutet ›dag‹ Wald, so daß aus ›Aju-Dag‹ der ›Bärenwald‹ würde.

Der Aju-Dag ist seit 1974 Naturschutzgebiet und daher nur auf organisierten Touren zu erkunden.

i Der Aufstieg beginnt auf dem Gelände des Sanatoriums ›Krym‹ an der Bushaltestelle Partenit (Партенит, letzter Ort von Groß-Jalta). Der Eingang zum Gelände des Sanatoriums liegt direkt hinter der Bushaltestelle. Für das Betreten der Anlage zahlt man 5 Hr.. Die geführten Exkursionen auf den Berg beginnen täglich um 10 Uhr am Kinoteatr. Festes Schuhwerk und Sonnenschutz sind unabdingbar.

► Auf dem Gelände des Sanatoriums befindet sich außerdem ein Delphinarium, in dem man für 50 Hryvnja mit den Delphinen baden und sich fotografieren lassen kann. Vorstellungen um 11.30 und 16 Uhr, an manchen Tagen auch um 22 Uhr, Mo. geschlossen.

Gurzuf

In einem Tal neben der Straße Simferopol'–Jalta liegt ungefähr 15 Kilometer nordöstlich von Jalta in einer Strandbucht der kleine Ort Gurzuf (Гурзуф). Er wird eingerahmt vom Aju-Dag im Osten und der weniger gewaltigen Felsküste im Westen. Krimbewohner bezeichnen die Bucht als ›Amphitheater von Gurzuf‹. Der Ort markiert den östlichsten Punkt des Verwaltungsbezirks Groß-Jalta. Heute ist Gurzuf einer der malerischsten Flecken der Südküste mit seinen verwinkelten Gassen, zugewachsenen Stiegen und ein- bis zweistöckigen Häusern in typischer Holzverkleidung.

Gurzuf war ein früher Siedlungspunkt an der Südküste. Es liegen Funde aus Neolithikum und Bronzezeit sowie Grab- und Siedlungsreste aus der Zeit der Taurier vor. Im 6. Jahrhundert nach Christus wurde Gurzuf erstmals schriftlich erwähnt. Am linken Ufer der Bucht sind an der Felswand Reste einer mittelalterlichen Festung zu erkennen, die auf Befehl des byzantinischen Kaisers Justinian im 6. Jahrhundert errichtet wurde und seit dieser Zeit zu der kleinen belebten Stadt Gurzuvity gehörte. Nach den Genuesern eroberten Ende des 15. Jahrhunderts schließlich die Türken die Festung.

Unmittelbar unterhalb der Festungsmauern errichteten Sowjetarchitekten einen farblosen Sanatoriumsbau. Ein kleiner Weg führt durch einen zu Beginn des Jahrhunderts angelegten Tunnel auf dem Gelände des Sanatoriums bis zum äußersten Ende des Puškin-Felsens, auf dem noch Reste der Festung zu sehen sind. Von hier aus bietet sich ein schöner ungestörter Ausblick auf das Meer und den Aju-Dag. Der Existenz dieses Tunnels wird ein etwas kurioser Ursprung zugeschrie-

Gurzuf mit den Adalary und dem Aju-Dag im Hintergrund

Im Čechov-Haus von Gurzuf

ben: Reiche Kaufleute wollten demnach vom Tunnelende aus eine Seilbahn auf die beiden vorgelagerten Felsen – die Adalary – legen und dort ein bordellähnliches Etablissement schaffen. Dies sollte nur für ausgewählte Personen zugänglich sein und natürlich nur für Männer. Durch den Zweiten Weltkrieg mußte der Bau jedoch unterbrochen werden und wurde später nie zu Ende geführt.

Gen Norden erstreckt sich hinter der Bucht das Babugan-Gebirge mit dem höchsten Berg der Krim, dem Roman-Koš (1545 Meter). Vor der Bucht ragen zwei Felsen aus dem Meer: die Zwillinge (Adalary). Auch sie regten durch ihre Auffälligkeit Phantasie und Legendenbildung an. Es handelt sich um Reste eines vom Meer zerstörten Kalkmassivs. Den Adalary gegenüber befinden sich zwei vom Meer ausgespülte Grotten, die nur mit einem Boot zu erreichen sind: die Puškin-Grotte und die Izumrudnyj-Grotte.

Am Ende des 15. Jahrhunderts war aus der blühenden Stadt Gurzuf ein kleines unbedeutendes Dorf geworden. Im 18. Jahrhundert, nach dem Anschluß der Krim an Rußland, lebten hier nur einige Dutzend Familien von der Landwirtschaft. Aleksandr Puškin kam 1820 für drei Wochen nach Gurzuf. Das Haus, in dem er damals wohnte, erlangte so nachhaltig Berühmtheit. Heute ist in dem Gebäude das Puškin-Museum untergebracht. Es liegt auf dem Gelände des nach dem Dichter benannten Sanatoriums ›Puškino‹. Am Ende des 19. Jahrhunderts war Gurzuf zu einem der modernsten und teuersten Kurorte der Südküste geworden.

Im Jahre 1900 kaufte sich Anton Čechov, zusätzlich zu seiner ›Weißen Datscha‹ in Jalta, unterhalb des Puškin-Felsens ein kleines Häuschen direkt am

Wasser. Begeistert schrieb er nach seinem Kauf: ›An diesem Meeresufer kann man tausend Jahre leben, ohne sich zu langweilen.‹ Der Dichter begann in dieser Datscha seine Arbeit an den ›Drei Schwestern‹. Nach Čechovs Tod ging die Datscha zunächst in den Besitz seiner Frau, der Schauspielerin Ol'ga Leonardovna Knipper, über. Später wurde sie zu einer Filiale des Čechov-Museums in Jalta. 1994 erinnerte vorübergehend nur eine Tafel am Gartentor an das stille Eckchen des russischen Dichters – Gerüchte sprachen davon, das Haus sei ohne Rücksicht auf Kulturgut abgerissen worden, um einer weiteren Baustelle für neureiche ›Biznesmeny‹ Platz zu machen. Diese Version erwies sich jedoch glücklicherweise als falsch – es war keineswegs Kulturignoranz, sondern vielmehr Kulturliebe, die die Baustelle bedingt hatte. Das Gebäude war aufgrund seiner Baufälligkeit mehr oder weniger abbruchreif. Um das Kulturdenkmal nicht durch Tatenlosigkeit zu verlieren, wurde es von Grund auf renoviert und ist seit 1995 wieder für Besucher geöffnet.

Mit besonderem Stolz berichtete die ›Krymskaja gazeta‹ am 21. Juli 2000 von den vielen regelmäßigen Informationen über Temperatur, Sonnenstrahlung und andere lebenswichtige Dinge, die Badegäste in Gurzuf erhalten können: Es gibt hier bereits seit mehreren Jahrzehnten einen sogenannten Bio-Klima-Dienst, der sowohl wissenschaftlich arbeitet als auch Informationen für die Badegäste bereitstellt. So werden stündlich per Lautsprecher am Strand Wetterberichte verlesen sowie medizinische Empfehlungen beispielsweise zur Dauer des Sonnenbadens ausgesprochen. Am Eingang zum Heilstrand gibt es an der medizinischen Station einen Stand, an dem weitere Tips und Informationen eingeholt werden können.

Vorwahl: 06 54.

Von Jalta aus fahren Busse und Sammeltaxen direkt bis in den Ort Gurzuf, unter anderem die Linie 31. Außerdem halten sowohl Trolleybusse als auch Autobusse auf der Trasse Simferopol'–Jalta oberhalb von Gurzuf, den Ort selber erreicht man nach einer viertel bis halben Stunde Fußweg bergab in Richtung Küste. Da die Haltestelle für Ortsfremde nicht eindeutig zu erkennen ist, sollte der Busfahrer vorher wissen, daß man dort aussteigen möchte.

Gurzuf ist außerdem auf dem Wasserweg mit Nikitskij sad, Jalta, Livadija, dem Schwalbennest, Mischor, Alupka in westlicher und mit Partenit, Professorskij ugolok, Alušta, Solnečnogorskoe, Malorečenskoe und Rybač'e in östlicher Richtung verbunden.

▶ Sehr empfehlenswert ist die Route Richtung Westen,bis Alupka; auf diesen ca. 30 Kilometern hat man einen Blick auf alles Sehenswerte an der Südküste. Die Fähre verkehrt mehrmals täglich, 16 Hryvnja.

Die Zimmervermittlung befindet sich in der ul. Leningradskaja 15 (ул. Ленинградская), Tel. 36 34 87, sie hat täglich von 8 bis 21 Uhr geöffnet. Hier werden hauptsächlich Privatwohnungen vermittelt. Die Preise bewegen sich um fünf US-Dollar pro Person, Tag und Zimmer, sie unterliegen jedoch großen Schwankungen. Es gibt am Rand von Gurzuf auch einige Ferienhäuser, die zu vermieten sind. Die Leute von der Zimmervermitlung geben sich sehr zuvorkommend und organisieren auf Wunsch auch Ausflüge, Saunabesuche und vieles mehr. Für zwei oder drei Nächte Unterkunft zu finden ist kompliziert – und wenn, dann zu gepfefferten Preisen.

▸ Versuchen kann man es im Hotel ›Marina‹, einem neuen, teuren Luxushotel in der Nähe des Kinderlagers ›Artek‹, ul. Leningradskaja 70a, 300–600 Hryvnja für ein Doppelzimmer, Tel. 52 49 08

▸ Hotel ›Bohema‹, ul. Leningradskaja 9, Tel. 36 38 02, Appartments für 2–6-Personen, 100–500 Hryvnja.

▸ Östlich von Gurzuf befindet sich am Fuß des Aju-Dag das ehemalige Pionierlager ›Artek‹. Das Ferienlager war 1925 für jugendliche Gäste aus der ganzen Sowjetunion eröffnet worden. Inzwischen hat es sich zu einem internationalen Ferienlager für Kinder und Jugendliche entwickelt. Es zieht sich vom Aju-Dag bis nach Gurzuf und hat in zehn Trakten Platz für etwa 5000 Gäste, www.artek.org.

Die meisten Geschäfte und Cafés befinden sich in der ul. Leningradskaja und den angrenzenden Nebenstraßen sowie an der Uferpromenade. Letztere bietet auf Schritt und Tritt Möglichkeiten, sich mit Essen und Trinken zu versorgen.

▸ Ebenfalls in der ul. Leningradskaja, kurz vor dem Ortsausgang in Richtung Jalta, kann man auf einem kleinen Markt täglich frische Lebensmittel einkaufen.

Das Puškin-Museum befindet sich auf dem Gelände des Sanatoriums ›Puškino‹. Dieses erreicht man, indem man zunächst den Stadtpark in Richtung Uferpromenade durchquert; weiter ein paar Schritte nach rechts zum Eingang des Sanatoriums – und dann fragen. Auf dem Territorium des Sanatoriums befinden sich außerdem eine Puškin-Platane und eine Puškin-Grotte.

▸ Das Čechov-Haus, eine Filiale des Literaturmuseums von Jalta, befindet sich in der ul. Čechova 4 am Fuß des Dženebeš-Felsens, auf einer kleinen Landzunge, tgl. 10–18 Uhr, Tel. 36 30 05.

Im Gebäude der Hauptpost, ul. Leningradskaja 36.

Die Zwillingsfelsen

Vor langer Zeit stand auf dem Bärenfelsen ein riesiges Schloß. In ihm lebten die Zwillinge Pëtr und Georgij. Sie lebten friedlich miteinander, im Kampf standen sie Seite an Seite und verteidigten sich gegenseitig. Die beiden Herren hatten einen treuen Diener, den alten Nimpholis. Er schenkte eines Tages jedem der Brüder eine Schatulle aus Perlmutt und versprach ihnen, sie könnten mit Hilfe dieser Schatullen das Geheimnis des Lebens entdecken. Doch niemals dürften sie dieses Geschenk zu bösen Zwecken mißbrauchen, immer nur zum Guten. In der einen Schatulle war ein Knochenstab, auf dem geschrieben stand: »Hebe ihn hoch, und das Meer wird sich teilen, senke ihn, und du wirst alles erfahren, was es auf dem Meeresgrund zu sehen gibt.« In der anderen Schatulle waren zwei silberne Flügel: »Binde sie an, und sie werden dich tragen, wohin du willst, und du wirst dort alles erfahren, was du wissen möchtest.«

Am Strand von Gurzuf, im Hintergrund die Adalary

Und so lernten die Brüder die Welt kennen. Eines Tages erfuhren sie von einem Fürsten, der zwei schöne Töchter haben sollte – Zwillingsschwestern. Doch anstatt ehrlich um die Liebe der beiden Frauen zu werben, entschlossen sich Pëtr und Georgij für den schlechten Weg: Sie entführten die Zwillingsschwestern auf ihr Schloß und sperrten sie ein. Doch in dieser Gefangenschaft erstarb die Seele der Schwestern, und es blieb nichts in ihnen außer Verachtung und Haß für die Zwillingsbrüder. Um doch noch ihre Zuneigung zu gewinnen, entschlossen sich die Brüder dazu, ihre Gefangenen mit den Geschenken des Nimpholis zu beeindrucken. Und so band Georgij am nächsten Tag die Flügel an ein Pferd und flog gemeinsam mit den beiden Schwestern los. Da hörten sie mit einem Mal die Stimme von Nimpholis, der sie zurückrief. Georgij erbleichte und ließ das Pferd umkehren, da machten sich die Schwestern lustig über ihn. Am folgenden Tag versuchte Pëtr sein Glück. Er flog mit den Schwestern gen Himmel und zurück, und als Nimpholis sie rief, hörte Pëtr nicht auf ihn. Da erboste der Herrscher der Meerestiefen und tötete die Brüder und die Schwestern. Doch sie starben nicht, sondern ihre Körper vereinten sich für immer im Stein, in den beiden Zwillingsfelsen (Adalary).

Der Botanische Garten von Nikita

Etwa zehn Kilometer östlich von Jalta erstreckt sich einer der bedeutendsten botanischen Gärten der Welt. Im weitläufigen Botanischen Garten von Nikita (Nikitskij botaničeskij sad/Никитский ботанический сад) wachsen allein 11 000 verschiedene Zierpflanzen, unter ihnen auch die ›Rote Krimrose‹, deren Rosenöl sich nicht nur als Souvenir großer Beliebtheit erfreut, sondern neben dem Krimsekt ein weiteres kostbares Exportgut der Krim ist.

Unter Zar Alexander I. wurde 1811 im fernen St. Petersburg ein Dekret über die Anlage eines botanischen Gartens in der Nähe der einstigen griechischen Siedlung Nikita auf der Krim erlassen. Die ersten Pflanzen setzte 1812 der Botaniker Christian Steven (1782–1863), von dem auch die Entwürfe für den ›wirtschaftlich-botanischen Garten an der Südküste Tauriens‹ stammen.

Heute erstreckt sich auf einer Grundfläche von fast 230 Hektar der Nikitskij sad, in dem insgesamt mehr als 20 000 Pflanzenarten wachsen. Der Garten verbindet den Ort Nikita, der zu Sowjetzeiten Botaničeskoe hieß, mit dem Schwarzen Meer. Mit seinen vielen Nischen, exotischen Gerüchen und hübschen Pavillons, die zum Verweilen einladen, erfreut er seit mehr als 190 Jahren erholungsuchende Urlauber und Einheimische.

Schon im 19. Jahrhundert spielte der botanische Garten eine bedeutende Rolle bei der Verbreitung von veredelten Frucht- und Zierpflanzen auf der Krim. Seit Generationen erforschen Botaniker neue Anbaumethoden, züchten widerstands-

Im Botanischen Garten von Nikita

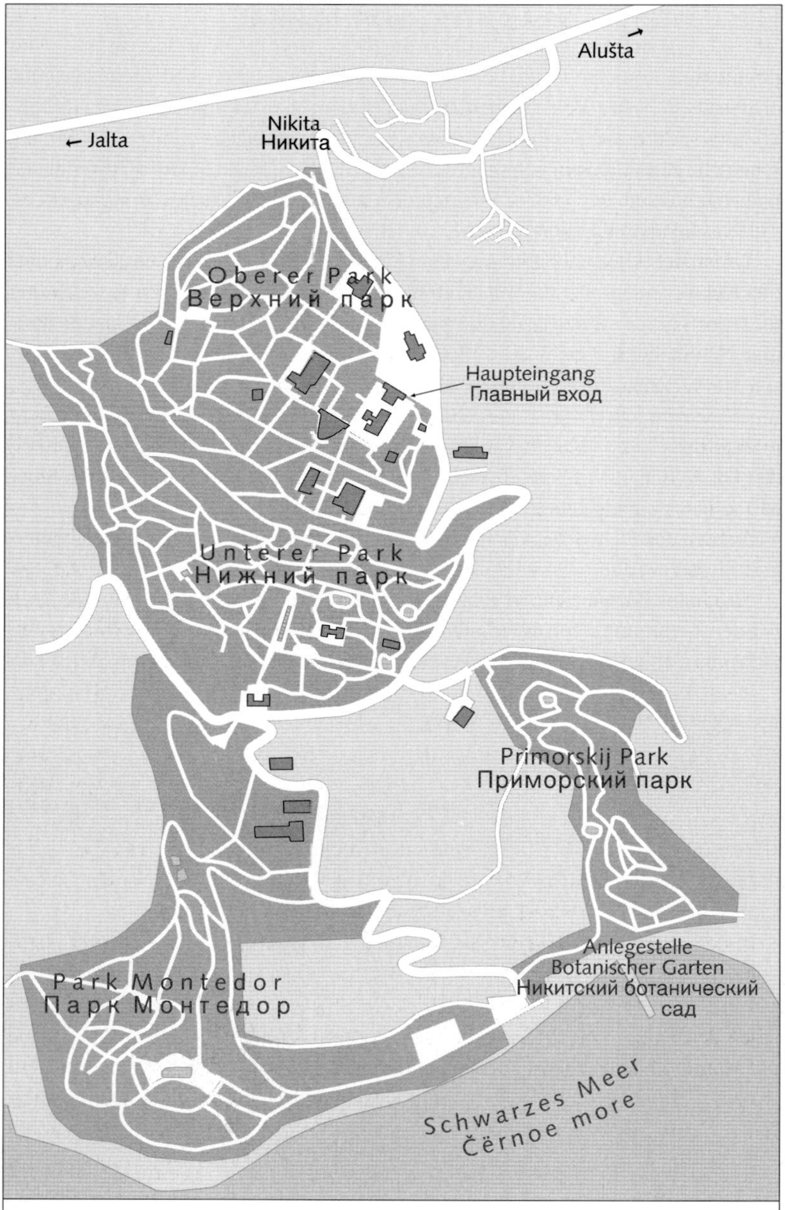

Der Botanische Garten von Nikita (Никита)

fähige Pflanzen und versuchen, die Erträge von Nutzpflanzen zu steigern. Mit Erfolg – bis zu einer halben Million Setzlinge werden jedes Jahr in alle Welt geschickt.

Bereits 1786 hatte der mächtige Grundherr und erste Gouverneur von Neurußland, Fürst Potëmkin, die ersten botanischen Gärten in Alupka und Foros anlegen lassen und dafür aus fernen Ländern Saatgut geordert. Potëmkin hatte das Ziel, die Naturreichtümer der Krim intensiver zu nutzen und trieb besonders den Wein- und Gartenbau voran.

Christian Steven wollte in ›seinem‹ Nikitskij sad Wissenschaft und Praxis miteinander verbinden. Seine Hauptaufgabe sah er in der gründlichen Erforschung der Krimflora, in der Pflanzenzucht und dem damals noch nicht besonders aktuellen Naturschutz. Der Botaniker sammelte 450 unterschiedliche exotische Baum- und Straucharten, gründete ein großes Herbarium, in dem er Kräuter sammelte, und richtete eine wissenschaftliche Bibliothek ein. Seine Vorstellungen von gelungenen Garten- und Parkanlagen verwirklichte Steven nicht nur im Nikitskij sad: Als Grundstock für künftige Grünflächen ließ er überall auf der Krim mehr als 100 000 Setzlinge an die Bevölkerung verteilen.

Anfang des 20. Jahrhunderts war die Gartenbau-Kultur verblüht. Der botanische Garten verfiel, und auch die übrigen Parkanlagen wurden vernachlässigt. Erst nach der Oktoberrevolution wurde im Nikitskij sad wieder wissenschaftlich gearbeitet. Botaniker bemühten sich unter anderem um die Wiederherstellung der natürlichen Pflanzenwelt an den Hängen und Plateaus der Krimberge.

Heute beherbergt der Nikitskij sad die größte Rosensammlung der Halbinsel mit mehr als 2000 heimischen und internationalen Arten, darunter auch die berühmte ›Rote Krimrose‹. Aus ihren Blättern wird als wichtiges und teures Exportgut das edle Rosenöl gewonnen. Ein Gramm von diesem Öl kostet auf dem Weltmarkt mehr als ein Gramm Gold. Um ein einziges Gramm zu erhalten, müssen Blütenblätter von 1500 Rosen gepflückt und aufwendig in mehreren Destillier- und Filtrierstufen verarbeitet werden. Neben der Rosensammlung ist der botanische Garten auch für seine Chrysanthemen-Kollektion berühmt.

In dem weit ausgedehnten Park kann man stundenlang die Vielfalt der Natur genießen: Durch das zum Meer hin in malerischen Terrassen abfallende Terrain führen kleine Wege, die von erklärenden Tafeln gesäumt sind. Der Obere Park ist neben den Rosen vor allem von Pinien, Kiefern, Fruchteiben, Bambus, Zedern und Mammutbäumen geprägt. Von mehreren Aussichtsplattformen bietet sich ein phantastischer Blick auf die Berg- und Küstenlandschaft von Jalta. Dem oberen Teil schließt sich hangabwärts der ältere Abschnitt des Gartens an, der Untere Park, der noch aus der ersten Hälfte des 19. Jahrhunderts stammt. Hier wachsen unter anderem die kalifornische Eiche, die in dieser Region einzigartig ist, sowie Platanen, Zypressen, Oliven, Feigen, Lorbeer und japanische Zierbananen. Die im

19. Jahrhundert angepflanzte Steineiche breitete sich von hier über die ganze Krim und den Kaukasus aus. Aus Anlaß des hundertjährigen Bestehens des Nikitskij sad wurde 1911 direkt am Ufer des Meeres ein weiterer kleiner Park angelegt, der Primorskij park (Meerespark). Aufgrund der geschützten Lage ist das Klima an dieser Stelle besonders mild. Daher können hier Orchideenbäume, Myrte, Seidenbäume, verschiedene Palmen, Pistazien, Akazien sowie andere subtropische Pflanzen wachsen. Nach dem Zweiten Weltkrieg wurde zusätzlich zu den drei Parkteilen noch der Park Montedor angelegt, der sich südwestlich in Richtung Jalta anschließt.

Etwas östlich vom Primorskij park liegt das 1973 gegründete Naturschutzgebiet Kap Martjan, in dem rund ein Viertel der Gebirgsflora der Krim vorzufinden ist, darunter mehr als 30 auf der Roten Liste eingetragene Pflanzenarten.

In der Nähe des Haupteingangs zum botanischen Garten gibt es ein Museum. Nach einem Rundgang durch die Ausstellung über die Nutzpflanzen im Nikitskij sad kann der Gaumen hier Bekanntschaft mit verschiedenen exotischen Früchten machen. Auf der anderen Seite des Gebäudes ist der Eingang zum Degustationssaal. Hier können die Besucher besondere Früchte und andere Leckereien aus dem Nikitskij sad kosten. Für sieben Hryvnja bekommt man einen ›Standardsatz‹, bestehend aus vier Weinsorten und sechs besonderen Obstsorten. Eine Voranmeldung ist für die Degustation nicht notwendig, man kann einfach vorbeikommen und wird sofort bedient.

i Das Sammeltaxi 34 fährt von Jalta direkt bis zum Nikitskij sad, es hält auch unterhalb des Hotels ›Jalta‹. Außerdem halten die Trolleybusse und Busse von Simferopol' nach Jalta zwischen Gurzuf und Massandra auch in Nikita, von dort aus ist es auf der linken Straßenseite allerdings noch ein guter Fußmarsch bis zum botanischen Garten (20 bis 30 Minuten). Hierzu muß man an der Haltestelle ›Botaničeskij sad‹ (Ботанический сад) aussteigen. Gleich neben der Haltestelle in Fahrtrichtung Alušta geht rechts ein Weg ab, dessen kurvenreichem Verlauf man recht lange folgen muß, um dann nach rechts abzubiegen, direkt bevor der Weg aufs offene Feld hinausführt. Für Eingeweihte gibt es an dieser Abzweigung auch einen kleinen Wegweiser: Auf dem Telegrafenmast direkt an der Abzweigung stehen die Buchstaben ›BS‹ (БС) als Abkürzung für ›Botaničeskij sad‹. Dann immer weiter dem Weg nach, bis man schließlich zur Einfahrt zum ›Nikitskij sad‹ gelangt. Von hier aus sind es noch etwa 500 Meter an der Straße entlang bis zum eigentlichen Eingang des Gartens, an dem sich auch die Kasse befindet. Der Eintritt kostet fünf Hryvnja.

Massandra

Drei Kilometer östlich der Stadt Jalta liegt das Dorf Massandra (Массандра). Der Ort ist vor allem mit der Geschichte des Weinanbaus auf der Krim verbunden. Eine Besonderheit stellen die Weinkellereien von Massandra mit ihrer einzigartigen Weinkollektion dar. Darüber hinaus ist der Massandra-Palast, der sich oberhalb des Dorfes befindet, auf jeden Fall einen Besuch wert.

Der Geruch ist unverwechselbar, der dem Besucher beim Betreten der Weinkellereien in die Nase steigt! Hier lagern in unzähligen Eichenfässern rund 15 Millionen Liter unverkennbarer Krimweine, zumeist starker, süßer Dessert- und Likörwein. Auf den Massandra-Wein, wenn auch für westeuropäische Kehlen in seiner Süße und Schwere oft etwas ungewohnt, ist die ganze Krim stolz. Jährlich kommen zehn bis elf Millionen Flaschen von insgesamt 50 Weinsorten in den Verkauf. Am meisten gefragt sind Portwein, Madeira-Wein und Cheres (Sherry). Das Sortiment bietet aber auch einige wenige Tisch- und trockene Weine. Verschiedene Weine wurden schon an internationalen Wettbewerben ausgezeichnet – Massandra ist ein Qualitätssiegel im In- und Ausland. Zu den Kellereien von Massandra gehören neun ehemalige Sowchosen entlang der Südküste – von Foros im Westen bis Sudak im Osten –, die alle zum größten Teil Weinbau betreiben. Die verschiedenen Traubensorten wachsen in Weingärten mit einer Gesamtfläche von 3500 Hektar.

Das Weinwerk (Vinzavod) Massandra beherbergt eine einmalige Vinothek, eine Weinsammlung. Die älteste Flasche, ein spanischer ›Cheres de la Frontera‹, stammt aus dem Jahr 1775. Und der Wein darin soll sogar noch genießbar sein! Insgesamt lagern in der Vinothek rund eine Million Flaschen. Sie sind mit dem Staub von Jahrzehnten und teils gar Jahrhunderten bedeckt – gleichsam das Etikett für die Echtheit des Produktes. 800 verschiedene Sorten gehören zur Sammlung. Die meisten Flaschen stammen aus der Massandra-Produktion. Einige sind aber auch alte Sammlerexemplare aus verschiedenen europäischen Ländern, vornehmlich aus Frankreich, Spanien, Deutschland und Portugal. Jährlich bestimmt eine Kommission von Experten aus Massandra, wie viele Flaschen von welcher Sorte Massandra-Wein in die Vinothek aufgenommen werden. Nur die besten Jahrgänge finden Aufnahme in die Kollektion, die aus einem Museums-, einem wissenschaftlichen und einem zum Verkauf bestimmten Teil besteht. Während des Bürgerkrieges wurden die unterirdischen Gänge der Vinothek mit schweren Steinplatten zugemauert, um so die Flaschen vor der Zerstörung zu bewahren. Erst Ende 1920 öffnete man die Gänge wieder. Im Zweiten Weltkrieg wurden die 57 000 wertvollsten Flaschen der Kollektion in die georgische Hauptstadt T'bilisi (Tiflis) in Sicherheit gebracht. Seit der Rückgabe der Sammlung nach Massandra im Jahr 1945 befinden sich auch einige georgische Spitzenweine in der Vinothek.

Gründervater der Sammlung wie auch der Massandra-Kellereien überhaupt ist Fürst Lev Sergeevič Golicyn (1845–1915). Er wird auch ›Vater des Krimsektes‹ genannt, weil er bereits 1878 die weltberühmte Sektkellerei in Novyj Svet aufgebaut hatte. Der in Moskau und Paris ausgebildete Meister des russischen Weinbaus war für die Planung der noch heute bestehenden Kellerei verantwortlich und ließ von 1894 bis 1897 den größten Weinkeller Rußlands erstellen. Von einer zentralen Galerie aus gehen sieben Tunnel ab, die jeweils 138 Meter lang und vier bis fünf Meter breit sind. Sie haben ein Fassungsvermögen von 15 bis 16 Millionen Litern. 1957 wurde neben dem alten noch ein neuer Weinkeller gebaut. Golicyns Anliegen war es, die Qualität des russischen Weines zu verbessern und damit zu beweisen, daß das Zarenreich durchaus mit den großen Weinnationen mithalten kann. Zudem machte er es sich zur Aufgabe, die Kultur des Weintrinkens in Rußland bekannt zu machen und lud die Bevölkerung immer wieder zu kostenlosen Weindegustationen in seine Kellereien ein.

Erstmals Wein gekeltert wurde in Massandra aber schon zu Beginn des 19. Jahrhunderts. Fürst Michail Sergeevič Voroncov, ab 1823 Gouverneur von Neurußland, zu dem auch Jalta und die ganze Halbinsel gehörten, brachte Weinstöcke aus West- und Südeuropa auf die Krim. Er verfolgte das Ziel, hier die gleichen Weine herzustellen wie in Italien, Spanien oder Deutschland. Der Boden und das Klima der Krim indes ließen – trotz gleicher Traubensorten – einen viel schwereren Wein entstehen, als es die Europäer gewohnt waren. Golicyn war es schließ-

Die Weinkellereien von Massandra bei Jalta

Degustationen bieten Gelegenheit, verschiedene Massandra-Weine zu versuchen

lich, der aus der ›Not‹ eine Tugend machte und die von ihm aufgebauten Massandra-Weinkellereien auf süße, schwere Dessert- und Likörweine spezialisierte und die Herstellungsverfahren entsprechend verfeinerte. Viele Weine sind heute nach Ortschaften, Berggipfeln oder Sehenswürdigkeiten entlang der Krim-Südküste benannt.

Wer sich in die Geheimnisse der Massandra-Weine einweihen lassen möchte, nimmt am besten an einer der zahlreichen Degustationen teil, die in vielen Ortschaften der Krimhalbinsel angeboten werden. Eine Degustation läßt sich beispielsweise mit einem Besuch des Voroncov-Palastes in Alupka verbinden. Als Gruppe (mindestens 15 Personen) ist auch eine Führung durch die Massandra-Kellereien mitsamt der einzigartigen Vinothek möglich. Inklusive einer Degustation von zehn Weinen und einer Flasche als Geschenk kostet ein Rundgang etwa zehn US-Dollar pro Person. Eine frühzeitige Anmeldung von Gruppen unter Telefon 0654/378962 ist unerläßlich. Adresse: Golovnoj Zavod ›Massandra‹, ul. Vinodela Egorova 9 (ул. Винодела Егорова), Massandra bei Jalta. Sind Sie allein unterwegs und wollen sich einer Gruppe anschließen, kann Ihnen eines der zahlreichen Exkursionsbüros in Jalta weiterhelfen.

Sollten Ihnen die Massandra-Weine gemundet haben, haben Sie die Gelegenheit, die edlen Tropfen auch in der Schweiz zu trinken. Seit einigen Jahren bestehen enge Kontakte zwischen einem Schweizer Spirituosenhersteller und dem Vinzavod von Massandra, so daß es verschiedene Sorten von den in Westeuropa nach wie vor eher unbekannten Massandra-Weinen auch in einigen Geschäften in der Schweiz zu kaufen gibt (www.massandra.crimea.com).

Der Massandra-Palast

Der Massandra-Palast befindet sich oberhalb des eigentlichen Ortes Massandra. Der Palast vereint verschiedene Baustile und diente zeitweilig auch Stalin als Datscha. Außerdem wurde das Gebäude im Laufe seiner Geschichte bereits als Tuberkuloseklinik und als Lazarett für deutsche Soldaten genutzt. Seit 1991 ist das Schloß für die Öffentlichkeit als Museum zugänglich.

Das Anwesen Massandra gehörte Ende des 19. Jahrhunderts Semën Michajlovič Voroncov, dem Sohn des früheren Generalgouverneurs von Neurußland, Michail Sergeevič Voroncov, unter dessen Regie in den 1830er Jahren der Palast von Alupka entstand. Schon damals befand sich hier eines der größten Gebiete für Wein- und Tabakanbau auf der Halbinsel. Semën Michajlovič ließ 1878 in Massandra einen Palast im Stil der französischen Renaissance bauen. Der Auftraggeber starb kurz vor Abschluß der Arbeiten, die daraufhin vorerst ruhten. 1889 wurde das Landgut der Verwaltung des Zarenhofes unterstellt, die Bauarbeiten wurden unter Alexander III. beendet. Durch den Architekten Michail Mesmacher bekam der Palast als Sommerresidenz des Zaren sein heutiges Aussehen mit den zahlreichen Veranden und Balkonen, kleinen Türmen und Erkern. Das Innere des Palastes ist reich ausgestattet, wenngleich durch die vielen verschiedenen Besitzer recht uneinheitlich.

Der Palast von Massandra

Bei der Besichtigung gelangt man nach einem kurzen Gang durch den ersten Stock, in dem unter anderem das Eßzimmer mit Originalgeschirr aus Zarenzeiten zu bewundern ist, in die Gemächer der zweiten Etage. Hier kann man den ›männlichen‹ und den ›weiblichen‹ Teil des Schlosses mit Empfangsräumen, Badezimmern und weiteren Räumlichkeiten besichtigen. In beide Teile führt jeweils eine Wendeltreppe. Die Besichtigung der zweiten Etage beginnt am Ende der Wendeltreppe in den Gemächern von Marija Fëdorovna, der Frau von Zar Alexander III. Durch einen Korridor gelangt man in das Empfangszimmer des Zaren. Darauf folgt sein Arbeitszimmer mit Boden und Wandverkleidung aus Nußholz, die Möbel hier stammen aus dem 19. Jahrhundert. Als größten Schmuck des darauffolgenden Schlafzimmers bezeichnen die Museumsführerinnen das in einem Winkel schräg einfallende Sonnenlicht.

An den Palast schließt sich auf drei Terrassen ein Park an mit Brunnen, Wasserbecken, Skulpturen und anderen Verzierungen. Von dem fast ebenen Teil des Parkes aus, in dem der Palast steht, öffnet sich der Blick bis zum Meer.

Museum ist der Palast seit 1992. Bis dahin hatte er den Spitzen der sowjetischen Nomenklatur ›gehört‹, die hier Urlaub machten. Neben den prächtigen Räumen ist auch die Landkartensammlung aus dem 16. und 17. Jahrhundert sehenswert.

i Von Jalta aus fahren die Trolleybuslinien 2 und 3 nach Massandra. Von den Statio-nen ›Verchnij Massandrovskij park‹ (Верхний Массандровский парк; Oberer Park von Massandra) der Linie 2 beziehungsweise ›Trollejbusnoe kol'co‹ (Троллейбусное кольцо; Trolleybus-Wendestelle) für die Linie 3 ist der Palast noch etwa 20 Minuten Fußweg entfernt. Um ihn zu erreichen, muß man von der Trolleybus-Wendestelle noch einige Meter der Trasse von Jalta weg folgen. Linker Hand taucht auf einem Felsen eine Adlerfigur auf (direkt gegenüber von der Trolleybushaltestelle der Linie 2), ein kleines Stück weiter in Fahrtrichtung zweigt eine Straße nach links leicht bergauf zum Schloß ab. Gehen Sie nicht aus Versehen nach rechts, dann entfernen Sie sich nämlich immer weiter vom Schloß und landen schließlich im Ort Massandra und irgendwann dann auch beim Hotel ›Jalta‹. Auf dem Weg zum Schloß verweist nach einigen Metern ein Schild auf einen Fußweg – dieser ist etwas kürzer als der Weg an der Straße entlang.
Das Museum ist von 9 bis 16 Uhr geöffnet, die Besichtigung ist sowohl selbständig als auch mit einer Führung möglich. Der Eintritt kostet 10 Hryvnja, Fotos dürfen für 15 und Videoaufnahmen für 35 Hryvnja gemacht werden.

Jalta

In der Antike siedelten hier, wie überall an der Südküste der Halbinsel, die Griechen. Ihnen folgten im Laufe der Jahrhunderte die verschiedensten Völker. Noch heute ist unklar, wann hier die erste Siedlung gegründet wurde. Der Legende nach riefen einst griechische Seefahrer, nachdem sie wochenlang über das Meer gefahren waren, freudig ›Jalos, Jalos‹, was im Griechischen ›Küste‹ bedeutet. Ausgrabungsfunde geben tatsächlich Aufschluß über eine griechische Stadt auf dem Gebiet des heutigen Jalta (Ялта).

Jalta wurde erstmalig in arabischen Schriften aus dem 12. Jahrhundert unter dem Namen ›Džalita‹ erwähnt. Im 14. und 15. Jahrhundert kamen auch die Handel treibenden Genueser, die an anderen Orten der Südküste Stützpunkte unterhielten, nach Jalta und vermerkten auf ihren Karten den Ort unter dem Namen ›Kalita‹. Von 1475 bis 1774 war der Küstenort Eigentum des osmanischen Sultans.

Seine Bedeutung als Seebad und Kurort erlangte Jalta erst lange nachdem Zarin Katharina II. 1783 die Krim annektiert hatte. Als die ersten russischen Truppen hierher kamen, fanden sie nur ein kleines Dorf mit 30 Häusern vor. Im 19. Jahrhundert schließlich vollzog sich durch russische Siedler ein rasantes Bevölkerungswachstum, und innerhalb kürzester Zeit stieg die Einwohnerzahl auf das Zehnfache an. Zar Nikolaj I. schenkte das Land an der Südküste dem Adel mit der Auflage, das unwegsame Gebiet zu erschließen und nutzbar zu machen. Der

Legende

1 Busbahnhof (Автовокзал)
2 Hauptpost (Главпочтамт)
3 Hafen (Морской вокзал)
4 Hotel ›Jalta‹ (Гостиница ›Ялта‹)
5 Hotel ›Oreanda‹ (Гостиница ›Ореанда‹)
6 Hotel ›Palas‹ (Гостиница ›Палас‹)
7 Hotel ›Južnaja‹ (Гостиница ›Южная‹)
8 Čechov-Museum (Дом-музей Чехова)
9 Markt (Рынок)
10 Geschichts- und Literaturmuseum (Музей истории и литературы)
11 Gagarin-Uferpark (Приморский парк им. Гагарина)

Straßen und Plätze

Čechova, ul. (Чехова, ул.)
Dražinskogo, ul. (Дражинского, ул.)
Ekaterinskaja, ul. (Екатеринская, ул.)
Gogolja, ul. (Гоголя, ул.)
Karla Marksa, ul. (Карла Маркса, ул.)
Kievskaja, ul. (Киевская, ул.)
Kirova, ul. (Кирова, ул.)
Lenina, pl. (Ленина, пл.)
Morskaja, ul. (Морская, ул.)
Moskovskaja, ul. (Московская, ул.)
Naberežnaja im. Lenina (Набережная им. Ленина)

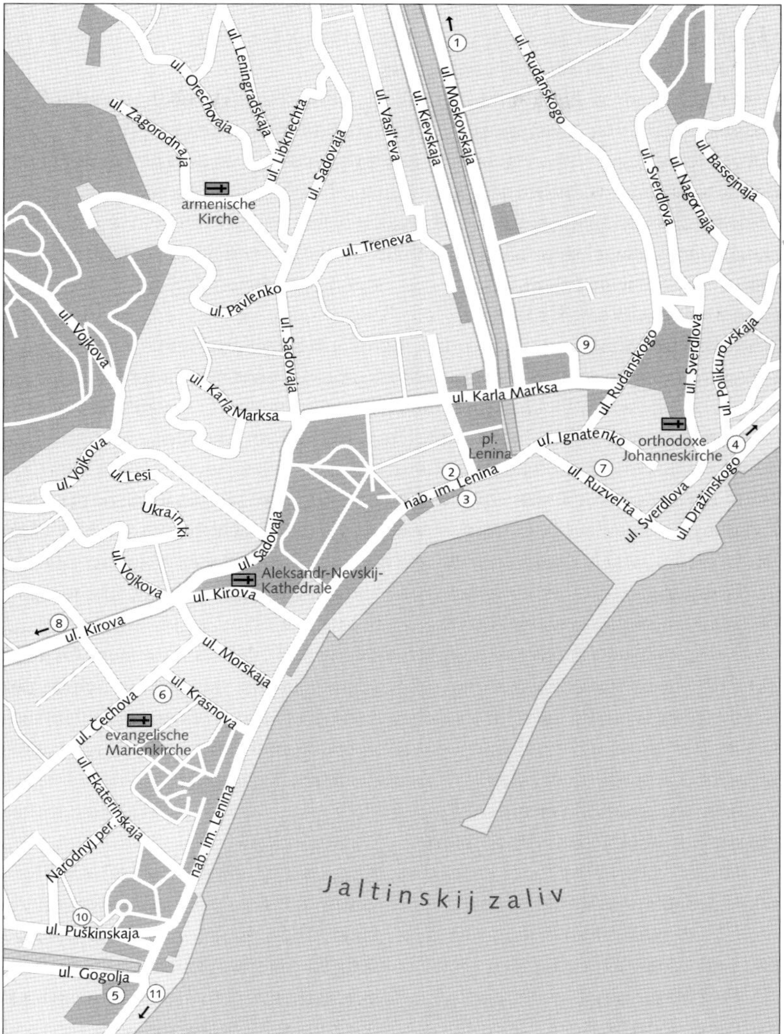

Jalta (Ялта), Zentrum

Puškinskaja, ul.(Пушкинская, ул.)
Rudanskogo, ul. (Руданского, ул.)
Ruzvel'ta, ul. (Рузвельта, ул.)
Sadovaja, ul. (ул. Садовая)
Sverdlova, ul. (Свердлова, ул.)
Zagorodnaja, ul. (Загородная, ул.)

Imperator ließ den Ort 1837 am Tag nach der Einweihung der Kirche des heiligen St. Johannes Zlatoust zur Stadt erklären und veranlaßte den Bau einer Straße, die Jalta mit Simferopol' im Norden verbinden sollte.

Binnen weniger Jahre entwickelte sich Jalta zum Verwaltungszentrum der gesamten Südküste. Adelspaläste, Villen und die ersten Hotels entstanden – kurz: Jalta erlebte seinen ersten Bauboom. Rasch wurde die Küstenstadt zum Refugium für Noblesse und wohlhabende Intelligenzia. Die Namen zahlreicher berühmter Schriftsteller wie Anton Čechov und Nikolaj Nekrasov sind mit dem Ort Jalta verbunden. Im nahegelegenen Livadija ließ sich die Zarenfamilie eine der größten Sommerresidenzen bauen, und der in dem Dorf Massandra angebaute Wein errang bald weltweite Bedeutung.

Nach der Oktoberrevolution und der Machtergreifung durch die Bolschewisten erkannte auch Lenin die Bedeutung Jaltas als Kurort. Im Dezember 1920 unterzeichnete er das Dekret ›Über die Nutzung der Krim für die Heilbehandlung der Werktätigen‹, an das noch heute ein Denkmal im ufernahen Gagarin-Park erinnert. Die einstigen Zarenpaläste und Villen der Adeligen wurden in Sanatorien umgewandelt. Nach dem Zweiten Weltkrieg ließen betonwütige Architekten Erholungsheime, Pensionate und Hotels wie Pilze aus dem Boden schießen. Die Südküste um Jalta herum wurde nun ein einziges Erholungsheim für die ›Massen der Werktätigen‹ aus der gesamten Sowjetunion. Im Sommer verdeckt das üppige Grün der Südküste einen Großteil dieser Sowjetarchitektur.

Der sowjetische Dichter Vladimir Majakovskij schrieb in seinem Gedicht ›Krim‹: »Die Menschen repariert man schnell in der riesigen Schmiede der Krim.« Heute ist Jalta auch für Pauschalreisende aus dem Westen die Anlaufstelle Nummer eins auf der Schwarzmeerhalbinsel. Vor allem russische und ukrainische Touristen, aber auch Kurgäste aus den anderen Nachfolgerepubliken der ehemaligen Sowjetunion verbringen ihren Urlaub in den über 140 Sanatorien, Erholungsheimen und Hotels der Südküste.

Jalta ist längst über sich hinausgewachsen. Im Jahr 2001 lebten 82 000 Menschen in Jalta. Nur wenig erinnert heute noch an die Atmosphäre, die wohl Ende des 19. Jahrhunderts über dem verträumten und stillen Ort gelegen haben muß. Sie läßt sich allenfalls noch in den Straßen abseits der Uferpromenade erahnen.

Die Uferpromenade zwischen dem Leninplatz und dem Hotel ›Oreanda‹ ist nach wie vor Mittelpunkt des touristischen Teils der Stadt. Karikaturisten und fliegende Händler verdienen sich hier ein schnelles Geld, Karussells und Spielbuden verwandeln die Promenade in einen Jahrmarkt, und auf Schritt und Tritt kann man vom Hot-Dog-Stand bis zum Edel-Restaurant jede Form von Essensangeboten wahrnehmen. So klein der steinige Strand hier mitten in der Stadt auch sein mag, in der Hochsaison aalen sich dennoch tagsüber zahlreiche Sonnenhungrige auf den wenigen Metern neben dem Hafen. Abends beginnt dann der

Wettlauf um einen freien Platz in den zahlreichen Cafés und Restaurants. Es gibt viele davon, und der naheliegendste Gedanke ist sicherlich, sich auf die Auswahl direkt an der Uferpromenade zu konzentrieren. Doch ziehen Sie sich ruhig auch ein wenig von dieser Flaniermeile zurück und erkunden Sie die Straßen im Inne-

An der Uferpromenade von Jalta

ren Jaltas, denn hier werden Sie viele kulinarisch lohnende Restaurants entdecken, die diejenigen am Wasser durchaus in die Tasche stecken können. Als Beispiel sei nur das Restaurant ›Belaja akula‹ (Weißer Haifisch) in der ul. Sadovaja 5 genannt, das mit französischer Küche, zubereitet von einem Koch aus Frankreich, aufwarten kann.

Nicht weit vom ehemaligen Hotel ›Rossija‹, in dem unter anderem der russische Dichter Nikolaj Nekrasov bis zu seinem Tod 1876 wohnte, befindet sich zwischen der Uferpromenade und der ul. Sadovaja die Talstation einer Seilbahn (Kanatnaja doroga). Von der Uferpromenade aus ist sie zu erreichen, indem man – aus der Stadt kommend – direkt vor dem Gebäude, auf das in großen Lettern ›Casino Diana‹ geschrieben ist, rechts abbiegt; nach wenigen Metern ist dann linker Hand der Eingang beziehungsweise Einstieg. Mit der Seilbahn kann man in einer gut zehn Minuten dauernden Fahrt über eine Strecke von etwa 600 Metern

Blick von den Bergen auf Jalta und das Schwarze Meer

auf den Darsan-Hügel gelangen. Auf dem Hügel standen früher, nur einige Meter von dem heruntergekommenen Denkmal zu Ehren der Gefallenen des Zweiten Weltkrieges, ein Restaurant und ein Hotel. Mittlerweile ist hier statt dessen ein ›Akropolis-Nachbau‹ entstanden, der bereits als Filmkulisse gedient hat. Ein Restaurant und Café bieten kulinarische Untermalungen für den Blick über Jalta an. Abends werden hier oben über den Dächern der Stadt Discos veranstaltet. Übrigens ist der Blick während der Fahrt weitaus schöner als derjenige, den man, einmal oben angekommen, vom Darsan-Hügel aus hat. Denn auf dem Hügel selbst verstellen Bäume und Beton einen Teil des Blicks.

Auch wenn Jalta mittlerweile zu einem Seebad mit viel Beton avanciert ist, hat es sich durch seine vielen Grünanlagen, Parks und Alleen jenseits der Uferpromenade viel von seiner Schönheit erhalten. Wer sich dem touristischen Treiben der Uferpromenade entziehen will, findet zum Beispiel in der ul. Kirova noch das schöne und beschauliche alte Jalta.

Nicht weit vom Hotel ›Oreanda‹ entfernt beginnt der nach Jurij Gagarin benannte Uferpark. Diese Grünanlage wurde nach dem Zweiten Weltkrieg angelegt. Zahlreiche Cafés, Sportplätze sowie ein Sommergarten für Kurgäste sind hier zu finden. Direkt am Eingang des Parks steht ein Denkmal zu Ehren von Maksim Gor'kij, das hier 1956 aus Anlaß seines 20. Todestages aufgestellt wurde. Ganz in der Nähe erinnert ein Obelisk an Lenins Dekret ›Über die Nutzung der Krim für die Heilbehandlung der Werktätigen‹. Der Wortlaut des Erlasses ist in Goldbuchstaben in die Seiten eines marmornen Buches eingraviert. Durch den Park kann man in einer knappen Stunde die ehemalige Zarenresidenz von Livadija zu Fuß erreichen.

Čechov in Jalta

Der berühmte Schriftsteller Anton Pavlovič Čechov kam 1888 zum ersten Mal nach Jalta. Er beschrieb den Kurort als einen »Bastard von irgend etwas Europäischem, das an die Ansichten von Nizza erinnert, mit etwas kleinbürgerlich Marktähnlichem«. Als sich seine Gesundheit verschlechterte – er litt an Tuberkulose –, erwarb er 1898 am Stadtrand ein kleines Stück Land, baute ein Haus und ließ sich hier nieder. In Jalta entstand und spielt Čechovs späte Erzählung ›Die Dame mit dem Hündchen‹, die von der Liebschaft eines Casanovas mit einer gelangweilten und unausgefüllten russischen Provinzschönheit handelt. Nach einigen Jahren nahm Čechov sein negatives Urteil über den Ort zurück: »Jalta ist besser und sauberer als Nizza«.

Schon bald wurde Čechovs Domizil, von Aleksandr Kuprin ›Weiße Datscha‹ genannt, zum Anziehungspunkt für Künstler und Schriftsteller aus Moskau. Maksim Gor'kij und Ivan Bunin besuchten den Dichter regelmäßig. Nur fünf Jahre, bis kurz vor seinem Tod, lebte Čechov zusammen mit seiner Mutter und Schwester in dem Haus und schrieb dort unter anderem seine bekannten Theaterstücke ›Der Kirschgarten‹ und ›Drei Schwestern‹.

Den großen Garten legte der begeisterte Pflanzenliebhaber Čechov selbst an. Über 140 verschiedene Gewächsarten pflanzte er an. Viele davon sind heute noch zu sehen, darunter die mittlerweile hochgewachsenen Zedern und Zypressen, aber auch einige exotische Gewächse.

Am 1. Mai 1904 begab sich Čechov zur Kur ins deutsche Badenweiler, wo er zwei Monate später starb. Noch immer liegt über dem Garten und dem Haus jener Hauch von seltsamer Melancholie, die den Dichter und sein Werk umgaben. Im Jahre 1921 wurde das Haus in das Čechov-Museum umgewandelt, das Čechovs Schwester Marija bis zu ihrem Tod 1957 persönlich leitete. Seit seiner Abreise nach Badenweiler ist das Haus so erhalten geblieben, wie es der Dichter zurückgelassen hatte. Einige freundliche alte Damen führen heute die Besucher durch die zwei Stockwerke und senken dabei ihre Stimme, so, als säße Anton Pavlovič in Gedanken vertieft im Nebenzimmer.

Čechovs Schreibtisch in der ›Weißen Datscha‹

Über eine Außentreppe, vorbei an einem kleinen Häuschen, das Čechov während der Bauzeit seines Hauses bewohnte, gelangt man im ersten Stock zu seinem Arbeitszimmer am Ende des Flures. Hinter Glas sind der Mantel, seine Schuhe und seine Lieblingskrawatte ausgestellt.

Zahlreiche Utensilien, Dokumente und Bilder liegen noch an ihrem Platz in dem Arbeitszimmer, so wie Čechov sie hinterlassen hat. Jedes kleine Detail hat seine eigene Geschichte, wie etwa eine bronzene Schatulle mit drei Frauenfiguren, die Čechov aus Anlaß der Uraufführung der ›Drei Schwestern‹ erhielt. Ein Bücherschrank mit Werken Čechovs, die schon zu seinen Lebzeiten erschienen, ist ebenso zu sehen wie ein Foto, das Čechov im Kreis von Moskauer Künstlern zeigt.

Während der alljährlich in der ersten Aprilwoche stattfindenden Čechov-Tage treffen sich im Museumsanbau Schriftsteller und andere Literaturexperten zu Symposien. Theatergruppen aus dem In- und Ausland reisen momentan allerdings nicht mehr mit ihren Čechov-Inszenierungen an: Das ebenfalls nach dem Dichter benannte städtische Theater ist seit einem Besitzerwechsel Ende der 1990er Jahre offiziell wegen Renovierungsarbeiten geschlossen. Böse Zungen sagen, daß das Theater nach und nach seines Innenlebens beraubt wird, um irgendwann abgerissen zu werden.

Jurij Ruff-Spiridonov

Zehn Jahre war Jurij Ruff-Spiridonov alt, als er begann, Klavier zu spielen. Und schon mit 13 gab der Rußlanddeutsche, der heute in Jalta lebt, sein erstes Konzert. Noch heute, im Alter von 81 Jahren, gibt er Konzerte, komponiert und sitzt täglich am Klavier.

Jurij Ruff-Spiridonov hat in seinem ganz und gar nicht typisch rußlanddeutschen Leben einen weiten Weg zurückgelegt, bis er und seine Frau vor einigen Jahren in ihre jetzige Wohnung in Jalta einzogen. Eine Wohnung, die einen für einen Moment die Welt draußen vergessen läßt durch ihren ganz besonderen, geradezu musealen Charakter. Hoch ist der größere der beiden Räume, bestimmt vier Meter oder sogar mehr. Bis in Kopfhöhe ist die Wand mit Holz verkleidet, die Türen sind ebenfalls aus schwerem Holz, und überall stehen Mitbringsel, Geschenke, erinnerungsträchtige kleine und große Gegenstände herum. Ein fast bis an die Decke reichendes, in die Wand eingelassenes Holzregal beherbergt eine überwältigende Anzahl an Flaschen, und sicherlich trägt jede von ihnen eine Geschichte in sich.

Geboren wurde der Musiker am 15. September 1919 in Saratov. »Eine schreckliche Zeit«, erzählt er, voller Hunger und Kälte. »Ich habe Klavier gespielt«, erinnert er sich heute im warmen Jalta, »und meine Mutter hat mir Handschuhe gestrickt, die waren an den Fingern frei.« Schön hingegen waren die Sommer auf dem Land beim Großvater. Der hatte ein großes Haus in Kamyšina. Sein Großvater hatte insgesamt zwölf Kinder, jedes hatte ihm bereits Enkel geschenkt, und alle kamen sie jeden Sommer zu Besuch nach Kamyšina – »ein ganzes Bataillon«.

In den ersten Jahren besuchte Jurij eine russische, ab der fünften Klasse eine deutsche Schule. Überhaupt war den Eltern diese Seite der Herkunft sehr wichtig, seine Mutter sprach mit ihm und seinen Geschwistern ausschließlich Deutsch. Das damals Gelernte ist nicht verloren gegangen, immer noch spricht der Komponist fließend Deutsch. Aber mit der Schule wurde es nicht so richtig. »Die Sachen in Musik gingen sehr gut, aber in der Schule war ich schwach.« Die Versetzung war dennoch nicht gefährdet, denn die Lehrer gehörten zu seinen Konzertbesuchern und ließen des öfteren mildernde Umstände walten.

1934 kam eine Delegation aus Moskau, für die der junge Pianist sein eigens zum Gedenken an die im selben Jahr verstorbene Schwester Lenins komponiertes Stück zum Besten gab. Mit zu der Delegation gehörte Lev Barenboj. Er überzeugte sich von den Qualitäten des jungen Künstlers und lud ihn ein, nach Moskau ans Konservatorium zu kommen. Im Oktober desselben Jahres nahm Jurij dort das Studium auf:

»1934 war ich schon Moskauer.« Doch irgendwoher mußte Geld kommen, und so nahm der frischgebackene Musikstudent eine Stelle beim ›Tournee-Büro‹ an, das Musiker auf Gastspielreisen schickte. Die Arbeit nahm irgendwann mehr Zeit ein als das Studium, schließlich endete dies im Rausschmiß aus dem Konservatorium. Dann folgte schon bald der Zweite Weltkrieg – Ruff-Spiridonov verbrachte ihn als Angestellter eines Ministeriums in Moskau –, danach gelang dann doch noch ein verspäteter Universitätsabschluß. Die folgenden Jahre und Jahrzehnte verbrachte er als Musiklehrer, Musiker und Komponist in Moskau und auf Konzertreisen. Bis 1971, da nämlich kam er nach Jalta. Die südliche Wärme hatte es Jurij Ruff-Spiridonov gleich angetan, und er beschloß zu bleiben. Seitdem verläßt er die Stadt nur noch vorübergehend zu Konzertreisen. Eine dieser Reisen führte ihn 1995 sogar nach Deutschland, nach Nürnberg.
Doch auch wenn er häufig auftritt, immer wieder neue Stücke komponiert und Klavierunterricht gibt – reich ist Ruff-Spiridonov nicht. Im Gegenteil, selbst seine jetzige Zwei-Zimmer-Wohnung hat er nur durch eine gute Portion Glück bekommen. Seine Frau und er lebten lange Zeit in einer Ein-Zimmer-Wohnung, beengt und mit sehr schlechten Bedingungen zum Üben und Komponieren. Vor ein paar Jahren trat er in Kiev auf und kam danach mit einem Vertreter der Vereinten Nationen ins Gespräch. Dieser war, so erinnert sich das Ehepaar Ruff-Spiridonov, erschüttert, als er von ihren Lebensumständen hörte und schrieb eine offizielle Bitte ans zuständige Ministerium, den beiden eine Künstlerwohnung zuzuteilen. Und so kamen sie dann zu ihrer jetzigen Wohnung – zwei große Zimmer in einem Gebäude, das durch eine Tafel an der Außenfassade als Architekturdenkmal gekennzeichnet ist.
Die Musik und seine Liebe zu ihr lassen Jurij Ruff-Spiridonov nicht los. Er komponiert sowohl Stücke nur für Klavier als auch Klavierbegleitungen zu Gedichten beziehungsweise Liedtexten. Dabei legt er besonders viel Wert auf die Stimmung, die durch die Musik vermittelt wird: »Mir ist nicht nur wichtig, daß die Musik gut ist, sondern mir ist wichtig, daß ich das ausdrücke, was im Gedicht geschrieben ist, seine Stimmung.«

Der rußlanddeutsche Komponist Jurij Ruff-Spiridonov ist kurz nach der Jahrtausendwende im Alter von gut 80 Jahren gestorben. In Erinnerung an die Schaffenskraft und Lebensfreude von Jurij Ruff-Spiridonov haben wir hier diesen Text so wiedergegeben, wie er im Sommer 2000 aufgezeichnet wurde.

Die Kirchen von Jalta

Dort, wo die ul. Kirova die ul. Sadovaja kreuzt, steht die orthodoxe Aleksandr-Nevskij-Kathedrale (Aleksandr-Nevskij-sobor), deren Bau erst 1902 im Stil altrussischer Kirchenarchitektur abgeschlossen wurde. 1938 wurde die Kirche geschlossen und in einen Sportclub umgewandelt. Doch bereits während des Zweiten Weltkrieges wurde sie wieder zu einer Kirche und ist es seitdem auch geblieben. Hinter der Kirche fällt eine Reihe einstöckiger Holzhütten ins Auge. Hier leben und arbeiten bedürftige Personen, die durch die Kirche ein Obdach gefunden haben. Sie stellen Oblaten her, es gibt eine Tischlerei und eine Werkstatt für Restaurierungsarbeiten. Und nicht nur Bedürftige aus Jalta finden hier einen Unterschlupf: 2000 lebte hier seit bereits acht Jahren eine Flüchtlingsfamilie aus Tschetschenien. Auch auf einem anderen Gebiet spielt diese Gemeinde eine Vorreiterrolle auf der Krim: Seit Ende der 1990er Jahre gibt es eine kirchliche Schule, in der Kinder ohne den ›gefährlichen‹ Einfluß der außer-kirchlichen Welt ihr ABC und Einmaleins lernen sollen. Diese einzige Schule ihrer Art auf der Krim besuchten im Jahr 2000 etwa 40 Kinder. Zur Zeit gibt es drei Klassen; es wird jedoch eine vollständige Elf-Klassen-Schule angestrebt.

Nicht weit von dem ›Meeresbahnhof‹ (Morskoj vokzal), am Beginn der ul. Dražinskogo, erhebt sich der Polikur-Hügel. Dieser Hügel, dessen Name ›Alte Siedlung‹ bedeutet, gilt als Ursprung des frühen Dorfes Jalta. Wo noch vor wenigen Jahren nur ein Glockenturm stand, erhebt sich heute wieder die vollständige orthodoxe Kirche des heiligen Johannes Zlatoust. Der hochgelegene Glockenturm ist weithin sichtbar und diente daher schon seit seiner Errichtung als Wegweiser für Schiffe. Der Bau der Kirche war 1835 von Zar Nikolaj I. angeordnet und durch Graf Voroncov begleitet worden. Zwei Jahre später war der Zar bei der Einweihung der Kirche persönlich anwesend und erklärte beim selben Aufenthalt Jalta zur Stadt. 1937 wurde die Kirche geschlossen, ihr Oberhaupt wurde ermordet. Während des Zweiten Weltkrieges zerstörte ein Brand die Kirche, der Glockenturm blieb jedoch weitgehend unversehrt. Auch später drohte ihm nie der Abbruch, denn der Turm war bereits zu einem festen Wegweiser auf Seekarten geworden. 1994 wurde das Gelände der Kirche zurückgegeben, danach begann der Wiederaufbau der Kirche, finanziert durch verschiedene Organisationen und Privatpersonen. Wie die Kerzenverkäuferin in der Kirche zu berichten weiß, fanden gleich ab 1994 zunächst Behelfsgottesdienste auf beengtem Raum im Turm statt. Inzwischen hat die Gemeinde wieder deutlich mehr Platz.

Auf dem Weg aus der Stadt zum Hotel ›Jalta‹ kommt man an der orthodoxen Kirche des heiligen Nikolaj Čudotvorec (Wundertäter) vorbei (ul. Dražinskogo). Sie ist noch relativ jung – als Errichtungsjahr wird 1916 angegeben. Bis in die 1930er Jahre gab es hier eine Sammlung altrussischer Ikonen, dann wurde die Kirche ebenso wie alle anderen geschlossen. Auch in der jüngsten Vergangenheit gleicht ihr Schicksal dem der anderen Kirchen: In den 1990er Jahren wurde sie an die orthodoxe Kirche zurückgegeben und wird nun wieder ihrer ursprünglichen Bestimmung gemäß genutzt.

Im Jahre 1993 erhielt die evangelisch-lutherische Gemeinde Jaltas ihre Kirche in der ul. Čechova 10 zurück und verlieh ihr in Eigenarbeit das heutige präsentable Aussehen. Der Entwurf für die Marienkirche stammte von Jaltas Stadtarchitekten Gustav Schreiber, sie wurde am 10. September 1885 eingeweiht. Als Zeichen deutsch-russischer Freundschaft hatten sich sowohl der russische Zar Aleksandr II. als auch der deutsche Kaiser Wilhelm I. beteiligt. Nach der Revolution traf auch diese Kirche der Bann durch die atheistische Sowjetmacht, 1923 wurden ihre Tore für lange Zeit geschlossen. 1991 wurde die evangelisch-lutherische Gemeinde in Jalta als die erste auf der Krim neu gegründet. In ihren Räumlichkeiten war zu Sowjetzeiten ein Schachklub untergebracht. Heute treffen sich an den Sonntagsgottesdiensten um 11 Uhr etwa 50 bis 60 krimdeutsche Gemeindemitglieder in der Kirche.

Die katholische Kirche befindet sich an der ul. Puškinskaja 25. Mit ihrem Bau war 1898 begonnen worden. 1928 wurde die Kirche für Gläubige geschlossen und öffnete ihre Türen erst wieder in den 1990er Jahren. So war hier noch bis vor kurzem das Jaltaer Geschichts- und Literaturmuseum untergebracht. Dieses liegt heute einige Häuser weiter in Richtung Meer in der ul. Puškinskaja 5a. Links neben dem Eingang zum Kirchengelände hängen übrigens Plakate mit Ankündigungen für Orgelkonzerte und andere Veranstaltungen, die in der Kirche besucht werden können.

Eine große Freitreppe führt über 100 Stufen durch eine Gartenanlage zu dem mächtigen Steinbau der Armenischen Apostelkirche der heiligen Ripsime. Das Gotteshaus steht sich in der ul. Zagorodnaja. Der Innenraum wird von den Farben Weiß und Blau sowie von den massiven Holzstühlen mit hoher Lehne geprägt. Vor der Kirche befindet sich das Grab von Vardges Jakovlevič Surenjants (1860–1921), eines bekannten armenischen Malers, Grafikers und Bühnenbildners, der den Innenraum der Kirche gestaltete. Das Gebäude war in den Jahren 1909 bis 1917 errichtet worden, finanziert durch einen armenischen Ölindustriellen aus der aserbaidschanischen Hauptstadt Baku, Pogos Ter-Gukasyan, im Gedenken an seine früh verstorbene Tochter. Sie wurde im Familiengrab unterhalb der Kirche beigesetzt. Als Vorlage für den Bau im Stil frühchristlicher Gotteshäuser diente die St.-Ripsime-Kirche in der armenischen Stadt Echmiadzin von 618 nach Christus. Nachdem die Kirche im Zweiten Weltkrieg in Mitleidenschaft gezogen und danach nicht mehr als armenische Kirche genutzt worden war, wurde sie in den 1960er Jahren dem städtischen Heimatkundemuseum übergeben. Zunächst beherbergte die Kirche eine Ausstellung über das vorrevolutionäre Jalta, dann die

Die Kirche des heiligen Nikolaj Čudotvorec

Der Eingang zum Gelände der armenischen Ripsime-Kirche

archäologische Abteilung des Museums. Doch zum 150. Stadtjubiläum wurde die Kirche in den 1980er Jahren restauriert, danach diente sie etliche Male als Filmkulisse. 1993 wurde die Kirche der heiligen Ripsime schließlich der armenischen Gemeinde von Jalta zurückgegeben. Sie ist täglich, außer dienstags, von 9 bis 18 Uhr für Besucher geöffnet, samstags und sonntags finden Gottesdienste statt.

Vorwahl: 0654.
Das zentrale Postamt befindet sich am Lenin-Platz, die Anlegestellen für Ausflugsschiffe an der Uferpromenade, neben dem kleinen Hafenbecken. Einen Internet-Zugang bietet das Zentrum von Ukrtelekom Ecke ul. Gogolja und ul. Sevastopol'skaja (ул. Севастопольская). Die Internetnutzung ist täglich von 8 bis 20 Uhr möglich (Mittagspause von 12 bis 13 Uhr), von 7 bis 22 Uhr kann man Telefon und Fax nutzen.

Von Simferopol' aus ist Jalta mit den Trolleybuslinien 51 und 52 in etwa zweieinhalb Stunden zu erreichen. Autobusse und Sammeltaxen benötigen etwa eineinhalb Stunden. Der Busbahnhof (Avtovokzal) liegt in der ul. Moskovskaja 8 am nördlichen Stadtrand.

▸ Von Jalta aus verkehren Dutzende Maršrutki (Kleinbusse) in verschiedene Orte von Groß-Jalta: Foros (28, 28a, 39); Alupka (27, 27a, 32, 41); Kaciveli (36;) Simeiz

(26, 26a, 42); Kastropol' (43); Vodopad (30); Ai-Petri (50); Massandra (14); Nikita (29, 34); Gursuf (31, 31a;) Partenit (46). Die Endhaltestellen der Kleinbusse befinden sich am Busbahnhof und im Zentrum, am ›Kleiderbasar‹ (Вещевой рынок, Veščevoj rynok).

Vom Hafen verkehren Schiffe in alle Orte von Groß-Jalta (bis zu 10 Touren am Tag, Preis bis zu 20 Hryvnja). Außerdem bieten Reisebüros Ausflüge an, z.B. zum Schwalbennest (Fahrt hin und zurück, mit ca. 40 min. Aufenthalt, ca. 15 Hryvnja). Die Kassen befinden sich an der Uferstraße

Die drei sicherlich komfortabelsten, aber auch teuersten Hotels sind ›Jalta‹, ›Oreanda‹ und ›Palas‹.

▶ Das Hotel ›Jalta‹ war früher das Jaltaer Intourist-Hotel, also das einzige, in dem Gäste aus dem Westen problemlos wohnen konnten. Noch heute bringen viele Reiseunternehmen ihre Gruppen hier unter. Das Hotel liegt am östlichen Stadtrand, etwa drei Kilometer vom Zentrum entfernt, in der ul. Dražinskogo 50, Tel. 27 01 00. Mit Preisen von mindestens 50 bis 75 US-Dollar pro Person und Nacht bewegt es sich am oberen Ende der Preisskala. Zur Anlage gehört ein eigener Strand, der über einen hoteleigenen Lift zu erreichen ist und an dem es mehrere Cafés und Läden mit Sonnencremes und Badeanzügen gibt. Der Strand ist für Besucher, die nicht im Hotel wohnen, gegen eine Gebühr (etwa 15 Hryvnja) ebenfalls zugänglich. Unterhalb der Hotelanlage befindet sich ein kostenpflichtiger bewachter Parkplatz. Das Hotel verfügt über mehrere Geschäfte und Restaurants sowie über eine Geldwechselstelle und eine Post, Exkursionen zu verschiedenen Orten der Krim werden angeboten, und es gibt einen Fahrradverleih. Auch eine Vertretung von ›DERTOUR‹ ist im Hotel ›Jalta‹ zu finden.

▶ Das Hotel ›Oreanda‹ liegt direkt an der Uferpromenade Naberežnaja im. Lenina 35/2, Tel. Tel. 274227. Es wurde 1984 im Stil des späten Klassizismus neu aufgebaut. Das Hotel hat rund 230 Betten und verfügt ebenfalls über ein Ausflugsangebot. Zum Hotel gehören außerdem ein Restaurant, eine Disco und eine Sauna. Dieses vergleichsweise luxuriöse Hotel ist bei weitem das teuerste am Platze. Die Preise für ein Doppelzimmer liegen in der Hochsaison zwischen 250 und gegen 1000 Euro (Luxus-Appartement) pro Nacht (Stand 2007). Von Oktober bis April kosten die Zimmer allerdings ein Drittel weniger. Neben dem Hotel ›Oreanda‹ gibt es ebenfalls einen bewachten, kostenpflichtigen Parkplatz.

▶ In einem schönen viergeschossigen Altbau von 1904 (1989 restauriert) befindet sich das Hotel ›Palas‹ mit knapp 80 Betten. Das Hotel ist genau im Zentrum von Jalta gelegen, bis zur Uferpromenade sind es nur wenige Meter. Für einen Abend im Hotel stehen zwei Restaurants und eine Bar zur Verfügung. Es werden Exkursionen quer über die Krim angeboten. Die Adresse des Hotels ist ul. Čechova 8, es ist telefonisch zu erreichen unter den Nummern 32 43 80 und 23 04 92. Die Übernachtungspreise sind hier etwas günstiger als im Hotel ›Jalta‹. Im ›Palas‹ ist auch das Touristenbüro ›Krymtur‹ untergebracht.

▶ Eine weiteres direkt im Zentrum von Jalta ist das Hotel ›Bristol'‹ in der ul. Ruzvel'ta 10, Tel. 32 58 60 und 32 78 73, Fax 32 20 01, ab 75 Dollar.

▶ Für diejenigen, die weniger Wert auf Komfort legen, ist der Busbahnhof eine weitere Anlaufstelle. Hier warten Privatleute, oft ältere Frauen, mit Wohnraum-Angeboten auf Unterkunftsuchende, vom Feldbett auf dem Balkon bis hin zu möblierten, teilweise sogar ziemlich komfortabel eingerichteten Zimmern gibt es alles.

▶ Vier Kilometer von der Stadtmitte Jaltas entfernt in Richtung Livadija liegt in schöner Landschaft die Ferienanlage ›Poljana Skazok‹ (Поляна Сказок, Märchenwiese) mit Hotel und Ferienhütten für bis zu 8 Personen, Tel./Fax 39 74 39, www.pskaz.crimea.com. DZ in der Hauptsaison ab 450 Hryvnja. Es gibt zwei Pools, Restaurant und Bar. Im Sommer werden Ausflüge sowie Transfer zum Strand angeboten. Die Anlage liegt etwas oberhalb der Južnoberežnoe šosse (Южнобережное шоссе), der größten Straße nach Sevastopol'. Die Maršrutki 26 und 27 aus Jalta halten an der Haltestelle ›Poljana Skazok‹ (Поляна Сказок). Die ›Märchenwiese‹ bietet zudem eine Freiluft-Ausstellung von Legenden- und Fabelfiguren aus Holz.

Neben zahlreichen Cafés, die oft hoffnungslos überfüllt sind, und den Hotelrestaurants gibt es an der Uferpromenade und in den direkt daran angrenzenden Straßen zahlreiche Speiselokale. Ein Blick in die Seitenstraßen lohnt sich, denn die Lokale an der Uferpromenade sind mit Sicherheit die teuersten, etwas weiter weg kann man aber durchaus bessere Restaurants mit niedrigeren Preisen finden.

Der Zentralmarkt liegt am Anfang der ul. Rudanskogo. Er ist gleichermaßen ein Eldorado für Händler, Taschendiebe und Spekulanten. Auf diesem Markt wird überwiegend Kleidung angeboten. Wesentlich überschaubarer geht es an den nahegelegenen Obst- und Gemüseständen zu.

Das Čechov-Museum in der ul. Kirova 112 ist täglich, außer montags und dienstags sowie dem letzten Tag eines jeden Monats, von 10 Uhr bis 17.15 Uhr geöffnet. Zu erreichen ist das Museum mit dem Trolleybus Nr.1, Haltestelle ›Pionerskaja‹ (Пионерская), oder mit der Buslinie 8, Haltestelle ›Dom-muzej Čechova‹ (Дом-музей Чехова). Falls Sie sich lieber zu Fuß auf den Weg machen wollen, sei noch erwähnt, daß die ul. Kirova sehr lang ist. Eine halbe Stunde Fußweg sollte man vom Zentrum aus einplanen. Das Eintrittsgeld beträgt drei Hryvnja. Fotografieren kostet drei Hryvnja, die Erlaubnis zu Videoaufnahmen bekommt man für sechs Hryvnja.

▸ Außerdem befindet sich an der ul. Puškinskaja 5a Jaltas Geschichts- und Literaturmuseum. Dazu gehört auch eine archäologische Sammlung. Sie umfaßt antike Münzen, Werkzeuge und Schmuck, die bei Ausgrabungen in Jalta und Alušta zutage gefördert wurden. Diese Sammlung wurde früher in der armenischen Kirche an der ul. Zagorodnaja gezeigt. Die armenische Gemeinde hat das Gebäude inzwischen zurückbekommen, es finden wieder Gottesdienste statt. Auch die übrigen Abteilungen des Geschichts- und Literaturmuseums waren noch bis vor kurzem in einer Kirche untergebracht, und zwar der römisch-katholischen, nur ein paar Häuser vom heutigen Standort entfernt an der ul. Puškinskaja 25.

▸ Eine Filiale des Geschichts- und Literaturmuseums befindet sich an der ul. Ekaterinskaja 8.

Viele Informationen über Groß-Jalta findet man auf www.bigyalta.net (englisch und russisch), www.yalta.com.ua (auch englisch, doch unvollständig), www.jalita.com (russisch), www.yalos.net (russisch).

Der Livadija-Palast

Die frühere Zarenresidenz Livadija (Ливадия) liegt nur etwa drei Kilometer westlich von Jalta. Seit 1860 war das Landgut im Besitz der Romanovs, die hier in den achtziger Jahren des 19. Jahrhunderts einen kleinen Palast bauen ließen. Um das Landgut herum, zu dem auch einige Weinberge gehörten, entstand ein Dorf mit einigen Dutzend Einwohnern, die entweder im Weinbau beschäftigt waren oder als Bedienstete der Zarenfamilie arbeiteten. Noch heute ist ein Gebäude mit einem kleinen Turm und zwei Pferdeköpfen auf dem Dorfplatz zu sehen: Hier waren die Pferde des Zaren untergebracht.

Dem letzten Romanov, Zar Nikolaj II., war der bisherige Palast zu klein, und so ließ er in den Jahren 1910 bis 1912 den heutigen Weißen Palast errichten. Inmitten eines 40 Hektar großen Parks, der in den 1840er Jahren angelegt wurde und eine Vielzahl von Kolonnaden, Lauben und Springbrunnen enthält, liegt der Palast, ein beeindruckendes Gebäude im Stil der italienischen Frührenaissance. Doch auch Elemente der Gotik und des Empire flossen in die Architektur mit ein.

Im Innenhof des Livadija-Palastes

Die große Außentreppe an der östlichen Fassade führt zu einer Säulengalerie hinauf. Von hier aus hat man einen herrlichen Blick auf die Bucht von Jalta. An den Westteil des Palastes grenzt eine kleine Kirche, die Himmelfahrtskirche. Sie wurde 1863 im byzantinischen Stil errichtet. Davor erstreckt sich ein italienischer Innenhof, eingeschlossen von einem Bogengang aus dorischen Säulen. Das schmiedeeiserne Tor, das in den Innenhof führt, wurde von italienischen Künstlern angefertigt. In der Mitte des Hofes steht ein kleiner Springbrunnen aus Marmor. Nicht weit vom Glockenturm der Himmelfahrtskirche entfernt befindet sich eine Säule aus grauem Marmor mit arabischen Schriftzeichen. Vermutlich gelangte sie nach dem russisch-türkischen Krieg 1877 bis 1878 nach Livadija.

Die spätklassizistische Großzügigkeit findet sich auch in den Gemächern des Palastes. Prunkvolle Räume im Stil des Empire spiegeln den verschwenderischen Lebensstil der Zarenfamilie wider. Der Palast ist reich ausgestattet mit buntem Marmor, Mosaiken und riesigen Spiegeln. In Livadija läßt sich die elegante Dekadenz der ausgehenden Zarenherrschaft nachempfinden. Im Jahre 1925 wurde die vormalige Zarenresidenz aufgrund des Leninschen Dekrets in das größte Sanatorium für die ›Werktätigen‹ des ›Arbeiter- und Bauernstaates‹ umgewandelt.

Berühmt wurde der Weiße Palast, als sich hier im Februar 1945 Churchill, Roosevelt und Stalin zur Konferenz von Jalta trafen. Die großen Drei besprachen die Nachkriegsziele der Anti-Hitler-Koalition und legten damals unter anderem die genaue Aufteilung Deutschlands in Besatzungszonen fest. Außerdem einigten sie sich über die Notwendigkeit einer internationalen Friedensorganisation und vereinbarten eine Konferenz zur Gründung der Vereinten Nationen. Auch heutzutage finden im Palast von Livadija oft politische Treffen und Konferenzen statt. So versammelten sich im Herbst 1999 die Premier- und Außenminister der Gemeinschaft Unabhängiger Staaten (GUS) im ›Weißen Saal‹ (Konferenzsaal von 1945), unter ihnen auch der gegenwärtige russische Staatspräsident Vladimir Putin.

Im Jahre 1974 wurde im Palastgebäude ein Museum eingerichtet, während die übrige Anlage noch als Sanatorium genutzt wird. Zu sehen sind zahlreiche Gemächer, darunter auch die Räume, in denen der amerikanische Präsident Roosevelt während der Konferenz von Jalta wohnte. Als Konferenzraum diente der ›Weiße Saal‹, der eigentliche Gala- und Ballsaal des Palastes. Der Tisch, an dem die Teilnehmer der Konferenz saßen, ist zur Zeit aber in einem Vorraum zu besichtigen. Für politische Anlässe und aufgrund anderer Veranstaltungen zahlungskräftiger Gäste, für die der ›Weiße Saal‹ hin und wieder genutzt wird, ist hier mittlerweile ein größerer Tisch aufgebaut. Die Ausstellung zeigt weiterhin eine Fülle von Dokumenten, Fotos und Kommuniqués der Konferenzteilnehmer. Unterzeichnet wurden die Verträge am 11. Februar 1945 im Billardraum, während der Konferenz befand sich hier der Speisesaal.

Wenn man nicht genug Russisch kann, um einer Führung durch den Palast sprachlich zu folgen, ist es sicher am einfachsten, sich der erstbesten Gruppe anzuschließen und im Palast die englischsprachigen Schilder zu lesen, die in

An diesem Tisch fand die berühmte Konferenz von Jalta statt

jedem Raum aushängen. Auf zwei Dinge sollte man aber achten, um nicht in unschöne Diskussionen mit den forsch auftretenden Museumswärterinnen verwickelt zu werden: Am Eingang werden Überziehschlappen vergeben, ohne die der Palast nicht betreten werden darf, sonst gibt es Ärger. Und bleiben Sie immer bei Ihrer Gruppe, ›Nachzügler‹ werden hin und wieder zur Ordnung beziehungsweise Eile gerufen. Im Herbst oder Frühling geht es viel ruhiger zu, und die Angestellten haben sogar Zeit für einen gemütlichen Schwatz.

Ein besonderer Leckerbissen bietet sich in Livadija Liebhabern von Orgelmusik. Im erst kürzlich restaurierten Gebäude des ehemaligen Elektrizitätswerks des Palastes befindet sich die mit über 4600 Pfeifen größte Orgel der Ukraine. Das Instrument wurde 1998 von der Orgelbaufirma ›Livadija‹ erbaut und gilt als beste Orgel ihrer Art auf dem Gebiet der ganzen ehemaligen Sowjetunion. Täglich um

15.30 Uhr und um 20 Uhr werden Konzerte geboten; ul. Baturina 4, Tel. 06 54/ 31 56 78 oder 31 25 15.

Neben dem Palast gibt es ein Restaurant, das zu einer längeren Pause einlädt, außerdem bieten etliche Eis-, Getränke- und Imbißstände eine Stärkung.

Vom Busbahnhof in Jalta aus kann man mit der Buslinie 11 oder mit einer der Sammeltaxen nach Livadija fahren oder auch zu Fuß durch den Jurij-Gagarin-Park gehen. Der Weg entlang der Küste dauert zwischen einer halben und einer Stunde. Eine weitere lohnende Anfahrtsmöglichkeit ist die per Boot. Die Anlegestelle befindet sich in Livadija direkt unterhalb des Palastes, was allerdings bedeutet, daß man noch einen etwa 15minütigen Aufstieg vor sich hat – es sei denn, der Lift knapp oberhalb der Anlegestelle wird doch noch einmal wieder in Betrieb genommen. Der Weg zum Palast beginnt zunächst als Treppe direkt gegenüber vom Anleger, führt am Ende der Treppe links die Straße bergauf bis zur oberen Liftstation – an dieser nach links von der Hauptstraße abbiegen und dem Weg bis zum Palast folgen.

Für den Palast von Livadija gelten für Touristen folgende Öffnungszeiten: Mai bis November täglich von 10 bis 17 Uhr, mittwochs geschlossen; Dezember bis April täglich von 10 bis 16 Uhr, montags und mittwochs geschlossen. Während der Hauptsaison ist die Besichtigung nur in Gruppen möglich.

Der Sonnenpfad

Gleich unterhalb des Livadija-Palastes stößt man auf den Sonnenpfad (Солнечная тропа) mit einer Länge von genau 6711 Metern, wie der Stein an seinem Anfang verspricht. Dieser Spazierpfad verläuft fast eben, ohne jegliche größere Auf- und Abstiege. Er beginnt im Park von Livadija und führt oberhalb der Küste bis zu den Sanatorien ›Roza Ljuksemburg‹ und ›Jasnaja Poljana‹ in Gaspra.

Der Pfad lockt im Sommer durch seine angenehm kühle Frische – zwei Drittel des Pfades befinden sich trotz seines Namens unter schattigen Bäumen – und seine für die Südküste seltene Stille. Stets in Meeresnähe, aber doch weit oberhalb gelegen, erstreckt sich der Blick von oben auf kleine Küstenorte, alte Gebäude und einige Sanatorien. Letztere erbringen hier den Beweis dafür, daß es möglich ist, sie behutsamer in die natürliche Umgebung einzufügen als es sonst vielerorts an der

Der Anfangsstein des Sonnenpfades von Livadija nach Gaspra

Südküste erfolgt ist. Ab und zu gibt es längere Abschnitte ohne Meeresblick, doch hierfür wird man immer wieder mit wunderschönen Aussichten entschädigt.

Die zweite Bezeichnung für diesen Weg ist ›Zarenpfad‹: Er wurde 1861 angelegt, nachdem die Romanovs das Livadija-Landgut erworben hatten. In Sowjetzeiten wurde der Weg ausgebaut, verlängert und alle paar hundert Meter mit metergenauen Entfernungsangaben zu beiden Endpunkten versehen. Diese Steine dienen auch als Wegweiser, besonders an den Stellen, an denen der Sonnenpfad die Straße kreuzt. Er führt dann meist nicht direkt gegenüber, sondern leicht versetzt auf der anderen Straßenseite weiter, diese Fortsetzung ist in den meisten Fällen durch einen solchen Stein leicht zu erkennen.

Nach 1,4 Kilometern, nach einem langen Wegstück im Schatten, öffnet sich der Blick plötzlich wieder auf das blaue Meer und die verschiedensten Grüntöne der Pflanzen in Küstennähe. Bei der hier 1843 auf speziellen Wunsch des damaligen Generalgouverneurs Voroncov errichteten Aussichtsrotunde endete im 19. Jahrhundert der Spazierweg. Von hier aus sieht man auf den kleinen Ort Oreanda (Ореанда) mit seiner Kirche hinunter. Die Herkunft des Namens ›Oreanda‹ ist ungeklärt. Die älteste Notiz über die Besiedlung Oreandas ist in einem genuesischen Dokument von 1380 erhalten.

Oreanda wurde – genau wie Livadija – von Katharina II. den Griechen übergeben, die im Bataillon von Balaklava dienten. Bald ging das Gebiet an dessen Kommandeur Revelioti über, und ab 1825 war es wieder im Besitz der Zarenfamilie.

Von 1843 bis 1852 wurde der Palast von Oreanda nach Plänen des Architekten Stakenschneider errichtet, doch brannte das Bauwerk kurze Zeit später ab. Drei Jahre nach dem Brand wurde aus den Steinen des Schlosses eine kleine Kirche gebaut, die mit reichen Mosaiken des Meisters Antonio Salviato ausgeschmückt wurde und in Čechovs Erzählung ›Die Dame mit dem Hündchen‹ Erwähnung findet. In Oreanda steht auch die Datscha von Breznev, der regelmäßig die Führer der kommunistischen Staaten zu Versammlungen eingeladen hatte.

Das auffälligste Naturdenkmal des Sonnenpfades ist die sich an Oreanda anschließende Skala Krestovaja, eine Felswand, in die die Weinfabrik von Oreanda 1888 einen Lagerraum schlagen ließ. Auf der Spitze dieses Felsens sind 1967 Reste einer Steinbefestigung aus dem 12. bis 14. Jahrhundert gefunden worden. Keramikscherben lassen sich auf das 8. Jahrhundert zurückdatieren. Vermutlich befand sich an dieser Stelle zuerst eine befestigte Siedlung, die im 9. oder 10. Jahrhundert zerstört und später, wohl im 14. Jahrhundert, neu errichtet wurde. Die archäologischen Funde dieser Gegend sind noch nicht näher erforscht, auf einem Nachbarfelsen wird der Standort eines Feudalschlosses vermutet. Von der Skala Krestovaja aus reicht der Blick von Oreanda am Fuße der steil abfallenden Felswand über Jalta und den Nikitskij sad bis zum Aju-Dag.

Nicht zuletzt ist vom Sonnenpfad aus das Schwalbennest zu sehen. Das Miniaturschloß, das häufig als Symbol der Krim schlechthin bezeichnet wird, bietet aus der Ferne vom Sonnenpfad aus einen sehr viel interessanteren Anblick als aus nächster Nähe. Ungefähr bei Kilometer 5,5 zweigt ein Pfad zum Schwalbennest ab. Dieser Abstieg ist jedoch nicht der einfachste Weg zu dem Schlößchen, da er teilweise mehr einem Trampelpfad gleicht und jeglicher Wegweiser entbehrt – sich zu verlaufen ist hier nicht besonders schwierig. Der Sonnenpfad endet schließlich direkt beim Kindersanatorium ›Roza Ljuksemburg‹ in Gaspra. Biegt man hier nach links ab, so gelangt man zum Sanatorium ›Jasnaja Poljana‹.

Gaspra

In dem kleinen Ort Gaspra (Гаспра) ist besonders das Sanatorium ›Jasnaja Poljana‹ von Bedeutung. Der Name erinnert an den gleichnamigen Geburtsort von Lev Nikolaevič Tolstoj in der Nähe von Tula südlich von Moskau. Das Haus, in dem Tolstoj von 1901 bis 1902 lebte, ist heute Teil des Sanatoriums. Nach der Revolution war hier ein Sanatorium für Gelehrte eingerichtet worden, später auch für Angehörige anderer Berufssparten. In Zusammenhang mit Tolstoj wird folgende Anekdote erzählt: Bei einem Ausritt auf dem Sonnenpfad kamen Gor'kij und Tolstoj einige Mitglieder der Zarenfamilie entgegen. Das Pferd des Zaren trat instinktiv zur Seite. Tolstoj kommentierte dies als angemessene Ehrbezeugung.

Das Sanatorium ›Jasnaja Poljana‹

Das schloßähnliche Gebäude, in dem Tolstoj damals wohnte, ist auf dem Sanatoriumsgelände leicht zu finden. Nach dem Haupteingang muß man einfach der Straße folgen, schon bald taucht der von zwei Türmen flankierte, aus grauem Stein errichtete Bau auf der rechten Seite auf. Es wurde Anfang der 1830er Jahre von dem englischen Architekten William Hunt entworfen, der auch den Bau des Voroncov-Palastes in Alupka geleitet hatte. In dem Zimmer, in dem Tolstoj früher lebte, befindet sich heute eine Bibliothek, außerdem ist ein Raum zu besichtigen, in dem Fotos und andere Zeugnisse von Tolstojs Aufenthalt auf der Krim ausgestellt sind. Dieses kleine Museum hat jedoch nur selten geöffnet.

Das Schwalbennest

Unterhalb von Gaspra ragt das Kap Aj-Todor mit seinen drei steilen Ausläufern ins offene Meer hinaus. Bereits in der Antike war das Kap von Griechen und Tauriern bewohnt. Wie archäologische Grabungen beweisen, siedelten auch die Römer hier. Im 1. Jahrhundert unserer Zeitrechnung errichteten sie eine Befestigungsanlage, die durch zwei Verteidigungslinien mit Türmen geschützt war. Rund um die Anlage erhielten verdiente Legionäre und Veteranen Land, auf dem sie sich niederließen. Wie lange sich die Römer an diesem Punkt der Südküste aufhielten, ist noch unklar. Knapp 700 Jahre später gründeten byzantinische Mönche auf dem mittleren Felsen ein kleines Kloster, von dem jedoch heute nichts mehr erhalten ist.

Nachdem die Krim von Rußland annektiert worden war, ließ sich ein russischer General an diesem unzugänglichen Fleckchen auf dem mittleren der drei Ausläufer des Kaps Aj-Todor ein kleines Sommerhaus bauen. Als sich Jalta dann im 19. Jahrhundert zum beliebten Kurort entwickelte, erwarb eine betuchte Moskauer Dame das Anwesen. Sie ließ die Datscha des Generals abreißen und baute ihrerseits ein kleines Schlößchen auf den Felsen.

Noch einmal wechselte der Besitzer, als 1911 der in Baku ansässige deutsche Baron von Stengel der Moskauer Dame den Felsen samt Schloß abkaufte. Baron von Stengel hatte in Baku viel Öl aus der Erde und damit offensichtlich eine Menge Geld in seine Taschen gefördert. Für seine Geliebte ließ der Ölmagnat das Schloß komplett umbauen, und so entstand ein zierliches Märchenschloß im Stil gotischer Rheinburgen. Im Jahre 1914 verkaufte der Baron das Schwalben-

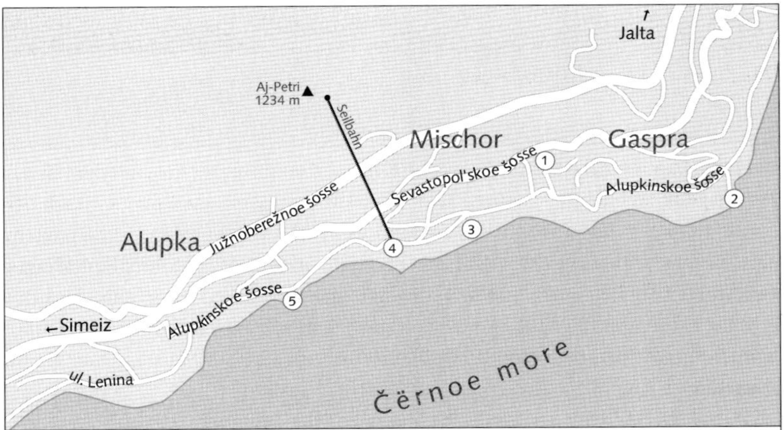

Gaspra (Гаспра), Mischor (Мисхор), Alupka (Алупка)

Legende

1 Sanatorium ›Jasnaja Poljana‹ (Санаторий ›Ясная Поляна‹)
2 Schwalbennest (Ласточкино гнездо)
3 Park von Mischor
4 Seilbahnstation (Канатная дорога)
5 Voroncov-Palast (Алупкинский дворец)

Straßen und Plätze

Alupkinskoe šosse (Алупкинское шоссе)
Južnoberežnoe šosse (Южнобережное шоссе)
Lenina, ul. (Ленина, ул.)
Sevastopol'skoe šosse (Севастопольское шоссе)

Wahrzeichen der Südküste: das Schwalbennest

nest (Ласточкино гнездо), und der neue Besitzer eröffnete hier ein kleines Restaurant. Ein Erdbeben ließ 1927 das neo-gotische Gemäuer beinahe ins offene Meer stürzen, als Teile des Felsens abbrachen. Erst in den 1970er Jahren wurde das Schloß, das seit dem Erdbeben über den Fels hinausragt, mit Beton abgestützt.

Heute ist das Schwalbennest, das 40 Meter über dem Meer waghalsig am Felsen klebt, das Wahrzeichen der Südküste und der Krim überhaupt. Mit seinen zahlreichen kleinen Türmchen, Zinnen und Erkern wirkt es wie eine Miniaturausgabe von Schloß Neuschwanstein und will eigentlich nicht so recht an die Krimküste passen. Das Schlößchen ist vielbesuchtes Ziel von Ausflugsschiffen, die zahlreich am Kap Aj-Todor anlegen. Dies ist der schönste Anfahrtsweg, ansonsten fahren aber auch Busse und Sammeltaxis von Jalta aus hierhin. Über 120 Treppenstufen führen zu dem kleinen Märchentempel, in dem mittlerweile wieder ein Restaurant und ein Café mit italienischer Küche geöffnet haben. Noch vor wenigen Jahren wehrte sich die Bedienung bei zu großem Besucherandrang, indem sie das Café kurzerhand schloß. Heute sorgen gesalzene Devisenpreise für einen begrenzten Kreis von Gästen – Hauptgerichte für 45 Hryvnja waren im

Sommer 2000 eher die Regel als die Ausnahme auf der Speisekarte. Diejenigen, denen der Restaurantbesuch zu teuer oder aufwendig ist, müssen aber auch nicht darben: Aus Ermangelung an anderen Beschäftigungen beim Schwalbennest bieten die zahlreichen Essens- und Getränkestände einen willkommenen Zeitvertreib bis zur Weiterreise.

Auch wenn es kein Museum gibt, ist der Eintritt in das Gebiet rund ums Schwalbennest nicht umsonst: Zwei Hryvnja kostet es, das Schlößchen von Nahem betrachten zu dürfen und an den Ständen mit Schmuck und Erfrischungen entlangzuschlendern. Dieser Eintrittstribut ist Gegenstand zahlreicher Diskussionen, aber dennoch schwer abzuschaffen: Es wird erzählt, daß die Privatfirma, die das Eintrittsgeld verlangt, einen Vertrag mit dem Ort Gaspra abgeschlossen habe, der ihnen das Recht hierzu verleiht. Und die Stadt kommt, obwohl der Unsinn des Eintrittsgeldes allen bewußt ist, nicht aus dem Vertrag heraus.

Mischor

Zwischen Gaspra und Alupka gelegen, stellt Mischor (Мисхор) einen weiteren hübschen kleinen Küstenort dar, der ein besonders günstiges Klima zu bieten hat: Mischor ist der wärmste Kurort der Krim, die Jahresmitteltemperatur liegt mit 14,3 °C sogar noch ein Grad höher als im 13 Kilometer entfernten Jalta. Dank dieses Klimas baut das Weinkombinat ›Massandra‹ in der Umgebung von Mischor, Koreiz und Gaspra die Trauben für seine berühmten Muskatweine an.

Der Name des Ortes kommt von den griechischen Wörtern mesi-chora für ›mittlere Stadt‹ oder misi-chor für ›halbe Stadt‹. Er besteht aus einem Ensemble von Sanatorien, die nicht, wie so oft, nur häßliche Zweckbauten sind. Durch seine silbernen Kuppeln und den mauretanischen Stil fällt besonders das Sanatorium ›Duelber‹ ins Auge, das Ende des 19. Jahrhunderts errichtet wurde. Dieser fürstliche Sommersitz wurde 1920 in ein Sanatorium umgewandelt. Nicht nur mit Sanatorien, auch mit Cafés, Restaurants, Getränke- und Imbißständen, Discos und Bars ist Mischor auf die sommerlichen Besucherströme vorbereitet.

Eine Sehenswürdigkeit ist der Park von Mischor, den Leibeigene vor 200 Jahren anlegten. Er befindet sich direkt am Ufer, westlich von der Anlegestelle. Heute führt ein von Zypressen gesäumter Weg durch den Park, in dem mehr als 300 Pflanzenarten aus aller Welt bewundert werden können. Der Weg beginnt in der Bucht, die Schauplatz einer berühmten Legende war:

Das hübscheste Mädchen der Gegend, die von allen umworbene Arsy, hatte ihr Herz schon lange an einen Jüngling verloren, der ihr schließlich einen Heiratsantrag machte. Unmittelbar vor der Hochzeit stieg Arsy ein letztes Mal hinab zur Quelle, um wie gewöhnlich Wasser zu holen. An diesem Tag aber wurde sie vom

Räuber Ali-Baba und seinen Mannen gefangen genommen und zum türkischen Sultan verschleppt. Dort, durch das riesige Meer von ihrem Liebsten getrennt, weinte sie viele Tränen. Die heimische Wasserquelle aber schien versiegen zu wollen, nur einzelne Tropfen perlten wie Tränen traurig aus ihr heraus.

Arsy gebar dem Sultan einen Sohn, und als genau ein Jahr seit ihrer Entführung vergangen war, stürzte sie sich mit ihrem Kind vom Turm des Serails in die Fluten des Bosporus. Am selben Abend tauchte bei Mischor eine Nixe mit einem Kind auf dem Arm aus dem Meer auf. Und zugleich strömte aus der Quelle wieder soviel Wasser, daß es eine Freude war.

Heute ist Arsy in der Bucht von Mischor als ›Rusalka‹ (Nixe) mit ihrem Kind auf einem aus dem Wasser emporragenden Stein zu sehen, direkt neben dem Fähranleger. Gegenüber erinnern an einer Quelle am Ufer die Skulptur ›Mädchen mit dem Krug‹ und der hinter Steinen als ›Mann mit Turban‹ hervorschauende Ali-Baba an die Legende. Diese Skulpturen wurden zu Beginn des 20. Jahrhunderts von dem estnischen Bildhauer Adamson geschaffen.

Verwaltungsmäßig gehört Mischor zu dem höher gelegenen kleinen Ort Koreiz. An dessen Ortsrand ist ein sehenswerter Palast im Jugendstil erhalten, den Fürst Jusupov 1904 errichten ließ. In diesem aus grauem, marmorähnlichem Kalkstein gebauten Palast wohnte während der Konferenz von Jalta im Februar 1945 die sowjetische Delegation. Im Krankenhaus von Koreiz befand sich Anfang des 20. Jahrhunderts eine Zweigstelle der bolschewistischen Zeitung ›Izkra‹. Von hier aus wurden die Anweisungen, die Lenin aus der Emigration gab, an die Revolutionsgruppen verteilt.

Die Nixe von Mischor

Mischor kann man per Schiff von Jalta aus erreichen, oder mit dem Bus, der vom Jaltaer Busbahnhof in Richtung Alupka abfährt. In Mischor befindet sich zudem die Station der Seilbahn auf den Aj-Petri (s.S. 229). Zu dieser gelangt man, indem man vom Anlegeplatz aus in den links gelegenen Park geht und diesem geradeaus bis zu seinem Ende folgt. Auf das Parkende folgt das Sanatorium ›Aj-Petri‹ ein Stück weiter nach rechts bergauf liegt die Talstation der Seilbahn. Einfacher zu finden ist das Ganze, wenn man den Weg umgekehrt macht, also von der Seilbahnstation ans Meer hinunter spaziert.
Das Sanatorium ›Mischor‹, eines der größten an der Südküste, befindet sich gleich neben dem Park von Mischor in der Alupkinskoe šosse 10.

Alupka

Der Kurort Alupka (Алупка) wird hauptsächlich mit dem im englischen Stil errichteten Voroncov-Palast und dem dazugehörigen Park assoziiert. Michail Semënovič Voroncov war Generalgouverneur von Neurußland, ebenso wie der Günstling Katharinas der Großen, Potëmkin. Doch während der eine der Legende nach Attrappendörfer baute, um die Zarin zu blenden beziehungsweise sie von der eigentlichen Schönheit der Krim zu überzeugen, verewigte sich der andere einige Jahrzehnte später mit einem echten Palast bei Alupka, der auch noch heute besichtigt werden kann und das Ziel vieler Ausflügler ist.

Die Besiedlungsgeschichte Alupkas gleicht der der gesamten südlichen Küste: Es kamen Taurier, Alanen, Goten, Sarmaten, Hunnen und schließlich die Chasaren hierher. Im Jahre 960 nach Christus wurde Alupka unter der Bezeichnung ›Alubika‹ in einem Brief des chasarischen Regenten zum ersten Mal urkundlich erwähnt. Ab 1475 beherrschten die Türken Alupka. Die ersten russischen Reisenden, die nach der Angliederung der Krim an Rußland im Jahre 1783 auf die Schwarzmeerhalbinsel kamen, fanden Alupka als kleines, zwischen den Bergen liegendes Dorf vor.

Michail Voroncov (1782–1856) hatte als Sohn eines russischen Diplomaten viele Jahre in England gelebt. Anfang der 1820er Jahre wurde er als Generalgouverneur von Neurußland auf die Krim berufen. Schon zu Beginn seiner Amtszeit erstand er Land in Alupka, Alušta, Gurzuf und Massandra und beschloß, seinen Hauptsitz in Alupka einzurichten.

Der erste Entwurf für den Palast, den der Architekt Boffo aus Odesa 1831 vorlegte, sah einen Bau im klassizistischen Stil vor, doch 1832 wurde ein neuer Plan

An der Rückseite des Voroncov-Palastes

entworfen, der mehr dem neuen romantischen Stil Europas entsprach. Architekt war jetzt Edward Blore (1789–1879), ein bekannter englischer Hofarchitekt, der am Bau des Buckingham Palace sowie an Bauten in Oxford und Cambridge beteiligt war.

Blore näherte sich dem Tudor-Stil des 16. Jahrhunderts an, der Voroncov wegen seines langen Englandaufenthaltes vertraut war, in der russischen Umgebung jedoch eine gewisse Exotik ausstrahlte. Hinzu kam jene Mischung aus westlicher und östlicher Architektur, die dem Palast einen märchenhaften Charakter verleiht. Der Plan sah den Bau von fünf Trakten vor, die sich in Form und Höhe ihrer Türme unterscheiden und durch viele offene und geschlossene Übergänge, Treppen und Innenhöfe verbunden sein sollten.

Da der russische Architekt, der die Bauarbeiten zunächst geleitet hatte, 1833 plötzlich verstarb, übernahm der englische Architekt und Schüler Blores, William Hunt, die Leitung. Der Palast wurde aus Blöcken hiesigen Grünsteins errichtet, einem sehr harten Stein. Nach 20 Jahren war der Bau des Palastes, der insgesamt mehr als 150 Räume umfaßt, abgeschlossen, drei Jahre später wurden auch die Terrassenarbeiten beendet.

Während die Nordfassade von Elementen spätgotischer englischer Schlösser aus dem 16. Jahrhundert geprägt ist, umschließen die Mauern der Südfassade ein Hauptportal, das an indische Tempel erinnert.

Nach der Oktoberrevolution von 1917 wurde das Anwesen verstaatlicht und als Museum eröffnet, in dem eine Gemäldesammlung, Skulpturen sowie Möbel, größtenteils aus der Zeit der Jahrhundertwende vom 18. zum 19. Jahrhundert, zu besichtigen sind.

Die englische Geschichte Alupkas setzte sich auch im 20. Jahrhundert fort: Während der Konferenz von Jalta im Februar 1945 bewohnte die englische Delegation unter Winston Churchill den Palast.

Von einem Tor an der Westseite des Palastes führt ein enger Durchgang auf den Paradeplatz an der Nordseite des Hauptgebäudes. Von hier aus sind der Park und der sich darüber erhebende Aj-Petri zu sehen.

Die Führungen durch den Palast beginnen im allgemeinen in einem Paradekabinett, dessen großer Erker den Blick über Vorplatz und Park auf den Aj-Petri freigibt. Der nächste Raum ist das Kattunzimmer, so benannt nach dem englischen Stoff, mit dem die Wände in der zweiten Hälfte des 19. Jahrhunderts verkleidet wurden. In diesem Raum befinden sich neben anderen Gemälden vier Landschaftsbilder des Krim-Malers Ajvazovskij.

Durch das kleine Gastzimmer hindurch führt die Besichtigung weiter ins Vestibül, das den Eindruck einer englischen ›Hall‹ vermittelt. Nach dem sich anschließenden ›Blauen Gastzimmer‹ und dem Wintergarten, der eine herrliche Aussicht über das Meer bietet, folgt der größte Raum des Schlosses, das Parade-

Speisezimmer, das den Prachträumen von Tudor-Schlössern nachempfunden ist. Das beherrschende Möbelstück des Saales ist ein großer Eßtisch aus massivem Holz; besonders interessant sind neben etlichen ›Kleinigkeiten‹, wie einer Bronzeuhr und dekorativen Vasen, zwei Kandelaber mit dem Aussehen antiker Säulen. An den Speisesaal schließt sich das Billardzimmer an; hier finden sich wiederum Eichenparkett, Diabas-Kamin und englische Möbel aus den zwanziger und dreißiger Jahren des 19. Jahrhunderts. Den Abschluß der Palastführung bildet der Besuch der Bibliothek, die sich in einem eigenen Flügel befindet. Sie erstreckt sich über zwei Etagen, in denen Voroncov rund 25 000 Bücher aufbewahrte.

Im Voroncov-Palast

Der etwa 40 Hektar große Park des Palastes ist allein eine Sehenswürdigkeit, die unbedingt einen längeren Spaziergang wert ist. Seine Einmaligkeit gewinnt der Park neben den gartenbaulichen Finessen durch ein mildes Klima, da das Aj-Petri-Gebirge Alupka gegen Wettereinflüsse von Norden her abschirmt. Die Durchschnittstemperatur im Juli und August beträgt ungefähr 24 °C, im Wintermonat Februar liegt sie meistens noch über dem Gefrierpunkt.

Dort, wo sich der heutige Park erstreckt, lag Ende des 18. Jahrhunderts ein kleines Dorf, umgeben von Obstgärten. Der damalige Generalgouverneur von Neurußland, Grigorij Potëmkin, dem das Land gehörte, ließ Pflanzen aus dem Mittelmeerraum hierher schaffen und anpflanzen. Voroncov kaufte den Teil des Geländes, der sich zwischen Dorf und Meer erstreckte und weitete den Plan für die Anpflanzungen aus. Die Vorbereitungen für die Gartenanlage unter der Leitung des deutschen Architekten Karl Kebach begannen 1824 mit der Anforderung von Samen und Pflanzen aus aller Welt, so beispielsweise aus England, Frankreich, Italien, dem Kaukasus und Karelien, China und Japan. Heute wachsen mehr als 200 Pflanzenarten im Park von Alupka.

Im Jahre 1830 wurde damit begonnen, mit Tausenden Tonnen von Felsgestein und Schwarzerde die Parkanlage künstlich zu formen und in einen oberen und einen unteren Teil zu gliedern.

Der ›Obere Park‹ hebt sich von den wohlgeordneten Parks der französischen Gartenbaukunst ab, wie ein englischer Garten scheint er natürlich gewachsen. Hierzu passen die vielen ursprünglich anmutenden Wasserfälle sowie die beiden Attraktionen, die die ›Natürlichkeit‹ schon im Namen tragen: das ›Kleine Chaos‹, eine bizarre Steinformation, sowie sein Pendant, das ›Große Chaos‹, eine gigantische Kaskade steinerner Schollen. Zwischen den beiden Steinfeldern liegen drei künstliche Teiche. Der mittlere und größte trägt den Namen ›Schwanensee‹. Allerdings halten sich die hier lebenden weißen und schwarzen Schwäne nicht an diese Bezeichnung und schwimmen auch auf den anderen beiden Wasserstellen.

Der ›Untere Park‹ beginnt an der Südfassade des Palastes, er ist vom Charakter her sehr geordnet angelegt und bildet somit einen starken Kontrast zum ›Oberen Park‹. Die Terrassen verbindet eine breite Steintreppe. Der sogenannte Bachčisaraj-Hof, ein Pavillon, enthält eine Nachahmung des Tränenbrunnens aus Bachčisaraj.

Von Jalta aus fahren die Buslinie 27 sowie Sammeltaxen nach Alupka.
Der Palast von Alupka ist täglich von 9 bis 17 Uhr geöffnet. Der Eintritt kostet 15 Hryvnja, für 10 weitere Hryvnja kann man Fotos machen, Videoaufnahmen für 35 Hryvnja. Zumindest in der Sommersaison, wenn ein besonders großer Besucherandrang herrscht, ist es kaum möglich, den Palast auf eigene Faust zu erkunden. Dazu einige Tips, um nicht lange orientierungslos vor dem Palast herumzuirren: Die Gruppen sammeln sich genau an dem Ort, wo die Tickets verkauft werden, also direkt neben oder gegenüber von der jeweiligen Kasse. Von da an muß man bei ›seiner‹ Gruppe bleiben, da einen andere Gruppen im Zweifelsfall ziemlich direkt darauf hinweisen, daß man nicht zu ihnen gehöre.

Neben der Palast- und Parkbesichtigung werden Weindegustationen angeboten, in denen Besucher die Massandra-Weine kennenlernen können. Der Degustationssaal befindet sich knapp einen Kilometer östlich vom Voroncov-Palast, immer der Straße entlang. An Degustationen kann man täglich außer montags teilnehmen. Es gibt feste Degustationstermine zwischen 10 und 18 Uhr. Das Schild am Eingang verspricht die Probe von neun der besten Weine aus ›einem der ältesten Unternehmen klassischer Weinherstellung‹. Direkt neben dem Degustationsraum gibt es ein Café – zur Fortsetzung des Weingenusses oder auch für einen ernüchternden

Espresso. Exkursion und Weindegustation können auch im voraus in den Touristenbüros in Jalta gebucht werden. Die Telefonnummer für die Voranmeldung zu Weinproben direkt im Degustationssaal von Alupka ist 0654/721198.
Die Teilnahme an der Degustation kostet pro Person sieben Hryvnja.

Simeiz

Der kleine Kurort Simeiz (Симеиз), etwa 20 Kilometer westlich von Jalta, gewinnt seine Schönheit nicht zuletzt durch die malerische Küstenlandschaft. Sie zeichnet sich vor allem durch die originellen Reliefs ihrer umliegenden Berge und vorgelagerten Felsen aus. Im Westen ist eine riesige ›Katze‹ zu sehen, zusammengekauert, wie zum Sprung ansetzend – der Katzenberg (Gora Koška). Auf dem ›Katzenbuckel‹ befinden sich mehr als 2000 Jahre alte Zeugnisse taurischer Besiedlung. Die hier entdeckten Grabmale sind die bedeutendsten der Südküste: Es wurden mehrere Dutzend Steinsärge gefunden, die teilweise noch Schmuck enthielten. Zu Füßen – oder vielleicht eher ›zu Tatzen‹ – des Katzenberges ragt ein Felsen aus dem Wasser: ›Diva‹, die ›Jungfrau‹. Etwa 250 Stufen führen hinauf auf die Aussichtsplattform. Zwischen dem Felsen ›Diva‹ und dem Strand befand sich früher ein weiterer riesiger Felsen mit einer Höhe von über 40 Metern, der an einen in seine Kapuze gehüllten Mönch erinnerte und daher den Namen ›Monach‹ erhielt. Dieser ›Mönch‹ war nicht sonderlich standfest, denn bei einem Sturm im Jahre 1931 brach der schon vorher rissige Felsen in sich zusammen. Alle diese ungewöhnlichen, auffallenden Felsformationen waren seit jeher wichtige Orientierungshilfen für Seefahrer, und nicht von ungefähr erhielt dieses Fleckchen den Namen ›Simeiz‹: Das griechische Ursprungswort bedeutet ›Zeichen‹ oder auch ›Fingerzeig‹.

Mitten in Simeiz lohnt sich ein Blick auf das Sanatorium ›Krasnyj Majak‹ in der ul. Sovetskaja 33, das durch die interessante Mischung zweier Stilrichtungen auffällt: Von den beiden Gebäuden des Museums entspricht eines der maurischen, das andere hingegen der gotischen Bauweise.

Sehr schön ist ein kleiner Park, der sich bis an den Strand erstreckt. Erst in den letzten Jahren wurde die Erschließung des Kurortes vorangetrieben, zumal Simeiz in klimatischer Hinsicht eine der günstigsten Ecken der Krim ist. Heute hat sich Simeiz denn auch zu einem belebten Kurort entwickelt. Davon zeugt schon das rege Treiben am kleinen Busbahnhof.

Glasklares Wasser und die Möglichkeit, außer auf dem steinigen Strand sein Handtuch auch auf großflächigen Felsen ausbreiten zu können, locken Badegäste

Der kleine Busbahnhof von Simeiz

nach Simeiz. Es gibt reichlich Möglichkeiten, sich mit Essen und Getränken zu versorgen und einigen Wassersportarten nachzugehen. Atemberaubend ist der Blick auf die sich über den Ort erhebenden mächtigen, steilen Felswände des Aj-Petri. Wer zum Tauchen kommt – das Wasser ist einladend genug – hat vielleicht sogar Glück und entdeckt auf dem Meeresgrund eine riesige Kapuze ...

Zu erreichen ist Simeiz von Jalta aus mehrmals täglich per Bus sowie mit den Maršrutki Nr. 26, 26a und 42. Abfahrt am Busbahhof von Jalta.

Vom Busbahnhof in Simeiz gelangt man auf der bergab führenden Straße zum Strand. Dazu muß man zunächst recht lange der Straße folgen, dann geht der Weg schließlich durch den schönen Stadtpark über eine Treppe hinunter zum Strand. Zur Grundorientierung: Im Park immer eher links halten.

Zum Felsen ›Diva‹ gibt es keinen richtigen Weg, man kann ihn auf unterschiedliche Weise durch den Park erreichen. Am einfachsten geht es jedoch über den Strand. Am Ende der Bucht beginnt recht unvermittelt zwischen den herumliegenden Felsen und Steinen die Treppe hinauf zur Aussichtsplattform.

Wer Interesse daran hat, einige Tage in Simeiz zu verbringen, kann sich an das Büro zur Wohnraumvermittlung in der ul. Sovetskaja 52 (ул. Советская) wenden oder sein Glück in den Sanatorien versuchen.

Foros

Westlich von Simeiz verengt sich der schmale Streifen der Südküste immer mehr. Die Küstenstraße nach Sevastopol' verläuft hier entlang der sogenannten Kastropol'-Wand des Krimgebirges, die bei Bergsteigern berühmt und beliebt ist. Diese Wand läßt sich über die ›Teufelstreppe‹ erklimmen. Die Bezeichnung ›Treppe‹ ist allerdings übertrieben. Es handelt sich lediglich um einen alten Pfad, der aber

Die malerisch gelegene Kirche von Foros

historische Bedeutung hat: In vergangenen Zeiten verlief hier der Weg von der Südküste nach Chersones. Schon römische Legionäre sollen ihn als Verbindung zwischen ihren Lagern im Westen und im Süden benutzt haben. Vereinzelt lassen sich noch Reste von Befestigungen entdecken.

Der Ort Foros (Форос) schließlich bildet den westlichsten Punkt von Groß-Jalta. Es wird vermutet, daß er im Mittelalter eine Zollstation oder eine Steuerstelle war, so zumindest ließe sich der Name erklären, der im Griechischen unter anderem die Bedeutung ›Tribut‹ hat. Allerdings kann das Wort auch noch andere Bedeutungen tragen: Windstoß, Wind, Markt. Mittelpunkt des kleinen Ortes ist das Hotel und Sanatorium ›Foros‹. Eine Besonderheit des Sanatoriums liegt in seiner extremen Hanglage. Man tritt scheinbar ebenerdig in das Gebäude ein, befindet sich aber eigentlich im fünften Stock, da auf der Küstenseite bereits eine ganz andere Höhe erreicht ist. Der riesige Gebäudekomplex aus den 1980er Jahren grenzt an einen Park, dessen schönstes Eckchen den bescheidenen Namen ›Raj‹ (Paradies) trägt. Der liebevoll angelegte Park liegt, wie das Sanatorium, direkt am Meer. Im Park befindet sich das Landhaus ›Tesseli‹ (vom griechischen Wort für Stille, Ruhe), in dem der Schriftsteller Maksim Gor'kij von 1933 bis 1936 wohnte.

Seine bedeutendste Entwicklung erfuhr Foros wohl in der zweiten Hälfte des 19. Jahrhunderts. 1865 hatte der ›Teekönig‹, der Moskauer Kaufmann Aleksej Kuznecov, das mehr als 300 Hektar große Anwesen von Foros gekauft und investierte von nun an viel in die Entwicklung des Ortes. Zu seiner Zeit entstand in Zusammenarbeit mit großen Gartenbau-Architekten der Park von Foros.

Der eigentliche Ort Foros ist in fünf bis zehn Minuten vom Sanatorium aus zu Fuß zu erreichen. Mit seinen weniger als 2000 Einwohnern erwacht Foros nur in der Urlaubssaison zum Leben. Ein kleiner Markt und einige Geschäfte – mit überdurchschnittlichem Angebot – haben sich ganz auf die Touristen eingestellt. Und schon die hiesigen Preise lassen erahnen, daß sich überwiegend zahlungskräftige Gäste in Foros aufhalten.

Nur wenige Kilometer vom Sanatorium entfernt am südlichsten Punkt der Krim, dem Kap Saryč, lag die Datscha von Michail Gorbačëv, die 1991 unerwartet Berühmtheit erlangte. Während des August-Putsches wurde hier der erste und letzte Präsident der Sowjetunion für einige Tage von seinen konservativen Gegnern festgehalten und von der Außenwelt abgeschnitten. Diese Ereignisse beschleunigten den Untergang der Sowjetunion. Das Gelände ist weiterhin wichtigen Persönlichkeiten vorbehalten und kann nicht besichtigt werden. Die Datscha des ukrainischen Präsidenten Kučma befindet sich in Muchalatka, einige Kilometer östlich von Foros.

Oberhalb von Foros verzweigt sich die Küstenstraße. Die alte Straße, die ebenso wie die neue Jalta mit Sevastopol' verbindet, schlängelt sich zu dem 527 Meter hoch gelegenen Bajdarskij-Paß hinauf. Oben erinnert ein massiver pseudo-antiker Torbogen (Bajdarskie Vorota) an die Fertigstellung der Straße im Jahre 1848. Er bildet die Grenze zwischen dem südlichen und dem westlichen Teil der Krim. Dieses Tor selbst ist wenig ansehnlich und beeindruckend, lohnend sind jedoch der Blick von seiner Plattform aus sowie die krimtatarischen Čebureki, die es im angrenzenden Restaurant gibt und die, wie erzählt wird, auch den ukrainischen Präsidenten Leonid Kučma samt Familie und Begleitschutz immer wieder anlocken.

Wer den Blick von den Bajdarskie Vorota hangabwärts wandern läßt, entdeckt sofort die weithin sichtbare Kirche von Foros. Die sehenswerte Kirche mit mehreren goldverzierten Kuppeln wurde Ende des 19. Jahrhunderts auf einem kleinen

Felsplateau errichtet, 400 Meter über dem Meer. Über ihre Entstehungsgeschichte existieren mehrere Versionen. Einer Version zufolge ließ ein Graf die Kirche als Dank an Gott dafür erbauen, daß seine Tochter eine große Gefahr an dieser Stelle lebend überstanden hatte: Nachdem die Pferde ihrer Kutsche durchgegangen waren, steuerten sie auf den Abgrund zu. Direkt an dieser Schwelle blieben sie wie durch ein Wunder stehen. Eine andere Version erklärt den Bau der Kirche als Dank dafür, daß die Familie des Zaren Alexander III. im Jahre 1888 nur knapp einem Eisenbahnunglück entgangen war. Nach ihrer Schließung in den 1930er Jahren war die Kirche arg in Mitleidenschaft gezogen worden, 1992 erhielt die orthodoxe Gemeinde sie zurück. Diese machte sich gleich an die Arbeit, und so wurde die Kirche in den letzten Jahren grundlegend restauriert und ist nun wieder ohne Baugerüste und in voller Schönheit zu bewundern. Am Eingang wird auf einer Tafel dem ukrainischen Präsidenten Kučma für seine Unterstützung bei der Restaurierung gedankt.

Zur Kirche fahren keinerlei öffentliche Verkehrsmittel, nur an besonderen Feiertagen werden mitunter Sonderbusse eingesetzt. So kommen die Gläubigen aus den benachbarten Ortschaften entweder per Auto oder Taxi, sofern sie sich dieses leisten können, oder aber zu Fuß. Nicht selten legen vor allem ältere Damen den weiten, für manche mehrere Stunden dauernden Weg hinauf zu Fuß zurück. Von der neueren Straße nach Sevastopol' ist kurz hinter Foros ein Leuchtturm zu sehen. Dieser markiert das Kap Saryč.

Vorwahl: 06 54.

Aus Jalta fahren die Busse 28, 39 und die Maršrutki 28, 28a und 39 nach Foros, die Fahrt dauert etwa eine Stunde. Von Simferopol' aus ist ein Tagesausflug nach Foros zu knapp bemessen: Einschließlich Umsteigen in Jalta kann die Reise bis zu fünf Stunden dauern.
Zur Kirche und den Bajdarskie Vorota fahren keine öffentlichen Verkehrsmittel, die Taxifahrer in Foros sind jedoch zahlreich vertreten und gern bereit, die Tour auf sich zu nehmen.

Foros ist einer der teuersten Kurorte der Krim. Neben zahlungskräftigen russischen Gästen und ukrainischen Politikern steigen hier auch Westtouristen ab.
▸ Außer den Hotels in der Stadt Jalta war das Sanatorium ›Foros‹ lange Zeit der einzige Ort, in dem Pauschalreisende aus Westeuropa unterkommen konnten. Das 14stöckige Sanatorium verfügt über ein breites Angebot, das von normalen Sanatoriumsaufenthalten über Hoteldienstleistungen bis hin zu Zimmer- und Konferenzraumvermietungen für Seminare und Kongresse reicht. An das Sana-

torium ist ein 70 Hektar großer Park angeschlossen. Das Sanatorium verfügt über ein gutes Restaurant, mehrere Bars, eine Diskothek und einen Billardsaal. Die medizinischen Angebote wie Massagen und Schlammbäder können gegen Bezahlung auch von den ausländischen Hotelgästen in Anspruch genommen werden. Tel. 791300, 791351, www.foros.com.ua (russisch).

▶ Individualtouristen, denen die Hotelpreise von bis zu 50 US-Dollar, für ein ›Luxuszimmer‹ auch 80 US-Dollar pro Person, zu hoch sind, können sich in der staatlichen Wohnraumvermittlung in der ul. Kosmonavtov 24 (ул. Космонавтов), Tel. 791917, geöffnet täglich von 9 bis 20 Uhr, um eine private Unterkunft bemühen.

▶ Neben der staatlichen gibt es inzwischen auch eine private Wohnraumvermittlung direkt gegenüber vom Eingang zum Sanatorium, Tel. 792288. Die Preise für die Unterkunft bei Privatpersonen liegen bei 35 US-Dollar pro Tag für eine Drei-Zimmer-Wohnung, 25 bis 40 US-Dollar für eine Zwei-Zimmer-Wohnung und 15 bis 25 US-Dollar für eine Ein-Zimmer-Wohnung.

Das Freizeitangebot am Strand umfaßt unter anderem Segelkurse und Wasserski.

Das Krimgebirge mit seinen sanft abfallenden Nordhängen und der zerklüfteten Südküste verbirgt eine Reihe von faszinierenden Höhlen. An den Gebirgsrändern warten alte Städte wie Bachčisaraj mit dem Khanspalast auf Besucher.

Das Krimgebirge

Das Krimgebirge besteht aus drei parallel verlaufenden Bergketten, die sich von Westen nach Osten erstrecken. Die nördlichste oder ›Äußere Bergkette‹ ist zugleich auch die niedrigste und kürzeste: Sie verläuft von Sevastopol' nach Simferopol' und erreicht dabei Höhen von 140 bis 344 Metern. Ihr Verlauf wird von zahlreichen Tälern unterbrochen. Die ›Innere Bergkette‹ beginnt in Inkerman bei Sevastopol' und setzt sich nach Osten hin bis Staryj Krym fort, wo sie ausläuft. Auch hier prägen Flußtäler und Schluchten das Bild. Ihre maximale Höhe von fast 750 Metern erreicht sie im Südwesten bei Bachčisaraj. Die südliche ›Hauptkette‹ nimmt ihren Anfang am Kap Fiolent südlich von Sevastopol' und zieht sich mehr als 150 Kilometer bis kurz vor Feodosija die Küste entlang. Die Bergkette steigt von Westen her stetig an und erreicht beim Hochplateau des Aj-Petri bereits eine Höhe von 1200 Metern. Der höchste Abschnitt mit den Gipfeln des Čatyr-Dag (1527 Meter) und des Roman-Koš (1545 Meter) erhebt sich über Gurzuf und Alušta. Ungefähr 30 Kilometer östlich von Alušta wird die Bergkette zunehmend flacher und endet schließlich mit dem Kap Ili am südlichen Stadtrand von Feodosija.

Bachčisaraj

Als Stalin 1944 alle Krimtataren deportieren ließ, wollte er durch die Zerstörung ihrer Kulturdenkmäler auch die Erinnerung an das Volk auslöschen. Der Khanspalast in Bachčisaraj ist das einzige Kulturdenkmal, das als Zeugnis krimtatarischer Geschichte auf der Halbinsel übrigblieb.

35 Kilometer von Simferopol' entfernt in Richtung Sevastopol' liegt Bachčisaraj (Бахчисарай), die ehemalige Hauptstadt der Krimtataren. Noch heute erinnert die Stadt am Fluß Čuruksu mit dem Khanspalast, den Moscheen und den typisch türkischen Bauten mit ihren flachen roten Ziegeldächern an die Märchen aus 1001 Nacht. Zahlreiche Legenden umranken den Ort, der einst von vielen Obst- und Weingärten umgeben war und auch heute noch durch den Duft von Pfirsichbäumen und durch große schattenspendende Platanen seinem krimtatarischen Namen gerecht wird: Bachčisaraj – ›Palast im Garten‹. Im Jahr 2001 lebten in Bachčisaraj rund 30 000 Menschen, davon etwa ein Viertel Krimtataren.

Schon auf dem Weg von Simferopol' nach Bachčisaraj vermitteln die Ortsnamen eine Mischung aus Legende und Geschichtsunterricht. So führt die Straße durch das Dorf Čistenkoe, das ›saubere Dorf‹. Der Name wird auf einen Besuch Katharinas II. zurückgeführt. Der Legende nach wollte sie sich in Bachčisaraj mit dem Khan treffen. Unterwegs soll sie in diesem Dorf ein Bad genommen haben, um sich für die bevorstehende Begegnung zurechtzumachen. Das Zusammentreffen mit dem Khan kam dann schon vor Bachčisaraj zustande, weil der Khan seinem Gast ein wenig entgegengereist war. So trafen sich die beiden bereits im Dorf Prijatnoe Svidanie, was ›angenehmes Zusammentreffen‹ bedeutet. Ein Blick ins Geschichtsbuch zeigt jedoch, daß Katharina II. die Krim nur ein Mal besuchte, im Jahr 1787, als der letzte Khan bereits abgesetzt war. Von diesem Besuch zeugen Meilensteine an verschiedenen Stellen auf der Krim, so auch an der Straße von Simferopol' nach Bachčisaraj und vor dem Eingang zum Khanspalast.

Bachčisaraj wurde gegen Ende des 15. Jahrhunderts gegründet. Die mittelalterliche Stadt lag am rechten, steileren Ufer des Čuruksu, am linken Ufer erhob sich seit Beginn des 16. Jahrhunderts der Khanspalast. Nachdem die Goldene Horde endgültig zerfallen war, ließ der Khan Mengli-Girei 1503 den Palast am linken Ufer des Čuruksu errichten. In ehrerbietiger Entfernung entstanden im Süden und Norden Siedlungen mit niedrigen Häusern. Diese wurden aus Ssaman, einem Ziegel aus Lehm, Dung, Stroh und Haaren gebaut. Die Stelle, an der die Stadt gegründet wurde, war nicht zufällig gewählt: Sie lag auf dem alten Karawanenweg, der von Chersones aus nach Norden führte. Die hier lebenden Krimtataren trieben Handel und forderten von den vorbeiziehenden Kaufleuten Wegezoll.

Der einstige Reichtum der Gireis spiegelt sich in dem prachtvollen Palastensemble wider. Die Architektur der Khansresidenz ist eine Mischung verschiedener Baustile, da sich die Bauzeit über 200 Jahre erstreckte und die Baumeister, die unter anderem aus dem Osmanischen Reich und Italien kamen, jeweils verschiedene Kunstrichtungen einbrachten. Mittlerweile sind die aus späteren Zeiten stammenden Überbauungen und Putzschichten europäischen Ursprungs von Restauratoren weitgehend entfernt worden, so daß der Palastkomplex wieder in seiner ursprünglichen orientalischen Schönheit zu sehen ist.

Beeindruckend ist die Größe der altehrwürdigen Khan-Džami-Moschee, deren Minarette sich hoch über die übrigen Gebäude erheben. Islamische Kunst und Symbolik ohne verschwenderisch überladene Ausschmückungen, wie in westeuropäischen Herrscherhäu-

Der Tränenbrunnen wurde durch ein Puškin-Gedicht weltberühmt

Wie ein orientalisches Märchen: der Khanspalast von Bachčisaraj

sern der Barockzeit üblich, prägen Architektur und Dekoration. Die Innenräume werden durch Fenster aus farbigem Glas mit krimtatarischen Ornamenten in buntes Licht getaucht, und nach außen schmücken zierliche, minarettartige Türmchen sowie aufwendige Schnitzereien die Palastgebäude.

Der älteste Bauteil ist das 1503 errichtete Portal des italienischen Architekten Alevis Nuovo, das dessen Namen trägt. Durch den italienischen Einfluß erscheinen auch andere Palastgebäude als eine Mischung aus Renaissance und islamischem Orient. Zur frühen Bauperiode im 16. Jahrhundert zählen der Rats- und Gerichtssaal, in dem die Khane mit ihren Beratern, Muftis und Gästen tagten, sowie die kleine Palastmoschee. Der Großteil der übrigen Bauten stammt aus den nachfolgenden Jahrhunderten, viele ältere Teile des Palastes fielen Bränden zum Opfer.

Besonders sehenswert ist der sogenannte ›Sommersaal‹ mit farbig verziertem Fensterglas und einem kleinen Brunnen in der Mitte. Hier sollen sich die Khane mit Dichtern zu Literatur- und Poesieveranstaltungen zusammengefunden haben. Auffällig sind die zahlreichen Brunnen auf dem Areal des Palastes. Sie dienten den Khanen vor allem dazu, sich vor dem täglich fünfmaligen Gebet in der Moschee zu waschen. Aber die Brunnen waren auch eng mit Poesie und Legende verbunden.

Als Aleksandr Puškin nach Bachčisaraj kam, beeindruckte ihn insbesondere der ›Tränenbrunnen‹ (Fontan Slëz), den Khan Krim-Girei 1764 hatte errichten lassen. Puškins Poem ›Bachčisarajskij Fontan‹ erzählt, wie dieses Denkmal entstand – oder doch zumindest eine von mehreren Varianten der Legende:

Das Leben des Khans Krim-Girei und seiner Frauen lief lange Zeit in geregelten Bahnen und ohne besondere Ereignisse. Dies änderte sich, als eine polnische Fürstentochter als Kriegsgefangene in den Harem des Khans kam. Krim-Girei empfand Mitleid und Zuneigung zu der schönen Gefangenen. Er erlaubte ihr sogar, statt in den gemeinsamen Wohnräumen der Haremsfrauen in einem eigenen Zimmer zu wohnen. Krim-Gireis eigenartiges Verhalten, der fürstlichen Gefangenen außerordentliche Privilegien zu gewähren, weckte die Eifersucht in Gireis eigentlicher Lieblingsfrau. Eines Nachts schlich sie sich in das Zimmer der polnischen Gefangenen und tötete die Fürstentochter. Doch die Mörderin sollte nicht für lange wieder die erste Frau im Harem sein: Girei verurteilte sie wegen der Bluttat zum Tode. Aus Trauer um die polnische Gefangene, aber auch um seine Lieblingsfrau, ließ der Khan den Tränenbrunnen errichten, aus dem ewig Tränen um die beiden Frauen fließen sollen. Und tatsächlich fallen aus einer marmornen Blume, die einem Auge gleicht, langsam aber stetig einzelne Wassertropfen von Schale zu Schale. Unaufhörlich, Tag für Tag, Monat für Monat, Jahr für Jahr …

Eine andere, von vielen als die eigentlich richtige bezeichnete Erklärung für den Brunnen sieht in ihm die Symbolisierung des Lebens. Es entsteht mit dem Erscheinen eines Tropfens aus dem Stein, dann tropft das Wasser von Schale zu

Schale, gleichsam von Lebensphase zu Lebensphase, um sich schließlich im untersten Becken – symbolisch für das Paradies – auf ewig zu einer großen Gesamtheit mit allen anderen Leben zu vereinen.

Was auch immer der Ursprung dieses Brunnens war, Puškin soll bei seinem Besuch in Bachčisaraj vom Anblick des Tränenbrunnens derart berührt gewesen sein, daß er zwei Rosen – eine rote und eine weiße – auf die oberste Schale legte. Bis zum heutigen Tag schmücken zum Andenken an Puškins Visite immer frische Rosen den Tränenbrunnen. Einer historisch wohl kaum haltbaren literaturpatriotischen Variante der Geschichtsschreibung zufolge ist es Puškins Poem zu verdanken, daß der Khanspalast nach der Deportation der Krimtataren auf Stalins Befehl 1944 nicht ebenso zerstört wurde wie alle anderen krimtatarischen Kulturdenkmäler.

Der Palast selbst ist am besten im Rahmen einer Führung (auch in Englisch und ab und zu in Deutsch) zu besichtigen, denn dann werden die vielen interessanten und schönen Räume durch Erklärungen und kleine Geschichten noch viel lebendiger. Zu sehen sind sowohl Räume des Harems als auch die Gemächer des Khans, Empfangs-, Versammlungs- und Gebetsräume sowie der Garten. Allerdings ist bei weitem nicht der ganze Palast zur Besichtigung freigegeben, nur der restaurierte Teil. Hinter den verschlossenen Türen verbergen sich weitere wunderbare Gelasse, teilweise noch prachtvoller als die, die zur Besichtigung freigegeben sind – doch leider fehlt das Geld, um sie zu restaurieren. Der Khanspalast ist seit 1917 ein Museum, vorher war er im Privatbesitz der Zarenfamilie. Während der Okkupation der Krim durch das nationalsozialistische Deutschland stahl die Wehrmacht rund 1200 Exponate aus dem Palast. Viele Gegenstände aus Bachčisaraj befinden sich heute in Museen in Moskau und St. Petersburg.

Farbige Fenster umgeben den ›Sommersaal‹ im Khanspalast

Nach der Besichtigung des Palastes und des Innenhofes lohnt sich ein Besuch auf dem Khans-Friedhof (Chanskoe kladbišče), auf den eine Eisentür vom Innenhof aus führt. Auf dem Friedhof stehen zwei Mausoleen, eines mit elf, das andere mit 14 Gräbern, in denen Khane und Angehörige von Khansfamilien aus drei Jahrhunderten begraben liegen. Das älteste Grab stammt von Muchammed Girei aus dem Jahr 1523, das jüngste von Krim-

Girei aus dem Jahr 1769. Das Innere der Mausoleen ist in der Regel nicht für Besucher geöffnet. Zu sehen sind jedoch weitere Gräber mit marmornen Grabsteinen von Khanen und ihren Angehörigen außerhalb der Mausoleen, außerdem steinerne Sarkophage aus dem 14. und 15. Jahrhundert, die während einer archäologischen Expedition im Jahre 1924 in der Umgebung von Bachčisaraj gefunden wurden.

Vorwahl: 065 54.
Man erreicht Bachčisaraj von Simferopol' aus entweder mit einem Sammeltaxi, mit dem Bus oder per ›Ėlektrička‹, dem Nahverkehrszug, in Richtung Sevastopol'. Gegenüber vom Bahnhof beginnt die ul. Rečnaja (ул. Речная), an der der Khanspalast liegt. Wer den kurzen Fußweg scheut, kann mit dem Bus bzw. Maršrutka Nr. 2 zum Khans-palast und weiter in Richtung Uspenskij-Kloster bzw. Felsenstadt Čufut-Kale fahren.

Privatunterkünfte bieten Einheimische in der Regel am Bahnhof und am Busbahnhof an.

▸ Empfehlenswert für eine oder mehrere Übernachtungen sind: die Pension in der ul. Vostočnaja 11 (ул. Восточная), Tel. 277 40, 10 Plätze, und die Pension in der ul. Kom. Podpol'ščikov 12/3 (ул. Ком. Подпольщиков), Tel. 441 14, mit Verpflegung durch die Hausherrin, Übernachtung ca. 20 Hryvnja pro Person.

▸ Fast immer einen Platz bekommt man in der Touristenbasis ›Prival‹ (Туристический отель Привал), bestehend aus einem Hotel, Bungalows und einem Zeltplatz, in der ul. Šmidta 43 (ул. Шмидта), ca. 500 m vom Khanspalast entfernt. Tel. 472 35, 478 46, 324 44, www.prival.crimea.com (russisch). Preise je nach Komfort 15–100 Hryvnja.

Im Anschluß an die Besichtigung des Khanspalastes ist ein kleiner Einblick in die krimtatarische Küche möglich: Direkt am Eingang zum Palast bieten Straßenverkäufer Hausgemachtes an, außerdem laden zwei Restaurants zum Probieren krimtatarischer Küche ein. Eines davon befindet sich direkt gegenüber vom Palasteingang. Die besondere Spezialität dieses recht einfachen Etablissements sind Čebureki – in Öl gebackene Teigtaschen mit Fleischfüllung.

▸ Das andere Restaurant liegt ein paar Schritte weiter rechts, direkt am Flußufer; es bietet eine deutlich breitere Palette an krimtatarischen Speisen.

▸ Zwei weitere krimtatarische Restaurants befinden sich auf dem Weg zum bzw. am Uspenskij-Kloster oberhalb der Altstadt, auf dem Weg in die Felsenstadt Čufut-Kale.

Der Kampf der Schlangen

Jenseits historischer Erklärungen, warum Bachčisaraj genau dort entstanden ist, wo es sich befindet, gibt es auch eine Erklärung in Legendenform:
Eines Tages, als der Sohn des Khans Mengli-Girei während einer Jagd ein wenig allein sein wollte, setzte er sich an das Ufer des Flüßchens Čuruksu. Mit einem Mal hörte er ein Rascheln – aus den Büschen kroch eine Schlange hervor, gefolgt von einer weiteren. Sie kämpften miteinander, bis eine von ihnen, schon ganz schwach und zerbissen, aufgab. Sobald ihr Kopf kraftlos auf den Boden gesunken war, kam eine dritte Schlange hinzu, und es begann ein neuer Kampf. Doch der Sohn des Khans konnte seinen Blick nicht von der besiegten Schlange wenden.
Er mußte an seinen Vater denken und an sein Volk. Sie glichen dieser halbtoten Schlange, irgendwo tobt der Kampf, und er und sein Vater würden sich eines Tages nicht wieder erheben können, ebenso wenig wie diese Schlange.
Die Zeit verging, da bemerkte der junge Khan, daß sich die verletzte Schlange wieder regte. Voller Mühe glitt sie ins Wasser. Dort begann sie, sich immer schneller und schneller zu winden. Und als sie wieder ans Ufer kroch, waren nicht einmal mehr Spuren der Verletzungen zu sehen.
Da ritt der Sohn des Khans nach Hause und berichtete seinem Vater von dem, was er gesehen hatte.
Nun warteten sie auf Neuigkeiten von ihren Kriegsschauplätzen. Und schließlich erreichte sie die lang ersehnte Nachricht: Die Hohe Pforte (das Zentrum des Osmanischen Reiches) hatte Khan Achmed vertrieben, der einmal alle Kämpfer Gireis vernichtet und den Khan Girei selbst auf eine Festung auf einem steilen Felsen vertrieben hatte.
Nach diesen Ereignissen ließ der Khan an der Stelle, an der die Schlange sich im Todeskampf gewunden hatte, einen Palast bauen.
So entstand Bachčisaraj – und die beiden im Kampf verschlungenen Schlangen ließ der Khan in das Palastwappen einmeißeln.

Der Khanspalast in Bachčisaraj

Sokolinoe und das Kulturzentrum ›Kokkos‹

Nicht weit von Bachčisaraj entfernt kommt man mit dem Auto auf dem Weg nach Jalta durch den kleinen Ort Sokolinoe (Соколиное). Auf den ersten Blick ist es ein ganz normales Dorf wie viele andere, ein wenig verfallen und verlassen und jedenfalls mehr zum Durchfahren als zum Anhalten geeignet. Und doch lohnt sich hier ein kurzer Zwischenstopp.

Marlen Asanov ist ein junger Mann Ende Zwanzig, der an der Universität in Simferopol' Tourismus studiert und als Fremdenführer gearbeitet hat. Und irgendwann kam ihm die Idee, sein eigenes Dorf zu einem Museum der krimtatarischen Kultur umzuwandeln, altes Handwerk wiederzubeleben, krimtatarische Haushaltsgegenstände bei den Einwohnern zu sammeln und zu einer Ausstellung zu vereinen. Schon bald hatte er ein paar Verbündete gefunden – größtenteils Freunde und Verwandte. Und so kam es zur Gründung des ›Krimtatarischen kultur-ethnographischen Zentrums Kokkos‹ (Sokolinoe hieß früher Kokkosy). Asanov und seine Freunde haben sich viel vorgenommen, und im Sommer 2000 war bei weitem noch nicht alles geschafft. Aber dennoch bieten ein Besuch und eine Führung durch das Dorf schon Einblicke in krimtatarisches Dorfleben, die einem Touristen sonst eher verborgen bleiben dürften.

Das Symbol des Museums in Sokolinoe

Junge Krimtatarinnen weben nach alten Mustern

Zunächst einmal ist da das Museum selbst. Es befindet sich direkt an der Durchgangsstraße, der ul. Jaltinskaja (ул. Ялтинская). Im Keller ist ein Teil der Wand freigelegt, um die typische krimtatarische Bauweise mit Wänden aus Lehm, Dung und Stroh zu zeigen. Hier sind verschiedene Haushaltsgegenstände ausgestellt, ein Raum ist als krimtatarisches Wohnzimmer eingerichtet, in einem weiteren arbeiten junge Frauen an einem Webstuhl. In Zusammenarbeit mit dem krimtatarischen Museum in Simferopol' und mit älteren Krimtataren werden Muster für Teppiche – hauptsächlich Gebetsteppiche – entworfen und hier gewebt. Dies ist das erste Handwerk, das wiederbelebt werden konnte. Insgesamt ist eine gesamte ›Straße des Handwerks‹ geplant (in der heutigen ul. Frunze/ул. Фрунзе), in der dann unter anderem Metall- und Holzverarbeitung, Lederverarbeitung, Kunsthandwerk, Stickerei und Goldstickerei praktiziert und besichtigt werden sollen.

Außerdem sind in Sokolinoe einige krimtatarische Bauten aus früheren Jahrhunderten zu sehen, so zum Beispiel mehrere inzwischen teilweise restaurierte Moscheen und Brunnen. Ebenfalls erhalten geblieben sind Trakte der Sommerresidenz des Fürsten Jusupov, der maßgeblich am Mord am Zarengünstling Rasputin im Dezember 1916 beteiligt war. Weil der Jusupov-Palast heute zu einem Internat gehört, ist er allerdings nicht öffentlich zugänglich.

Sokolinoe befindet sich ganz in der Nähe des Großen Canyons (Bol'šoj Kan'on), und so ist es nicht weiter verwunderlich, daß ›Kokkos‹ auch Ausflüge in die umliegende Natur anbietet, unter anderem zur ›Wanne der Jugend‹ (Vanna molodosti) und zur ›Wanne der Liebe‹ (Vanna ljubvi) oder auf den Aj-Petri. Reisegruppen können auch das ›volle Programm‹ bestellen, das könnte dann einen Abend im Café von Sokolinoe (auch im Familienbesitz) beinhalten, mit Tanz- und Gesangsaufführungen sowie krimtatarischer Küche. Diese Küche soll durch nach Originalrezepten hergestellten Ziegenkäse bereichert werden: Ein französischer Sponsor hat bereits angekündigt, ›Kokkos‹ eine Käserei stiften zu wollen. Darüber freut sich Marlen Asanov ganz besonders, denn, so meint er, dies sei ein wichtiger Schritt, um auch etwas für die Weiterentwicklung des Dorfes zu tun. Es würden nicht nur einige Arbeitsplätze direkt in der Käserei geschaffen, sondern die Dorfbewohner könnten ihre Ziegenmilch an die Käserei verkaufen und so unter den schwierigen wirtschaftlichen Bedingungen zumindest ein bißchen Geld verdienen.

Das einzige Problem bei einem Besuch von Sokolinoe dürfte für Touristen einmal mehr die Sprache sein. Denn wenn die jungen Fremdenführer auch problemlos russisch-, ukrainisch- und türkischsprachige Gruppen leiten können, so hapert es doch bisher noch arg mit dem Englischen oder Deutschen.

Das Symbol des Museums und Vereins ›Kokkos‹ ist ein blaues Auge: Der Berg über Sokolinoe heißt Adlerflug (Orlinnyj zalët), und wenn man von oben auf das Dorf hinabblickt, erinnert dieses an das Aussehen eines bläulichen Auges – die Dächer des Jusupov-Palastes waren früher auch blau.

Ganz allein steht das ›Ethnographische Museum‹ in Sokolinoe nicht da, sondern es gehört in einen Verbund mehrerer Orte, die den Beginn des ›Grünen Tourismus‹ auf der Krim darstellen. Wenn alles klappt, soll es einmal eine Reiseroute durch all diese Orte geben, zu denen auch Staryj Krym mit seinem krimtatarischen Museum und Belogorsk mit dem dort geplanten ethnographischen Museum griechischer Krim-Kultur gehören. Finanzielle Unterstützung kommt unter anderem von der weltweit in Projekten der Entwicklungszusammenarbeit tätigen Organisation USAID (U.S. Agency for International Development). Organisationen aus der Türkei haben sowohl finanziell als auch durch Seminare beim Aufbau mitgewirkt und auch für die Zukunft Unterstützung zugesagt.

Aus Bachčisaraj kommend, befindet sich kurz vor dem Ort Sokolinoe die kleine Turbaza ›Orlinnyj zalët‹, eine Art Hotel. Sie ist durchaus empfehlenswert und eine gute Ausgangsposition für Naturfreunde, die den Bol'šoj Kan'on besuchen oder im Krimgebirge wandern wollen, Tel. 0 65 54/6 44 92 und 4 39 58.

Wer lieber im voraus einen Besichtigungstermin oder ein ganzes Tagesprogramm, vielleicht einschließlich eines Besuches des Bol'šoj Kan'on oder einer Fahrt auf den Aj-Petri, vereinbaren möchte, kann ›Kokkos‹ und seinen Leiter Marlen Asanov unter der Telefonnummer 0 65 54/6 42 81 erreichen.

Die Höhlenstädte

Im Bergland zwischen Bachčisaraj und Sevastopol' liegt auf mehreren Hochplateaus ein Kreis geheimnisvoller ›Höhlenstädte‹. Es sind Überreste mittelalterlicher Städte, Festungen und Klöster. Die Bewohner der Städte lebten in der Regel nicht, wie man vermuten könnte, in den Höhlen, sondern in Häusern, die auf den Felsplateaus, also oberhalb der Höhlen, gebaut waren. Die Höhlen selber hingegen wurden als Vorratskammern, Kasematten, Kirchen, Kapellen und Gruften genutzt. Da die Höhlen nach und nach überwucherten, während ihre Baustruktur unversehrt blieb, schien es den Reisenden des 18. und 19. Jahrhunderts, als seien es ehemalige Unterkünfte der Bevölkerung. So entstand die verwirrende Bezeichnung ›Höhlenstädte‹.

Einige Orte wie Ėski-Kermen, Mangup-Kale und Čufut-Kale entwickelten sich im Laufe der Zeit zu flächenmäßig großen Städten, zu Zentren von Handwerk und Handel. Begünstigt wurde dies durch die Nähe zu den Handelswegen, die schon seit der Antike die südliche Krim durchzogen. Zu den Höhlenstädten gehören auch mittelalterliche christliche Klöster wie das Uspenskij-Kloster und Kači-Kal'on. Nach dem Anschluß der Krim an Rußland 1783 befahl Katharina II., die Christen von den Höhlenstädten der Krim ans Azovsche Meer umzusiedeln.

Das Uspenskij-Kloster

Am südöstlichen Stadtrand von Bachčisaraj, etwa eine halbe Stunde Fußweg vom Khanspalast entfernt (oder mit dem Autobus Nr. 2 bzw. einer Maršrutka bis zur Endstation Starosel'e – Старосельe), liegt das mittelalterliche Uspenskij-Kloster (Uspenskij monastyr'/Успенский монастырь – Maria-Entschlafen-Kloster), ungefähr nach weiteren 20 Gehminuten erreicht man die Höhlenstadt Čufut-Kale. Aus dem Khanspalast heraustretend, muß man der Hauptstraße nach rechts folgen, um zum Kloster zu gelangen. Noch Mitte der 1990er Jahre weitgehend eine Ruine, erstrahlt die Klosteranlage nach der Restauration in neuem Glanz und ist kaum wiederzuerkennen.

Das Kloster entstand wahrscheinlich im 8. Jahrhundert und wurde – mit Unterbrechungen – mehr als 1000 Jahre lang genutzt. Die erste beglaubigte Erwähnung findet sich erst im 16. Jahrhundert. Eine Legende erzählt folgende Entstehungsgeschichte: Zu einer Zeit, als weder Bachčisaraj noch das Kloster existierten, war die Gegend des heutigen Klosters von dichtem Wald bewachsen. Eines Tages sah ein Schafhirte auf dem emporragenden Felsen eine Ikone der Mutter Gottes und vor ihr eine Kerze. Dieses Ereignis sprach sich herum und drang auch bis zu dem

Fürsten, dem das Land gehörte. Er befahl, die Ikone zu ihm zu bringen. Dies geschah, doch am nächsten Morgen war die Ikone wieder auf dem Felsen. Dies wiederholte sich noch einmal. Beeindruckt von diesem Wunder, ordnete der Fürst nun an, eine Treppe in den Fels zu schlagen, die zur Ikone führen sollte. Hierdurch war der Grundstein für das Kloster gelegt.

Vom alten Kloster erhalten sind das Haus des Abtes an der Straße und eine inzwischen restaurierte kleine Kapelle, Höhlen, die wirtschaftlichen und religiösen Zwecken dienten, wieder genutzte Klosterzellen in den Felsen, das Gästehaus und andere Gebäude am Fuß des Berges. Von der Straße führt eine breite Treppe zum klösterlichen Friedhof und in die Höhlenkirche, in der Säulen und Fresken aus dem 9. Jahrhundert zu sehen sind; die Kirche wurde ebenfalls restauriert. Während in den Jahren der Sowjetunion nur wenige Mönche das Klosterleben im Uspenskij Monastyr' fortgesetzt hatten, ist ihre Zahl seit Mitte der 1990er Jahre stetig angestiegen, und ein Teil des Klosters ist mittlerweile ausschließlich ihnen zugänglich.

Aufgang zum Uspenskij-Kloster

Das Kloster wurde ebenso wie Kači-Kal'on und Inkerman von byzantinischen Mönchen gegründet. Zur Zeit des Krimkhanats stellte es das Zentrum der Orthodoxie auf der Krim dar – hier befand sich die Residenz des Metropoliten.

Nach dem Anschluß der Krim an Rußland blieb das Kloster verlassen zurück und verfiel allmählich. In der Mitte des 19. Jahrhunderts wurde es wieder aufgebaut, als orthodoxe Mönche das abgeschiedene Kloster für das Leben in der Einsiedelei wählten. Es wurde nun ›Uspenskij skit‹ genannt; ›skit‹ ist die Bezeichnung für ein kleines, aus wenigen Zellen bestehendes Kloster für Einsiedlermönche.

Während des Krimkrieges (1853–1856) war in den Klosterzellen ein Offiziershospital untergebracht. Auf dem Klosterfriedhof sind noch überwucherte Gräber aus dieser Zeit zu sehen. Nach der Oktoberrevolution versteckten sich während des Bürgerkrieges Gegner der Bolschewisten in den Klosterzellen. Nachdem die Sowjets auch auf der Krim die Macht ergriffen hatten, wurde das Kloster offiziell 1921 geschlossen. Während des Zweiten Weltkrieges wurden die früheren Gästehäuser im Tal unterhalb des Uspenskij-Klosters wieder als Hospital genutzt, später entstanden dort staatliche Unterkünfte für Veteranen. Ebenfalls aus dem Zweiten Weltkrieg stammt der Friedhof links vom Kloster.

Čufut-Kale

Folgt man dem Weg weiter bergauf, so führt er – vorbei an einem Soldatenfriedhof aus dem Zweiten Weltkrieg, weiteren Höhlen und einer alten Grabstätte aus dem 6. oder 7. Jahrhundert – nach ungefähr einem Kilometer zum Eingangstor der Höhlenstadt, die sich im Südosten des Uspenskij-Klosters erhebt. Čufut-Kale (Чуфут-Кале) ist eine sehr gut erhaltene Höhlenstadt, die wegen ihrer Nähe zu Bachčisaraj – nur dreieinhalb Kilometer vom Khanspalast entfernt – zahlreiche Besucher anlockt. Hier sind noch etliche überirdische Bauten zu erkennen: Festungsmauern, Türme, Wohngebäude und Gotteshäuser sowie Höhlen, die zu Lagerungszwecken genutzt wurden und zur Verteidigung dienten.

Die Stadt wurde wahrscheinlich im 10. Jahrhundert von den Alanen, einem Nomadenvolk aus dem Kaukasus, gegründet. Ende des 13. Jahrhunderts nahmen die Tataren der Goldenen Horde die Stadt ein; sie errichteten hier ihre Befestigungen und nannten den Ort ›Kyrk-Or‹ – ›vierzig Festungen‹.

Seit der Jahrhundertwende vom 14. zum 15. Jahrhundert siedelten hier auch Karaimer, Angehörige einer mit dem Judentum verwandten Religionsgemeinschaft. Ihr Bethaus, die Kenasse, ist bis heute zu besichtigen. Als die Krimtataren

Vor der Moschee im Khanspalast von Bachčisaraj
An der Steilküste bei Simeiz
Im Harem des Khanspalasts von Bachčisaraj

АКВАМАРИН

Lageplan der Höhlenstadt von Čufut-Kale

Kyrk-Or im 17. Jahrhundert endgültig verließen und in die neue Hauptstadt Bachčisaraj zogen, blieben die Karaimer als einzige Bewohner in der Stadt. Die Krimtataren nannten diese von nun an Čufut-Kale (Jüdische Festung). Nach dem Anschluß der Krim an Rußland im Jahre 1783 erhielten die Karaimer das Recht, sich überall anzusiedeln und verließen ebenfalls die Höhlenstadt. Seit Mitte des 19. Jahrhunderts lebt hier niemand mehr. Links vom Eingang zur Höhlenstadt befindet sich tief unter der Erde ein Brunnen, der vor knapp zehn Jahren von Einheimischen freigelegt wurde. Über ihn versorgten sich die Bewohner der Festung mit Wasser. Der Zugang war getarnt. Ein in den Fels geschlagener Pfad führt unterirdisch zur Quelle in der Talsohle. Man kann ihn gegen ein geringes Entgelt begehen.

In der ›Kirche der drei Reiter‹ bei der Höhlenstadt Ėski Kermen
An der Artillerijskaja buchta in Sevastopol'
Das Felsenkloster Inkerman bei Sevastopol'

Ėski-Kermen

Diese Höhlenstadt wurde bereits im 6. Jahrhundert gegründet, die Krimtataren nannten sie später Ėski-Kermen (Эски-Кермен), was soviel wie ›Alte Festung‹ bedeutet. Die hohen Felsen, auf denen die Festung stand, stellten einen natürlichen Schutzwall dar, die wenigen Durchlässe wurden zusätzlich durch Mauerwerk, Türme und Höhlenkasematten geschützt. Hinter den Stadtmauern konnten mehrere tausend Bewohner aus den umliegenden Dörfern mit Vieh und Besitz Schutz finden. Der wirtschaftliche und politische Aufstieg von Ėski-Kermen wurde durch den nahen Handelsweg von den Steppengebieten nach Chersones begünstigt; die Stadt blühte zu einem bedeutenden Handelszentrum auf. Doch mit dem Chasareneinfall im 8. Jahrhundert begann ihr Niedergang; die Befestigungsanlagen wurden zerstört, Ėski-Kermen existierte aber noch bis ins 13. Jahrhundert als unbefestigte Stadt weiter.

Ėski-Kermen liegt auf einem mächtigen Felsrücken

Der Besuch von Ėski-Kermen beginnt am südlichen Haupttor. Noch außerhalb, direkt am steilen Aufstieg zur Höhlenstadt, steht rechts die ›Kirche der drei Reiter‹, deren Besuch sich auf jeden Fall lohnt. An der nördlichen Mauer der im 12. Jahrhundert errichten Kirche sind über einem in den Boden gehauenen Grab Fresken mit den Abbildungen von drei Reitern erhalten. Unter der Abbildung sind noch Reste einer griechischen Inschrift zu erkennen. Die Fresken, die die Kirche wahrscheinlich seit ihrer Gründung schmückten, haben im Laufe der Jahrhunderte sehr gelitten, und mutwillige Zerstörung tat ihr übriges, so daß die Bilder leider nur noch schlecht erhalten sind.

Der Weg durch das Haupttor bildet den Ausgangspunkt für eine Art Korridor, der in die massiven Felsen geschlagen ist und den Anfang der Hauptstraße der alten Stadt darstellt. In späterer Zeit entstanden an den Seiten des Tores zwei Kapellen, von denen ebenfalls Teile in den Fels gehauen sind. Hinter dem Eingang ist rechts eine Apsis mit den Resten eines bischöflichen Throns zu erkennen. Die ›Hauptstraße‹ führt weiter zur ersten Höhlenkasematte in einem Felsvorsprung, der über die zur Festung führende Straße ragt. Durch die Öffnungen in der Wand warfen die Verteidiger der Stadt Steine auf ihre Angreifer. Weitere Kasematten, eine Kirche aus dem 6. und eine aus dem 13. Jahrhundert zeugen von dem mittelalterlichen Leben in Ėski-Kermen und der Bedeutung dieser Siedlung.

Auf mehreren ebenen Flächen auf dem Gebiet der Höhlenstadt befinden sich runde Öffnungen im Boden. Dies waren Belüftungslöcher von Getreidegruben, eine typische Erscheinung des frühen Ėski-Kermen: Die Getreidevorräte wurden angelegt, um die Stadt im Verteidigungsfall zu versorgen. Das Problem der Wasserversorgung lösten die Bewohner von Ėski-Kermen durch den Bau langer unterirdischer Galerien, die sie als Wasserreservoire nutzten. Noch lange nach dem Untergang der Stadt dienten diese schwer zugänglichen Räume als sichere Verstecke.

Um von Bachčisaraj zur Höhlenstadt Ėski-Kermen zu gelangen, folgt man zuerst der Trasse in Richtung Sevastopol'. Unweit der Stelle, wo die Eisenbahnlinie die Straße kreuzt, zweigt nach links die Straße nach Jalta ab. Dieser folgt man nur ein kurzes Stück, bis man nach rechts in Richtung Ternovka (Терновка)-Sevastopol' abbiegt und bis zum nicht sehr auffälligen Ortsschild des Dorfes Krasnyj Mak (Красный Мак) fährt. Anstatt ins Dorf hineinzufahren, biegt man zweimal hintereinander nach rechts ab. Nach ungefähr zwei Kilometern zweigt nach links eine Straße zur Ortschaft Cholmovka (Холмовка) ab. Dieser Straße folgt man, bis man ungefähr vier Kilometer nach dem Dorf zu einem Schlagbaum gelangt, der zu einer ehemaligen Kolchose gehört. Unmittelbar vor dem Schlagbaum zweigt ein nicht asphaltierter Weg nach rechts in ein Tal ab. Dieses weitet sich und wird schon bald von einem mächtigen Felsrücken in zwei Täler geteilt. Auf dieser Felsformation liegt die Höhlenstadt Ėski-Kermen. Im linken der beiden Täler folgt man stets dem Fuß des Felsrückens (rund einen Kilometer), bis der Weg nach rechts abzweigt und sich im Wald etwa einen Kilometer den Abhang hinauf bis zum südlichen Haupttor von Ėski-Kermen windet. Etwa auf halber Strecke des steilen Aufstieges steht rechts die ›Kirche der drei Reiter‹.

Da keine öffentlichen Verkehrsmittel bis Ėski-Kermen fahren, ist die Stadt nur per Auto, Taxi oder Fahrrad zu erreichen. In Bachčisaraj ist es ansonsten einen Versuch wert, sich nach den unregelmäßig verkehrenden Bussen nach Cholmovka zu erkundigen; von da aus bleiben sieben Kilometer Fußweg bis zur Höhlenstadt. Eine weitere Möglichkeit, nach Ėski-Kermen zu gelangen, ist die Teilnahme an organisierten Touren, wie sie in den Touristenorten angeboten werden.

Mangup-Kale

Nach dem endgültigen Niedergang Ėski-Kermens im 13. Jahrhundert als kulturelles und wirtschaftliches Zentrum der südwestlichen Krim wurde Mangup-Kale (Мангуп-Кале) zum neuen Handelszentrum. Die Geschichte der flächenmäßig größten Höhlenstadt beginnt ebenso wie die Ėski-Kermens im 6. Jahrhundert. Von einer kleinen Siedlung entwickelte sie sich bis zum 11. Jahrhundert zu einer befestigten Stadt, die fast das gesamte Plateau des Berges Mangup einnahm. Die bis heute erhaltenen Verteidigungsanlagen stammen jedoch aus dem 14. und 15. Jahrhundert.

Im 13. und 14. Jahrhundert hieß die Stadt Theodoro. Seit dem 15. Jahrhundert wird sie in russischen und westeuropäischen Quellen Mangup genannt. Herren der Stadt waren die Fürsten des armenischen Geschlechts Gavras, die Genueser nannten sie die ›Herren Theodoros‹. Die Entstehungszeit des Fürstentums ist nicht genau festzustellen, doch es bestand mit Sicherheit bis zum Einfall der Tataren und war eines der größten Fürstentümer der südwestlichen Krim. Seine Grenze im Nordosten bildete der Fluß Kači, im Westen reichte es bis Chersones, und im Süden umfaßte es bis zum Eindringen der Genueser im 14. Jahrhundert die ganze Küste von Alušta bis Balaklava. Die Bevölkerung des Fürstentums bildete sich vermutlich aus Nachfahren der Taurier, Skythen, Sarmaten, Alanen, Griechen, Karaimer, Armenier und Tataren.

Im Schutz der Stadt entwickelten sich Acker- und Gartenbau sowie Weinanbau. Außerdem betrieben die küstennahen Bewohner Fischfang, die Stadtbewohner Handwerk. Als Ableger der Goldenen Horde an der Wende zum 14. Jahrhundert die Städte des südöstlichen Taurien vernichteten, blieb Mangup unversehrt. Gegen Ende des 14. Jahrhunderts verlor das Fürstentum einige Landstriche an die

Tataren sowie die Küstenregion an Genua, darunter auch die Gegend des heutigen Balaklava, wo die Genueser die Festung Čembalo errichteten. Dennoch bewahrte das Fürstentum noch lange seine Stärke und Unabhängigkeit.

Unter dem Fürsten Aleksej von Theodoro, der bis 1434 regierte, erstarkte vor allem der Handel. Die Bewohner erkämpften sich von den Genuesern wieder einen Zugang zum Meer und bauten ihren eigenen Hafen, Avlita, in der nördlichen Bucht von Sevastopol'. Zu seinem Schutz wurde 1427 die Festung Kalamita (beim heutigen Kloster Inkerman) errichtet. Schon bald wurde Avlita zum wichtigsten Hafen der südwestlichen Krim. Da dies ein harter Schlag gegen die Handelsinteressen der Genueser war, kam es jahrzehntelang immer wieder zu Gefechten um Kalamita, die Stadt wechselte einige Male den Herrscher.

Kapelle in der Höhlenstadt von Mangup-Kale

Im Juli 1475 erreichte die türkische Armee die Stadt Mangup. Das Gebiet des ehemaligen Fürstentums wurde zum administrativen Zentrum, die türkische Bezeichnung ›Kale‹ (Festung) wurde an den Namen angehängt. Als die Türken nach ihrer Niederlage im Krimkrieg die Halbinsel verlassen hatten, beherrschten kurze Zeit Krimtataren die Festung. Nach dem Anschluß der Krim an Rußland verließen auch sie den Ort, der nun bedeutungslos wurde.

Besonders gut erhalten sind Überreste der Stadtmauern, die Ruinen einer achteckigen Kirche aus dem 18. Jahrhundert, die in der Zitadelle errichtet worden war, und der Höhlenkomplex Baraban-Koba am äußersten Ende der Bergzunge. Hier sind große Ähnlichkeiten mit den Kasematten von Ėski-Kermen festzustellen, sie stammen wie jene aus dem 6. und 7. Jahrhundert.

Von Baraban-Koba aus führt am westlichen Teil der Gebirgszunge ein Weg an zahlreichen Höhlen entlang. Aus einigen drang noch vor wenigen Jahren Gitarrenmusik und Gesang nach oben. Sie dienten als Behausung für eine Art Hippiekultur auf post-sowjetischem Boden, zu der auch das Gemunkel über ein ›Geheimnis von Mangup‹ gehörte: einen Schatz, der sich im Innern des Berges befinden soll. Heutzutage sind es aber nur noch ein paar vereinzelte ›Aussteiger‹, die sich nach Mangup-Kale zurückziehen, um ein paar Tage in der Abgeschiedenheit der Höhlenstadt zu leben. Einzig ein Brüderpaar wohnt das ganze Jahr über in den Räumlichkeiten eines ehemaligen Frauenklosters. Dank ihres eigenen Gartens und zweier Ziegen versorgen sie sich weitgehend selbst.

Ein Hügel mit einem Metallpfahl markiert den höchsten Punkt von Mangup. Von hier aus ist fast das ganze Gebiet des Fürstentums Mangup zu überblicken: von den Bergen Čatyr-Dag und Babugan im Osten bis zu den Höhen von Balaklava im Süden. Im Westen ist das Wasser des Schwarzen Meeres zu erkennen, in nördlicher Richtung liegt Ėski-Kermen.

Nach Mangup-Kale gelangt man am besten auf der Straße, die von der Trasse Bachčisaraj – Sevastopol' zuerst nach links in Richtung Jalta und schon kurze Zeit später nach rechts in Richtung Ternovka (Терновка)-Sevastopol' abgeht und ins Dorf Zalesnoe (Залесное) führt. Nach Zalesnoe taucht auf der linken Seite der Straße ein kleiner Stausee auf. Er bildet den Eingang zur Schlucht Uraus-Dere. Über diesem Tal erhebt sich im Süden der Berg Mangup, worauf sich die Höhlenstadt Mangup-Kale befindet. Das Plateau des zu jeder Jahreszeit beeindruckenden Mangup kann man auf verschiedenen Wegen erreichen. Am besten folgt man soweit wie möglich dem ausgebauten Weg, um dann auf einem der Waldwege aufzusteigen, die schräg nach rechts abzweigen. Auch nach Mangup werden organisierte Touren aus den Ferienorten der Krim angeboten.

Neben dem Stausee am Eingang zur Schlucht Uraus-Dere liegt das kleine Dorf Chodža-Sala (Ходжа-Сала). Kassenhäuschen sowie Schautafeln über Mangup-Kale stehen gleich beim ersten Haus der Ortschaft. Ein kleines krimtatarisches Café lädt zum Verweilen ein, die Wirtin gibt gerne Auskunft über Touren nach Mangup-Kale. Chodža-Sala ist erst seit einigen Jahren wieder bewohnt, derzeit lebt rund ein Dutzend Familien im Dorf, ein paar russische, mehrheitlich aber krimtatarische. Sie sind nach 1990 aus Zentralasien zurückgekehrt, wohin sie oder ihre Eltern und Großeltern auf Geheiß von Stalin im Jahr 1944 verschleppt worden waren. Chodža-Sala, wo vor der Deportation 29 krimtatarische Familien lebten, bietet nun einigen der Zurückgekehrten ein neues Zuhause in der historischen Heimat. Im Schatten der einst mächtigen Befestigung Mangup-Kale bauen Menschen an ihrer Zukunft, Krimtataren und Russen, Seite an Seite.

Es können noch weitere Höhlenstädte besichtigt werden: Bakla, ungefähr 15 Kilometer hinter Simferopol' in Richtung Bachčisaraj, Tepe-Kermen sowie das Höhlenkloster Kači-Kal'on südlich von Čufut-Kale und die Festung Sjurenskaja krepost' knapp 40 Kilometer hinter Bachčisaraj in Richtung Sevastopol'. Diese ebenfalls interessanten Höhlenstädte unterscheiden sich in ihrer Geschichte nicht wesentlich von den bereits beschriebenen, sind aber weniger gut erhalten.

Vom Wasser hängt alles ab

»Wasser ist das Wichtigste«, sagt Ėnver Osmanov und nimmt einen Schluck Tee. »Davon hängt alles ab!« Der 51jährige Krimtatare weiß, wovon er spricht. Denn was für ihn und seine Familie vor wenigen Jahren noch ein Traum war, ist Wirklichkeit geworden: fließendes Wasser im eigenen Haus. Der Garten hinter dem Haus der Osmanovs in Bachčisaraj ist zu neuem Leben erwacht. Es wachsen Tomaten, Paprika, Kohl und Kartoffeln, Aprikosen und Weintrauben, verschiedene Beeren und anderes mehr. Bis November 2001 war das anders. Nicht nur gab es kein Wasser im Haus, sondern auch keinen Brunnen auf der Straße, wo man Wasser hätte holen können. Einzig ein Zisternenwagen kam jede Woche einmal vorbei und lieferte Trinkwasser – maximal 100 Liter pro Person. Das mußte reichen – für die Körperpflege, das Waschen, Putzen, Kochen und für den Tee. Ans Bewässern des Gartens war nicht einmal im Traum zu denken.

Ėnver Osmanov lebt seit 1991 in Bachčisaraj. Wie viele Krimtataren gab er sein bisheriges Zuhause in Usbekistan auf und wagte einen Neuanfang. Die ersten vier Jahre in seiner historischen, aber dennoch neuen Heimat wohnte Ėnver in einer Baracke und arbeitete bei einer Baufirma, welche Häuser für die zurückkehrenden Krimtataren errichtete. 1994 konnte er schließlich im 7. Mikrorajon von Bachčisaraj zu einem symbolischen Preis eines jener Häuser erwerben, an deren Bau er selbst mitgewirkt hatte. 1995 folgte Ėnvers jüngere Tochter Diana ihrem Vater nach Bachčisaraj, im Jahr 2000 schließlich auch seine Frau Lilja.

Für Familie Osmanov ist klar: »Unsere Heimat ist hier. Wir wünschen uns, daß alle Krimtataren hierher kommen können.« Lilja weist aber darauf hin, daß viele ihrer Landsleute nicht die Möglichkeit hätten, die Reise und den Materialtransport von Zentralasien auf die Krim zu finanzieren. Und die Propaganda gegen die Krimtataren sei noch immer nicht ganz ver-schwunden, fügt Ėnver an. Die krim-tatarische Sprache versuchen die Osmanovs so gut es geht zu pflegen. Aber ganz so einfach scheint dies nicht zu sein. »Wir sprechen zu Hause Krimtatarisch … und Russisch … wahrscheinlich doch mehr Russisch«, meint Lilja.

Von den gut 1000 Einwohnern des 7. Mikrorajons am nordöstlichen Stadtrand sind fast 95 Prozent Krimtataren, die sich hier eine neue Existenz aufbauen. Die Grundversorgung mit Wasser und Elektrizität ist zwar mittlerweile gewährleistet. Aber was den Menschen fehlt, sind Arbeitsplätze. Von den Osmanovs hat niemand eine Anstellung. Die Eltern sind beide krank – Ėnver leidet seit einigen Jahren an Polyarthritis, die 56jährige Lilja an Epilepsie –, und

die 21jährige Diana hat trotz Schulabschluß keine Arbeit finden können. Lediglich Gelegenheitsjobs verhelfen ihr dann und wann zu einem kleinen Verdienst. Sonst muß die Familie mit den Invalidenrenten der Eltern von insgesamt 272 Hryvnja (gut 45 Euro) pro Monat durchkommen. Allein die Hälfte machen allerdings schon die monatlichen Medikamentenkosten aus. Seit es nun fließendes Wasser im eigenen Haus gibt, kann Familie Osmanov endlich ihren Garten wieder wie in Usbekistan zur Selbstversorgung nutzen und damit eine Menge Geld sparen.
Mit dem Wasseranschluß im eigenen Haus hat sich ein sehnlicher Wunsch von Familie Osmanov und vielen anderen Familien des 7. Mikrorajons erfüllt. Ermöglicht wurde dies, weil die Schweizer Regierung im Rahmen des Integrations- und Entwicklungsprogramms der Vereinten Nationen für die Krim (CIDP) rund 200 000 US-Dollar für den Bau der Wasserversorgung zur Verfügung gestellt hatte. Während er Beeren aus dem eigenen Garten serviert, verkündet Ėnver mit leuchtenden Augen: »Das Versprechen wurde gehalten, wir haben Wasser bekommen. Jetzt entsteht hier der schönste Garten von Bachčisaraj!« Dann wird sich Ėnver in seinem Zuhause wohl ein wenig fühlen wie Khan Mengli-Girei, der seinen 1503 erbauten Khanspalast ›Bachčisaraj‹, Palast im Garten, nannte.

»Die Krim ist unsere Heimat.« Ėnver und Lilja Osmanov

Der Aj-Petri

Der Berg Aj-Petri (Ай-Петри/heiliger Petrus) gehört zum größten der drei Gebirgszüge auf der Krim. Auf seinem Gipfel ragen die ›Zubcy‹, die ›Zähne‹ gen Himmel – eine auffällige, durch Winderosion entstandene Felsformation, die von der Küste aus an eine Zahnreihe erinnert. Die ›Zubcy‹ – die Spitze des höchsten ›Zahnes‹ liegt 1234 Meter über dem Meeresspiegel – lassen sich vom Plateau des Aj-Petri aus leicht erklimmen. Sie bieten bei schönem Wetter – unter der Voraussetzung, daß man keine Höhenangst hat – einen faszinierenden Ausblick auf beinahe die gesamte Südküste, von Jalta bis nach Simeiz. Eine Seilbahn verbindet den Aj-Petri mit dem Kurort Mischor.

In der Nähe der ›Zähne‹ muß sich eine mittelalterliche Kirche zu Ehren des heiligen Petrus befunden haben, dem das Massiv seinen Namen verdankt. Das Aj-Petri-Massiv besteht aus Gestein der Jura- und Triaszeit; die Oberfläche besteht aus Kalkstein und Geröll. Obwohl es heute schwer vorstellbar ist, war die Spitze des Aj-Petri einst ein großes Korallenriff inmitten des Urmeeres. Verkarstung trug zum heutigen Aussehen des Berges bei: Regen und Schnee gelangen rasch in das Berginnere aus Kalkstein. Verschiedene Wasser-Säure-Reaktionen greifen die Steinschichten an, lassen Schächte und Höhlen entstehen und tragen das Massiv langsam, aber beständig ab.

Nicht weit von den ›Zähnen‹ entfernt befindet sich eine kleine Höhle ganz besonderer Art: In der Trëchglazka-Höhle (übersetzt heißt der Name in etwa ›Höhle der drei Augen‹) kann man das ganze Jahr über einen ›Eishut‹ sehen, eine pyramidenförmige Anhäufung von Eis und Schnee. Die Höhle ist schwer zu finden, da sie sich nicht direkt neben markanten Hügeln oder Abhängen befindet. Von der Gipfelstation der Seilbahn geht man landeinwärts über einen Wiesenpfad auf einen roten Sendemast am Horizont zu. Nach einigen hundert Metern markiert eine einzelne Kiefer den Eingang zur Höhle.

Der Aj-Petri hat sein eigenes Mikroklima: kühl, feucht und sehr wechselhaft. Während der Sommerhitze in Jalta kann es auf dem Aj-Petri in Strömen gießen oder sich extrem abkühlen. Die durchschnittliche Jahrestemperatur liegt bei nur 6 °C. Von November bis April ist der Aj-Petri in der Regel schneebedeckt, und im Sommer wird es selten wärmer als 15 °C. Es empfiehlt sich also auf jeden Fall, bei einer Fahrt auf den Aj-Petri entsprechende Bekleidung mitzunehmen.

Das grasbewachsene unebene Plateau vor den ›Zubcy‹ hat in der Abendsonne seinen besonderen Reiz. Es diente schon häufig als Filmkulisse, zum Beispiel als spanische Landschaft in einer Verfilmung des ›Don Quichotte‹. Seit 1895 befindet sich auf dem Plateau eine Wetterstation. In der Nähe der Straße, die über den Aj-Petri führt, steht gegenüber der Aussichtsplattform in Richtung Südküste der

Aj-Petrinskij-Meridian. Er wurde 1913 vom ersten Forschungsteam auf Wassersuche als Vermessungshilfe aufgestellt.

Im Zweiten Weltkrieg war das Krimgebirge Partisanengebiet. Auf dem Aj-Petri erinnert auf der anderen Straßenseite, gegenüber dem Meridian, ein Grabmal mit Gedenkstein an die Verteidiger von Jalta, die im Dezember 1941 eingekesselt waren und schwere Verluste erlitten. Neben diesem Denkmal befindet sich auf dem Felsvorsprung Šiško (1182 Meter) eine Aussichtsplattform, von der aus der Blick bei gutem Wetter von Jalta bis weit die Südküste entlang reicht. Innerhalb von wenigen Minuten kann jedoch schon die nächste Nebelwand die Aussicht versperren.

Auf dem Plateau des Aj-Petri, das auch per Auto zu erreichen ist, bieten zumeist Krimtataren an improvisierten Verkaufsständen verschiedene Spezialitäten und Weine feil. Bei den Weinen ist allerdings etwas Vorsicht geboten. Der Inhalt der Flaschen hält nicht immer, was das Etikett verspricht. Wer sicher sein will, echten Krimwein zu bekommen, kauft diesen grundsätzlich nur in entsprechenden Geschäften und nie auf der Straße. Es gibt Pläne, auf dem Plateau Cafés und andere Dienstleistungen für Touristen einzurichten. Der Aj-Petri ist Ausgangspunkt für verschiedene größere und kleinere Wanderungen. Am besten erkundigt man sich beim Seilbahnpersonal.

Der Aj-Petri kann mit der Seilbahn aus Mischor oder oder per Auto über die Straße, die mit stellenweise unzähligen Serpentinen von Bachčisaraj über Sokolinoe nach Jalta führt, erreicht werden.

Das gesamte, etwa 30 Hektar umfassende Gebiet oberhalb der Straße Jalta–Sevastopol' ist ein Naturschutzgebiet.

Etwa zehn Kilometer vor Jalta zweigt von der Paßstraße ein kleiner Weg zum Wasserfall Učan-Su ab. Der krimtatarische Name ›Fliegendes Wasser‹ trifft allerdings nur für die Zeit im Frühling und im Spätherbst zu, wenn das Tau- und Regenwasser aus rund 100 Metern Höhe in die Schlucht stürzt. Im Sommer hingegen tröpfelt nur ein Rinnsal die Felswand hinab. Gegenüber dem befestigten Weg, der zum Wasserfall führt, befindet sich ein kleines Restaurant und Café, das nur von Touristen besucht wird und dementsprechende Preise verlangt.

Eine Seilbahnfahrt auf den Aj-Petri läßt sich vorzüglich mit dem Besuch des Voroncov-Parkes und -Palastes in Alupka und einem kurzen Aufenthalt im Küstenkurort Mischor verbinden: Die Talstation der Seilbahn (Kanatnaja doroga) auf den Aj-Petri erreicht man von Jalta aus am besten mit den Maršrutnye taksi Nr. 27 (vom Busbahnhof Jalta) oder Nr. 32 (vom Stadtzentrum Jalta). Diese Kleinbusse halten gleich neben der Seilbahnstation, die Haltestelle heißt ›Kanatnaja doroga‹ (Канатная дорога) oder auch ›Morskoj Priboj‹ (Морской Прибой) wie das gleich daneben liegende Sanatorium. Wie bei den meisten Maršrutnye taksi sollte man den Fahrer darauf hinweisen, an welcher Haltestelle man aussteigen will. Die Endstation der Linien Nr. 27 und 32 befindet sich gleich am Eingang zum Voroncov-Park, nur eine Haltestelle weiter als die Seilbahn-Talstation.

Nach einer Fahrt auf den Aj-Petri und/oder eines Besuches des Voroncov-Parkes lohnt sich ein kleiner Fußmarsch hinunter zur Seenixe von Mischor. Dabei bekommt man einen Eindruck der für diese Gegend rund um Jalta typischen Sanatorien-Landschaft. Von der Seilbahn-Talstation folgt man ungefähr zehn Minuten lang der Straße in Richtung Jalta, bis zur Bushaltestelle ›Aj-Petri‹ (Ай-Петри), von der aus die bereits erwähnten Maršrutnye taksi sowie weitere Busse abfahren. Dort zweigt rechts ein schmaler Fußweg ab und führt – vorbei am Sanatorium ›Nižnij Mischor‹ (Нижний Мисхор) – hinunter in den Mischor-Park. Der Park mit seinen alten Bäumen und vielen lauschigen Ecken ist gerade im Herbst besonders schön. Dem Weg folgend und sich immer eher links haltend, gelangt man nach rund einer halben Stunde ans Meer, wo auch die Nixe (Rusalka) zu sehen ist.

Um von der ›Rusalka‹ zurück zur Verbindungsstraße Alpuka–Jalta zu gelangen, folgt man rund zehn bis fünfzehn Minuten jener Straße, die vom Ufer aus mit Blick auf den Hang rechts hinauf führt, bis zum Schild ›Mischor–Pansionat‹ (Мисхор-Пансионат). Am besten geht man dann der Straße entlang ein paar Schritte weiter nach rechts bis zur Bushaltestelle, von wo aus man mit einem Maršrutnoe taksi bequem zurück nach Jalta oder aber zum Livadija-Palast oder zum Schwalbennest fahren kann.

Die längste stützenfreie Seilbahnstrecke Europas

Die Seilbahn auf den Aj-Petri

Neben der längsten Trolleybus-Linie Europas von Simferopol' nach Jalta hat die Krim noch einen weiteren Europa-Rekord im Transportbereich zu bieten. Zur Schwebebahn auf den Aj-Petri gehört die längste Seilbahnstrecke unseres Kontinents, die ohne einen einzigen Mast auskommt! Das zweite Teilstück von der Mittel- bis zur Bergstation hat eine stolze Länge von 1670 Metern, und die beiden roten Kabinen werden einzig von einem kraftvoll gespannten Stahlseil getragen. Die Geländeform macht es möglich, daß auf Stützen verzichtet werden kann. Nur in Argentinien, so erklärt eine Bahnangestellte, soll es eine noch längere stützenfreie Seilbahn geben. Die Gesamtlänge der aus zwei Teilstücken (Umsteigen ungefähr in der Mitte) bestehenden Strecke beträgt 2980 Meter. Die 1987 eröffnete Seilbahn überwindet eine Höhendifferenz von 1066 Metern, die Bergstation liegt auf 1153 Metern über dem Spiegel des Schwarzen Meeres.
Eine Seilbahnfahrt zu den ›Zähnen‹ des 1234 Meter hohen Aussichtsberges Aj-Petri ist aber nicht nur wegen des Europarekordes lohnenswert. Die Fahrgäste erleben dabei auch auf eindrückliche Weise die für die Südküste der Krim so typische Nähe von Meer und Bergen.
Während man sich bei einem Blick hinauf zu den Felsen des Aj-Petri irgendwo in den Alpen wähnen könnte, leuchtet von unten tiefblau die endlose Fläche das Schwarzen Meeres. Von der Talstation aus, unmittelbar neben verschiedenen Sanatorien gelegen, schwingt sich die Seilbahn zunächst relativ flach über große Weingärten, in denen die Cabernet-Traube wächst. Auf der luftigen Fahrt in die Höhe werden die Reben schon bald abgelöst von fast ausschließlich mit Krimkiefern bewaldeten Abhängen. Diese Baumart ist der Krim eigen, und die Wälder stehen seit 1972 unter Naturschutz. In der Bergstation angekommen, eröffnet sich den Besuchern vom dortigen Plateau aus bei gutem Wetter ein einmaliger Blick in Richtung Osten auf die Buchten von Mischor und Jalta und weiter bis zum Bärenberg Aju-Dag.
Wer schwindelfrei ist, kann gefahrlos die ›Zubcy‹ des Aj-Petri erklimmen und von dort zusätzlich die Aussicht gen Westen genießen.
Telefonnummer der Seilbahn: 06 54/72 28 55.

Der Grand Canyon der Krim

Der Große Canyon der Krim (Bol'šoj Kan'on Kryma/Большой Каньон Крыма) trennt vom Aj-Petri den nordöstlichen Teil ab, der den Namen Bojko trägt. Der Canyon ist von einem Netz aus Straßen und Pfaden umgeben. Von dem Ort Sokolinoe aus kann man seine Mündung auf einem Fußpfad erreichen, der nach etwa fünf Kilometern ansteigender Straße nach links abzweigt. Bis zu dieser Abzweigung kann man aber ebenso gut mit dem Auto fahren, es gibt einen Parkplatz, und zur Touristensaison warten hier junge Männer, die gegen ein kleines Entgelt eine Führung zu den Sehenswürdigkeiten des Bol'šoj Kan'on anbieten. Sokolinoe liegt an der Straße, die von der Strecke Simferopol'–Sevastopol' einige Kilometer hinter Bachčisaraj nach links in Richtung Jalta abzweigt.

Die Bezeichnung ›Großer Canyon‹ geht auf den Naturkundler Pusanov zurück, der ihn 1925 erstmals unter diesem Namen schriftlich erwähnte. Die Parallele zum amerikanischen Grand Canyon war, wie man sich denken kann, keinesfalls zufällig gewählt. Immerhin mißt der Krim-Canyon mehr als drei Kilometer in der Länge und erreicht eine Höhe beziehungsweise Tiefe von bis zu 350 Metern. Der Canyon entstand im mittleren Jura, als das Urmeer allmählich absank. Bei diesem Prozeß unterlag der Gebirgszug diversen Verschiebungen. Der Canyon verdankt seine Existenz den größten Verschiebungen entlang des Nordhangs des Aj-Petri-Massivs.

Das Gebiet des Canyon ist fast vollständig von Wald bedeckt, die Höhenlage von 700 bis 1000 Metern bietet auf der Krim gute Bedingungen vor allem für die

Auch die Halbinsel Krim hat ihren Grand Canyon

Krimkiefer. In den unteren Höhenlagen (von 300 bis 600 Meter) überwiegt Eichenwald, zum Teil von Ahorn und Eschen durchsetzt. Auf dem Plateau gedeihen lediglich Gras- und Steppengewächse. Der Canyon ist seit 1974 Naturschutzgebiet und nur mit Erlaubnis oder auf organisierten Touren mit kundigen Führern zu betreten. Eine Ausnahme bildet der Weg von der schon erwähnten Abzweigung bis hin zur ›Wanne der Jugend‹, die auf markierten Pfaden zu erreichen ist.

Das heutige Aussehen der Landschaft wurde durch Erosion, Verkarstung- und Verwitterungsprozesse geprägt: Mit der Zeit wurde die Felsspalte von Wasserläufen zu einem Canyon ausgeformt. Das Wasser hat darüber hinaus zahlreiche sogenannte ›Wannen‹ in seinem Lauf ausgewaschen – eine davon ist die ›Wanne der Jugend‹ (Vanna molodosti). Sie befindet sich etwa eineinhalb Kilometer von der Mündung des Ausun-Usen entfernt, ihr Wasser ist auch an heißen Sommertagen nicht wärmer als 9 bis 11 °C. Mutige nehmen dennoch, in der Hoffnung auf ewige Jugend, ein äußerst erfrischendes Bad.

Die ›Wanne der Jugend‹ ist der Endpunkt der üblichen touristischen Exkursionen. Weiter den Flußlauf hinauf wird der Canyon für Wanderer immer schwieriger zu begehen. Nach einer späten Schneeschmelze kann er in seiner zweiten Hälfte auch im Sommer reichlich Wasser führen. Dann wird die Exkursion zu einer waghalsigen Kletterpartie entlang der Felswände. Ein steiler Aufstieg ist erforderlich, um vom Flußbett aus das Plateau des Massivs zu erreichen.

›Wanne der Jugend‹: Wenn das Wasser auch nicht jünger macht, ist es doch erfrischend!

Von oben bietet sich ein beeindruckender Blick auf dessen verschiedene Ausläufer und die stellenweise senkrecht abfallenden Canyon-Wände. Auf derartige Abenteuer sollte man sich jedoch nur mit Ortskundigen und guter Ausrüstung einlassen. Weitere Gefahren liegen in der abends rasch einbrechenden Dunkelheit, der raschen Abkühlung, gelegentlichem Steinschlag und dem bei Regen schnell ansteigenden Wasserpegel.

Wenn man mit einem ortskundigen Begleiter zur ›Wanne der Jugend‹ geht, wird er sicherlich diese oder doch eine sehr ähnliche Legende erzählen: In den Bergen der südlichen Krim lebte einmal ein altes Ehepaar. Eines Tages machte sich der Mann auf in den Wald, um Holz zu suchen. Er blieb lange fort, mehrere Tage, und die Alte begann, sich Sorgen zu machen. Da klopfte es an der Tür, und ein schöner Jüngling stand auf der Schwelle. Die Alte erschrak sehr, sie kannte ihn nicht und wollte die Tür schon wieder schließen. Doch irgendetwas kam ihr bekannt an ihm vor. ›Was hast du denn‹, sagte er da, ›erkennst du deinen Alten nicht mehr?‹ Durch ihre Verwunderung verstand der Mann erst selbst, was geschehen war: Er hatte in der ›Wanne der Jugend‹ gebadet und war wieder zu einem jungen Mann geworden. Nun wollte seine Frau natürlich auch wieder so schön und jung werden, und so machte sie sich ebenfalls auf den Weg zum Jungbrunnen. Sie blieb auch sehr lange fort, und so machte sich ihr Mann auf den Weg, um sie zu suchen. Er suchte lange, doch er konnte sie nirgendwo finden. Plötzlich hörte er ein Kind schreien. Er folgte dem Geräusch bis zur ›Wanne der Jugend‹ und fand dort einen Säugling direkt neben dem Wasser liegen. Zuerst wunderte er sich, wer das Kind so allein liegengelassen hatte. Doch dann bemerkte er, daß das Kleinkind in den Schal seiner Frau gewickelt war. Sie hatte zu lange gebadet.

Demerdži und Čatyr-Dag

Das Bergmassiv Demerdži (Демерджи) gehört zum südlichsten der drei Gebirgszüge auf der Krim. Es ist auf dem Weg von Simferopol' nach Jalta gleich hinter dem mit 752 Metern höchsten Punkt der Straße, dem Angarskij-Paß (Angarskij pereval), auf der linken Seite zu sehen. Die auffällige rechte Spitze erinnert mit etwas Phantasie an einen Frauenkopf mit Haarknoten im Profil und mit noch mehr gutem Willen an Katharina die Große. Der sogenannte ›Kopf der Katharina‹ (Golova Ekateriny) markiert das südliche Ende des Demerdži. Die Spitze des Nördlichen Demerdži ist mit 1356 Metern der höchste Punkt des Massivs, das zwei Plateaus umfaßt: Dolgorukovskaja Jajla und Tyrke. Auf einer anstrengenden Tagestour lassen sich Nord- und Süd-Demerdži miteinander verbinden, doch sollte das Bergmassiv besser in kleineren Portionen erwandert werden.

Von vielen werden die Steinformationen als ›Katharina und ihr Gefolge‹ bezeichnet, doch es gibt noch eine ganz andere, ebenfalls beliebte Legende:

Vor langer Zeit trieben auf der Krim Eindringlinge ihr Unwesen. Doch sie konnten immer weiter ins Landesinnere vertrieben werden, bis zu dem Berg, den die Einheimischen ›Funa‹ nannten, die Rauchende. Die Leute, die hier lebten, waren bekannt für ihr Schmiedehandwerk, und so wollten fremde Angreifer sich hier neues Kriegsgerät schmieden lassen. Sie ließen es sich von einem alten Mann auf den Bergen schmieden, der eine geheimnisvolle Kraft besaß. Der alte Schmied bekam Unterstützung durch in Ketten gelegte einheimische Männer. Die Arbeit war hart, die Männer starben einer nach dem anderen an der Anstrengung. Schon bald gab es kaum noch Leben auf dem Berg, die Quellen versiegten, der Wein wuchs nicht mehr, die Bäume gingen ein. Da beschloß ein Mädchen, Maria, mit dem Herren des Feuers zu reden. Sie bat den fremden Mann, nicht weiter zu töten, sondern von dem Ort zu verschwinden. Doch dieser dachte nicht daran, er wollte bleiben – und Maria darüber hinaus bei sich behalten. Die beiden kämpften schwer, bis das Mädchen schließlich starb. Der graue Berg konnte dieses Unheil nicht einfach mitansehen. Er erzitterte von oben bis unten, bis sich eine Spalte im Gestein öffnete – und der Mann verschwand gemeinsam mit seinen Mannen in ihr. Als das Feuer erloschen war und der Staub sich gelegt hatte, erschienen auf dem Berg steinerne Skulpturen in der Gestalt des schrecklichen Mannes und seines Gefolges. Und am höchsten Punkt des Berges erschien ein Fels, der einem Frauenkopf glich. Er erinnerte alle an das Mädchen Maria, das letzte Opfer des grausamen Schmieds. Seit

Das Demerdži-Massiv mit dem ›Kopf der Katharina‹ oben rechts und dem ›Geistertal‹ links

dieser Zeit steigt kein Rauch mehr auf, und der Name der Berge – die Rauchenden – geriet in Vergessenheit. Doch das Volk erinnerte sich an das Geschehene und gab dem Berg einen neuen Namen: Demerdži – der Schmied.

Der Aufstieg zum Nördlichen Demerdži beginnt links der Straße Simferopol' – Jalta am Paßübergang und an der Haltestelle ›Angarskij pereval‹ (Ангарский перевал). Zuerst führen die durch Farben gekennzeichneten Wege durch ein Waldstück. Der sich anschließende eigentliche Aufstiegspfad, an dem sich eine Trinkwasserquelle befindet, ist in etwa zwei Stunden zu bewältigen. Oben angekommen, ist in nördlicher Richtung das Dorf Pereval'noe und dahinter der Stausee von Simferopol' zu erkennen. In entgegengesetzter Richtung reicht der Blick bis zum Meer.

Der Fuß des Demerdži ist von fast allen Seiten von Wald umgeben. Noch Ende des 18. Jahrhunderts wurde von den waldbedeckten Krimbergen berichtet, doch ein Großteil des Baumbestandes fiel der Abholzung zum Opfer. So schrieben schon 1905 Geologen über die in ›Wüste‹ umgewandelte Landschaft zwischen Sudak und Alušta. Der Berg ist in seinem Innern in Blöcke geteilt, die auf Verschiebungen zurückzuführen sind und bei der Herausbildung des Bergsattels mitwirkten. Forscher halten die höchsten Plateaus für die Oberfläche eines alten Korallenriffs. Bei der Entstehung des terrassenartigen Reliefs des Demerdži spielte Verkarstung eine bedeutende Rolle. Die obere Kalkschicht des Demerdži ist heute sehr porös. Sie ist von Höhlen und Karstschächten durchsetzt, die bis zu 50 Meter tief sind. Am Fuß des Berges kommt das von ihnen ›geschluckte‹ Wasser in Quellen wieder an die Oberfläche.

Eine besonders reizvolle Stelle befindet sich unterhalb des ›Kopfes der Katharina‹: Auf den Felsen thronen unzählige meterhohe Steinpfähle (stolby) – das sogenannte ›Geistertal‹ (Dolina Prividenij). Unter Einwirkung von Sonne, Wasser, Wind und Frost sind die Steine hier zu wahren Skulpturen, Türmen und Säulen mit erstaunlich glatter Oberfläche und abgerundeten Kanten geformt worden. In ihrer Nähe befinden sich Hinweisschilder, die vor dem Erklettern der Stolby warnen und an tödliche Unfälle auf dem Demerdži erinnern, bei denen wegunkundige Touristen in Spalten stürzten, die unter Gras oder Schnee versteckt lagen.

Der südliche Teil des Demerdži läßt sich auch vom Dorf Lučistoe (Лучистое) aus entdecken, zu dem die Straße kurz nach dem Angarskij pereval in östlicher Richtung abzweigt. Die Firma ›Fatima‹ bietet verschiedene Touren mit Pferden ins Demerdži-Gebirge an. Auch Unerfahrene dürfen sich einen solchen Reitausflug – etwa zum ›Kopf der Katharina‹, zum ›Geistertal‹ oder zur mittelalterlichen Festung ›Funa‹ – durchaus zutrauen, die Touristenführer und auch die Pferde sind darauf gut vorbereitet. ›Fatima‹, ul. Ozernaja 8 (ул. Озерная), Lučistoe, Tel. 0 65 60/7 21 29, 52 48 76.

Gegenüber dem Demerdži, auf der anderen Straßenseite, liegt der ebenfalls begehbare 1527 Meter hohe Čatyr-Dag (Чатыр-Даг) mit seiner zeltartigen Spitze

In der Marmorhöhle im verkarsteten Massiv des Čatyr-Dag

und sich dahinter weitläufig erstreckenden Plateaus. Schräg dahinter in Richtung Meer befindet sich der Babugan, zu dessen Massiv der Roman-Koš, mit 1545 Metern der höchste Berg der Krim, gehört.

Die Marmorhöhle

Löchrig wie ein Schwamm: Etwa 800 Höhlen und Schächte sind bisher im Karstgestein der Krim entdeckt worden. Ein großer Teil der Höhlen ist bisher nur für Fachleute und Sportler zugänglich. Für Touristen sind drei Höhlen beziehungsweise Höhlenkomplexe von überwältigender Schönheit zur Besichtigung geöffnet: die Marmorhöhle, ganz in ihrer Nähe die Höhle ›Ėmine-Bair-Chosar‹ sowie die Rote Höhle.

Die Marmorhöhle (Mramornaja peščera/Мраморная пещера) gehört zu den größten Naturwundern der Krim. Die Höhle, die sich auf dem verkarsteten Massiv des Čatyr-Dag befindet, wurde erst 1987 von Forschern aus Simferopol' entdeckt und vermessen. Auf einer bisher bekannten Länge von 2050 Metern und in drei Galerien, der Hauptgalerie, der Unteren Galerie und dem ›Tigrovyj chod‹ (Tiger-Gang), sind im Verlauf von Jahrtausenden unzählige Tropfsteine und andere bizarre Gebilde von einmaliger Schönheit entstanden. Gut ausgebaute Wege mit einer Gesamtlänge von 1500 Metern führen die Besucher einfach und gefahrlos zu den schönsten Punkten der Höhle.

Zwei Jahre nach der Entdeckung der Höhle wurde 1989 als erster Saal die sogenannte ›Märchengalerie‹ für die Touristen zugänglich gemacht. Sie ist ein Teil der Hauptgalerie, in der sich auch der ›Zal Perestrojki‹ befindet, der vor allem durch seine Dimensionen besticht. Er ist 175 Meter lang, über 20 Meter hoch und bedeckt eine Fläche von rund 4000 Quadratmetern. Seine unüberschaubare Größe gab den Höhlenforschern auch den Anstoß zur Benennung des Saal. Für sie war dieser Saal – gleichsam wie die zur Zeit der Entdeckung der Höhle aktive Perestrojka-Politik Gorbačëvs – unübersichtlich, chaotisch und mit ungewissem Ausgang. Die Untere Galerie ist durch unzählige Tropfsteine in acht Säle mit Namen wie ›Rosen-Saal‹, ›Saal der Hoffnung‹ oder ›Schokoladen-Saal‹ aufgeteilt. Im ›Tiger-Gang‹ fällt vor allem der 110 Meter lange Syphon-Gang auf. Zudem wurden hier auch Knochen von Höhlenbären gefunden.

1992 fand die Mramornaja peščera als einzige Höhle auf dem Gebiet der ehemaligen Sowjetunion Aufnahme in die Internationale Vereinigung der Schau-Höhlen mit Sitz im italienischen Genga. Der Vereinigung gehören weltweit nur 50 ausgewählte Höhlen an. Heute besuchen im Sommer täglich rund 2000 Touristen die Marmorhöhle, übers Jahr verteilt sind es zirka 70 000. Damit gehört die Mramornaja peščera zu den meistbesuchten Höhlen Europas. Nach ihrer Eröffnung im Jahr 1989 waren die Besucherzahlen sogar zunächst bis auf sagenhafte 230 000 Personen im Jahr 1991 angestiegen.

Die Höhle Ėmine-Bair-Chosar

Ėmine-Bair-Chosar (Эмине-Баир-Хосар), die bislang zweite für Besucher geöffnete Höhle auf dem Čatyr-Dag-Plateau, steht in ihrer Schönheit und Eindrücklichkeit der Mramornaja peščera in keiner Weise nach. Nur einen Kilometer von der Marmorhöhle entfernt und doch nicht mit ihr verbunden, bietet Ėmine-Bair-Chosar den Gästen ein Naturwunder von unbeschreiblicher Schönheit. Riesige Säle und Hallen, Hunderte von zum Teil meterhohen Tropfsteinen, Spuren von einstigen Seen und Bächen, die Reinheit eines noch heute bestehenden Sees und glitzernde, kristallverzierte Wände machen den Besuch der Höhle zu einem einzigartigen Erlebnis.

Rund 1000 der bis zum Jahr 2000 erforschten 1460 Meter Länge der Höhle sind auf gut ausgebauten Wegen begehbar und beleuchtet. Auch viele Treppen gehören dazu, liegt doch der tiefste Punkt des touristischen Teils 65 Höhenmeter unterhalb des Eingangs. Insgesamt führen die Gänge der Höhle 125 Meter in die Tiefe. Dies ist auch einer der Hauptunterschiede zur Marmorhöhle, dehnt sich jene doch vor allem horizontal aus. Der natürliche Zugang zur Ėmine-Bair-Chosar ist ein 16 Meter tiefer und acht Meter breiter Schacht, der als solcher schon länger bekannt ist und bereits in einem Dokument aus dem 16. Jahrhundert erwähnt worden sein soll. Touristen konnten einen ersten Teil der Höhle allerdings erst 1994 besuchen, nachdem ein zwölf Meter langer künstlicher Zugangsstollen bis zur Haupthalle (Severnaja galereja) aus dem Fels geschlagen worden war. 1995 entdeckten Speläologen den ›Zal Dubljanskogo‹, der nach dem berühmten Höhlenforscher Dubljanskij benannt ist. Bis heute können insgesamt sieben Säle besichtigt werden. Als letzter wurde im Mai des Jahres 2000 der ›Zal Idolov‹ im oberen Höhlenteil erschlossen und für Besucher eröffnet. Seine Ausdehnung und die Fülle von riesigen Tropfsteinen hinterlassen prägende Eindrücke. Ein weiteres Wahrzeichen der Höhle Ėmine-Bair-Chosar ist die ›Šapka Monomacha‹, benannt nach einer äußerst wertvollen Krone des Fürsten Vladimir Monomach. Der runde, mit weißer ›Mondmilch‹ – einem Gemisch aus Wasser, feinen, nadeligen Kalzitkristallen und Tonmineralien – überzogene breite Stalagmit, soll an seiner Oberfläche so weich sein wie Frischkäse und jedes Jahr um 0,5 bis 0,8 Millimeter wachsen. Damit gehört er zu den am schnellsten wachsenden Tropfsteinen der Höhle. Ein großer Teil von Ėmine-Bair-Chosar ist für Besucher bewußt nicht zugänglich, um diese zum Teil noch prächtigeren Tropfsteinwunder besser zu schützen.

Im paläonthologischen Museum der Höhle Ėmine-Bair-Chosar

Nebst ihren eigenen Schönheiten hat Ėmine-Bair-Chosar seit Frühling 2000 noch eine Exklusivität zu bieten: ein paläonthologisches Museum in der Höhle selbst. In einer Tiefe von 50 Metern wurden unzählige Knochen von rund 500 bis 700 Mammuts, Büffeln, Wölfen, Bären, Löwen, Füchsen usw. aus prähistorischer Zeit gefunden. In einigen bescheidenen Vitrinen kurz hinter dem künstlichen Höhleneingang ist ein Teil der einzigartigen Fundstücke zu besichtigen. Sie geben allerdings noch viele Rätsel auf. Ihr Alter ist nach wie vor nicht genau bekannt. Vor allem ist man sich bis heute im Unklaren darüber, wie die Knochen in derartige Tiefen gelangen konnten. Es könnte sein, daß die Tiere durch den Eingangsschacht in die Höhlen gefallen und dort verendet sind und ihre Knochen im Laufe der Jahrhunderte vom Wasser in die Tiefe geschwemmt wurden. Fest steht einzig, daß die Tiere, von denen die Knochen stammen, nie in der Höhle gelebt haben. Leider haben sich bis heute kaum Wissenschafter mit den Fundstücken beschäftigt.

Über die Bedeutung der krimtatarischen Bezeichnung ›Ėmine-Bair-Chosar‹ ist man sich nicht einig. Fest steht, daß es sich bei Ėmine um einen Mädchennamen handelt und daß sich das Wort Chozar mit Schacht übersetzen läßt. Zur Bedeutung des Wortes Bair allerdings gibt es unzählige Meinungen. Einige Leute behaupten, das Wort heiße Hügel, Abhang oder Böschung, andere meinen, es handle sich um einen krimtatarischen Familiennamen.

Die Marmorhöhle und die Höhle Ėmine-Bair-Chosar liegen am nordwestlichen Abhang des Čatyr-Dag-Massivs. Allein im Karstgestein des unteren Čatyr-Dag-Plateaus, wo sich die beiden Schauhöhlen befinden, wurden zwischen 1960 und 1987 135 neue Höhlen entdeckt und vermessen.

Die Mramornaja peščera und die Höhle Ėmine-Bair-Chosar sind von Simferopol' aus über die Hauptstraße in Richtung Jalta per Auto in etwa einer Stunde zu erreichen. Knapp 15 Kilometer nach dem Ortsausgang von Simferopol', am Eingang des Dorfes Zarečnoe (Заречное), führt eine Straße nach rechts in Richtung des Dorfes Mramornoe (Мраморное). Die Höhle ist ab der Hauptstraße immer wieder ausgeschildert. Allein schon die Anfahrt durch die Wälder an den Abhängen des Čatyr-Dag-Massivs ist landschaftlich äußerst reizvoll, besonders im Herbst. Ein großer Teil der Straße ist jedoch nicht asphaltiert.

Die Rote Höhle

Die Rote Höhle (Krasnaja peščera/Красная пещера) liegt ungefähr 25 Kilometer von Simferopol' entfernt und bildet die Quelle der Kizil-Koba, eines Zuflusses des Salgirs. Die Höhle, die sich vor ungefähr einer Million Jahren gebildet hat, ist die größte Kalksteinhöhle der Ukraine, und der Länge nach nimmt sie den ersten Platz unter den Kalksteinhöhlen der ehemaligen Sowjetunion ein. Bereits im 19. Jahrhundert war sie unter dem Namen Kizil-Koba bekannt, was ›Rote Höhle‹ bedeutet. Diese Bezeichnung geht darauf zurück, daß die Kalksteinfelsen in der Umgebung der Höhle von einer eisenhaltigen Schicht bedeckt sind, die oxidiert und die Felsen rötlich-braun färbt.

Bereits im Jahre 1803 wurde die Höhle zum ersten Mal schriftlich erwähnt: Der Wissenschaftler Sumarokov beschrieb in seinem Reisebuch über die Krim die Höhlen am nördlichen Demerdži-Hang. Im Jahre 1825 besuchte der Schriftsteller Griboedov die Höhlen, eine Galerie wurde ihm zu Ehren ›Griboedovskaja‹ genannt. Als gegen Ende des 19. Jahrhunderts die Frage nach der Wasserversorgung Simferopols akut wurde, richtete sich die Aufmerksamkeit auch auf die Quelle der Kizil-Koba. Doch sie trocknet im Sommer regelmäßig aus und ist daher für die Wasserversorgung der Hauptstadt ungeeignet. Der erste Weltkrieg und die Revolution unterbrachen die Forschungsarbeiten, die 1908 begonnen hatten. Erst 40 Jahre später wurde die Rote Höhle durch eine Gruppe von Wissenschaftlern unter Leitung des Forschers Dubljanskij erkundet. Höhlenforscher aus Sevastopol' und Simferopol' untersuchten von 1972 bis 1990 Randgebiete der Höhle.

Das, was heute unter der Bezeichnung ›Rote Höhle‹ besichtigt werden kann, sind eigentlich drei Höhlen, die übereinander liegen. Die sechs bekannten Etagen sind durch Schächte miteinander verbunden. Im gut erforschten Teil wurden für Touristen regelrechte Säle und Galerien geöffnet, in denen sich große Tropfsteingebilde bewundern lassen; leider sind sie teilweise durch verantwortungslose Besucher beschädigt worden. Daher kann die Höhle nur noch im Rahmen von Führungen besichtigt werden. Insgesamt sind mehr als zwei Kilometer begehbar.

Die zahlreichen unterirdischen Gewässer der Karsthöhle – allein in der ersten Etage finden sich mehrere hundert Seen – entstehen in den kalten Jahreszeiten ausschließlich durch atmosphärische Niederschläge, im Sommer zusätzlich durch Kondensation. Fast die Hälfte des so gesammelten Wassers geht durch Verdunstung wieder verloren.

Pflege, Erforschung und Bewirtschaftung der Marmorhöhle und der Höhle Ėmine-Bair-Chosar obliegen der Simferopoler Firma ›Oniks-Tour‹. Sie hat auf der Krim einen ausgezeichneten Ruf, und es ist deshalb auch kein Zufall, daß ›Oniks-Tour‹ im Herbst 2000 den Preis ›Krymskaja Žemčužina – Perle der Krim‹ für die beste Bedienung der Touristen auf der Schwarzmeerhalbinsel gewonnen hat. Fachkundiges Personal führt die Gäste auf interessante und zugleich humorvolle Weise durch die Galerien. Eine Besichtigung dauert 60 bis 90 Minuten. Man sollte dabei nicht allzu sommerlich bekleidet sein, herrschen doch in den Höhlen konstant recht kühle Temperaturen (Marmorhöhle: 7 bis 9 Grad, Ėmine-Bair-Chosar: 4 bis 6 Grad). Nebst den gewöhnlichen Führungen bietet ›Oniks-Tour‹ in der Marmorhöhle auch Exkursionen durch nicht erschlossene Gänge an – die entsprechende Ausrüstung wird ausgeliehen.
Die Höhlen sind das ganze Jahr über täglich (auch an Sonn- und Feiertagen) von 8 bis 18 Uhr geöffnet. Bei der Marmorhöhle gibt es ein kleines Restaurant und verschiedene Kioske sowie Souvenirstände. Eine Turbaza von ›Oniks-Tour‹ auf dem Čatyr-Dag-Plateau bietet einfache Übernachtungsmöglichkeiten und ist ein idealer Ausgangspunkt für zahlreiche Wanderungen (auch mit Führungen).
Für alle Auskünfte zu den Höhlen – auch zur organisierten An- und Rückreise von Simferopol' aus – wendet man sich am besten direkt an ›Oniks-Tour‹, ul. Morozova 13 (ул. Морозова), Simferopol', Tel. 0652/256348, www.ccssu.crimea.ua/friends/onix/ (russisch).

Jahrzehntelang war Sevastopol' als wichtiger sowjetischer Militärhafen absolutes Sperrgebiet. Heute sind die Schiffe der Schwarzmeerflotte eine Touristenattraktion. Von der lebendigen Hafenstadt aus lassen sich außerdem Ausflüge in die Frühgeschichte der Region unternehmen.

Sevastopol' und Umgebung

Sevastopol'

›Heldenstadt‹ und Hauptstützpunkt der vormals russischen und später sowjetischen Schwarzmeerflotte – in kaum einer anderen Hafenstadt auf dem Gebiet der ehemaligen Sowjetunion ist die Geschichte der russischen und sowjetischen Flotte so präsent wie in Sevastopol' (Севастополь). Mit 342 000 Einwohnern (im Jahre 2001) und einer ausgeprägten Fischerei- und Schiffsindustrie hat Sevastopol' neben seiner militärischen Bedeutung auch eine wichtige wirtschaftliche Funktion für die Krim und für den Süden der Ukraine. Die zweitgrößte Stadt der Krim liegt am äußersten Südwestzipfel der Halbinsel. 38 Buchten zerteilen die Stadt und ihre Umgebung, wobei die größte, die Bucht von Sevastopol' (Sevastopol'skaja buchta), die Stadt in eine Nord- und eine Südhälfte teilt. Das sich auf mehrere Hügel erstreckende Zentrum befindet sich im Süden dieser Bucht. Zudem besitzt Sevastopol' administrativ einen Sonderstatus: Die Stadt und die sie umgebende Region sind nicht wie die übrige Halbinsel zuerst der Regierung der Autonomen Republik Krim in Simferopol', sondern direkt der ukrainischen Regierung in Kiev unterstellt.

Als wichtiger Flottenstützpunkt war Sevastopol' noch bis in die 1990er Jahre eine geschlossene Stadt, in die auch die Krimbewohner nur mit einem Passierschein gelangen konnten. Ein Ukas des ersten und letzten Krimpräsidenten Meškov öffnete im Sommer 1994 die ›verbotene‹ Stadt zunächst für die hiesige Bevölkerung. Dennoch fanden erst einmal weiterhin Kontrollen statt, nicht zuletzt wegen Unstimmigkeiten zwischen Kiev und Simferopol', so daß ausländischen Touristen der Zugang nur auf organisierten Bustouren gestattet war. Inzwischen ist die Stadt jedoch für jedermann offen, und die ehemaligen Verbote erscheinen bereits unwirklich. Auf den Straßen Sevastopols begegnet man auf Schritt und Tritt Marineoffizieren und -soldaten – sowohl von der ukrainischen als auch der russischen Flotte – in ihren Uniformen. Sie haben sich schnell an die Präsenz von Touristen gewöhnt und verleihen der Stadt eine ganz eigene Atmosphäre.

Kurz nach der Annexion der Krim durch die russische Zarin Katharina II. wurde Sevastopol' im Jahr 1783 gegründet. Aber bereits in den Jahren 422 bis 421 vor Christus hatten die Griechen hier eine Stadt errichtet, die sie Chersones nannten, was im Griechischen ›Halbinsel‹ bedeutet. Die Seefahrer mußten sich zunächst mit den im Süden der Halbinsel lebenden und als äußerst räuberisch geltenden Tauriern auseinandersetzen. Doch schließlich drängten die griechischen Kolonialisten die Taurier in das Krimgebirge zurück.

Rasch entwickelte sich Chersones zu einer wichtigen Handelsstadt mit Verbindungen zu den anderen Küstenstädten des Schwarzen Meeres. Ihre Blütezeit erlebte die Stadt im 3. und 2. vorchristlichen Jahrhundert, als sie sich ausdehnte und weite Teile des Südwestens der Krim beherrschte.

Wie in den übrigen griechischen Städten wurde auch im 20 000 Einwohner zählenden Chersones die attische Demokratie eingeführt. Die Bewohner lebten von Ackerbau, Weinkelterei und Handel. Güter wie Fisch, Wein und Silber führten zum Ausbau von Handelsbeziehungen weit über den Schwarzmeerraum hinaus.

Chersones suchte sich gegen die Taurier und die Skythen Verbündete. Mit Hilfe von Mithridates VI., dem König von Pontos, gelang es im 2. Jahrhundert vor Christus, die angreifenden Skythen zurückzudrängen. Von nun an lebten die Bürger von Chersones als Vasallen von Pontos. Zur gleichen Zeit entstanden erste Handelsbeziehungen zum Römischen Reich. Nach den Mithridatischen Kriegen im ersten Jahrhundert vor Christus geriet Chersones, wie auch das übrige Bosporanische Reich, in die Abhängigkeit von Rom. Dennoch behielt die Stadt ihr eigenes Münzprägerecht und eine eingeschränkte Unabhängigkeit. Vermutlich entstanden schon in dieser Zeit erste kleine Christengemeinschaften, und der Legende nach soll bereits Andreas, ein Bruder des Apostels Petrus, hier das Evangelium verkündet haben.

Während die aus dem Norden einfallenden Hunnen und Goten im 3. und 4. Jahrhundert nach Christus die Skythen und Taurier bedrängten, blieb Chersones davon unberührt und konnte sich seine lokale Vormachtstellung im Süden bis

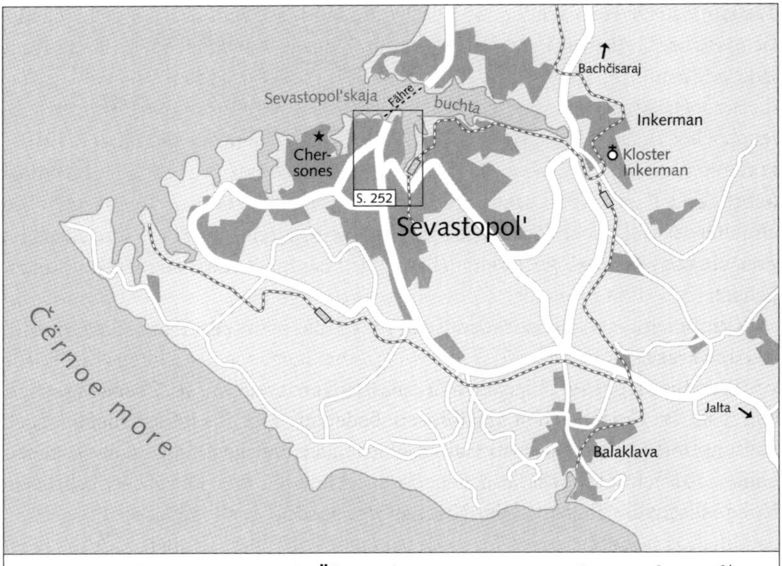

Sevastopol' (Севастополь), Übersicht

zum 9. Jahrhundert erhalten. Schon in dieser Zeit lebten viele verschiedene Völker in der Stadt: Neben den Griechen und Tauriern siedelten sich Juden, Armenier und Türken an. Außerdem unterhielt die Stadt enge Beziehungen zu den Bewohnern der Höhlenstädte des Krimgebirges.

Seit der zweiten Hälfte des 9. Jahrhunderts gehörte Chersones zum Byzantinischen Reich, das die Ausbreitung des Christentums forcierte. In dieser Zeit entstanden die ersten Handelsbeziehungen zu den Ostslawen, die über den Dnipro nach Konstantinopel kamen. Im Jahre 988 belagerte der Kiever Großfürst Vladimir die Stadt Chersones, nachdem er zuvor dem byzantinischen Kaiser Basilios gegen Feinde zur Seite gestanden hatte. Als dieser dem Kiever Fürsten die ›Belohnung‹, seine Schwester Anna, vorenthalten wollte, fiel Fürst Vladimir in Chersones ein, um seiner Forderung Nachdruck zu verleihen. Ein Jahr später führte Vladimir die Kaiserstochter zum Traualtar, nicht ohne sich vorher in Chersones christlich taufen zu lassen. Damit wurde Rußland christlich und Chersones zur Wiege des russisch-orthodoxen Christentums.

Ab dem 13. Jahrhundert traten neue Kräfte in den Vordergrund, die Chersones bedrängten: die Kiever Rus', das nur wenige Kilometer entfernte Fürstentum Theodoro sowie die handeltreibenden Venezianer und Genueser, die sich an der Südküste festsetzten. Im Jahre 1399 zerstörte ein Tataren-Heer der Goldenen Horde Chersones; danach wurde die Stadt nie wieder aufgebaut.

In Balaklava, einer nur 15 Kilometer entfernt gelegenen Bucht, fielen 1475 die Türken ein. Unter ihrem Schutz währte die Vorherrschaft der Krimtataren, die sich von der Goldenen Horde gelöst hatten, bis zum Anschluß der Krim an Rußland im Jahre 1783.

Die russischen Generäle erkannten rasch die strategisch günstige Lage. So wurde auf Befehl des Gouverneurs der Provinz Neurußland, Fürst Grigorij Potëmkin, ganz in der Nähe des ehemaligen Chersones, jener Stadt des Altertums, die auf der Krim am längsten existiert hatte, eine neue gegründet. Sie erhielt den griechischen Namen Sevastopol' – ›Stadt des Ruhmes‹. Zur gleichen Zeit begann General Aleksandr Kazarskij mit dem Aufbau einer russischen Schwarzmeerflotte, mit der Rußland in den folgenden Jahren im Schwarzen Meer operierte, um dem Osmanischen Reich seine Vormachtstellung in der Region streitig zu machen.

Im Krimkrieg von 1853 bis 1856 erlangte die russische Hafenstadt erstmals besondere Bedeutung: 349 Tage widerstand Sevastopol' in diesem ersten modernen Stellungskrieg den englischen, französischen und türkischen Belagerern, bevor die völlig zerstörte Stadt 1855 in die Hände der Alliierten fiel. Schon kurz nach dem Krieg entstanden überall Denkmäler zur Erinnerung an die gefallenen Generäle, darunter auch viele Deutsche und Deutschstämmige, wie zum Beispiel General Graf Eduard Totleben, dem ein Denkmal auf dem Historischen Boulevard (Istoričeskij bul'var) gewidmet ist. Trotz Niederlage und innen- wie außenpolitischen Konsequenzen für das Russische Reich wurde der Krimkrieg zum nationalen Symbol russischer Widerstandskraft. Später entstand nicht weit davon das berühmte ›Panorama‹, jenes monumentale Bild, das eine der blutigsten Schlachten dieses Krieges darstellt. Der russische Künstler Franz Roubeau hielt den Ansturm der

Das ›Panorama‹ erinnert an die Schlachten des Krimkrieges

angreifenden Engländer und Franzosen, die ein letztes Mal zurückgeworfen wurden, auf einer Leinwand von mehr als 100 Metern Länge und 14 Metern Höhe fest. Das Holzgerüst für das Panorama hatte der Maler deutsch-französischer Herkunft zunächst in München aufgebaut. Erst 1905 wurde der eindrucksvolle Rundbau mit dem im antiken Stil gehaltenen Eingangsportal fertiggestellt.

Die Außenfassade zieren zahlreiche Marmorbüsten zu Ehren der wichtigsten Admirale und Militärs des Krimkrieges – darunter auch der Schriftsteller Lev Tolstoj, der ebenfalls für einige Monate an der Verteidigung der Stadt teilnahm. Im Zweiten Weltkrieg wurde das Gebäude in Brand geschossen. Nur ein Bruchteil des Originals blieb erhalten. Hinter dem Rundbau befinden sich Reste der ehemaligen Verteidigungsanlagen, darunter eine für die Nachwelt in Beton gegossene Stellung aus Sandsäcken und Korbmatten.

Heute wie damals ist der Historische Boulevard mit seinen Parkanlagen und kleinen Cafés die Flaniermeile der Städter. Wer jetzt schon von den vielen Kriegsdenkmälern ein wenig müde geworden ist, wird hier mit einem herrlichen Blick auf die Bucht von Sevastopol' belohnt.

Im Zweiten Weltkrieg tobten heftige Kämpfe zwischen der Wehrmacht und der Roten Armee. Zur stärksten Festung des Zweiten Weltkrieges ausgebaut, verteidigte sich der sowjetische Marinestützpunkt Sevastopol' 249 Tage lang gegen die deutschen Truppen, die schließlich die gesamte Halbinsel besetzten. Diese Zeit ist als die ›zweite Belagergung/Verteidigung‹ in die Geschichte Sevastopols eingegangen und setzt den Heldenmythos aus dem 19. Jahrhundert fort.

Nach der Konferenz von Jalta im Februar 1945 besichtigte der englische Premierminister Winston Churchill das völlig zerstörte Sevastopol' und war erschüttert. Zu seinen Begleitern soll er damals gesagt haben, daß zum Wiederaufbau der Stadt 50 Jahre nötig seien. Als Stalin davon erfuhr, faßte er den Plan, die Stadt innerhalb von fünf Jahren wieder aufbauen zu lassen. So entstand binnen weniger Jahre und unter Einsatz sämtlicher Kräfte das neue Sevastopol'. Heute ist das Zentrum der Stadt eines der wenigen Beispiele gelungener stalinistischer Prunkarchitektur mit vielen neoklassizistischen Bauten und Säulenpalästen. Durch ihre südliche Vegetation und die Bauten aus weißem Kalkstein erhält die Stadt ihr einzigartiges mediterranes Flair.

Zur Zeit der Sowjetunion war die Helden- und Vorzeigestadt eine der wenigen Städte mit Sonderzulagen. Heute sind jedoch sämtliche Begünstigungen weggefallen.

Klassizistische Prunkarchitektur im Zentrum von Sevastopol'

Ein Stadtrundgang

Das Zentrum der Stadt wird vom pl. Ušakova aus von der ul. Lenina und der ul. Bol'šaja Morskaja eingerahmt und kann bequem zu Fuß erkundet werden.

Am pl. Ušakova, der nach einem der Admirale und Gründer der Schwarzmeerflotte benannt ist, befindet sich gegenüber dem Hotel ›Ukraina‹ ein typisches Beispiel spätstalinistischer Architektur. Der auffallende Säulentempel im sogenannten Zuckerbäckerstil mit seiner Spitze und dem Sowjetstern beherbergt das Theater der Schwarzmeerflotte und ist nicht nur für die Angehörigen der Marine kultureller Treffpunkt der Stadt. Nicht weit davon entfernt liegt ein kleines Gebäude, das mit seinen Säulen und Verzierungen eher an einen römischen Tempel erinnert und, wie das Theater, aus den 1950er Jahren stammt. Dort ist die Zentralbibliothek, die den Namen Tolstojs trägt, untergebracht.

Gleich dahinter beginnt die ul. Lenina, die zum pl. Nachimova führt. In dieser Straße befindet sich das Museum der Schwarzmeerflotte. Die Fassade des aus dem vorigen Jahrhundert stammenden Gebäudes ist überreich verziert mit zahlreichen Kanonenkugeln, Mörsern und Ankern. Eine ebenso reichhaltige wie vielfältige Sammlung von Schiffsmodellen, Seekarten, Flaggen und Uniformen sowie die Portraits berühmter Admirale dokumentieren die Geschichte der Schwarzmeerflotte von ihrem Aufbau bis in die Zeit des Zweiten Weltkrieges. Vor allem die Darstellung des Zweiten Weltkrieges, im russischen Sprachgebrauch als ›Großer Vaterländischer Krieg‹ bezeichnet, nimmt einen großen Raum ein und schildert noch ganz im Stil der sowjetischen Ideologie den Kampf der Roten Armee gegen die deutsche Wehrmacht.

Nicht weit davon mündet die ul. Lenina in den weiträumig angelegten pl. Nachimova, benannt nach dem wichtigsten Flottenadmiral und Verteidiger Sevastopols während des Krimkrieges (1853–1856), Pavel Nachimov. Erst 1959 errichteten die Stadtväter in der Mitte des Platzes das in Bronze gegossene Ebenbild des Kommandeurs, der bei der Schlacht um die Hafenstadt gefallen war. Heute stehen hier vor allem an Wochenenden die Hochzeitspaare Schlange, um nach alter Tradition am Fuß des Denkmals ihre Blumen niederzulegen.

Auf diesem Platz werden die beiden wichtigsten Kriegsereignisse der Stadt miteinander verbunden: Einerseits steht hier das Nachimov-Denkmal als Erinnerung an den Krimkrieg, gegenüber befindet sich seit dem 9. Mai, dem ›Tag des Sieges‹ (Den' pobedy), des Jahres 1973 eine große Gedenktafel, ein Mahnmal zur Erinnerung an die Verteidigung Sevastopols in den Jahren 1941 bis 1942 und zu Ehren der dabei gefallenen sowjetischen Soldaten. Bis heute stehen jeden Tag von 9 bis 15 Uhr zwei mal zwei Schülerinnen und Schüler der 10. und 11. Klassen in der Matrosenuniform Ehrenwache vor der Gedenktafel, wo in der Mitte die ewige Flamme brennt.

Auf der anderen Seite des Platzes, direkt am Wasser gelegen, erinnert die Gräfische Anlegestelle (Grafskaja pristan') eher an ein antikes Säulentor als an eine Schiffsanlegestelle. Woher die etwas irreführende Bezeichnung rührt, ist unklar. Jedenfalls führt hinter dem Säulenportal, das 1846 errichtet wurde, eine breite

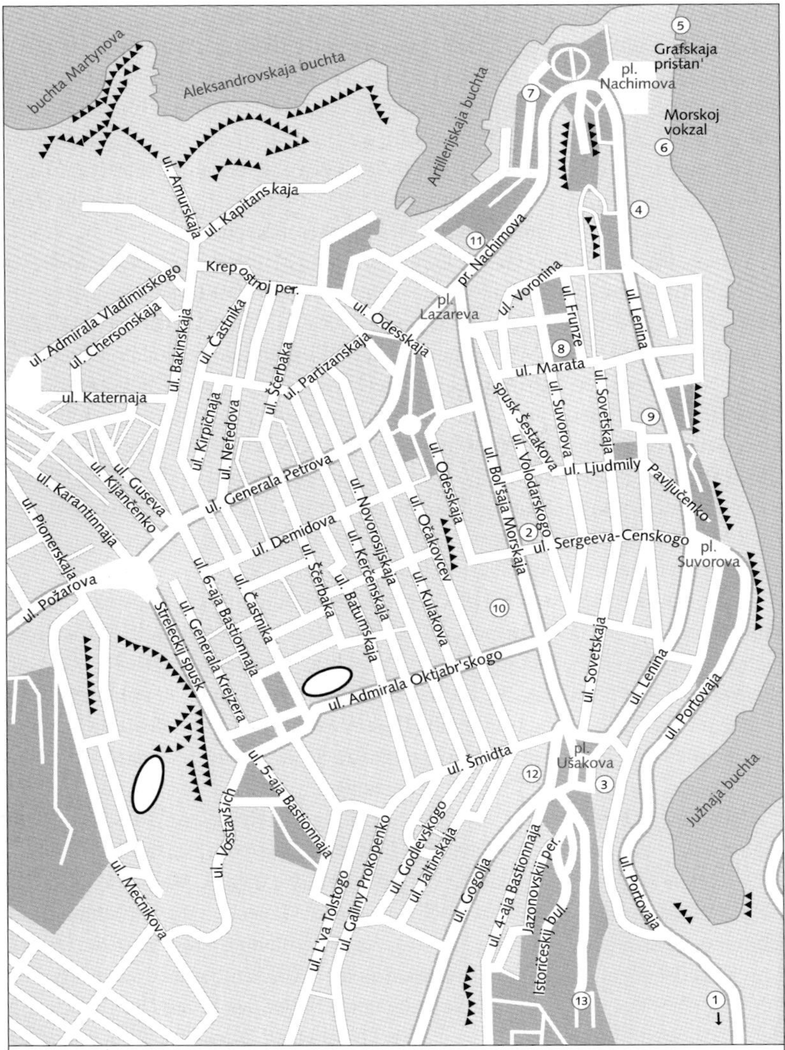

Sevastopol' (Севастополь), Zentrum

Treppe aus weißem Granit hinab zum Meer, wo im vergangenen Jahrhundert die Paradeschiffe der Flotte vor Anker gingen und Admiral Nachimov nach seinem Sieg über die türkischen Schiffe begeistert empfangen worden war. Heute legen hier allerdings nur noch die Ausflugsschiffe an. Verschiedene Bootstouren führen auch in nächster Nähe vorbei an Teilen der Schwarzmeerflotte, die 1997 zwischen der Russischen Föderation und der Ukraine aufgeteilt wurde. War die Flotte während der Sowjetunion bestgehütetes Staatsgeheimnis, kann man sie heute ungehindert fotografieren und filmen. Verschiedene Bootstouren sind sogar speziell auf die Flottenbesichtigung zugeschnitten, die Touristenführer liefern die entsprechenden Hintergrundinformationen. Oftmals liegen Schiffe der ukrainischen und der russischen Flotte fast unmittelbar nebeneinander. Sie lassen sich

Legende

1 Bahnhof (Вокзал)
2 Hauptpost (Главпочтамт)
3 Theater der Schwarzmeerflotte (Драматический Театр Краснознаменного Черноморского флота)
4 Museum der Schwarzmeerflotte (Музей Краснознаменного Черноморского флота)
5 Gräfische Anlegestelle (Графская пристань)
6 Fähranleger (Морской вокзал)
7 Primorskij bul'var (Приморский бульвар)
8 Vladimir-Kathedrale (Владимирский собор)
9 Peter-und-Paul-Kirche (Петропавловская церковь)
10 Pokrovskij-Kathedrale (Покровский собор)
11 Hotel ›Sevastopol'‹ (Гостиница ›Севастополь‹)
12 Hotel ›Ukraina‹ (Гостиница ›Украина‹)
13 Panorama (Панорама оборона Севастополя)

Straßen und Plätze

4-aja Bastionnaja, ul. (4-ая Бастионная, ул.)
Admirala Oktjabr'skogo, ul. (Адмирала Октябрьского, ул.)
Bol'šaja Morskaja, ul. (Большая Морская, ул.)
Demidova, ul. (Демидова, ул.)
Generala Petrova, ul. (Генерала Петрова, ул.)
Gogolja, ul. (Гоголя, ул.)
Istoričeskij bul'var (Исторический бульвар)
Lazareva, pl. (Лазарева, пл.)
Lenina, ul. (Ленина, ул.)
Ljudmily Pavljučenko, ul. (Людмилы Павлюченко, ул.)
Nachimova, pl. (Нахимова, пл.)
Nachimova, pr. (Нахимова, пр.)
Odesskaja, ul. (Одесская, ул.)
Portovaja, ul. (Портовая, ул.)
Sergeeva-Censkogo, ul. (Сергеева-Ценского, ул.)
Sovetskaja, ul. (Советская, ул.)
Streleckij spusk (Стрелецкий спуск)
Suvorova, pl. (Суворова, пл.)
Ušakova, pl. (Ушакова, пл.)

allerdings einfach voneinander unterscheiden: Bei den ukrainischen Schiffen steht vor der Schiffsnummer nämlich ein großes lateinisches ›U‹. Eine weitere Orientierungshilfe sind die weiß-blau-rote Flagge Rußlands und die blau-gelbe Flagge der Ukraine.

In der Nähe der Grafskaja pristan' befindet sich noch eine weitere Anlegestelle, von der aus Fährschiffe regelmäßig auf die andere Seite der Bucht zu einem der beiden Sevastopoler Busbahnhöfe und nach Inkerman fahren.

Direkt am Ufer der großen Bucht liegt der Primorskij bul'var, ein hübscher kleiner Park, in dem im Sommer Städter wie Touristen im Schatten der Bäume ein wenig verschnaufen. Oft finden hier Freilichtkonzerte statt, und nicht selten verabredet man sich zu einer Partie Schach oder hält einfach einen kleinen Schwatz.

Neben der großen Tribüne, von der aus die Sevastopoler im Sommer die alljährliche Flottenparade betrachten, steht nur wenige Meter vom Ufer entfernt eine 15 Meter hohe Säule im Wasser, auf deren Kapitell ein bronzener Adler sitzt. An dieser Stelle versenkten die russischen Truppen im Krimkrieg einen Teil ihrer eigenen Flotte, um den Schiffen der Angreifer die Einfahrt in den Hafen zu versperren. Von dort aus hat man einen herrlichen Blick auf die Bucht und ihre gegenüberliegende Seite, wo noch Reste der Michajlovskij-Festung und direkt an der Hafeneinfahrt die Konstantinovskij-Festung zu erkennen sind. Beide Festungen können allerdings nicht besichtigt werden. Sie befinden sich auf dem Terrain der Schwarzmeerflotte, daher muß man sich damit begnügen, sie von weitem zu betrachten.

Weiter rechts fällt der Blick auf eine kleine weiße Pyramide. Sie gehört zu einem der größten Soldatenfriedhöfe der Stadt, der nach dem Krimkrieg angelegt wurde. Wer sich für das Gräberfeld mit über 100 kleinen Marmordenkmälern aus dem vorigen Jahrhundert interessiert, kann mit den Autobussen 11, 11a und 16 von der gegenüberliegenden Anlegestelle zu dem Friedhof fahren.

Im weiteren Verlauf des pr. Nachimova zeigt sich Sevastopol' von seiner schönsten Seite. Zahlreiche im Stil von Renaissance und Klassizismus gehaltene Bauten aus den 1950er Jahren prägen das Bild. Hinter dem Hotel und Restaurant ›Sevastopol'‹ liegt der kleine Jachthafen mit zahlreichen Cafés und Imbißständen. Gegenüber vom Hotel führt eine breite Treppe hinauf zur Vladimir-Kathedrale (Vladimirskij sobor). Nachdem schon im Krimkrieg der Grundstein gelegt worden war, wurde der Bau erst rund 30 Jahre später, 1888, abgeschlossen. Bedeutende Admirale der Schwarzmeerflotte, darunter auch Nachimov, fanden hier ihre letzte Ruhe; aus diesem Grund trägt das Gotteshaus noch einen zweiten Namen: Admiralskathedrale (Admiral'skij sobor). Von den Bolschewisten geschlossen und im Zweiten Weltkrieg schwer beschädigt, ist die Kirche, die im byzantinischen Stil gehalten ist, inzwischen wieder restauriert und für Gläubige geöffnet. Das goldene Kreuz auf der Kirchspitze hat nur deshalb den Atheismus der Sowjetzeit überlebt, weil es auf allen internationalen Seekarten als Markierung eingetragen war. Vor der Vladimir-

Grafskaja pristan', die Gräfische Anlegestelle

Kathedrale steht ein riesiges, weit herum sichtbares Lenin-Denkmal.

Hinter der Kirche schließt sich ein Viertel mit sehenswerten kleinen Straßen und Gassen an. In der ul. Ljudmily Pavljučenko stößt man auf ein tempelartiges Bauwerk. Hier befand sich vormals die Peter-und-Paul-Kirche (Petropavlovskaja cerkov') aus dem Jahr 1848. Nach der Oktoberrevolution schlossen die Bolschewisten die Kirche und wandelten das Gebäude, das nach seiner Zerstörung während des Krimkrieges 1888 im griechischen Stil neu aufgebaut worden war, in das ›Haus der Kultur‹ um. Heute führt die Kirche ein Zwitterdasein zwischen Gotteshaus und weltlichem Gebäude: Ist es den überwiegenden Teil des Jahres Kulturclub und Probenraum, so wird der Saal zu besonders hohen kirchlichen Feiertagen wie Weihnachten als Kirche genutzt.

Die Pokrovskij-Kathedrale (Pokrovskij sobor), eine weitere Kirche, in der bereits wieder Gottesdienste stattfinden, steht in der ul. Bol'šaja Morskaja. Die erst 1905 fertiggestellte Zeltdachkirche ist architektonisch insofern interessant, als die große Kuppel in der Mitte, umgeben von mehreren Zwiebeldachtürmen, an die russische Bauweise vorangegangener Jahrhunderte erinnert.

Nur wenige Kilometer vom Stadtzentrum entfernt, befindet sich in der ul. Geroev Sevastopolja (ул. Героев Севастополя/Straße der Helden von Sevastopol') der zentrale Eingang zum Malachov-Hügel (Malachov-Kurgan), der mit dem Trolleybus Nummer 7 von der Innenstadt in wenigen Minuten zu erreichen ist. Sowohl im Krimkrieg als auch im Zweiten Weltkrieg war der Hügel zu einer starken Festung ausgebaut und heftig umkämpft. Von dort aus hat man einen herrlichen Blick auf die Stadt. Zahlreiche Gedenksteine und ein Geschütz erinnern an die beiden Kriege. Über die Allee der Freundschaft, entlang derer viele hochdekorierte Kommunisten und Vertreter aus den ehemaligen ›Bruderländern‹ Bäume gepflanzt haben, kommt man zu einem kleinen Turm der Kornilovskij-Festung, in der sich heute ein Museum befindet. Nicht weit davon entfernt steht ein Denkmal zu Ehren des Admirals Kornilovskij, der dort ebenso wie Admiral Nachimov im Krimkrieg getötet wurde.

Vorwahl: 0692.
Das Hauptpostamt befindet sich in der ul. Bol'šaja Morskaja 21.

Nach Sevastopol' kann man per Ėlektrička, Bus oder Auto gelangen. Außerdem gibt es in jedem Ferienort die Möglichkeit, an einem organisierten Ausflug nach Sevastopol' teilzunehmen. Das Stadtzentrum ist vom Bahnhof aus über die ul. Vokzal'naja (ул. Вокзальная) bequem zu Fuß erreichen. Ins Zentrum fahren die Trolleybusse 3, 7 und 9. Vorortzüge Richtung Simferopol' fahren 7x tgl. zwischen 5 Uhr und ca. 20 Uhr. Der Fahrkartenschalter befindet sich in der Nähe der Fußgängerbrücke.

Der Busbahnhof liegt neben dem Bahnhof, jenseits der Gleise, zu erreichen über die Fußgängerbrücke oder direkt über die Schienen. In der Saison Tickets für die Überlandbusse zu bekommen, ist schwierig. Man sollte sich mehrere Tage im voraus bemühen.

▸ Einige Busse in Richtung Jalta fahren vom Haltepunkt ›5. Km‹ (Пятый Километр, Pjatyj Kilometr) – vom Bahnhof mit dem Trolley Nr. 20 bzw. mit der Maršrutka Nr. 17, aus dem Zentrum mit Trolley und Maršrutka Nr. 12.

▸ Richtung Evpatorija und Bachčisaraj fährt man am besten vom Nordbahnhof (Северная вокзал, Severnaja vokzal) – zu erreichen mit der Fähre von der Gräfischen Anlegestelle (Графская Пристань, Grafskaja Pristan'). Von dort verkehren Busse ca. jede Stunde.

Tickets für Flüge vom internationalen Flughafen ›Central'nyj‹ in Simferopol' können auch in Sevastopol' gekauft werden: ›Kijavia‹, ul. Lenina 13, Tel. 542829, www.kiyavia.com (russisch, englisch). Regelmäßige Flugverbindungen gib es von und nach Kiev, Moskau und Istanbul.

Die Bucht von Sevastopol' teilt die Stadt in eine nördliche und eine südliche Hälfte, die miteinander durch Fähren verbunden sind. Von der Gräfischen Anlegestelle verkehren alle paar Minuten Fähren ans gegenüberliegende Ufer sowie stündlich nach Inkerman über die Anlegestelle Gollandija (Голландия). Außerdem sind Fähren in die Vororte, unter anderem nach Balaklava unterwegs. Aus der Artbuchta (Artillerie-Bucht, Артбухта) verkehren zwischen 6 und 19 Uhr stündlich Fähren in den Nordteil der Stadt.

▸ Von Sevastopol' gelangt man auf dem Seeweg nach Istanbul (hin und zurück, drei Tage Aufenthalt, Übernachtung auf dem Schiff, ca. 200 Dollar). Die Abfahrtzeiten bitte vor Ort erfragen.

▸ Eine Seeverbindung besteht auch nach (Do. und So.) und von (Di und Fr.) Odessa. Tel. 546990. (siehe auch Reisetips von A bis Z ›Anfahrt‹).

▸ Bootsfahrten durch den Hafen, mit Blick auf die Schiffe der Schwarzmeerflotte – ab 10 Hryvnja.

Miete für ein 6-Personen-Boot ab 60 Hryvnja pro Stunde.

Um Bahnhof und Busbahnhof trifft man immer auf Einheimische, die Zimmer oder ganze Wohnungen zur Vermietung anbieten. Die Preise beginnen bei ca. 15 Hryvnja pro Person und Nacht.

▸ Hotel ›Sevastopol'‹, pr. Nachimova 8, Tel. 46 64 00, 46 64 82, www.1crimeatour.com/hotSev_l.html. Zentral gelegen, außen klassizistisch, innen kitschig-schlicht. DZ ab 40 Dollar.

▸ Hotel ›Ukraina‹, ul. Gogol'ja 2, Tel. 542127. DZ ab 25 Dollar.

▸ Hotel ›Krym‹, ul. 6aja Bastionnaja (ул. 6ая Бастионная) 46a, Tel. 55 71 54, 55 51 51, 14-etagiger Koloß, Preis ab 75 Hryvnja, inklusive Frühstück.

Die zahlreichen Restaurants und Cafés im Zentrum bieten reichlich Möglichkeit zum Verweilen, so daß hier keine konkreten Empfehlungen gegeben werden.

Museum der Schwarzmeerflotte, ul. Lenina 11, tgl. außer Di. und letzter Fr. im Monat 10 –18 Uhr, Eintritt 10 Hryvnja.

▸ Kunstmuseum, pr. Nachimova 9. Russische und westeuropäische Maler vom 17. bis zum frühen 20. Jahrhundert. Tgl. außer Di. 11–18 Uhr, Eintritt 5 Hryvnja.

▸ Das ›Panorama‹ ist vom pl. Ušakova aus über den Istoričeskij bul'var zu erreichen. Hier gibt es auch Führungen auf deutsch und englisch. Tgl. 9.30–18 Uhr, Eintritt 12 Hryvnja, Fotogebühr 5 Hryvnja, Video 15 Hryvnja.

www.sevastopol.info (russisch, englisch).

Chersones

Eingerahmt von der Pesočnaja-Bucht im Westen und der Karantinnaja-Bucht im Osten liegt die antike Stadt Chersones (Херсонес). Von den Griechen im 5. Jahrhundert vor Christus – einige Archäologen gehen heute sogar vom 6. vorchristlichen Jahrhundert aus – gegründet, war Chersones, das erst Ende des 14. Jahrhunderts von den Tataren der Goldenen Horde zerstört wurde, mit seiner fast zweitausendjährigen Geschichte eine der dauerhaftesten Städte des Altertums. Im 1. Jahrhundert nach Christus geriet die Stadt kurzfristig unter römischen Einfluß, später folgten Byzantiner und Ostslawen. Die mannigfaltigen Spuren, die die einzelnen Völker auf diesem engen Raum im Laufe der Jahrhunderte hinterließen, begründen die Einzigartigkeit von Chersones als historische Quelle für die Erforschung von Kultur und Alltagsleben im Süden der Halbinsel von der Antike bis zum späten Mittelalter.

Glücklicherweise ist Chersones bei der Gründung von Sevastopol' nicht von den Russen überbaut worden. Die Stadt, beziehungsweise was nach ihrem Untergang noch übrig war, blieb so erhalten. In den 1820er Jahren begannen russische Archäologen mit den Ausgrabungen und legten in mühevoller Kleinarbeit ganze Straßenzüge frei. Dabei stellte man fest, daß mehrere Schichten übereinanderliegen. Man findet heute zum Beispiel Reste einer mittelalterlichen Basilika in den Ruinen eines griechischen Amphitheaters vor. Im Jahre 1925 schlossen die Bolschewisten das Vladimir-Kloster, das nahe den Ruinen in der zweiten Hälfte des 19. Jahrhunderts errichtet worden war, und wandelten es in ein Museum um, in dem auch heute noch ein Teil der ausgegrabenen Exponate zu sehen ist.

Obwohl die Ausgrabungsstätte unter staatlichem Schutz stand, wurde sie wegen der besonderen strategischen Bedeutung für die Schwarzmeerflotte durch Aufstellen von militärischen Gerätschaften stark in Mitleidenschaft gezogen. Mittlerweile sind diese zwar aus dem unmittelbaren Ruinenfeld wieder abgezogen worden, die östlich an Chersones anschließende Karantinnaja-Bucht ist aber nach wie vor einer von vielen Stützpunkten der Schwarzmeerflotte. Bei deren endgültiger Aufteilung im Jahre 1997 entbrannte um die Bucht ein Streit zwischen der Ukraine und Rußland. Denn wer diese Bucht kontrolliert, kontrolliert faktisch die gesamte Bucht und die Hafeneinfahrt von Sevastopol'. Heute liegen Schiffe der russischen Marine in der Karantinnaja-Bucht – wie auch im Fall der übrigen russischen Flottenstützpunkte ›mietet‹ Rußland hier das Gebiet von der Ukraine. So bedrohen Ölrückstände und Schadstoffe, die einen Teil der archäologischen Stätte bereits zerfressen haben, dieses einzigartige Kulturdenkmal.

Überreste einer Basilika aus dem 11. Jahrhundert

Heute gefährden vor allem die Sonnenhungrigen, die sich im Sommer zwischen den Ruinen tummeln, und Stadtbewohner, die die Umgebung der antiken Stadt mit kleinen Sommerhäusern wild bebauen, den Erhalt von Chersones. Bis Mitte der 1990er Jahre konnte eine regelrechte Grabräubermafia fast ungehindert das Gebiet plündern und Grabfunde an Hobbysammler ins Ausland verkaufen. Es fehlte sowohl an rechtlicher Handhabe als auch an finanziellen Mitteln, um eine systematische wissenschaftliche Erschließung des Geländes, dessen Bewachung und die nötigen Restaurationsarbeiten vorzunehmen.

Nach 1996 und 1998 wurde Chersones 2002 bereits zum dritten Mal in die alle zwei Jahre veröffentlichte Liste der 100 am meisten bedrohten Kulturstätten der Welt, herausgegeben vom amerikanischen World Monuments Fund (WMF), aufgenommen. Dadurch und dank der mittlerweile regelmäßigen Präsenz von ausländischen archäologischen Forschungsteams ist Chersones in den letzten Jahren zunehmend ins internationale Bewußtsein gerückt.

Dort, wo heute die Museumsgebäude stehen, lag das Zentrum der antiken Stadt. Zu sehen ist noch der freigelegte Münzhof aus dem 3. Jahrhundert vor Christus. Hinter dem Münzhof befindet sich das antike Amphitheater, das vom 3. vorchristlichen bis zum 4. nachchristlichen Jahrhundert existierte und etwa 3000 Menschen Platz bot. Es war das einzige antike Theater auf der Krim. Aus dieser Zeit sind nur noch Teile der ersten Sitzreihe und einige Treppenstufen erhalten. Mit dem Aufkommen des Christentums wurde das Theater im 4. Jahrhundert zerstört und an seiner Stelle eine kleine Kirche errichtet, von der noch das Taufbecken und die christlichen Symbole für Fisch und Wasser zu sehen sind. Es ist wahrscheinlich, daß die Kirche bis zur Zerstörung der Stadt Ende des 14. Jahrhunderts existierte. Vom Haupteingang des Freilichtmuseums öffnet sich der Blick über den südöstlichen Teil der Stadt mit den Resten der zum Teil noch sehr gut erhaltenen mächtigen Festungsmauern, die den Hafen und die Zitadelle schützten.

Anhand des Stadttores kann man gut erkennen, wie sich unter den verschiedenen Herrschern die Bauten der Stadt veränderten: Der untere Durchgang wurde von den Griechen im 4. oder 3. Jahrhundert vor Christus erbaut, den Rundbogen setzten etwa 400 Jahre später die Römer darauf. An der Westseite der Mauer ist noch ein kleiner Raum aus der Römerzeit erhalten, der zur Aufbewahrung von Urnen diente. Der quadratische Turm aus dem 4. bis 3. vorchristlichen Jahrhundert demonstriert ebenfalls die Veränderungen im Laufe der Jahrhunderte, denn ursprünglich war der Turm rund gebaut worden. Seine spätere viereckige Form erhielt er im 9. und 10. Jahrhundert.

Direkt neben dem Turm befindet sich die Zitadelle, die in den ersten Jahrhunderten unserer Zeitrechnung errichtet wurde. Sie kann durch ein kleines Tor betreten werden. Dort sind noch die Fundamente von Thermalbädern, ein Brunnen und Wasserleitungen zu sehen, die von den Römern angelegt worden waren.

Auf der Anhöhe, wo sich die Vladimir-Kathedrale (Vladimirskij sobor) befindet, deren Grundstein 1862 gelegt wurde, spielte sich in der Antike das politische Leben ab. Der Ort ist von historischer Bedeutung, denn hier ließ sich im Jahr 988 der Kiever Großfürst Vladimir taufen, bevor er mit seiner byzantinischen Ehefrau Anna nach Kiev zurückkehrte und auch in Rußland das Christentum einführte. Die Kathedrale wurde 1888, also anläßlich des Jubiläums zur 900-jährigen Christianisierung Rußlands, eingeweiht, im Zweiten Weltkrieg aber zerstört. Nach jahrelangen Wiederaufbauarbeiten erstrahlt die mächtige Kathedrale heute wieder in ihrer ganzen Pracht.

Direkt neben der Kathedrale ist das Fundament einer Basilika aus dem 6. Jahrhundert zu erkennen. Nicht weit davon erstreckt sich die ehemalige Hauptstraße, die die beiden Stadtränder über einen Kilometer hinweg miteinander verband. In einem neben der Straße freigelegten Wohnviertel sind die Reste einer unterirdischen Kirche zu sehen. Gut zu erkennen sind der Grundriß der Höhlenkirche sowie der Altar mit der Altarnische. Vermutlich hielten die Gläubigen zur Zeit der Christenverfolgungen dort ihre Gottesdienste ab.

Ein bedeutendes Denkmal des christlichen Chersones ist die Uvarovskaja-Basilika, benannt nach ihrem Entdecker, der die Reste im Jahr 1853 freilegte. Sie wurde im 5. oder 6. Jahrhundert erbaut und war, dem Grundriß nach zu urteilen, eines der größten Bauwerke ihrer Zeit.

Nicht weit von der Uvarovskaja-Basilika befindet sich eine byzantinische Kirche, wahrscheinlich aus dem 7. Jahrhundert. Sehr gut erhalten sind die Grundmauern in Form eines Kreuzes sowie das Taufbecken in der Mitte. In Richtung Meer fällt der Blick auf eine große Glocke, die in einer Art steinernem Torbogen hängt. Sie gehörte ursprünglich zum Glockenturm des Vladimir-Klosters. Nach dem Krimkrieg wurde sie von französischen Truppen als Trophäe nach Paris gebracht. Erst 1913 wurde sie in der Kathedrale von Nôtre-Dame wiederentdeckt und kurz vor Beginn des Ersten Weltkrieges dem damaligen Vladimir-Kloster zurückgegeben. Nach der Schließung des Klosters 1925 wurde sie an ihrer heutigen Stelle angebracht, um bei Nebel den Schiffen die Einfahrt in den Hafen zu weisen.

Die direkt am Meer stehende Plattform mit sechs Säulen war Teil einer Basilika aus dem 11. Jahrhundert. Nicht weit davon entfernt befinden sich auch die Ruinen einer großen dreischiffigen Basilika aus dem 6. Jahrhundert. Direkt davor liegt ein sehr gut erhaltenes Mosaik aus Marmor, auf dem ein Pfau als Symbol für die Auferstehung und Tauben als Zeichen für den Heiligen Geist dargestellt sind. Nachdem die Kirche im 10. Jahrhundert zerstört worden war, entstand im Mittelschiff eine zweite, wesentlich kleinere Basilika. Erst ein Brand im 15. Jahrhundert zerstörte die ›Basilika in der Basilika‹, von der noch Reste zu sehen sind.

Wieder an dem Museumsgebäude angelangt, fällt im ehemaligen Klostergarten ein zweites Mosaikfeld auf. Es stammt ursprünglich aus einer Kirche, die sich jenseits der Stadtgrenze befand und erst nach der Revolution dorthin verlegt wurde.

Zu erreichen ist das Freilichtmuseum Chersones am einfachsten mit dem Taxi oder den Trolleybussen 6 und 10, die vom zentralen Markt, nicht weit vom pl. Lazareva (пл. Лазарева), abfahren. Vom Bahnhof fahren die Busse 4, 77, 107, 109, 110. Vom Zentralmarkt fährt auch die Maršrutka 22 direkt bis zum archäologischen Reservat, doch selten. Richtung Chersones verkehrt auch die Maršrutka Nr. 2; man sollte die Passagiere fragen, wo am besten aussteigen, um zu den Ruinen des Taurischen Chersones (Херсонес Таврический) zu gelangen; Fußweg ca. 10 min, als Orientierungshilfe dient die mächtige Vladimir-Kathedrale.

Die Ausgrabungsstätte sowie das Museum mit der Altertums- und Mittelalterabteilung sind täglich außer Mo von 9–18 Uhr geöffnet.
In beiden Abteilungen sind zahlreiche Alltagsgegenstände, Waffen, Münzen, Inschriften, Säulen und Grabfunde aus den jeweiligen Epochen zu sehen. Darüber hinaus dokumentieren Schaubilder die jeweilige Ausbreitung der Stadt, ihre Handelsverbindungen sowie ihre kriegerischen Auseinandersetzungen mit den Skythen.Bestellung von Führungen durch das Museum und über das Territorium: 0692/2411301, 231561. Eintritt: 14 Hryvnja, www.chersonesos.org (englisch, russisch, ukrainisch).

Inkerman

Ein weiteres Denkmal des frühen Christentums auf der Krim findet man im Höhlenkloster von Inkerman (Инкерман). Am östlichen Ende der Sevastopol'skaja buchta gelegen, gehört Inkerman noch zu Sevastopol'. Direkt über den in Fels geschlagenen Höhlenkirchen befand sich im Mittelalter die Festung Kalamita (errichtet 1427), die zum Fürstentum Mangup unter Theodoro gehörte. Von Sevastopol' aus erreicht man Inkerman entweder mit der Fähre, die neben der Gräfischen Anlegestelle abfährt, mit dem Bus oder mit der ›Ėlektrička‹, dem Bummelzug.

Nicht weit von der Bahnstation ›Inkerman‹ und der Anlegestelle teilt sich die Straße. Von der Hauptstraße, die nach links über eine Brücke in Richtung Simferopol' führt, zweigt nach wenigen Metern ein schmaler Weg nach rechts ab. Nach einem kleinen Tunnel, der unter den Gleisen entlangläuft, stößt man auf einen alten Brunnen, benannt wie das Höhlenkloster selbst nach dem heiligen Clemens – dem römischen Bischof, der nach religiöser Überlieferung zur Zeit der Christenverfolgung unter dem römischen Kaiser Trajan hierher verbannt worden war.

Vorbei an einem kleinen, halb zerstörten Friedhof aus dem 19. Jahrhundert führt kurz vor der Klosteranlage links – entlang der Felsen – der Weg hoch auf ein Plateau, wo sich die Festung Kalamita befand. Der Weg endet an einem halbkreisförmigen Turm. Hier befand sich das Stadttor der mittelalterlichen Festung. Sehr gut zu erkennen ist noch ein Kreuz oberhalb des Bogens. Der Turm stammt, wie auch die übrigen Ruinen, aus dem 15. Jahrhundert.

Zunächst von den Genuesern zerstört, wurde die Festung kurz nach ihrem Wiederaufbau im Jahre 1475 von den Türken eingenommen. Diese verstärkten die Verteidigungsmauern, und Inkerman entwickelte sich zu einer eigenständigen Stadt. Obwohl die Festung in der ersten Hälfte des 17. Jahrhunderts von Kosaken zerstört worden war, hielt sich die türkische Vorherrschaft bis zur Annexion der Krim durch Rußland. In enger Beziehung zu der Festung stand das sehr viel ältere Felsenkloster, das sich unterhalb der Festung befand und über eine Treppe im Felsen mit ihr verbunden war.

Der Legende nach soll der heilige Clemens I. bei seiner Ankunft in Inkerman im 1. Jahrhundert bereits eine Gemeinde von rund 2000 Christen vorgefunden haben, die im Höhlenkloster lebten. Ob die in den Fels geschlagenen Höhlen tatsächlich aus jener Zeit stammen, ist jedoch unklar. Wahrscheinlicher ist, daß griechische oder byzantinische Mönche in der Zeit zwischen dem 7. und dem 9. Jahrhundert die beeindruckenden Felsbauten schufen.

Das Klosterleben dauerte offenbar bis zur Türkenherrschaft im 15. Jahrhundert an. Gegen Ende des Jahrhunderts verließen die letzten orthodoxen Mönche die Höhlenklöster. Erst 1852 wurde auf Initiative des Erzbischofs Innozenz erneut ein kleines Kloster gegründet und dem heiligen Clemens geweiht. Dieses wurde wie alle Klöster auf der Krim in der Sowjetzeit geschlossen. 1992 öffnete Inkerman seine Türen wieder für Gottesdienste und zieht seitdem nebst Touristen auch immer mehr Gläubige an.

Der Eingang zum St.-Clemens-Kloster, das von 1993 bis 1996 prächtig restauriert wurde, bildet ein mit einem vergoldeten Zwiebeltürmchen geschmücktes Eingangsportal. Es gewährt zunächst Einlaß zu einem Innenhof und anschließend zu einer ersten kleinen Höhlenkirche. Diese schließt mit einem Rundbogen ab und ist dem heiligen Martin geweiht. Durch eine kleine Kapelle hindurch gelangt man schließlich in eine dreischiffige Basilika, die Kirche des heiligen Clemens, die zwischen dem 8. und dem 14. Jahrhundert entstand. Ein auffallendes Merkmal des Höhlenklosters sind die beiden Glockenstühle, die wie Erker an der Außenseite

Das Felsenkloster Inkerman und die Turmruinen von Kalamita

der Felswand kleben. Wer Glück hat, kann die Mönche beim Läuten der Glocken beobachten. Linker Hand des Eingangsportals befindet sich die Dreifaltigkeitskirche, die im Zweiten Weltkrieg zerstört worden war. Seit Ende 2000 erstrahlt auch diese Kirche nach umfassenden Restaurationsarbeiten wieder in neuem Glanz.

Wer die Kirche besichtigen will, sollte darauf achten, die richtige Kleidung zu tragen. Denn ohne lange Arm- und Beinkleider sowie für Frauen ohne Kopfbedeckung ist der Zugang nicht gestattet. Offiziell ist das Kloster gemäß Anzeigetafel ›für Wallfahrer-Gruppen‹ täglich von 9 bis 13 Uhr sowie von 14 bis 17 Uhr geöffnet. Ist das Eingangsportal geschlossen, meldet man sich am besten in der Dreifaltigkeitskirche bei einem der Mönche. Noch besser ist allerdings eine Voranmeldung unter Telefon 06 92/72 22 65. Dann hat man vielleicht sogar die Chance, durch die Felsengänge von der Höhlenkirche zu den Turmruinen von Kalamita geführt zu werden.

Balaklava

Etwa 15 Kilometer südwestlich von Sevastopol' liegt die Bucht von Balaklava (Балаклава). Der kleine Ort mit seiner sehr tiefen Bucht, die durch Berge vom offenen Meer geschützt liegt, unterlag als U-Boot-Stützpunkt zu Sowjetzeiten der höchsten Geheimhaltung und war selbst für Krimbewohner unzugänglich. Nach der Unabhängigkeit der Ukraine wurde die Sperre des äußerst grünen Städtchens aufgehoben, obwohl noch einige Jahre lang ein U-Boot der ukrainischen Flotte in der Bucht vor Anker lag. Heute ist auch dieses Relikt sowjetischen Marinestolzes aus Balaklava verschwunden, das Städtchen ist vollkommen entmilitarisiert.

Während ausländische Touristen kaum hierher finden, gilt der kleine Ort mit seiner phantastischen Badebucht, die nur mit einem kleinen Schiff zu erreichen ist, als Geheimtip unter den einheimischen Touristen. Gerade wer dem geschäftigen Treiben in Sevastopol' eine Zeitlang entfliehen will, findet in Balaklava ein paar ruhige Augenblicke. Zudem ist bereits die Fahrt von Sevastopol' durch die sanften, mit Reben bewachsenen Hügel äußerst lohnenswert.

Ebenso wie in Chersones siedelten in Balaklava die Griechen, ihnen folgten später die Römer. Leider sind keine Zeugnisse aus jener Zeit mehr zu finden. Allerdings soll Balaklava schon in Homers Odyssee Erwähnung gefunden haben, und zwar als enge Bucht, in der es nie Sturm gebe. Bedeutung erlangte die Bucht erst wieder im 15. Jahrhundert, als sich die Genueser dort niederließen und die Festung Čembalo errichteten. Die Festung auf dem Hügel zwischen Bucht und offenem Meer, von der nur noch Reste erhalten sind, war einst einer der wichtigsten Stützpunkte der Genueser auf der Krim.

In Balaklava

Unter den Türken, die auch diese Festung im 15. Jahrhundert einnahmen, erhielt der Ort den Namen Balyk-Lawe (Fischnest). Beim Anschluß der Krim an Rußland 1783 lebte niemand mehr in Balaklava. Zarin Katharina II. ordnete die Ansiedlung von sogenannten Archipel-Griechen an. Bis ins 19. Jahrhundert stand hier ein griechisches Bataillon in Diensten der Zaren. Auch die Griechen von Balaklava wurden während des Zweiten Weltkrieges von Stalin deportiert.

Im Krimkrieg (1853–1856) legten die Engländer an dieser Stelle ihren wichtigsten Stützpunkt an und verlegten das erste Schienennetz, um den Nachschub an die Front zu sichern. Englische Architekten bebauten auch die Uferpromenade und nannten den Ort ›Klein-London‹. Später avancierte Balaklava zum Kurort, und russische Adelige ließen sich hier Villen bauen.

An der ul. Rubcova 41 (ул. Рубцова), etwas oberhalb des Ortskerns an der Bucht, erhebt sich die Kirche der Heiligen Zwölf Apostel, erbaut im 14. Jahrhundert und letztmals restauriert Anfang der 1990er Jahre. Es handelt sich dabei um eine Podvor'e, eine Art Außenstelle, des St.-Clemens-Klosters von Inkerman. Der Gottesdienst wird von Mönchen aus Inkerman zelebriert, einer von ihnen wohnt permanent in Balaklava.

Ein Besuch Balaklavas lohnt sich heute vor allem auch wegen der auf der Krim wohl einzigartigen Vegetation: Entlang der Südküste erstreckt sich ein Naturschutzgebiet mit dichten Tannenwäldern, die den Berghang bis direkt an das Meer bewachsen.

Ein Fährboot legt im Hafen von Balaklava ab und bringt Badegäste und Naturfreunde zu einem Badestrand, der direkt neben dem Naturschutzgebiet liegt.

Von Sevastopol' kommt man problemlos nach Inkerman. Vom Zentralmarkt fährt der Bus 94, außerdem kann man von dort mit dem Bus 12 und der Maršrutka 12 bis zur Haltestelle ›5. Km‹ (Пятый Километр, Pjatyj Kilometr) fahren, von dort fährt der Bus 9 nach Balaklava.
Vom Bahnhof kommt man mit dem Bus 20 und der Maršrutka 17 zum ›5. Km‹.

Sehenswert ist das Museum der Kriegsmarine (Военно-Морской Мусейный Комплекс, Voenno-Morskoj Musejnyj Kompleks), geöffnet tgl. von 10–17 Uhr. Während der etwa einstündigen Führung (in Gruppen von mehreren Personen) schließt man Bekanntschaft mit einem der geheimsten U-Boot-Häfen der Sowjetunion am Schwarzen Meer. In den unterirdischen Kammern im Felsgestein hätten die U-Boote Explosionen mit der Sprengkraft der Hiroshima-Bombe überstanden.

Auch im Osten der Krim
gibt es verschiedene
reizvolle Badeorte
in einer eindrucksvollen,
schroffen Landschaft.
Einige davon sind
sogar bislang vom
Trubel des Tourismus
verschont geblieben.

Der Osten

Der Südosten

Die Südostküste der Krim, die sich von Sudak bis Feodosija erstreckt, ist neben Groß-Jalta das zweite touristische Zentrum der Halbinsel. Es ist allerdings weder so überlaufen noch so professionell auf Tourismus vorbereitet wie die Orte an der Südküste, nähert sich diesen aber immer mehr an. Der landschaftliche Kontrast zwischen den beiden Küstenabschnitten könnte kaum größer sein. Während die Südküste von bewaldeten Hängen geprägt ist, erwartet den Besucher im Südosten ein ganz anderer Reiz: eine schroffe, fast kahle und oft dunstverhangene Felsenküste, unterbrochen von vielen kleinen Buchten. Das Klima ist hier etwas gemäßigter als an der Südküste.

Die küstennahen Gebiete der Gegend waren nicht immer von felsigem Gestein und kargem Bewuchs gekennzeichnet. In früherer Zeit gab es hier ebensoviel Wald wie an der Südküste. Doch zur Zeit der türkischen Herrschaft war der Wald verwüstet worden, Flora und Fauna verarmten. Katharina II. ließ nach der Annexion durch das Russische Reich wieder Wald auf der Krim anpflanzen. 100 Jahre später gab es eine neue Anordnung des Zaren, der zufolge es untersagt war, im privaten und staatlichen Wald der Gebiete um Simferopol', Jalta und Feodosija mehr als drei Prozent der Fläche zu roden. Dennoch nahm die Waldfläche von 1860 bis 1920 im Südosten um ungefähr ein Drittel ab, viele Quellen versiegten, und einsetzende Erosion war die Folge. Heute wird allmählich wieder mehr für den Schutz des Waldes getan, unter anderem der Buchenwald auf dem Agarmyš bei Staryj Krym und die einmalige Landschaft des Karadag sind Naturschutzgebiete.

Staryj Krym

Staryj Krym (Старый Крым) liegt auf dem Weg von Simferopol' nach Osten, etwa 25 Kilometer vor Feodosija in einem breiten Tal mit einer schmalen Mündung in Richtung Osten. Die Stadt ist im Süden und Südwesten von der Gebirgskette Karasan-Oba umgeben, im Nordwesten erheben sich der Agarmyš und der Taz-Agarmyš über der Stadt. Durch das Tal fließt der Čurjuk-Su in einen Stausee. Es heißt, Staryj Krym zeichne sich durch die beste Luft der ganzen Halbinsel aus. Weit und breit gibt es keine Abgase verursachende Industrie, dafür wächst viel Wald in nächster Nähe.

Hier kreuzten sich schon in den ersten nachchristlichen Jahrhunderten zwei Handelswege: Der eine verlief von Norden durch die Steppe nach Osten hin zum Meer, der andere von Feodosija und Kerč' nach Süden in das heutige Sudak. Vom einstigen Treiben der Händler ist nicht viel geblieben.

Einiges spricht dafür, daß der Ortsname ›Krym‹ später der ganzen Halbinsel ihren Namen gab. Eindeutige Beweise hat bisher jedoch niemand gefunden, und so hält sich weiterhin auch die entgegengesetzte Theorie, nach der die Stadt nach der Insel benannt wurde.

Staryj Krym, das spätestens vom 3. Jahrhundert nach Christus an zum Bosporanischen Reich gehörte, spielte als Getreidelieferant des Reiches eine wichtige Rolle in dessen Außenhandel. Im 4. Jahrhundert verwüsteten die Hunnen nach Feodosija auch Staryj Krym. Ab dem 8. Jahrhundert entstand auf den Ruinen der alten Stadt eine bulgarische Siedlung, die Solchat hieß. Später bewohnten genuesische Händler einen Teil der Stadt. Bereits im 11. Jahrhundert siedelten sich armenische Kolonisten an, die den Ort Surchat nannten. Zu dieser Zeit entstand auch das älteste noch erhaltene Gebäude von Staryj Krym: die kleine Kirche, die im Schatten von Nußbäumen in der ul. Počtovaja (ул. Почтовая) steht.

Die Tataren gaben der Stadt, in der seit Mitte des 13. Jahrhunderts der Statthalter des Khans residierte, den Namen Krym. Nach der Auflösung der Goldenen Horde im 15. Jahrhundert wurde Bachčisaraj zur neuen Hauptstadt des nun selbständigen Khanats der Krim. Die Eroberung Caffas, Soldaijas und anderer Seestädte durch die Türken im Jahre 1475 bedeutete das Ende der internationalen Handelstätigkeit von Staryj Krym. Im 16. Jahrhundert wurde die Stadt unter den Türken in Eski-Krym umbenannt, was ebenso wie der heutige russische Name ›Alte Krim‹ bedeutet.

Nach der Angliederung an Rußland wurde die Stadt auf Befehl Katharinas II. in Levkopol' (Weiße Stadt) umbenannt. Im Mai 1787 kam die Zarin am Ende ihrer Reise über die Krim hierher. Von dem Besuch zeugt noch heute ein Meilenstein sieben Kilometer hinter dem Ortsausgang in Richtung Feodosija; weitere gibt es an der Straße Simferopol'–Bachčisaraj und vor dem Khanspalast. Solche Steine standen an allen Wegen, die die Zarin von Petersburg bis Feodosija befahren hatte, und symbolisierten den Zugang Rußlands zum Schwarzen Meer.

Zur Jahrhundertwende siedelten sich in Staryj Krym aufs neue Armenier an. Sie errichteten Häuser, Läden und Kirchen, legten Gärten und Weinstöcke an, 1805 wurde ein armenisches Rathaus eröffnet. Ebenfalls 1805 gründeten Siedler aus der Schweiz in der Nähe von Staryj Krym das Dorf Zürichtal. In der Siedlung, die jetzt Zolotoe Pole heißt, steht noch heute eine von den Schweizer Kolonisten errichtete Kirche.

Im Jahre 1813 siedelten sich außerhalb der Stadt Bulgaren an. Ihre kleine Kolonie hielt sich hier bis 1919. Wie im Mittelalter war die Stadt nun wieder zu einem vielsprachigen Völkergemisch geworden: Russen, Armenier, Krimtataren, Griechen, Karaimer, Deutsche, Bulgaren und Angehörige weiterer Völker lebten hier. Die meisten von ihnen fielen während des Zweiten Weltkrieges Stalins Deportationen zum Opfer.

Durch Aleksandr Stepanovič Grin (1880–1932) wurde Staryj Krym literaturhistorisch interessant: Der Schriftsteller verbrachte hier die letzten Jahre seines Lebens. In dem Haus, in dem er gemeinsam mit seiner Frau und seiner Schwiegermutter wohnte, ist heute eine Filiale des Grin-Museums von Feodosija untergebracht. Der Schriftsteller lebte hier im Juni und Juli 1932, bis er an Krebs starb. Er hatte zuvor bereits in einigen anderen Häusern in Staryj Krym gewohnt, dieses war jedoch sein Eigentum. An diesem einfachen Haus ginge man wohl einfach vorbei, wären da nicht die Gedenktafel, das Museumsschild und eine Grin-Büste. In dem Haus herrscht eine fast wohnliche, rührende Atmosphäre, die geprägt wird von den älteren Damen, die es behüten. Der Raum linker Hand ist fast so erhalten, wie er war, als Grin hier starb. Nachdem Grins Witwe aus zehnjähriger Lagerhaft – der Vorwurf war angebliche Kollaboration mit den Faschisten – nach Staryj Krym zurückgekehrt war, fand sie hier nur einen Speicher vor, doch sie suchte die alten Sachen bei den Nachbarn zusammen und fand auch wirklich fast alles aus Grins Zimmer wieder. Schon als Grins Witwe noch hier wohnte, wurde das Zimmer zu einem Gedenkzimmer, Verehrer des Schriftstellers kamen und suchten diesen Raum auf. Seine Witwe lebte im zweiten Raum des kleinen Hauses. Dieser gehört heute ebenso wie die Küche, in der noch einige Gegenstände aus Grins Haushalt stehen, zum Museum. 1971 wurde aus dem Wohnhaus offiziell ein Museum. Das Grab des Dichters befindet sich auf dem städtischen Friedhof am Stadtausgang in Richtung Feodosija, kurz hinter dem Busbahnhof auf der linken Straßenseite. Aus Anlaß des 100. Geburtstages von Grin erhielt die Ruhestätte 1980 ein neues, kunstvoll errichtetes Grabmal; außerdem wurde neben dem Wohnhaus eine Büste des Dichters aufgestellt. Das Grin-Grab ist ganz leicht zu finden, wenn man aus der Stadt kommend nicht gleich den ersten Friedhofs-Eingang durch das Gittertor nimmt, sondern noch ein Stück an der Mauer entlanggeht, bis man auf den eigentlichen Eingang stößt. Von hier aus ist das Grab nämlich sogar ausgeschildert.

Ebenfalls an den Dichter sowie an weitere mit Staryj Krym verbundene Künstler erinnert das Geschichts- und Literaturmuseum. Besonders viel Geld hat das Museum nicht zur Verfügung – man merkt dies unter anderem daran, daß die Museumswärterinnen das Licht in den Räumen immer erst dann anschalten, wenn man sie betritt, und nach dem Verlassen sogleich wieder löschen. Liebevoll und mit wenigen Mitteln ist das kleine Museum gestaltet worden. Viele Exponate drängen sich auf engem Raum, sie ehren die verschiedenen Künstler, die mit Staryj Krym zu tun hatten. Neben einigen Ausführungen zur Geschichte der südöstlichen Krim und des Ortes selbst sowie einigen archäologischen Ausstellungsstücken liegt das Hauptgewicht hier auf der künstlerischen Geschichte von Staryj Krym. So gibt es eine Abteilung zu Tatjana Alekseevna Gagarina, die die Büste im Garten von Grins Haus sowie die Skulptur auf seinem Grab geformt hat.

Weitere Abteilungen sind Vološin und Petnikov gewidmet. Alles in allem lädt das Museum Kenner der russischen Sprache, die außerdem Interesse an Kunst und Literatur mitbringen, zu einem kurzen aber lohnenden Besuch ein.

Wer sich in persönlichem Rahmen über Leben und Kultur der Krimtataren informieren will, sollte sich das im August 1999 eröffnete kleine Privatmuseum an der ul. Kalinina 29 nicht entgehen lassen. In drei Räumen sind rund 300 Exponate ausgestellt: vor allem Haushaltsgegenstände, traditionelle Kleidungsstücke, Bilder und Fotos. Es sind Stücke aus zwei privaten Sammlungen sowie Gaben

Das Grab von Aleksandr Grin auf dem städtischen Friedhof von Staryj Krym

verschiedener Einzelpersonen. Besonders sehenswert ist das ›Zimmer der Braut‹, in dem Brautkleider und verschiedene wertvolle Stoffe zu bewundern sind.

Aus dem Jahre 1314 stammt die Moschee Uzbeka, die während der Sowjetzeit dem Verfall preisgegeben wurde. Infolge der rückkehrenden Krimtataren wurde die Moschee restauriert. Besucher sehen eingemeißelte Bilder und ein Portal mit arabischer Inschrift zu Ehren des ›gelobten Khans Muchammed Uzbek‹. Im Herbst 2000 konnte man in der Moschee zudem in weiße Tücher gekleidete islamische Geistliche aus Oman und Dubai antreffen. Sie waren hier, um einen krimtatarischen Burschen zum Mullah auszubilden. Sie sprachen kein Wort Russisch, der junge Mann war weder des Arabischen noch des Englischen mächtig. Das Beispiel Staryj Krym macht deutlich, wie sich verschiedene Strömungen des Islam auf der Krim nebeneinander ausbreiten.

Wer von Simferopol' kommend nach Staryj Krym hineinfährt, bemerkt am Stadtrand auf der rechten Seite sofort eine große, moderne Moschee. Wie in unzähligen anderen Dörfern und Städten der Krim wurde auch hier für die vorwiegend aus Usbekistan zurückgekehrten Krimtataren eine neues Gotteshaus errichtet. Das auffällige Bauwerk mit einer großen Kuppel, zwei kleinen Minaretten und einem freistehenden, hohen Minarett aus weißbemaltem Metall steht

Die neuerbaute Moschee am Stadtrand von Staryj Krym

am Rande eines Viertels mit fast ausschließlich neuen Häusern. Sie gehören Krimtataren, die sich nach ihrer Rückkehr aus Zentralasien erst vor kurzem hier niedergelassen haben. Viele Häuser sind noch nicht fertiggestellt. Die Moschee, die rund 400 Männern Platz bietet (Frauen müssen mit dem Balkon vorliebnehmen), wurde von 1995 bis 1999 errichtet und vorwiegend mit Geldern aus arabischen Staaten finanziert. Geistliche Lehrer aus der Türkei bringen den zugewanderten Krimtataren die muslimische Religion näher, bilden junge Mullahs aus. In der Kuppel steht die arabische Inschrift zu lesen: ›Außer Allah gibt es keinen Gott.‹ Fast jeden Tag kommen Kinder in die Moschee, um die arabische Sprache zu lernen und im Koran zu lesen. Im Frühling 2000 machte auch der ukrainische Präsident Leonid Kučma der Moschee seine Aufwartung.

Irma Jakovlevna

Irma Jakovlevna Tarusova ist bekannt in Staryj Krym. 1955 war sie mit ihrem russischen Mann aus Kasachstan hierher gekommen und arbeitete bis 1974 als äußerst beliebte Deutschlehrerin. Ihr Heimatdorf aber ist die Schweizer Kolonie Zürichtal, wo sie 1919 als Irma Ille geboren und von wo sie 1941 deportiert worden war. Sie ist heute auf der Krim die einzige noch in Zürichtal geborene Person. Die meisten anderen Zürichtaler entschieden sich oder waren gezwungen, in den Deportationsgebieten in Kasachstan zu bleiben. Viele von ihnen sind inzwischen nach Deutschland ausgewandert.

Irma Jakovlevna erinnert sich noch genau an ihre Kindheit und Jugendzeit in Zürichtal. Ihre Erinnerungen sind umso wertvoller, als in Zolotoe Pole auf den ersten Blick kaum mehr etwas darauf hinweist, daß man sich in einem von Schweizern gegründeten Dorf befindet. An der 1860 erbauten Kirche – heute von den orthodoxen Gläubigen genutzt – erinnert eine Gedenktafel an die Schweizer Kolonie.Wer aber mit Irma Jakovlevna zuerst die Straße des Unterdorfes und dann jene des Oberdorfes entlang schreitet, kann mit ihr eintauchen in ihre Jugendzeit in Zürichtal. Von jedem Haus kann sie noch den damaligen Besitzer nennen. ›Hier hat der Aberli gewohnt, und hier der Pfeiffer, da der Vollenweider und dort der Gallwas und der Marks.‹ Und ganz besonders betont Irma Jakovlevna immer wieder, daß man im Dorf ausschließlich Deutsch gesprochen habe. Heute sind deutsche Laute in Zolotoe Pole selten geworden. Doch ein Dorfmuseum im Schulhaus zeigt die wechselvolle Geschichte der ehemaligen Schweizer Kolonie (vgl. Seite 56). Zolotoe Pole, das einstige Zürichtal, erreicht man am besten per Auto oder Taxi von Staryj Krym aus. Kurz nach dem Ende der Stadt (in Richtung Feodosija) zweigt links die Straße nach Zolotoe Pole ab, ein großes Schild weist darauf hin. Links an Privetnoe (Приветное), dem einstigen Heilbrunn, vorbei gelangt man schließlich direkt ins Zentrum der ehemaligen Schweizer Kolonie, auf den Platz bei der Kirche zwischen dem Unterdorf (rechts) und dem Oberdorf.

Irma Jakovlevna

Das armenische Kloster Surb-Chač

Ab dem 11. Jahrhundert lebten armenische Kolonisten in Staryj Krym – sie nannten den Ort Surchat. Im 14. und 15. Jahrhundert gab es in der Stadt und ihrer Umgebung vier armenische Klöster und neun Kirchen. Eines der Klöster ist bis heute erhalten geblieben: Vier Kilometer von Staryj Krym entfernt erheben sich am Hang des Berges Svjatoj Krest (Heiliges Kreuz) die Mauern des mittelalterlichen armenischen Klosters Surb-Chač (Сурб-Хач). Die Klosterkirche aus dem 14. Jahrhundert ist die älteste noch erhaltene armenische Kirche der Krim. Die charakteristischen Merkmale armenischer Kirchen lassen sich gut erkennen, so zum Beispiel die Ornamentverzierung in Form von Stalaktiten, sechseckigen Sternen und zahlreichen ›chačkary‹, Gedenksteinen mit der Darstellung des ›aufblühenden‹ Kreuzes. Nahe der Kirche befinden sich die Überreste der Wirtschaftsgebäude, der Küche und des Eßsaals. Ein zweigeschossiges Wohngebäude mit 16 Klosterzellen bildete den Trakt der Mönche.

Jahrhundertelang war Surb-Chač ein Zentrum der geistlichen Welt der Armenier. Es gab hier eine Schule, in der neben Gottes Wort auch weltliches Wissen vermittelt wurde: Arithmetik, Grammatik, Geographie, Rhetorik, Philosophie, Miniaturenkunst und die Kunst des Schreibens wurden hier unterrichtet. Im Kloster lebten zahlreiche berühmte Männer der armenischen Kultur – Philosophen, Gelehrte und Poeten. Surb-Chač lag zudem an der Salz-Handelsroute zwischen den verschiedenen Salzseen der Krim und Sudak. Die Mönche erhoben von den Händlern Wegezölle.

Inschrift im armenischen Kloster Surb-Chač bei Staryj Krym

Nach der Oktoberrevolution 1917 wurde das Kloster Surb-Chač geschlossen. Es diente dann als Pionierlager und auch als Sanatorium für Piloten, bevor es als solches aufgegeben wurde und immer mehr zerfiel. Im Zweiten Weltkrieg bombardierte die deutsche Luftwaffe das Kloster, weil Partisanen hier Unterschlupf gesucht hatten.

Seit einigen Jahren sind armenische Archäologen damit beschäftigt, das stark verfallene Kloster wieder in seinen ursprünglichen Zustand zu versetzen. Doch nicht nur die Archäologen, auch die armenische Bevölkerung von Staryj Krym hat ein Interesse daran, zumindest die Kirche wieder instandzusetzen: Im Juli 1993 wurde bereits die erste armenische Hochzeit seit 1917 in Surb-Chač gefeiert. Inzwischen ist das Kloster wieder zu einem Zentrum armenischer Kultur in der Ukraine geworden. Hier finden Feste oder Feierlichkeiten statt, zu denen Armenier von anderen Orten der Krim, aber auch aus der gesamten Ukraine anreisen.

Zum Kloster Surb-Chač führt ein Feldweg, der hinter der letzten Häuserreihe in dem Stadtgebiet gegenüber dem Sanatorium ›Staryj Krym‹ beginnt, am Ortseingang aus Richtung Simferopol'. Schilder gibt es allerdings keine, daher ist es ratsam, Ortsbewohner vorsichtshalber nach dem Weg zu fragen. Der insgesamt etwa vier Kilometer lange Weg führt zunächst hinab zum Flüßchen Čurjuk-Su, überquert dieses dann und führt den Berghang hinauf durch einen Wald. Etwa 500 Meter nach einem bewachten Gittertor, das die Durchfahrt von Autos verhindert, erreicht man das Kloster.

Vorwahl: 06555.
Die Post befindet sich in der ul. Lenina 68 (ул. Ленина).

Staryj Krym kann in ungefähr zweieinhalb Stunden mit dem Autobus erreicht werden, der von Simferopol' nach Feodosija und Kerč' fährt. Der Busbahnhof liegt direkt an der Durchgangsstraße, der Feodosijskoe Chaussee (Феодосийское шоссе). Die meisten Busse halten nur kurz im Ort. Wenn nicht jemand aussteigt oder (sehr selten) ein Platz frei ist, wird es schwierig, mitzukommen. Aus dem Zentrum verkehren Busse bzw. Maršrutki nach Feodosija und nach Koktebel'.

Das Sanatorium ›Staryj Krym‹ liegt am Ortsausgang in Richtung Simferopol', Tel. 21251.
▸ Unterkünfte vermittelt auch das Museum für tatarische Kultur.

Zahlreiche Cafés und Geschäfte befinden sich in der ul. Lenina (ул. Ленина), die parallel zur Durchgangsstraße verläuft. Das Restaurant ›Gornyj‹ hat die Hausnummer 119.
▸ Im Haus an der Ecke neben dem Geschichts- und Literaturmuseum befindet sich das Restaurant ›Staryj Krym‹.

Es gibt einen Markt an der Ecke ul. Svobody (ул. Свободы)/ul. Kalinina (ул. Калинина).

Die kleinen Räume des Grin-Museums in der ebenfalls parallel zur Hauptstraße verlaufenden ul. Karla Libknechta 56 (ул. Карла Либкнехта) vermitteln durch ihre authentische Ausstattung und die lebendigen Erzählungen der Museumsleiterin eine angenehm persönliche Atmosphäre. Es ist täglich von 9 bis 16 Uhr geöffnet, Tel. 2 12 44.

▶ In einem kleinen Haus mit Garten in der ul. Kalinina 29 (ул. Калинина) ist das private krimtatarische Museum untergebracht. Auf Vorbestellung bietet das Museum nebst der Besichtigung auch die Ausrichtung besonderer Anlässe an. Auf Wunsch der Gäste werden dann krimtatarische Speisen zubereitet, traditionelle Tänze und Musik dargebracht. Auskünfte gibt es unter Tel. 2 21 96 oder 2 14 62 oder im Lebensmittelladen ›Kervan‹, der sich gleich gegenüber dem Museum befindet. Das Museum ist täglich von 10 bis 18 Uhr geöffnet.

▶ Das Heimatkundemuseum von Staryj Krym heißt inzwischen Geschichts- und Literaturmuseum und liegt in der ul. Svobody 17 (ул. вободы). Das Museum ist außer samstags und sonntags täglich von 9 bis 17 Uhr geöffnet.

Feodosija

Der 75 000 Einwohner (im Jahr 2001) zählende beliebte Kurort Feodosija (Феодосия) ist das industrielle und kulturelle Zentrum der Südostküste. Im Vergleich zur Südküste fallen hier die ruhige Atmosphäre und die helle und freundliche Bebauung auf – Sanatoriumsklötze gibt es kaum. Zu Sowjetzeiten lagen der Stadt besonders die Kinder am Herzen: Viele Sanatorien wurden ausschließlich für Kinder und Jugendliche gebaut.

Als griechische Kolonialisten die Hafenstadt an der Südostküste im 6. Jahrhundert vor Christus gründeten, fühlten sie sich wie von überirdischen Mächten beschenkt: Feodosija, ›die von Gott Gegebene‹, tauften sie die Bucht. Ohne dabei den Zorn der Götter zu fürchten, richteten sie sogleich einen großen Sklavenhandel ein. Der Hafen eignete sich vorzüglich zum Handel vom Mittelmeer bis nach Asien. Weizen, Leder, Fell, Honig, Wachs, Fisch, exotische Gewürze, Geschirr, Kunstwerke, Waffen, Farben, Stoffe und natürlich griechischer Wein wurden hier gehandelt. Stumme Zeugen der frühen Blüte Feodosijas sind Münzen, die in der Stadt geprägt wurden und die einen Eindruck vom Reichtum der ›Gottgegebenen‹ vermitteln. Sie sind im Heimatmuseum ausgestellt.

In den folgenden Jahrhunderten wuchs Feodosija so schnell, daß es bald zu einem ernsthaften Konkurrenten von Pantikapej wurde, dem heutigen Kerč', damals Hauptstadt des Bosporanischen Reiches. Diesen aufstrebenden Nebenbuhler in der Nachbarschaft konnten die Bewohner von Pantikapej nicht lange dulden. Als sich Feodosija dem Bosporanischen Reich nicht freiwillig anschloß, sondern auf seiner Selbständigkeit beharrte, wurde es von Pantikapej 380 vor Christus gewaltsam in Besitz genommen.

Obwohl Feodosija seine Unabhängigkeit verloren hatte, blieb es ein mächtiger Handelshafen des Schwarzen Meeres. Die Akropolis, das befestigte griechische Stadtzentrum, entstand auf dem Karantina-Hügel am südlichen Rand der heutigen Stadt. Feodosija wurde ein Stützpunkt an der Grenze zwischen Bosporanischem Reich und dem von Tauriern besiedelten Berggebiet.

In den folgenden Jahrhunderten litt die Stadt unter ständig neuen Eroberern: Römer, Sarmaten, Alanen und Goten ließen sich hier nieder, Feodosija verlor an Bedeutung, im Jahre 370 wurde es von den Hunnen fast vollständig zerstört.

Der Ajvazovskij-Brunnen im Uferpark

Erst Anfang des 13. Jahrhunderts kehrte Feodosija auf die Landkarte zurück, als die Genueser den Tataren, die mittlerweile Herrscher über große Teile der Halbinsel waren, die Stadt abkauften und sie zum Zentrum ihrer Schwarzmeer-

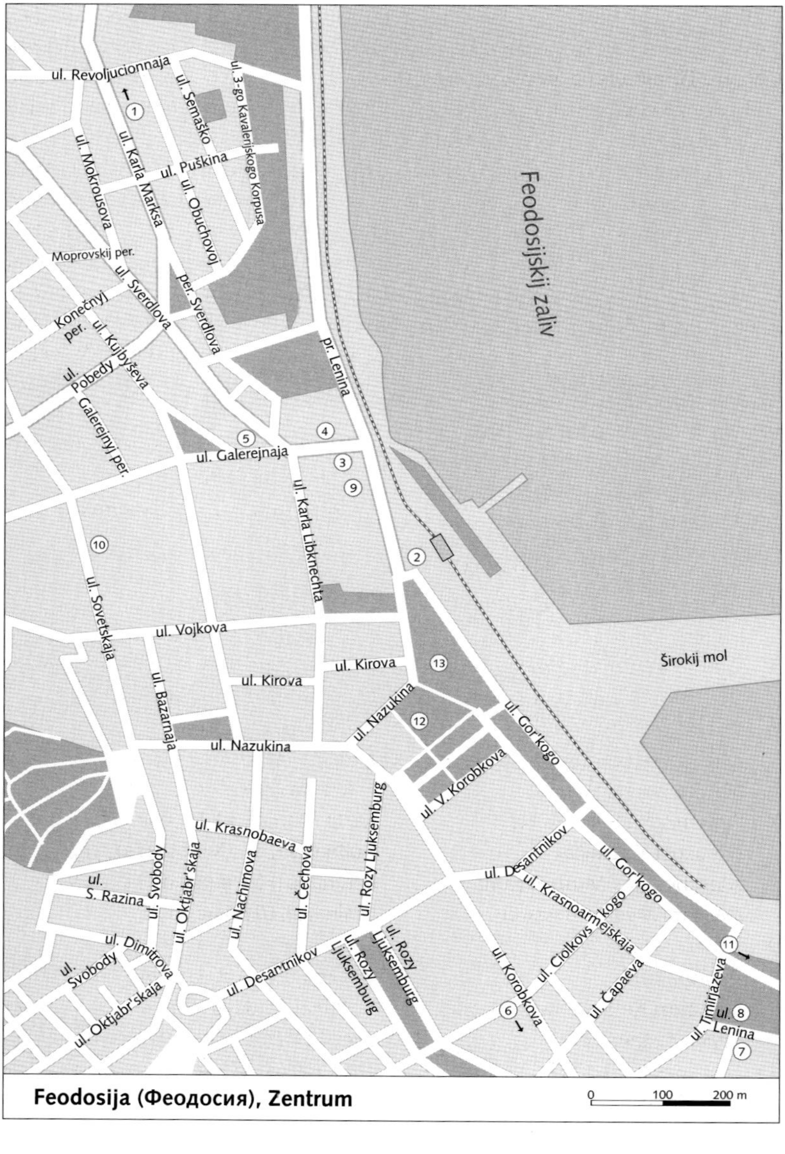

Feodosija (Феодосия), Zentrum

Kolonien ausbauten. Genuesische Händler gründeten um 1270 eine Handelsniederlassung, die sie Caffa nannten. Durch Handel mit Waren und Sklaven blühte die Stadt wieder auf; wo heute kleine Feriengäste herumtoben, wurden früher Männer und Frauen auf einem der größten europäischen Sklavenmärkte verkauft.

Über zwei Jahrhunderte war die Stadt Verwaltungszentrum der genuesischen Kolonien, auch die Kriegsflotte lag im Hafen Caffas. Heute sind in der Stadt noch mehrere Türme aus genuesischer Zeit erhalten, und auf dem Karantina-Hügel sind Teile der 1342 erbauten Festungsmauern zu sehen. In ihrer Nähe befinden sich zudem armenische Kirchen aus dem 14. Jahrhundert.

Im Jahre 1475 eroberten die Türken Caffa und vertrieben die Genueser. Auch die neuen Herrscher hatten mit der Siedlung, die sie Kefe nannten, Großes vor: Sultan Magomed II. rief einen berühmten Baumeister aus Konstantinopel herbei, der auf dem größten Platz der Stadt eine Moschee und öffentliche Badehäuser errichten ließ. Das einstige ›von Gott gegebene‹ Feodosija schien dem türkischen Sultan sehr ans Herz gewachsen zu sein, denn er nannte es ›Kleines Istanbul‹. Die Stadt entwickelte sich in den drei Jahrhunderten, während derer die Türken blieben, zu einer bedeutenden Arbeits- und Handelsstätte.

Legende

1 Busbahnhof (Автовокзал)
2 Bahnhof (Вокзал)
3 Heimatkundemuseum (Феодосийский Краеведческий музей)
4 Ajvazovskij-Galerie (Картинная галерея им. И. К. Айвазовского)
5 Grin-Museum (Литературно-мемориальный музей А.С. Грина)
6 Kirche der Erzengel Gabriel und Michael (Церковь Архангелов Михаила и Гавриила)
7 Armenische Sarkis-Kirche (Церковь Саркиса)
8 Moschee des Mufti-Džami (Мечеть Муфти-Джами)
9 Hotel ›Astoria‹ (Гостиница ›Астория‹)
10 Museum für Segelflug (Музей дельтапланеризма)
11 Festungsanlage auf dem Karantina-Hügel
12 Ajvazovskij-Brunnen (Фонтан Айвазовского)
13 Konstantin-Turm (Башня Константина)

Straßen und Plätze

Čapaeva, ul. (Чапаева, ул.)
Desantnikov, ul. (Десантников, ул.)
Galerejnaja, ul. (Галерейная, ул.)
Gor'kogo, ul. (Горького, ул.)
Karla Libknechta, ul. (Карла Либкнехта, ул.)
Karla Marksa, ul. (Карла Маркса, ул.)
Kujbyševa, ul. (Куйбышева, ул.)
Lenina, pr. (Ленина, пр.)
Lenina, ul. (Ленина, ул.)
Nazukina, ul. (Назукина, ул.)
Pobedy, ul. (Победы, ул.)
Puškina, ul. (Пушкина, ул.)
Sverdlova, ul. (Свердлова, ул.)
Timirjazeva, ul. (Тимирязева, ул.)
Vojkova, ul. (Войкова, ул.)

Nach der Annexion der Krim durch Rußland erhielt die Stadt durch Zarin Katharina II. ihren alten Namen Feodosija zurück. Ende des 18. Jahrhunderts war Feodosija nur noch eine kleine Stadt mit knapp über 3000 Einwohnern. Durch finanzielle Anreize wurden jedoch Neusiedler angelockt. Der Handel mit anderen Mittelmeerstaaten blühte wieder auf, Feodosija kam zu neuem Wohlstand. Durch den Hafen lief der Verkehr mit zahlreichen Städten des Mittelmeeres, zuerst hauptsächlich Viehhandel, im 19. Jahrhundert beherrschte der Getreideexport das Geschehen. Zeugen dieses wirtschaftlichen Aufschwungs sind große Steinhäuser wohlhabender Bürger, die heute noch in der ul. Čapaeva und in der ul. Lenina zu sehen sind. Neben dem Handel erblühte auch die Industrie. Durch die Vergrößerung des Hafens lief Feodosija 1895 Sevastopol' den Rang als bedeutendster Handelshafen der Krim ab.

Der wirtschaftliche Aufschwung belebte auch die Kultur: 1811 feierte die Stadt die Eröffnung des ersten archäologischen Museums der Krim, des heutigen Heimatmuseums. Es befindet sich fast direkt am Meer, gegenüber der Gemäldegalerie in der ul. Galerejnaja.

Im Jahr 1880 gründete der Maler Ivan Konstantinovič Ajvazovskij Rußlands erste lokale Gemäldegalerie. Er vermachte sie nach seinem Tod der Stadt. Heute würdigt in einem Teil der Galerie eine ständige Ausstellung das künstlerische Werk des Malers. Außerdem sind in der Galerie Gemälde weiterer Krim-Maler ausgestellt. Die Galerie ist in Ajvazovskijs ehemaligem Wohnhaus untergebracht (das rot-weiße Eckhaus in der ul. Galerejnaja, dessen eine Seite zum Meer zeigt). Zwei weitere Sehenswürdigkeiten erinnern an den Künstler: Im ufernahen Park steht der von Ajvazovskij selbst entworfene Brunnen (Fontan Ajvazovskogo). Und im Hof der alten armenischen Sarkis-Kirche aus dem 15. Jahrhundert befindet sich das Grab des Malers.

Bei den revolutionären Kämpfen 1917 und 1918 wirkte in Feodosija Dmitrij Il'ič Ul'janov mit, ein Bruder Lenins. Er arbeitete von 1911 bis 1941 als Landessanitätsarzt des Bezirks von Feodosija und verschaffte den örtlichen Revolutionären Kontakt zum fernen bolschewistischen Zentrum. Feodosija war nach Sevastopol' die zweite Stadt auf der Krim, in der die Sowjets die Macht übernahmen.

Ab 1924 entwickelte sich Feodosija zu einem Kurort insbesondere für Kinder, noch heute gibt es mehrere Kinder- und Jugendsanatorien in der Stadt.

An den russischen Schriftsteller Aleksandr Stepanovič Grin, der von 1924 bis 1929 in der Stadt lebte, erinnert heute ein Museum in seinem damaligen Wohnhaus: das ›Muzej romantiki‹ (Museum der Romantik) oder auch ›Dom-Skazka‹ (Märchenhaus). Das liebevoll eingerichtete Museum versetzt den Besucher durch Karten, Illustrationen und nachgebildete Gegenstände in Grins Phantasiewelt ›Grinlandija‹. Obwohl Grin nicht zu den bekanntesten russischen Schriftstellern

In Anlehnung an ein Märchen von Grin gestaltete Häuserecke

gehört, ist das kleine Museum auch für diejenigen, die seine Werke nicht kennen, einen Besuch wert.

Die genuesische Festung Feodosijas auf dem Karantina-Hügel ist mit der Autobuslinie 1 zu erreichen. Wenn man von der Haltestelle aus entlang der Festungsmauer Richtung Meer geht, kommt man zunächst an zwei Kirchen vorbei. Die erste (ohne Kuppel) ist ein armenisches Gotteshaus. Ursprünglich eine griechische Basilika, gehörte sie seit dem 15. Jahrhundert zur armenischen Gemeinde. Die zweite Kirche mit Kuppel direkt daneben ist orthodox. Nach ihrer Schließung in den 1930er Jahren wurde sie 1996 der Gemeinde zurückgegeben, heute finden dort wieder Gottesdienste statt.

Geht man an dieser zweiten Kirche vorbei weiter Richtung Meer und dann rechts am Ufer entlang, so führt der Weg zunächst an Bootshäusern vorbei, und schließlich öffnet sich der Blick aufs offene Meer. Hier bietet sich außer einem schönen Blick auch die Möglichkeit, eine kleine Bucht mehr oder weniger für sich allein zu finden.

Von der ehemaligen Stadtbefestigung ist außerdem ein Turm im städtischen Park erhalten, der Konstantin-Turm (Bašnja Konstantina, 15. Jahrhundert). Er verbirgt ein kleines Kuriosum aus jüngerer Vergangenheit: Auf einer Metallplatte steht, daß anläßlich der 2500-Jahr-Feiern der Stadt Feodosija im Jahr 1971 eben hinter jener Platte eine Kapsel eingemauert worden sei mit einem Text, der sich an die Arbeiter der Stadt im Jahr 2017 richtet. Man darf also schon gespannt sein, was draufsteht.

Der Turm von Giovanni di Skaffa aus dem Jahre 1342, auch Runder Turm genannt (Kruglaja bašnja), steht an der Ecke ul. Krupskoj (ул. Крупской) und ul. Rabočaja (ул. Рабочая).

Die Kirche der Erzengel Gabriel und Michael von 1403 in der ul. Timirjazeva ist ein Denkmal armenischer Architektur, ebenso der armenische Brunnen (1586) an der Ecke ul. Šeljabova (ул. Шелябова) und per. Ajvazovskogo (пер. Айвазовского). Die armenische Sarkis-Kirche (14. Jahrhundert) und ihr gegenüber das Grab Ajvazovskijs befinden sich an der Ecke ul. Timirjazeva und ul. Lenina.

Als Beispiel türkischer Architektur sei noch die Moschee des Mufti-Džami aus dem Jahr 1623 genannt, die seit einigen Jahren restauriert wird. Sie befindet sich in der ul. Karaimskaja (ул. Караимская).

Die Ausstellung des Heimatmuseums in der ul. Galerejnaja behandelt sowohl die weit zurückliegende als auch die jüngere Vergangenheit – die erste Etage ist überwiegend dem Zweiten Weltkrieg gewidmet. Außerdem sind Abteilungen zu Geographie und Industrie der Südostküste eingerichtet.

An den Bahngeleisen entlang ein Stück in Richtung Osten erreicht man linker Hand bald einen Park mit vielen schattigen Plätzen.

Vorwahl: 0 65 62.
Hauptpost: ul. Galerejnaja 9, Mo–Fr 8–19 Uhr, Sa bis 18, So. bis 15 Uhr.

▸ Entlang der Uferpromenade bieten zahlreiche Vertreter von Tourismusfirmen Ausflüge durch Feodosija und an zahlreiche andere Orte auf der Krim an. Treffpunkt für Bustouren ist meistens das Offiziershaus (Dom officerov). Dies ist ein gelber Bau in der ul. Galerejnaja, noch ein Stück weiter vom Strand entfernt als das Grin-Museum.

Feodosija wird von Bussen aus Simferopol' und aus Jalta angefahren, die Fahrt dauert etwa drei Stunden. Es gibt auch eine Bahnverbindung mit Simferopol' und Kerč'. Darüber verbindet eine Fährstrecke Feodosija mit Koktebel'. Der Zentrale Busbahnhof befindet sich in der ul. Engelsa 28. Mit den Maršrutki 2 und 4 gelangt man ins Zentrum. Die Maršrutki Richtung Koktebel', Sudak und zur Biostancija (Kurortne) fahren von der Avtostancija Centralny Rynok (Автостанция Центральный Рынок) am Zentralen Markt. Von der Schiffsanlegestelle direkt über dem Fernbahnhof fahren Ausflugsdampfer nach Koktebel', ins Delphinarium von Kurortne, zum Karadag, nach Sudak und nach Jalta.

Am leichtesten dürfte es für Touristen sein, im Hotel

›Astoria‹ unterzukommen, pr. Lenina 9, direkt gegenüber dem kleinen Bahnhof, Tel. 3 23 43. Ansonsten werden am Busbahnhof und auf dem Bahnhofsplatz Zimmer privat angeboten. Die meisten Wohnungsvermittler finden sich auf dem Bahnhof ein, wenn Fernzüge aus Rußland oder vom ukrainischen Festland einrollen.

▸ Ein Zimmervermittlungsbüro befindet sich in der ul. Libkknechta 4, Tel. 3 13 93, 3 17 24.

▸ Unterkünfte kann man auch im Internet reservieren: www.kafa-info.com.ua/kurort.php (russisch).

Noch viel weiter Richtung Osten (zu weit, um zu Fuß dorthin zu gelangen) beginnt am Stadtrand von Feodosija ein kilometerlanger Sandstrand, der ›Goldene Strand‹ (Zolotoj pljaž). An diesem liegen mehrere Campingplätze.

Direkt an der Uferpromenade, in der ul. Galerejnaja und zum Teil auch in den Seitenstraßen befinden sich zahlreiche Cafés, Bars und Restaurants.
Ein Internet-Café gibt es in der ul. Karla Libknechta, die parallel zur Uferstraße verläuft, es liegt ziemlich genau auf der Rückseite des Hotels ›Astoria‹; Tel. 3 16 99 und 3 51 79.

Gegenüber vom Grin-Museum wurde 1999 ein Kaufhaus eröffnet, das den Namen ›Grinvič‹ trägt, eine Mischung aus ›Grin‹ und ›Greenwich‹. Im Erdgeschoß gibt es hier ein Bistro.

Die Ajvazovskij-Gemäldegalerie befindet sich in der ul. Galerejnaja 2. In dem Gebäudeteil, der zum Meer weist und ehemals Ajvazovskijs Wohnhaus war, befindet sich eine ständige Ausstellung der Werke des Malers. Dieser Teil der Galerie hat täglich von 9 bis 20 Uhr geöffnet, dienstags nur von 9 bis 13 Uhr, mittwochs und jeden letzten Dienstag im Monat ist hier geschlossen. In dem zweiten Teil der Galerie sind unbekanntere Werke Ajvazovskijs sowie Gemälde anderer Maler der Krim wie Vološin, Latrij (Ajvazovskijs Enkel) und Bogaevskij zu sehen, hier ist täglich von 9 Uhr bis 20 Uhr geöffnet, montags nur von 9 bis 13 Uhr, dienstags bleibt die Galerie geschlossen, ebenso wie jeden letzten Montag im Monat.

▸ Das Grin-Museum in der ul. Galerejnaja 10 hat täglich außer montags von 10 bis 17.45 Uhr geöffnet, von 13 bis 14 Uhr ist Mittagspause. Dieses niedliche Museum hat sich zum Ziel gesetzt, nicht das Leben des Schriftstellers in biographischer Form darzustellen, sondern sein Werk lebendig zu illustrieren.

▸ Das Museum für Segelflug zeigt eine kleine Geschichte der Fliegerei, vor allem aus der Sowjetzeit. Es befindet sich in der ul. Kujbyševa 12. Es ist montags bis freitags von 9 bis 16 Uhr geöffnet.

Koktebel'

Seit Beginn des 20. Jahrhunderts wollen die Menschen von Koktebel' (Коктебель) hoch hinaus, wenn auch auf ganz verschiedene Weise: In einem Literaturhaus direkt am Meer suchten Künstler nach Inspirationen. Zur gleichen Zeit schlug unweit der Stadt die Geburtsstunde des sowjetischen Segelflugs. Heute tummeln sich Erholungssuchende am einstigen ›Schriftsteller-Strand‹.

Nachdem Koktebel' eine lange und wechselhafte Geschichte durchlebt hatte, die jener der übrigen Südostküste gleicht, verlor der Ort nach dem Anschluß an Rußland 1783 für längere Zeit an Bedeutung.

Ende des 19. Jahrhunderts nahm die Entwicklung Koktebels jedoch eine neue Wendung, denn der bedeutende russische Augenarzt Professor Eduard Andreevič Junge (1833–1898) kaufte Anfang der 1880er Jahre nach und nach einen großen Teil des Tales von verarmten krimtatarischen Kleinadligen. Er wollte das Tal von Koktebel' in einen blühenden Garten verwandeln. Seine Pläne schlossen einen Stausee und eine Straße nach Feodosija ein. Doch das Vorhaben erwies sich als zu teuer, und Junge entschied sich notgedrungen für einen anderen Weg: Er verkaufte das Land stückweise an viele Einzelpersonen, um so die Gegend zu bevölkern.

Die Käufer waren größtenteils Künstler oder Wissenschaftler. Eines der ersten Landstücke erwarb Elena Ottobaldovna Kirienko-Vološina, geborene Glaser, die deutschstämmige Mutter des Schriftstellers und Malers Maksimilian Vološin. Sie kaufte ein Stück Land direkt am Ufer und bepflanzte es mit Bäumen. Später wurde der Ort zu einem Anziehungspunkt für die Intelligencija; es siedelten sich Dichter und Kritiker, Kunstwissenschaftler und Künstler, Ärzte und Geistliche an. So wurde Koktebel' bereits zu Beginn des 20. Jahrhunderts zu einer Kultur-Kolonie, wo der staatliche Literaturfonds zahlreichen Künstlern Aufenthalte ermöglichte.

Das originelle Vološin-Haus baute der Dichter und Maler Maksimilian Vološin zwischen 1903 und 1913 nach eigenen Entwürfen. Der Erker des blauweißen Gebäudes, der dem Meer zugewandt ist, erinnert an eine Kirchenfassade, von der Seite ähnelt das Haus einem Schiff. Es wurde zu einem Künstler-Treffpunkt, einer ›künstlerischen Kolonie für Dichter, Wissenschaftler und Maler‹, wie Vološin sein ›Haus des Dichters‹ (Dom poėta) selbst beschrieb. Heute ist hier ein Museum für Literatur und Malerei untergebracht. Ein wenig kann man sich noch

Der Altarraum der armenischen Klosterkirche Surb-Chač bei Staryj Krym
Das Grab von Maksimilian Vološin bei Koktebel'
Die Chamäleon-Landzunge bei Koktebel'

Մուտք չկա
АЛТАРЬ
ХОДА НЕТ
NO WAY

Das Vološin-Haus an der Strandpromenade von Koktebel'

das Flair der lebhaften Diskussionen vorstellen, die Literaten und andere Künstler auf den Terrassen des Hauses führten. Durch Lesungen, Tagungen und andere kulturelle Veranstaltungen im Garten wird es seit einigen Jahren neu belebt. Nach Vološins Tod führte seine Witwe Marija Stepanovna das Dichterhaus im Stil ihres Mannes weiter. Er hatte in Revolutionszeiten verfolgten Bolschewisten Unterschlupf gewährt, sie versteckte während des Zweiten Weltkrieges Partisanen im Haus. 1974, zwei Jahre vor ihrem Tod, wurde das Vološin-Haus zu einer Abteilung der Gemäldegalerie in Feodosija. Und nach langen Restaurierungsarbeiten konnten zehn Jahre später die ersten Besucher das Museum besichtigen.

Es wird erzählt, daß eine Felsformation am westlichen Ausgang der Bucht Marija Stepanovna in Schwierigkeiten gebracht habe: Ihr wurde vorgeworfen, ohne Genehmigung das Profil ihres Mannes in die Felsen gehauen zu haben. Doch Marija Stepanovna war unschuldig: Die Natur selbst hatte schon lange vor Vološins Ankunft in Koktebel' ein Gesicht im Fels geformt, das dem Vološins glich. Es lohnt sich, nach dem Profil am äußeren Ende der Bucht Ausschau zu halten, bis man vom Strand aus den besten Winkel gefunden hat. Vološin selbst hatte

Bei einer Wanderung auf den Karadag
Das ›Goldene Tor‹ am Fuße des Karadag
Strand bei der Genuesischen Festung von Sudak
Der Obelisk auf dem Mitridat-Hügel in Kerč'

Die Bucht von Koktebel', ganz links im Hintergrund das ›Vološin-Profil‹

diese Stelle oft gemalt und unter anderem in dem Gedicht ›Koktebel'‹ von 1918 erwähnt.

Das Grab Vološins befindet sich auf dem Berg Kučuk-Enišar, auch Vološin-Berg genannt. Er hatte sich gewünscht, an diesem Platz begraben zu werden, weil er oft die schöne Aussicht von hier auf die Bucht von Koktebel' und den Usun-Syrt genossen hatte. Auf seinen Wunsch hin bekam er weder einen Grabstein, noch wurde das Grab mit Blumen bepflanzt. Es wird jedoch erzählt, daß wie durch ein Wunder schon kurz nach der Beerdigung ein Olivenbaum zu wachsen begann, der dem Grab heute Schatten spendet. Auch heute halten sich die Besucher des Grabes an den Wunsch des Dichters, keine Blumen hinaufzutragen – statt dessen werden Steine mitgebracht und auf die Grabplatte gelegt.

1944 wurde Koktebel' in Planerskoe umbenannt. Wegen der guten Windbedingungen entwickelte sich im Nordwesten von Koktebel', auf dem Hochplateau Usun-Syrt, ein Zentrum der Segelfliegerei; hier entstand auch die zentrale Flugschule der Sowjetunion. Der Name des Hochplateaus bedeutet ›langer Rücken‹, eine passende Bezeichnung für den acht Kilometer langen Bergkamm. Hier erhoben sich schon ab den 1920er Jahren die Pioniere der sowjetischen Segelfliegerei in die Lüfte. 1924 wurde der Bergkamm zu Ehren des hier tödlich verunglückten Segelfliegers Klementev in Gora Klementeva – Klementev-Berg – umbenannt. Ende der 1960er Jahre eröffnete das Museum für Segelflug, in dem die Geschichte der Fliegerei in Koktebel' dargestellt wird.

Der kleine Kurort mit seinen rund 3000 Einwohnern zeichnete sich noch vor wenigen Jahren durch seine Ruhe und Verträumtheit aus, die ihn auch in der Hochsaison vor allem von den Seebädern der Südküste unterschied. Zum Ärger der Einheimischen ist mittlerweile jedoch auch Koktebel' voller, moderner, lauter und teurer geworden.

Lohnend ist ein Ausflug zur ›Toten Bucht‹ – nicht zuletzt wegen ihres Sandstrandes. Sie heißt eigentlich ›Bucht des Enišar‹, den Beinamen ›Tote Bucht‹ (Mërtvaja buchta) trägt sie, weil selbst bei Sturm das Wasser in dieser Bucht ruhig bleibt. Wellen und Wind brechen sich an der langen Landzunge namens Chamäleon, die den östlichen Abschluß der Bucht von Koktebel' bildet und an ein vorzeitliches Tier erinnert, das im Wasser liegt. Das ›Chamäleon‹ verändert je nach Sonne und Wolken seine Farbe, ebenso wie das Wasser der Bucht von Koktebel', das je nach Wetter in verschiedenen Blau- und Grüntönen erscheint. Der fünf Kilometer lange Weg von Koktebel' zur ›Toten Bucht‹ führt über den Kučuk-Enišar, auf dem sich das Grab Vološins befindet.

Am besten kommt man mit dem Kleinbus (Maršrutka) vom Zentralen Markt in Feodosija in den Ort. Die Fernverkehrsstraße tangiert Koktebel' in gut 5 km Entfernung. Eine Fahrt mit dem Taxi sollte nicht mehr als 50 Hryvnja kosten. Aus dem Ort fahren auch Busse und Maršrutki nach Simferopol', aber selten. Nach den aktuellen Abfahrtszeiten und -orten sollte man sich vor Ort erkundigen.

Das Zimmervermittlungsbüro befindet sich neben der Bushaltestelle. Es lohnt sich, durch den Ort zu laufen und nach einer freien Unterkunft Ausschau zu halten. Für eine Übernachtung mit Dusche und fließend warmem Wasser in der Hochsaison zahlt man ab 50 Hryvnja pro Person bei privat und ab 120 Hryvnja in einer der zahlreichen Pensionen.

Nordöstlich des Zentrums, Richtung Landzunge ›Chamäleon‹, befindet sich ein Campingplatz.

Die ganze Uferpromenade sowie die Neben- und Parallelstraßen sind von Cafés und Restaurants gesäumt. Wer die Verpflegung lieber ganz in die eigene Hand nimmt, findet frische Lebensmittel auf dem Markt an der Rückseite der Bushaltestelle.

Im Vološin-Haus an der Uferpromenade werden die größte Sammlung von Gemälden und Aquarellen des Künstlers sowie viele andere Erinnerungen an sein Leben ausgestellt.

- Das Museum für Segelflug findet man in der ul. Lenina 65 (ул. Ленина), ein Stück außerhalb des Zentrums in Richtung Simferopol'.
- Auf einer Tafel am Dorfeingang

(Seite Feodosija) sind die zahlreichen Namen von berühmten Poeten, Schriftstellern, Malern und Künstlern einerseits sowie von Segelfliegern, Flugpionieren und Flugzeugingenieuren aufgelistet, die einmal in Koktebel' gewohnt oder den Ort besucht haben. Mit dem Ende der Sowjetunion fanden auch einige Dissidenten Platz auf der Tafel.

Der Klementev-Berg liegt in Richtung Feodosija, einige Kilometer außerhalb von Koktebel'. Hier werden sowohl Unterrichtsstunden für Gleitschirmfliegen angeboten als auch Ausrüstung an erfahrene Flieger vermietet. Die Startplätze sind zwischen 80 und 180 Meter über dem Meeresspiegel, Flieger schwärmen von den guten Winden. Die Schule und der angeschlossene Ausrüstungsverleih sind von April bis einschließlich Oktober geöffnet.

www.koktebel.com.ua (nur russisch), unter anderem Auflistung der privaten Pensionen – mit vielen Fotos, Adressen, Preisen und Telefonnummern.

Karadag

Das Bergmassiv Karadag (Карадаг) entstand vor 150 bis 170 Millionen Jahren und ist damit der älteste Vulkan im europäischen Teil der ehemaligen Sowjetunion. Sein Name, der soviel bedeutet wie ›Schwarzer Berg‹, bezieht sich auf seine auffällig dunkle Farbe, durch die er sich von der Umgebung abhebt.

Mit dem Begriff ›Karadag‹ wird nicht nur ein einzelner Berg, sondern ein ganzes Vulkanmassiv bezeichnet; jede der Anhöhen, die unter dem Begriff Karadag zusammengefaßt sind, hat ihren eigenen Namen. Der höchste Punkt liegt auf 575 Metern über dem Meeresspiegel. Das gesamte Gebiet des Karadag umfaßt mehr als 2000 Hektar Land und ungefähr 800 Hektar Meeresfläche. Es zieht sich von der Mündung des Otuzska-Tals im Westen bis zum Koktebel'-Tal im Nordosten die Küste entlang. Im Norden und Westen ist das Gebiet des Karadag von der Sudakskoe šosse, der Straße von Sudak nach Feodosija, eingegrenzt.

Die gesamte geologische Formation des Karadag ist sehr beeindruckend: Bergrücken wechseln sich mit Tälern ab, die Höhenunterschiede betragen 150 bis 300 Meter. Unzugänglich steile Felsen von bis zu 300 Metern Höhe fallen zum Meer hin ab und bilden eine Vielzahl kleiner und großer Buchten. Die bekannteste natürliche Bucht wird geprägt von einer Sehenswürdigkeit des Karadag, die gleichzeitig sein Symbol ist: das Goldene Tor (Zolotye Vorota), ein aus Felsen geformtes Tor im Meer. Alle Felsen des Karadag haben im Laufe der Jahrhunderte interessante Steinformationen gebildet, die die verschiedensten Assoziationen zulassen: König und Königin, steinerne Türme und Säulen, eine Sphinx, ein Löwe und vieles mehr lassen sich entdecken – der Phantasie sind keine Grenzen gesetzt.

Noch Ende des 19. Jahrhunderts überzogen dichte Eichen-, Buchen- und Eschenwälder das ganze Gebiet. Seitdem wurde ein großer Teil der Natur durch die Menschen zerstört, ungefähr die Hälfte der Wälder beziehungsweise der gesamten Pflanzen- und Tierwelt fielen Unachtsamkeit und mutwilliger Zerstörung zum Opfer. Diese Entwicklung soll dadurch gebremst werden, daß der Karadag seit 1979 den Status eines staatlichen Naturschutzgebietes genießt, nachdem er bereits 1968 zu einem ›Naturdenkmal von nationaler Bedeutung‹ erklärt worden war. Die Natur erholt sich langsam, die Zahl seltener Tiere und Pflanzen nimmt wieder zu.

Der Karadag zeichnet sich durch seine reichhaltige Flora und Fauna aus. Hier sind 40 Prozent aller Pflanzenarten der Krim und sogar 60 bis 90 Prozent aller Arten der auf der Krim lebenden Tierwelt vertreten. 40 der ungefähr 1200 Pflanzenarten des Naturschutzgebietes wachsen nur auf der Krim, einige sogar nur auf dem Karadag. Rund 200 Vogel- und fast 40 Säugetierarten, darunter Rehe, Wildschweine und Füchse, sowie zwölf verschiedene Amphibien- und Reptilienarten wurden auf dem Gebiet des Karadag gezählt. Ferner leben hier mehr als 1600 Schmetterlingsarten und über 100 Fischsorten. Mehrere der hier heimischen Arten stehen auf der Roten Liste der vom Aussterben bedrohten Tiere. Diese große Vielfalt der Flora

Das ›Goldene Tor‹ am Fuße des Karadag

und Fauna läßt sich durch die Lage des Karadag zwischen den drei Landschaftszonen der Krim erklären: Er liegt genau zwischen Bergen, Steppe und Meer.

Auf dem Karadag wurden bisher ungefähr 40 Mineralien mit 150 Varianten nachgewiesen, unter anderem Amethyst, Chalcedon und Jaspis.

Die biologische Station bei dem Ort Kurortnoe, die seit 1914 besteht, ist das wissenschaftliche Zentrum dieses Naturschutzgebietes. Hier arbeiten sowohl Wissenschaftler als auch Waldpfleger. Die Forschungsarbeiten beziehen neben Untersuchungen auf dem Festland auch Analysen der Wasserqualität des Meeres und seiner Tier- und Pflanzenwelt mit ein.

In den Delphinarien der biologischen Station leben Robben und Delphine. Wissenschaftler erforschen unter anderem den echolokatorischen Apparat der Tiere. Diese fristen allerdings ein trauriges Dasein in kleinen künstlichen Bassins. Ebenso wie die wissenschaftliche Arbeit leidet auch die Unterbringung der Tiere unter der wirtschaftlichen Misere und der Kürzung staatlicher Zuschüsse. Zu einem großen Teil wird die Haltung der Tiere sowie die wissenschaftliche Arbeit mit dem Geld finanziert, daß durch Führungen eingenommen wird.

Es ist verboten, auf eigene Faust Exkursionen in das Naturschutzgebiet des Karadag zu unternehmen. Daher empfiehlt es sich, an den organisierten Ausflügen der Biostation teilzunehmen, die geologisch und biologisch Interessantes vermitteln und auch für diejenigen, die dem russischen Text nicht folgen können, die Möglichkeit bieten, wunderschöne Blicke zu genießen. Eine Exkursion auf den Karadag lohnt sich somit auf alle Fälle, allerdings sollte man ein paar Sachen auf keinen Fall vergessen: Wasser gehört vor allem im Hochsommer ins Marschgepäck, gute Schuhe (zumindest Turnschuhe) sind sehr empfehlenswert, und vor der Wanderung etwas zu essen, kann auch nicht schaden. Der Weg ist recht anstrengend, vor allem, weil er auf der ganzen Strecke kaum schattige Plätze bietet.

Der Weg endet am Rand von Koktebel'. Als erstes fallen links auf einem Hügel zwei Häuser auf, recht luxuriös und besonders auffällig, weil sie so ganz allein dastehen. Sie stehen auch wirklich auf eigentlich nicht für die Bebauung freigegebenem Gebiet. Angeblich haben ein Krim-Abgeordneter sowie ein Verwandter von Ex-Präsident Kučma dennoch das Recht bekommen, hier zu bauen …

Noch ein wenig am (Stein-) Strand entlang und man gelangt nach Koktebel' selbst.

i Exkursionen auf den Karadag beginnen in Koktebel' oder an der Biostancija (Биостанция) in Kurortnoe. Die ca. 8 km lange Wanderung in Begleitung eines Waldhüters oder Wissenschaftlers führt an die schönsten Plätze des Karadag und macht bei zahlreichen Aussichtspunkten halt. Alle Sehenswürdigkeiten des Karadag werden eingehend vorgestellt. Außerdem gibt es Tauchex-

kursionen und Ausflüge in die Uferzone der Bucht Ljagušač'ja. Von Koktebel' bzw. Feodosija kann man Bootstouren (Schiff, Jacht, Motorboot) zum ›Goldenen Tor‹ zu Füßen des Karadag unternehmen, die mitunter ein Bad im offenen Meer einschließen. Die Touren können direkt in der Biostancija, an der Strandpromenade von Koktebel' oder in den meisten Exkursions-büros an der Südostküste gebucht werden. Bei Voranmeldung sind auch englischsprachige Führungen möglich.
Zur biologischen Station bei Kurortnoe kann man per Bus von Koktebel' oder Feodosija aus (über Ščebetovka) oder auch mit der Fähre gelangen. Für diejenigen, die den Karadag zu Fuß erkunden wollen, empfiehlt es sich jedoch, an organisierten Ausflügen teilzunehmen, weil man dann mit Sicherheit den Karadag bewandern kann. Sonst kann es schlimmstenfalls passieren, daß alle Gruppen schon voll sind. Und allein ist das Betreten des Naturschutzgebietes verboten.

Das Pensionat ›Krymskoe Primor'e‹ liegt etwa 20 Gehminuten von der Biostation entfernt in dem kleinen Ort Kurortnoe. Hier befindet sich außerdem das Kindersanatorium ›Koktebel'‹.

Novyj Svet und Sudak

Novyj Svet (Новый Свет) ist die ›Hauptstadt des Krimsekts‹. Dieser war dem letzten Generalsekretär der KPdSU ein Dorn im Auge: Staats- und Parteichef Michail Gorbačëv kämpfte seinerzeit im Zuge der Anti-Alkohol-Kampagne, die sich vornehmlich gegen überhöhten Wodkakonsum richtete, auch gegen den Krimsekt. In Novyj Svet – wie überall sonst auch – scheiterte Gorbačëv jedoch, hier wird noch heute Sekt produziert.

Der kleine Ort gehört administrativ zur fünf Kilometer entfernten Stadt Sudak (Судак). Unter den Chasaren wurde Sudak ab dem 7. Jahrhundert zu einer Drehscheibe des Handels vom Mittelmeer bis nach China. Jahrhunderte später legten die Genueser den Grundstein zu ganz anderem Ruhm: Sie pflanzten die ersten Weinberge in der Gegend. In jüngster Zeit hat sich das 16 000 Einwohner (im Jahr 2001) zählende Sudak zu einem Ferienort entwickelt.

Im Laufe der Jahrhunderte kamen viele Völker nach Sudak, jedes gab der Stadt einen anderen Namen: Die Byzantiner nannten sie ›Sugdeja‹, die Italiener ›Soldaija‹, östliche Völker ›Surdak‹, in alten russischen Schriften heißt der Ort ›Surož‹.

Nach Alanen und Byzantinern wurden im 7. Jahrhundert die Chasaren neue Herren der Stadt. Die Bewohner blieben zwar selbständig, mußten aber Abgaben und Handelszölle an die Chasaren zahlen. Diese Abhängigkeit hinderte Sudak jedoch nicht daran, seine Handelsbeziehungen auszuweiten: Etwa im 8. Jahrhundert wurde Surož zu einem starken Handelszentrum, durch das der Handelsweg vom Mittelmeer nach Asien, Indien und China führte. Nach Sudak wurden aus Europa englische und französische Stoffe, Waffen und Juwelierarbeiten gebracht.

Die Genuesische Festung in Sudak mit dem ›Mädchenturm‹ am höchsten Punkt

Aus Indien kamen feiner Kaschmir, Edelsteine, Gewürze, und aus China wurde Seide geliefert. Durch die Überfälle der Tataren brach der Handel in der Stadt im 13. Jahrhundert vollständig zusammen.

Ende des 14. Jahrhunderts verwandelte sich Soldaija, wie die Stadt nun hieß, unter den Genuesern in eine befestigte Stadt, der Handel verlagerte sich nach Caffa auf dem Gebiet des heutigen Feodosija. Soldaija stand nun ein genuesischer Konsul vor. Die Genuesische Festung, erbaut auf einer steil zum Meer abfallenden Anhöhe, ist die Hauptsehenswürdigkeit von Sudak. Zu Füßen der mittelalterlichen Festung sonnen sich die Touristen am Strand.

Die Festung umfaßte einen unteren und einen oberen Schutzwall. Von beiden sind noch Überreste erhalten, sie sind restauriert und zum Teil wieder aufgebaut worden. Zwischen beiden Mauerringen lag die eigentliche Stadt. Der äußere Mauerring schützte die Bevölkerung, die Stadt und die Festung. Der innere, in dem eine Zitadelle stand, diente den Herrschern als Residenz.

Der Torbogen des Haupttores trägt das Gründungsdatum der Genuesischen Festung: 1389. Auf beiden Seiten schließen sich dreigeschossige Türme an, dann beginnen die Festungsmauern. In südwestlicher Richtung steht zuerst der ›Pförtnerturm‹, dann folgen in größeren Abständen fünf weitere Türme. Jeder von ihnen ist nach einem Konsul der Stadt benannt, ebenso der östlich vom Haupttor gelegene Turm ›Bernardo Franki di Pagano‹.

Auf dem Weg zum oberen Teil der Festung kommt man zu einer Zisterne, die früher als Wasserspeicher diente. In gleicher Höhe steht auf der anderen Seite des Weges der Runde Turm, der einzige rund gebaute Turm der Festung. Altertumsforscher vermuten, daß er bereits von den Byzantinern errichtet wurde.

Ein Bauwerk aus Kalkstein aus dem 13. Jahrhundert ist sehr gut erhalten. Die letzten Jahrhunderte diente es, je nachdem, wer in Sudak herrschte, verschiedenen Religionen als Moschee oder Kirche. Jetzt werden hier Fundstücke der archäologischen Ausgrabungen des Festungsgebietes ausgestellt. Der Konsulsturm und der Turm des Georgij (Georgievskaja bašnja) markieren die Eckpunkte des Innenhofes der ehemaligen Konsulsresidenz. Vom Eckturm aus, von dem eine Festungsmauer aus byzantinischer Zeit ausgeht, erstreckt sich der Blick über den alten Hafen.

Nach der Annexion der Krim durch Rußland im Jahre 1783 ging Sudak in den Besitz des Grafen Potëmkin über. Er ließ aus ganz Europa ausgesuchte Weinstöcke zusammentragen und in Sudak und Umgebung anbauen. Die Stadt wurde nun zu einem Zentrum des Weinanbaus in Rußland. 1804 wurde hier die erste staatliche russische Schule für Weinanbau und -herstellung gegründet, sie bestand ungefähr 40 Jahre. Graf Lev Sergeevič Golicyn (1845–1915) gründete 1878 in dem fünf Kilometer westlich von Sudak gelegenen Dorf Novyj Svet eine Sekt-Fabrik. Bereits im 19. Jahrhundert gewannen die Weine aus Sudak zahlreiche internationale Preise und waren ein begehrtes Exportgut.

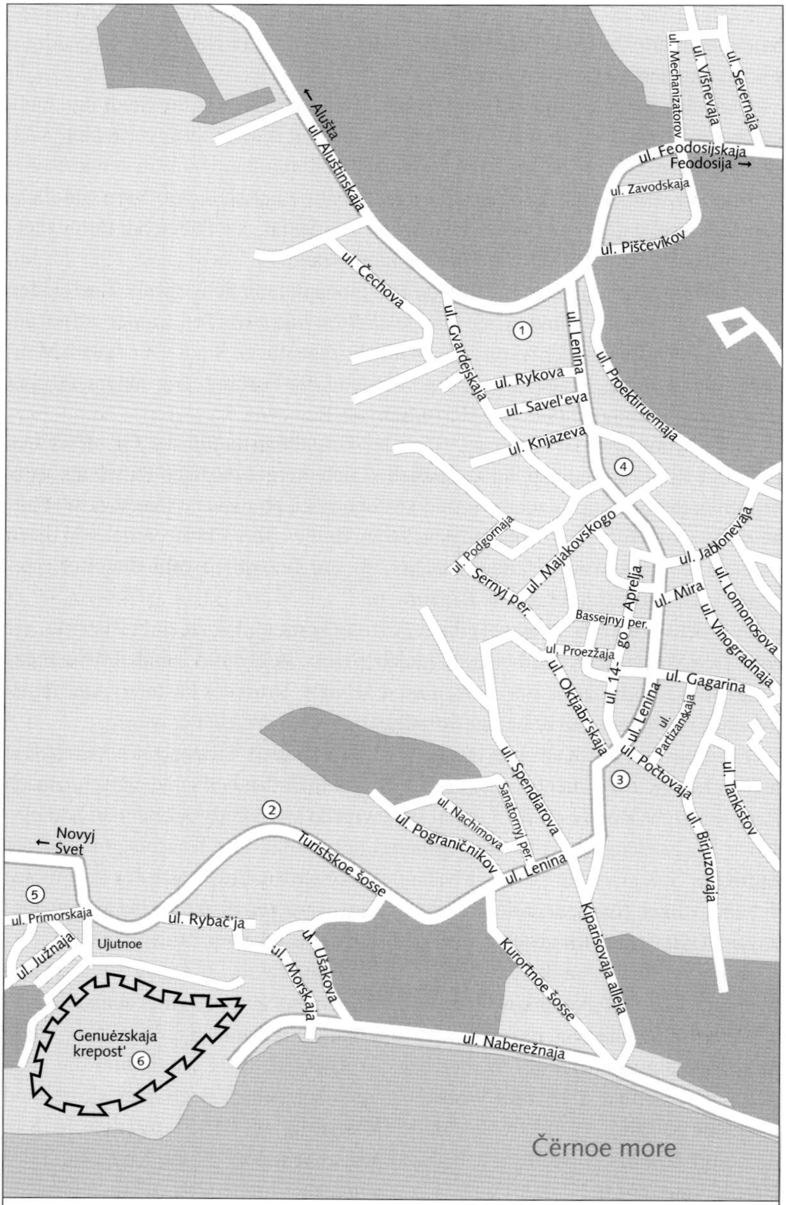
← Alušta
ul. Aluštinskaja
ul. Mechanizatorov
ul. Višnevaja
ul. Severnaja
ul. Feodosijskaja
Feodosija →
ul. Zavodskaja
ul. Piščevikov
ul. Čechova
ul. Gvardejskaja
ul. Lenina
ul. Proektiruemaja
ul. Rykova
ul. Savel'eva
ul. Knjazeva
ul. Podgornaja
Sernyj per.
ul. Majakovskogo
ul. 14-go Aprelja
Bassejnyj per.
ul. Jablonevaja
ul. Mira
ul. Lomonosova
ul. Vinogradnaja
ul. Proezžaja
ul. Oktjabr'skaja
ul. Gagarina
ul. Partizanskaja
ul. Lenina
ul. Počtovaja
ul. Tankistov
ul. Spendiarova
Sanatornyj per.
ul. Nachimova
ul. Pograničnikov
ul. Birjuzovaja
← Novyj Svet
Turistskoe šosse
ul. Lenina
ul. Primorskaja
ul. Rybač'ja
ul. Južnaja
Ujutnoe
ul. Ušakova
ul. Morskaja
Kurortnoe šosse
Kiparisovaja alleja
Genuėzskaja krepost'
ul. Naberežnaja
Čërnoe more
0
250
500 m

Sudak (Судак)

Zu Zeiten der Sowjetunion entstanden im Südosten der Krim mehrere Weinanbau-Kombinate. In der Kellerei ›Novyj Svet‹ wird der berühmte Krimsekt hergestellt. Nachdem er jahrelang das Etikett ›Sowjetischer Sekt‹ getragen hatte und nach 1992 vorübergehend ›Sekt der Ukraine‹ hieß, trägt er nun wieder den Namen ›Novyj Svet‹. Besonders die Krimsekt-Sorten ›brut‹ und ›trocken‹ sind auch für den Export nach Westeuropa gefragt.

In Novyj Svet werden im Haus, in welchem Lev Sergeevič Golicyn von 1878 bis 1915 lebte – es ist etwas höher gelegen und fällt durch sein rotes Dach auf – Führungen durch das Sektmuseum sowie Sektdegustationen angeboten. Wegen der großen Nachfrage ist es empfehlenswert, relativ früh am Tag hinzugehen, um sich für eine der Degustationen am selben Tag vormerken zu lassen. Natürlich kann man bei einer geringen Anzahl von Leuten immer auch das Glück haben, noch in eine Gruppe hineinzurutschen. Degustationen finden mehrmals pro Tag in Gruppen von 15 Personen statt. Ein einfacher Besuch des Museums kostet zwei Hryvnja, mit Führung drei Hryvnja, inklusive Degustation beträgt der Preis 13 Hryvnja. Schon in der Eingangshalle weisen etliche Tafeln auf die vielen Preise hin, die der Sekt aus Novyj Svet auf nationalen und internationalen Wettbewerben gewonnen hat. Zum Beispiel 1997, als die Delegation von der Krim in Paris den ›Europe Award‹ erhielt für die hohe Qualität des halbtrockenen ›Krymskoe‹ sowie des ›Novyj Svet‹ ›trocken‹ und ›brut‹. Das Museum wird laufend weiterentwickelt, sofern aktuelle Anlässe dies gebieten. So gibt es in einem Raum eine Tafel mit Bildern aus einem Kinderbuch von Evgenij Belousov: ›Wie Fürst Golicyn Wein anbaute‹. Der Autor dieses Werkes wurde 1998 sogar zum ›Laureaten der Staatsprämie der Krim‹ ernannt.

Die traumhafte Bucht von Novyj Svet ist zu einem Geheimtip unter Krimurlaubern geworden. Sie wird wegen der Wasserfarbe auch Grüne Bucht genannt. Am rechten Rand der Bucht entlang führt ein kleiner Weg zuerst zur Šaljapin-

Legende

1 Busbahnhof (Автовокзал)
2 Hotel ›Horizont‹ (Гостиница ›Горизонт‹)
3 Hotel ›Surož‹ (Гостиница ›Сурож‹)
4 Markt (Продуктовый рынок)
5 Krimdeutsche Kirche
6 Genuesische Festung (Генуэзская крепость)

Straßen und Plätze

Aluštinskaja, ul. (Алуштинская, ул.)
Feodosijskaja, ul. (Феодосийская, ул.)
Gvardejskaja, ul. (Гвардейская, ул.)
Kiparisovaja alleja (Кипарисовая аллея)
Kurortnoe šosse (Курортное шоссе)
Lenina, ul. (Ленина, ул.)
Morskaja, ul. (Морская, ул.)
Naberežnaja, ul. (Набережная, ул.)
Počtovaja, ul. (Почтовая, ул.)
Primorskaja, ul. (Приморская, ул.)
Turistskoe šosse (Туристское шоссе)
Ušakova, ul. (Ушакова, ул.)

Grotte, so benannt nach dem berühmten sowjetischen Tenor Šaljapin, der hier einen spektakulären Auftritt hatte. Nach der sich anschließenden Golubaja buchta (Blaue Bucht) erreicht man den Car'skij pljaž (Zarenstrand), zweifelsohne eine der schönsten Stellen der Krim. Der kleine Strand ist schwer zugänglich; wie und ob der Zar jemals hier wandelte, bleibt ein Rätsel. Beginnend mit einer problemlos begehbaren Treppe, führt ein schmaler Pfad, der zunächst erfolgversprechend erscheinen mag, hinunter zum Meer. Wegen eines sehr unwegsamen Teilstückes ist es jedoch ratsam, nicht diesen Weg in die Bucht zu wählen, sondern lieber einen Abstieg direkt in die Bucht zu nehmen. Doch auch der Blick auf die Bucht ist beeindruckend. Von hier aus führt zudem ein breiter Sandweg Richtung Landesinneres nach Novyj Svet zurück. Genau an dem unbegehbaren Teilstück des Weges liegt der Beginn eines kleinen Tunnels, der den Zarenstrand mit der Blauen Bucht verbindet. Da sich all diese Wege in einem Naturschutzgebiet befinden, kostet das Begehen drei Hryvnja Eintritt. Der Eintritt wird bereits vor der Šaljapin-Grotte erhoben.

Vorwahl: 0 65 66. Hauptpost: ul. Lenina 82 (Telefon und Internet).

▶ Führungen durch Sudak sowie Ausflüge nach Novyj Svet und zu allen möglichen anderen Orten der Krim können an zahlreichen Ständen im Park in der Nähe der Uferpromenade von Sudak gebucht werden.

Von Simferopol' aus fahren mehrmals täglich Busse nach Sudak, die Fahrt dauert knapp drei Stunden. Außerdem gibt es eine Busverbindung von Jalta über Alušta nach Sudak. (in der Saison 6x tgl.). 2x tgl. fährt ein Bus nach Sevastopol'.

Der Busbahnhof von Sudak befindet sich außerhalb des Zentrums in der ul. Aluštinskaja 1. Von hier aus fahren alle städtischen Busse ins Zentrum. Zu Fuß benötigt man für den Weg ins Zentrum, der nach der Überquerung eines kleinen Stücks Wiese oder Brachland immer die ul. Lenina entlang führt, etwa 10 bis 175 Minuten.

▶ Zur Festung fahren die Busse und Maršrutki Richtung Novyj Svet (vom Busbahnhof, alle paar Minuten). Eine Fahrt mit dem Taxi aus dem Zentrum zur Festung sollte maximal 15 Hryvnja kosten, nach Novyj Svet das Doppelte (mit Ausländeraufschlag).

Den Anleger in der Bucht von Sudak steuern keine Linienfähren, sondern ausschließlich Ausflugsdampfer an, die zum Beispiel Touren in die Blaue Bucht einschließlich einer Badepause anbieten.

In Sudak macht das Hotel ›Gorizont‹ einen sehr guten Eindruck; gegenüber der Festung etwa 400 Meter vom Strand entfernt gelegen und weithin sichtbar, verfügt es über 360 Betten, bewachten Parkplatz, Restaurant (bei Reservierung am selben Tag auch für Nicht-Hotelgäste) und Bar, Kinderspielplatz, Billard, Tennisplatz, Massage, Live-Musik, Vorführsaal; Tel. 22179 und 21179. DZ ab 220 Hryvnja.

▶ Preiswerter ist das ebenfalls in Strandnähe in der ul. Lenina gelegene Hotel ›Surož‹. Die Zimmer verfügen über Toilette, Waschbecken, Tisch, Bett und Fernseher, von 16 bis 20 Uhr kann man gegen eine Gebühr die sauberen Einzelduschen aufsuchen; Tel. 21137 und 21241. DZ ab 100 Hryvnja.

▶ Außerdem werden in Sudak viele Privatquartiere angeboten – bereits am Busbahnhof stehen etliche Anbieterinnen, an zahlreichen Gartentoren hängen entsprechende Schilder. Auch am Straßenrand weisen immer wieder Schilder auf Wohnraumvermittlung hin, zum Beispiel bei einigen der Zigaretten- oder Obstverkäufer.

▶ In Novyj Svet bietet das Pensionat ›Novyj Svet‹ seinen Gästen mehr als 300 Betten im Hauptgebäude sowie 68 Ferienhäuschen für jeweils zwei Personen.

▶ Das Sanatorium ›Polët‹ kann insge-samt 120 Personen in Drei- und Vier-Bett-Zimmern aufnehmen.

Die Hauptstraße von Sudak, die ul. Lenina, führt nicht direkt zum Strand, sondern sie geht in einen Park über. Hier sind die Wege gesäumt von einem Markt, Ständen, Cafés, Restaurants und jahrmarktähnlichen Vergnügungen. Kulinarisch hat man in Sudak gute Gelegenheit, krimtatarisch essen zu gehen. Einige der Restaurants haben ein ganz besonderes Flair dadurch, daß hier auch die Sitzmöbel den krimtatarischen Traditionen entsprechen: Man sitzt im Schneidersitz oder mit angewinkelten Beinen auf niedrigen Bänken oder auf einem Teppich an ebenfalls sehr niedrigen Tischen. Wer sich lieber selbst verpflegen will, findet in Sudak einen Markt in der ul. Lenina 49.

Die Genuesische Festung liegt direkt am Meer, sie ist nur durch den Eingang am Ende der ul. Genuėzskaja (ул. Генуэзская) zu betreten. Die ausgedehnten Öffnungszeiten reichen im Sommer (Juni bis Oktober) von 9 bis 21 Uhr, in den übrigen Monaten von 9 bis 18 Uhr. Der Eintritt kostet 5 Hryvnja.

▶ Nahe bei der Festung lohnt ein krimdeutscher Friedhof eine Besichtigung.

▶ In der ul. Primorskaja ist kurz vor dem Ortsausgang von Sudak in Richtung Novyj Svet eine deutsche Kirche erhalten geblieben, die seit einigen Jahren auch wieder genutzt wird.

Der Mädchenturm

Eine an griechische Sagen erinnernde Geschichte erzählt den Hintergrund für die Bezeichnung des Turms am obersten Punkt der Genuesischen Festung, zu dem nur noch ein kleiner Pfad über die Felsen hinaufführt: Früher einmal lebte die Tochter des Archon in diesem Turm. Das schöne Mädchen war in einen einfachen Hirten verliebt, der sie ebenfalls liebte.
Doch der Archon war gegen diese Verbindung, er hatte höhere Heiratspläne für seine Tochter. Er beschloß, den Hirten mit einem Schiff auf die weite Reise in das kleinasiatische Milet an der Mündung des Mäander in das Ägäische Meer zu schicken, gleichzeitig jedoch befahl er der Schiffsbesatzung, ihn gleich nach der Verschiffung zu töten. Seiner Tochter erzählte er, das Schiff würde nach einem Jahr wiederkommen. Wäre eine weiße Fahne gehißt, so sei der Hirte dabei und dürfe sie zur Frau nehmen. Doch sei keine weiße Fahne gehißt, so hätte es sich der Hirte wohl anders überlegt und sie müsse den Mann heiraten, den ihr Vater eigentlich für sie vorgesehen hatte.
Das Jahr verging, das Schiff kehrte zurück – ohne weiße Fahne. Die Tochter des Archon, die auf den Felsen gewartet hatte, stürzte sich aus Trauer ins Meer.
Seitdem heißt der Turm ›Mädchenturm‹.

Blick von der Genuesischen Festung Sudak in Richtung Novyj Svet

Die Halbinsel Kerč'

Den östlichen Abschluß der Krim bildet die Halbinsel Kerč'. Sie bietet wiederum einen ganz neuen landschaftlichen Eindruck, geprägt von Resten unberührter Gras- und Steppenlandschaft, die bis an die Sandküste reichen, von Salzseen und Schlammvulkanen. Außerdem befinden sich hier größere Eisenerzvorkommen.

Die Halbinsel Kerč' wird im Norden vom Azovschen Meer und im Süden vom Schwarzen Meer umspült. Eines der bedeutendsten Naturdenkmäler der Krim erstreckt sich von der Halbinsel Kerč' zum ukrainischen Festland: die Landzunge Arabatskaja Strelka. Sie ist an einigen Stellen nur wenige Meter breit und trennt auf einer Länge von 130 Kilometern das Azovsche Meer vom Faulen Meer, das auch Sivaš genannt wird und sehr salzhaltig ist. Das Azovsche Meer hingegen hat mit einem Salzgehalt von 1,2 Prozent sogar einen deutlich geringeren Salzgehalt als das Schwarze Meer (1,8 Prozent). Doch der Salzgehalt steigt, besonders als Folge der Regulierung einfließender Flüsse – vor allem des Don. Dies führt zu einer ernsthaften Abnahme des Bestandes von Wanderfischen wie Stör, Zander, Blaunase und Blei.

Kap Kazantip

Zwischen Ščëlkino und Kerč' erstrecken sich kilometerlange Sandstrände, Abschnitte mit steiler Felsküste und viele kleine Buchten wechseln einander ab. In diesem Abschnitt, bei Ščëlkino, auf etwa halber Strecke zwischen Faulem Meer und Kerč', befindet sich das Kap Kazantip (мыс Казантип). Dies ist ein ganz besonderes Ferienziel der Krim. Kazantip bedeutet ›Kesselboden‹, und das Kap sieht auch wirklich wie ein Kessel aus, mit einem Durchmesser von drei bis vier Kilometern, einer minimalen Höhe von 20 und einer maximalen von 106 Metern. Das Kap Kazantip bildet den westlichen Abschluß der Kazantip-Bucht.

Diese landschaftlich reizvolle Gegend gehört laut Einschätzung der UNESCO zu den zehn saubersten Orten der Welt. Das einzigartige Klima, das durch das Aufeinandertreffen von trockenen Steppenwinden und salziger Meeresluft entsteht, gilt als sehr gesund. Entstanden ist das Kap vor vielen Jahrtausenden durch das Anheben des Meeresbodens. Seine landschaftliche Besonderheit wurde schon vor einigen Jahrzehnten erkannt: 1964 wurde Kazantip zum Naturdenkmal erklärt, 1980 zu einem unter Naturschutz stehenden Landstrich, 1998 schließlich folgte die Erklärung zum staatlichen Naturschutzgebiet der Ukraine und zu einem Naturschutzgebiet von internationaler Bedeutung.

Neben seiner geologischen und klimatischen Beschaffenheit haben das Kap und die Bucht von Kazantip auch historisch einiges zu bieten. Oberhalb der Tatarischen Bucht, im östlichsten Teil des Kaps, befinden sich Reste einer Siedlung, die im 3. bis 2. Jahrhundert vor Christus entstanden ist und im 3. Jahrhundert unserer Zeitrechnung aufgehört hat zu existieren. Im Osten der Bucht Kazantip, am westlichen Ortsrand von Novootradnoe, beginnt der Uzunlarskij val – auch Tureckij val (Türkischer Wall) genannt –, der fast die ganze Halbinsel Kerč' von

Einsamer Sandstrand in Kurortnoe auf der Halbinsel Kerč'

Nord nach Süd durchzieht. Nicht weit davon sind weitere Ausgrabungen aus dem 2. Jahrhundert vor bis zum 3. Jahrhundert nach Christus zu sehen. In der Nähe des Dorfes Semënovka westlich vom Kap Kazantip befinden sich ebenfalls Ausgrabungen aus demselben Zeitraum.

Aber nicht nur wegen Landschaft und Historie sowie wegen der hier vorhandenen Öl- und Gasvorkommen ist Kazantip bekannt: Einige Jahre fand hier regelmäßig ein Rave-Musikfestival unter dem gleichen Namen statt. Im Sommer 2000 verlegten es die Organisatoren allerdings erstmals in die Nähe von Sudak – doch dazu etwas später mehr.

Noch ein weiterer Punkt hat das Kap Kazantip vor einiger Zeit zumindest einem Kreis von Wissenschaftlern, Politikern und Umweltschützern bekannt gemacht: Ende der 1970er Jahre war beschlossen worden, auf diesem Fleck ein Atomkraftwerk zu errichten. Eine Entscheidung, die Protest unter Geologen und anderen Wissenschaftlern sowie Umweltschützern hervorrief, nicht zuletzt deshalb, weil die Halbinsel Kerč' als erdbebengefährdet gilt. Doch der Entschluß stand fest, und so wurde erst einmal Ščëlkino aus dem Boden gestampft. Der heute mehr als 10 000 Einwohner zählende Ort war 1978 als Wohnort für die am Bau des Kraftwerks Beteiligten geschaffen worden. 1981 wurde dann tatsächlich mit den Bauarbeiten begonnen.

Insgesamt gehörte die Krim zu den Nachzüglern bei der politischen Mobilisierung in der Gorbačëv-Ära. Zur Zeit der Perestrojka und Glasnost' gab es auf der Krim nur eine regionalpolitische Bewegung: die Grüne Bewegung, die sich als Opposition zum geplanten AKW formierte. Ihr Kern bestand aus Wissenschaftlern und Literaten aus Simferopol'. 1987 kam es zu wiederholten organisierten Massenprotesten, die zur Folge hatten, daß bis 1988 der Naturschutz auf die Tagesordnung verschiedener Parteien und Bewegungen gelangte. Die Ablehnung des AKW auf lokaler Ebene deutete auf eine zunehmende Distanzierung der Region von Moskau hin. Nach einem anfänglich ambivalenten Standpunkt schaffte es die Kommunistische Partei der Krim auf geschickte Weise, das ökologische Thema für sich zu beanspruchen und auf seiner Grundlage die eigene regionale Machtposition auszubauen. Dieser ›Coup‹ gelang den Krim-Kommunisten durch eine bewußte Infiltrierung und somit Unterhöhlung der Grünen Bewegung durch treue Parteianhänger, Rentner und Nicht-Intellektuelle, die die Diskussion auf eine andere Bahn lenkten, die Bewegung letztlich entpolitisierten und den Austritt der ursprünglichen Mitglieder beschleunigten. Im Frühjahr 1989 verhängten das Gebietskomitee der Kommunistischen Partei und der Oberste Sowjet der Krim ein Moratorium, das den Bau des AKW bis auf weiteres aufschieben sollte. Obgleich die Entscheidung über Energiefragen in den Zuständigkeitsbereich der Ministerien in Moskau fiel, wurde dieses Moratorium zu einem Präzedenzfall: Im Oktober 1989 folgte der Ministerrat der UdSSR den regionalen Protesten und stoppte das Nuklearprojekt auf der Krim. Zunächst sollte der Bau dennoch mit dem Ziel weitergeführt werden, eine Ausbildungsstätte zu errichten. Doch auch dies wurde fallengelassen, 1990 wurden die Bauarbeiten endgültig abgebrochen. Bis heute sind die Ruinen des nicht fertiggestellten AKWs übriggeblieben und zeugen von den vergangenen großen Plänen. Ščëlkino selbst hat gewissermaßen seinen Daseinszweck verloren und bietet für viele seiner Bewohner keine Zukunft mehr.

Aber das ändert alles nichts daran, daß Kazantip für Besucher sehr viel Reizvolles zu bieten hat. Man erzählt, daß zahlreiche Wohnungen bereits als Ferienwohnungen an Sommergäste aus Moskau verkauft wurden. Und außerdem gibt es das bereits erwähnte Rave-Festival ›Kazantip‹. Jahrelang hat dieses Surf- und Musikfestival Sommer für Sommer auf der Landzunge beim unfertigen AKW stattgefunden, bis es in südlichere Gefilde umzog. Im August 2000 fand es im Dorf Vesëloe in der Nähe von Sudak statt, auf 20 000 Quadratmetern Tanzfläche und mit 100 Musikern und Musikgruppen aus Rußland, der Ukraine, Weißrußland, dem Baltikum, Frankreich, England und Deutschland. Seit 2001 geht das

Festival auf der Landzunge Mirnyj bei dem Örtchen Popovka (Поповка), nordwestlich von Evpatorija, über die Bühne. ›Kazantip‹ beziehungsweise seine Organisatoren haben sich eine eigene kleine Welt geschaffen. Auf der Auf der deutschsprachigen Website www.kazantip.de wird die ›Republik Kazantip, die einzige Republik ohne Territorium‹, vorgestellt mit einem Präsidenten, der sich jedes Jahr selbst wiederwählt, einer ›Botschaft‹ in Moskau (Club ›Territorija‹ an der ul. Tverskaja), und die Eintrittskarten zum Festival nennen sich Visa. Die Partyzeit beginnt in der Regel Ende Juli. Die große Eröffnungs-Party 2007 findet am 04./05. August statt. Schluß wird voraussichtlich am 25. August sein.

Daß dies Festival Kazantip als Ort verlassen hat, hat jedoch nicht zu einer kulturellen Verödung der Gegend geführt, denn es gibt ja noch das Songfestival ›Krymskoe Priazov'e‹. Im Juli 2006 hat es zum siebten Mal stattgefunden. Musikalisch anders ausgerichtet, erklingen hier Lieder von Bulat Okudžava und anderen bekannten und weniger bekannten russischen, ukrainischen und krimtatarischen Liedermachern. Darüber hinaus findet hier alljährlich ein Jugendfestival des Russischen Funboarding-Verbandes statt (Rossijskaja Associacija Vindserfinga).

Unterkünfte sind in Ščëlkino deutlich billiger als in den anderen Ferienorten der Krim – ein Ausdruck dessen, daß die Gegend touristisch eben doch noch nicht ganz so weit erschlossen ist wie der Rest der Halbinsel. Wer beschließt, seinen Urlaub in Kazantip zu verbringen, ist dennoch nicht von der übrigen Krim abgeschnitten, wie es vor einigen Jahren noch der Fall gewesen sein mag. Auch aus Ščëlkino werden Ausflüge zu allen Orten der Krim angeboten.

Wer in Kerč' ist und nur kurz einen Abstecher ans Azovsche Meer machen will, fährt am besten in den Ort Kurortnoe (Курортное). Vom Busbahnhof in Kerč' aus erreicht man Kurortnoe mit dem Bus Nr. 69 in etwa 50 Minuten. Hier gibt es einen Sandstrand, wenig Leute, keine Cafés und keine Uferpromenade. Kurortnoe ist einfach nur ein kleines Dorf mit einem schönen Strand.

Ščëlkino (Щёлкино) kann man aus Simferopol', Feodosija und Kerč mit dem Bus erreichen. Nach Novootradnoe (Новоотрадное) und Nižnezamorskoe (Нижнезаморское) im östlichen Teil der Kazantip-Bucht fahren Busse aus Kerč'.

► Semënovka (Семёновка) im Westen des Kaps Kazantip ist durch Busse mit Ščëlkino und Lenino (Ленино) verbunden, von wo aus man dann weiter nach Kerč' oder Simferopol' gelangen kann. Zwischen Ščëlkino und Lenino verkehren etliche Maršrutki.

Am besten kommt man privat unter, aber es gibt auch ein Pensionat in der Nähe von Ščëlkino: ›Krymskoe Priazov'e‹ im Dorf Mysovoe (Мысовое), Tel. 0 65 57/5 55 67, 5 81 74.

Kerč'

Die östlichste Stadt der Krim ist Kerč' (Керчь). Sie liegt direkt an der Straße von Kerč', der Meerenge, die die Krim von Rußland trennt und das Schwarze Meer mit dem Azovschen Meer verbindet. An ihrer schmalsten Stelle ist die Meerenge, die im Laufe der Geschichte für Handel und Kriege immer wieder eine bedeutende Rolle spielte, nur vier Kilometer breit. Es gibt eine direkte Fährverbindung von Kerč' zum russischen Festland, und es halten sich seit längerem Gerüchte über eine geplante Brückenverbindung. Bei gutem Wetter ist die gegenüberliegende russische Küste zu erkennen. Kerč' ist nicht nur eine historisch interessante Stadt, sie hat auch Badefreunden einiges zu bieten, denn sowohl entlang der Stadt, die 40 Kilometer Küstenstrecke vorzuweisen hat, als auch in der näheren Umgebung gibt es zahlreiche Sandstrände. Direkt im Zentrum allerdings ist das ganze Ufer betoniert. Doch wer nicht weit fahren will, um schwimmen zu gehen, bekommt hier dennoch eine Chance: Direkt vor der Uferpromenade im Zentrum gibt es im Meer zwei von Tribünen umgebene schwimmende Bassins, die eine Möglichkeit zum geschützten Bad bieten.

Auf ihre lange Stadtgeschichte blicken die Bewohner von Kerč' mit Stolz zurück: Im September 2000 feierten sie den 2600. Geburtstag ihrer Stadt. Im 6. Jahrhundert vor Christus gründeten griechische Kolonialisten auf dem Gebiet des heutigen Kerč' die Stadt Pantikapej. Sie entwickelte sich zur Hauptstadt des Bosporanischen Reiches und behielt diese Stellung bis zum Ende des 4. Jahrhunderts nach Christus. Die griechische Siedlung befand sich größtenteils auf dem Gebiet der heutigen Altstadt von Kerč'. Das historische Zentrum der Stadt ist der Berg Mitridat, auf dem zu Zeiten des Bosporanischen Reiches eine mächtige Akropolis stand, von der noch einige Säulen und Mauerreste erhalten sind. Diese Ausgrabungen liegen auf der Nordseite des Hügels, sind jedoch nicht von der Stadt aus zu sehen. Weithin sichtbar hingegen ist der Obelisk. Dieser stammt aus der jüngeren Vergangenheit: Er wurde nach der Befreiung der Stadt 1944 zu Ehren der ›Befreier von Kerč'‹ errichtet. Der Aufstieg hierhin über die fast 450 Stufen zählende Treppe lohnt sich allein schon wegen des guten Ausblicks über die Stadt – immerhin erhebt sich der Mitridat 91,4 Meter über das Meer.

Am Fuß der Treppe gibt es seit einigen Jahren eines der kleinsten Museen der Krim, das in jedem Fall einen Besuch wert ist. Das ›Demeter-Museum‹ beherbergt Ausgrabungsfunde vom Mitridat. Das Herzstück ist jedoch das reproduzierte Wand- und Deckengemälde, auf dem die Göttin Demeter und die mit ihr verbundene griechische Sagenwelt dargestellt sind. Eine Führung durch das kleine Demeter-Museum lohnt sich, allein schon wegen der engagiert vorgetragenen Erklärungen zu den Ausstellungsstücken. Und natürlich wird auch die den Fresken zugrundeliegende Sage wiedergegeben, der zufolge Demeter, die griechische

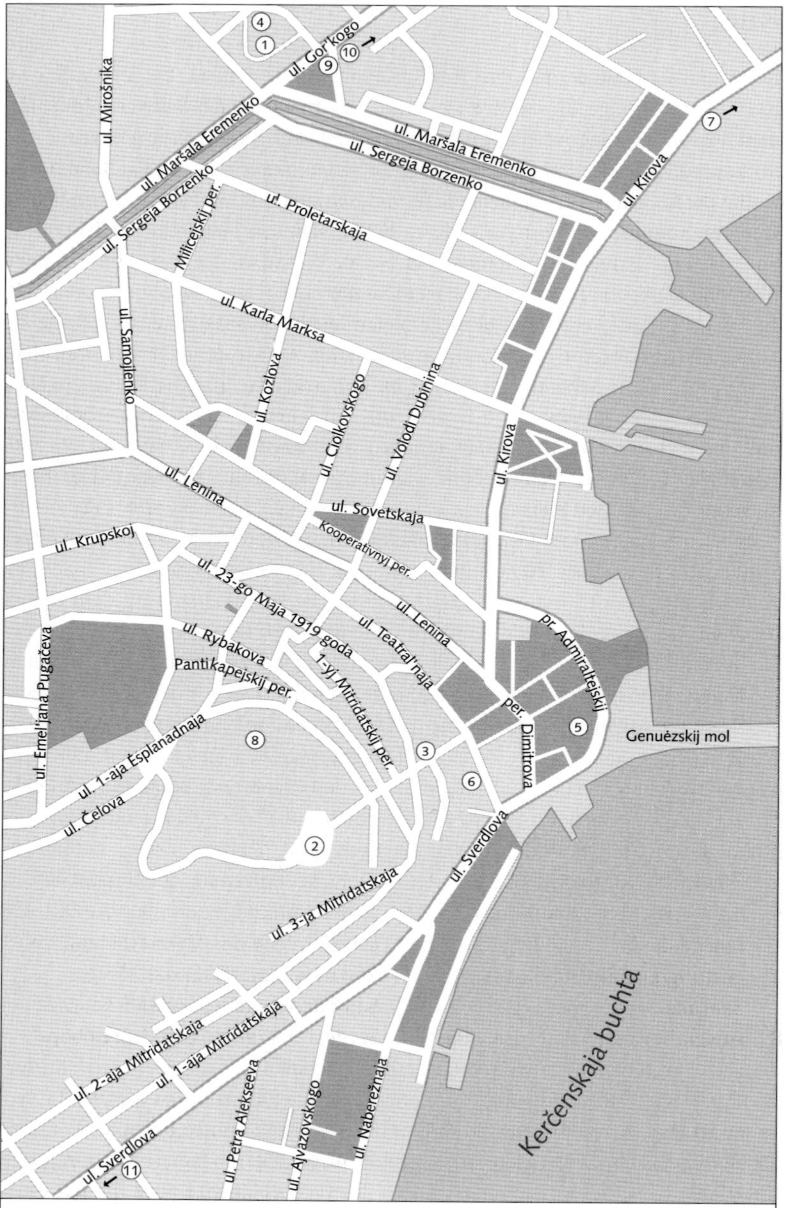

Kerč' (Керчь), Zentrum

Göttin des Erdsegens und der Fruchtbarkeit, die Erde mit Unfruchtbarkeit strafte, nachdem Hades ihre Tochter Persephone in die Unterwelt entführt hatte. Zeus bestimmte schließlich, daß Persephone ein Drittel des Jahres bei ihrem Gatten Hades, den Rest des Jahres bei ihrer Mutter zubringen solle. Während die Tochter in der Unterwelt weilte, machte Demeter ihre Drohung auch weiterhin wahr, es wurde zu dieser Zeit alljährlich Winter. Erst wenn die Tochter zu ihr kam, zeigte sich die Göttin des Erdsegens milde und entsandte die wärmeren Jahreszeiten Frühling, Sommer und Herbst. Doch der Herbst bildet schon wieder den Übergang zur nächsten Trennung von Mutter und Tochter. So hat denn die Göttin auf dem Wandbild auch einen traurigen Gesichtsausdruck, denn jedes Zusammensein mit ihrer Tochter bedeutete gleichzeitig auch eine bevorstehende Trennung von ihr.

Die Originalfresken befinden sich in der Demeter-Gruft aus dem 1. Jahrhundert unserer Zeitrechnung, die 1895 in der heutigen ul. Lejtenanta Buvina (ул. Лейтенанта Бувина) in der Nähe des Busbahnhofes entdeckt wurde. Sie sind nicht zur Besichtigung freigegeben, denn sie sollen vor dem Verfall geschützt werden. Die übrigen Funde aus der Gruft haben hingegen im Demeter-Museum einen neuen Platz gefunden. Für fachgerechten Schutz fehlt das Geld. Zum Schutz der Demeter-Gruft wurde der Demeter-Wohltätigkeitsfonds in Kerč' gegründet, der auch das Museum durch Spendengelder unterhält.

Legende

1 Busbahnhof (Автовокзал)
2 Mitridat-Hügel (Гора Митридата)
3 Demeter-Museum (Музей Деметра)
4 Melek-Česmenskij-Grabhügel (Мелек Чесменский курган)
5 Kirche der Heiligen Johanna von Predici (Храм Иоанна Предтечи)
6 Gemäldegalerie (Картинная галерея)
7 Festung Enikale (Крепость Еникале)
8 Ausgrabungen von Pantikapej (Античный город Пантикапей)
9 Carskij kurgan (Царский курган)
10 Adžimuškaj (Аджимушкай)
11 Ėltigen (Элтиген)

Straßen und Plätze

1-aja Ėsplanadnaja, ul. (1-ая Эспланадная, ул.)
Dimitrova, per. (Димитрова, пер.)
Gor'kogo, ul. (Горького, ул.)
Karla Marksa, ul. (Карла Маркса, ул.)
Kirova, ul. (Кирова, ул.)
Lenina, ul. (Ленина, ул.)
Maršala Eremenko, ul. (Маршала Еременко, ул.)
Proletarskaja, ul. (Пролетарская, ул.)
Rybakova, ul. (Рыбакова, ул.)
Samojlenko, ul. (Самойленко, ул.)
Sergeja Borzenko, ul. (Сергея Борзенко, ул.)
Sovetskaja, ul. (Советская, ул.)
Sverdlova, ul. (Свердлова, ул.)
Teatral'naja, ul. (Театральная, ул.)
Volodi Dubinina, ul. (Володи Дубинина, ул.)

Eine weitere griechische Ausgrabungsstätte ist Mirmekij. Die Siedlung existierte vom 6. Jahrhundert vor Christus bis zum 3. Jahrhundert unserer Zeitrechnung, als sie von den Goten zerstört wurde. Ein Museum gibt es hier nicht, lediglich eine schon ziemlich verrostete Tafel, die einige historische Angaben beinhaltet: Bereits in den 1820er Jahren wurden bedeutende Teile der ehemals acht Hektar umfassenden Ansiedlung freigelegt, man konnte die die Stadt umgebenden Mauern und Türme erkennen ebenso wie die im Zentrum befindlichen Reste des Tempels der Demeter und Aphrodite.

Der Car'skij Kurgan (Kaiserlicher Grabhügel), etwas außerhalb der Stadt gelegen, ist ein beeindruckendes Grab aus dem 4. Jahrhundert vor Christus. Das Fürstengrab, ein kegelförmiger Gang, der nach einigen Metern zu einem Kuppelraum führt, ist nicht, wie es auf den ersten Blick scheint, in einen Hügel hineingebaut: Zunächst wurde der Gang selbst gemauert und erst danach mit Erde bedeckt. Im Laufe der Jahrhunderte entstand schließlich das heutige ›natürliche‹ Aussehen des Hügels. Sarkophage und Grabplatten mit Inschriften und eingemeißelten Bildern säumen den Weg zum Kurgan, der sich in dem Vorort Adžimuškaj befindet.

Ist dieser Grabhügel auch ganz besonders interessant, so ist er doch nicht der einzige in der Gegend von Kerč'. Eine große Ansammlung von Kurganen befindet sich in dem Vorort Juz-Oba. Ein Museum gibt es hier nicht, und für einen Laien unterscheiden sich die angekündigten 100 Grabhügel allerdings kaum von den hier üblichen Erdhuckeln, besonders auch deswegen nicht, weil sie von der Bevölkerung eifrig als Müllhalden und Ähnliches mißbraucht werden. Ein weiterer zu besichtigender Kurgan befindet sich direkt im Zentrum von Kerč', in der Mitte des Busbahnhofes. Dieser Grabhügel mit dem Namen Melek-Česmenskij besteht aus zwei Kammern: dem Begräbnisraum und der Gruft. Dieser bereits 1858 entdeckte, vorher allerdings schon eifrig geplünderte Grabhügel wurde nach langer Pause 1997 wieder zur Besichtigung freigegeben.

Nachdem Römer und Byzantiner die Stadt beherrscht hatten, wurde Kerč' um 370 nach Christus von den Hunnen zerstört. Ab dem 6. Jahrhundert gewann die Stadt neues Leben, sie entwickelte sich zu einem Handels- und Handwerkszentrum. Nach verschiedenen Herrschern nahmen im 13. Jahrhundert Tataren die Stadt ein. Zu Beginn des 14. Jahrhunderts wurden sie von den Genuesern abgelöst, die hier einen wichtigen Stützpunkt errichteten und diesen bis zum Einfall der osmanischen Truppen 1475 hielten.

Zwischen dem 8. und dem 14. Jahrhundert entstand die Kirche der heiligen Johanna von Predici, die noch heute in der ul. Sverdlova am Fuße des Mitridat zu sehen ist und als orthodoxe Kirche genutzt wird. In drei Bauabschnitten schufen hier Armenier, Griechen und Genueser Stück für Stück ein faszinierendes Bauwerk.

Der Car'skij Kurgan, ein vorchristlicher Grabhügel in Adžimuškaj bei Kerč'

Im Jahre 1475 fiel die Stadt an die Türken. Die Osmanen kontrollierten nun von ihrer Festung aus den Schiffsverkehr durch die Meerenge. In dem Vorort Sipjagino sind noch Teile der Festung Enikale zu sehen, deren Bau 1699 begonnen und 1706 abgeschlossen wurde. Die Türken wählten diesen Ort für ihre Festung, weil die Meerenge hier mit vier Kilometern am schmalsten ist. Von den Festungsmauern aus kann man bei klarem Wetter sehr gut die Konturen der russischen Küste erkennen. Als 1774 der Frieden zwischen Rußland und der Türkei im Friedensvertrag von Kütschük-Kainardschi schriftlich besiegelt wurde, wurden auch Enikale und die Stadt Kerč' russisch.

Nach der Annexion der Krim durch Rußland im Jahre 1783 wurde Kerč' neben Sevastopol' Stützpunkt der Schwarzmeerflotte. Daher ist die weitere Geschichte der Stadt ebenso wie die Sevastopols eng mit der Flotte verbunden: Im Krimkrieg besetzten 1855 Truppen der Engländer und Franzosen die Stadt, im Zweiten Weltkrieg war sie mehrmals heftig umkämpft.

Von der bedeutenden Rolle der Stadt Kerč' im Zweiten Weltkrieg zeugen eine Reihe von Denkmälern und Gedenkstätten. Sicherlich am beeindruckendsten sind die Gewölbe in Adžimuškaj im Norden der Stadt. Dieses unterirdische Versteck für Partisanen und Zivilbevölkerung ist heute teilweise ein Museum und nur im Rahmen einer Führung zu besichtigen, was hier aus Sicherheitsgründen auch sehr sinnvoll ist, denn sonst würde man sich möglicherweise doch verlaufen in den

Die Festung Enikale im Norden der Stadt Kerč'

dunklen und verzweigten Gängen, die bis an die Küste reichen sollen und von denen nur ein kleiner Teil als Museum fungiert. Die unterirdische Ausstellung schildert eindrucksvoll das Leben der Partisanen und Stadtbewohner, die an diesem Ort Zuflucht vor den deutschen Angreifern suchten. Dennoch starben hier im Laufe des Zweiten Weltkrieg etwa 15 000 Menschen. Der Eingang ist heute durch ein monumentales Sowjetdenkmal markiert. Auch im Sommer herrscht im Inneren nur eine Temperatur von etwa zehn Grad. Man bekommt die beklemmende Dunkelheit zu spüren, in der das Leben unter der Erde verlief. Zur besseren Vermittlung dieser Stimmung wurde auf Beleuchtung verzichtet, die Angestellten des Museums führen ihre Besuchergruppen mit Hilfe von Taschenlampen durch die Gänge, die gesäumt sind von Funden aus dem Krieg: Helme, Waffen, Gerätschaften. Die sterblichen Überreste der vielen Umgekommenen sind in drei Sammelgräbern beigesetzt worden, das dritte konnte erst im Jahr 2000 zu Ehren des 55. Jahrestages des Kriegsendes finanziert werden.

Die zweite bedeutende – jedoch weitaus schwerer zu erreichende – Gedenkstätte des Zweiten Weltkriegs liegt südwestlich vom Stadtzentrum im Vorort Ėltigen. Hier wird der ›Desantniki‹ (Landungstruppen) von 1943 gedacht, die diesen Ort zurückerobert hatten. Zum Museumskomplex gehören ein riesiges steinernes Segel, ein Museum, ein Platz mit zu Denkmälern umgewandelten Waffen sowie ein aufgebocktes Boot. Der Platz ist zu finden, wenn man mit dem Bus Nr. 15 bis zur Endhaltestelle Geroevskoe fährt und sich dann links hält. Geht man entgegen der Fahrtrichtung ein Stück wieder zurück, sieht man linker Hand recht schnell das Segel. Noch etwas weiter die Straße entlang, dann gelangt man rechts zu dem offenen Platz, auf dem sich die Waffendenkmäler, das Boot und auch das Museum der Geschichte des Angriffs auf Ėltigen befinden. Das aufgebockte Boot hatte an den Kriegshandlungen im November 1943 teilgenommen und war zu Ehren des 35. Jahrestages dieser Kriegsereignisse von Komsomolzen restauriert worden. Ein Besuch des Vorortes Ėltigen lohnt sich außerdem wegen des herrlichen Sandstrandes.

Nicht weit von Ėltigen entfernt, ein paar Bushaltestellen näher in Richtung Kerč', befinden sich die Ausgrabungen der antiken Siedlung Nimfej. Ein offizielles Museum gibt es hier noch nicht, angeblich ist es aber geplant. Ob sich ein Besuch lohnt, ist derzeit ein wenig fraglich, denn die Suche gestaltet sich – nicht zuletzt wegen fehlender Wegweiser – ziemlich kompliziert, und fragen kann man in der Einöde auch kaum jemanden.

Kerč' hat natürlich noch mehr Museen als die bereits beschriebenen zu bieten: Die Gemäldegalerie befindet sich am Fuße des Mitridat. Sie ist relativ klein – den größten Teil nehmen monumentale Kriegsbilder im sowjetischen Stil ein, die meisten von ihnen von Nikolaj But (1928–1989) gemalt. Neben einigen Ausgrabungsstücken und Ikonen ist ein Mosaik-Jesusbildnis der Stolz des Museums:

Dieses Bild, so erklärt die Museumsführerin, sei dem Ehepaar Gorbačëv 1989 vom Vatikan geschenkt worden und stamme auch von dort.

Das Ethnographische Museum ist ganz unauffällig in einem mehrstöckigen Wohnhaus untergebracht. Man gelangt vom Busbahnhof aus dorthin, indem man dem Weg gegenüber vom Eingang zum Melek-Česmenskij-Kurgan folgt, nach etwa 200 Metern ist es im Haus Nummer 7 der ul. Lejtenanta Buvina. Den Schwerpunkt der Ausstellung bildet die krimtatarische Kultur.

Das 157 000 Einwohner (im Jahr 2001) zählende Kerč' ist heute ein wichtiges Industriezentrum der Krim. Zu Sowjetzeiten war der militärisch-industrielle Komplex dominant, jetzt liegt dieser allerdings brach. Heute spielen vor allem die Erzindustrie und die fischverarbeitende Industrie eine bedeutende Rolle. Dennoch macht die Stadt einen abgeschlagenen Eindruck, es sind deutlich weniger Touristen hier, die Besucherströme treibt es mehr an die anderen Küsten. Ob die Touristen nicht kommen, weil die Infrastruktur schlechter und der Weg weiter ist, oder ob es kaum Cafés und Unterkünfte gibt, weil weniger Touristen kommen – eine Antwort hierauf gibt es wohl nicht. Kerč' ist aber auf jeden Fall einen Besuch wert und hat ganz sicher seinen eigenen Charme.

Im Norden der Stadt befinden sich die auffälligen Felsformationen des Kap Zjuk. Deutlich sind erstarrte Lava und Überreste eines zerborstenen Kraters zu erkennen. Will man diese Gegend nördlich von Kerč' auch jenseits der Hauptstraßen befahren, hat dies einen Vor- und einen Nachteil gleichermaßen: Das Gebiet ist nicht überlaufen, aber die einzige Möglichkeit, den Küstenstrich zwischen Kerč' und dem Kap Zjuk genauer kennenzulernen, ist, einen Taxifahrer zu überreden, sich von Kerč' aus gegen Aufpreis zu der abenteuerlichen Tour über kleine Steppenpfade, durch Schlammlöcher und an einem Schlammvulkan vorbei zur Küste einzulassen.

i Vorwahl: 065 61.
Postamt: ul. Kirova 1.
Am Busbahnhof werden laufend Exkursionen durch Kerč' und quer über die Krim angeboten.

Der Busbahnhof liegt im Stadtzentrum, Tel. 535 72. Täglich 12 Busse fahren nach Simferopol' (ca. 5 h Fahrtzeit) über Feodosija, 7 nach Krasnodar in Südrußland (Visum erforderlich, das nicht vor Ort erhältlich ist), 4 nach Ščëlkino und einzelne in größere Orte der Krim, nach Südrußland und in die Südukraine.
Die meisten Sehenswürdigkeiten in Kerč' können, sofern sie nicht direkt im Zentrum gelegen sind, mit dem Bus erreicht werden. Die Busse sind allerdings häufig überfüllt, es empfiehlt sich deshalb, auf Taxis zurückzugreifen.

Der Bahnhof befindet sich am Stadtrand, aus dem Zentrum zu erreichen mit den Bussen 6, 22, 24. Hier kommen Fernzüge an. Es gibt einen Nachtzug zwischen Kerč und Simferopol'.

4x tgl. verkehrt ein Vorortzug zum Hafen Krym. Außerdem fahren die Busse 1 und 18 zum Hafen. Vom Hafen Krym verkehren während der Saison tgl. 22 Fährschiffe auf die zu Rußland gehörende Halbinsel Taman'. Preis pro Person: 35 Hryvnja, für einen PKW: 50 bis 60 Hryvnja. Ist man mit dem Bus unterwegs, ist der Preis für die Fähre im Ticketpreis enthalten. Auch hier gilt: Für Rußland besteht Visumspflicht. Visa bekommt man NICHT am Hafen (siehe Reisetips von A bis Z ›Visum‹).

Das Zimmervermittlungsbüro befindet sich am Busbahnhof. Die Preise für eine Übernachtung gehören zu den niedrigsten auf der Krim.

Es gibt einige Hotels und Pensionate:

▸ Hotel ›Kerč'‹, Tel. 21155, 21204, ul. Kirova 11 (ул. Кирова), DZ ab 100 Hryvnja.

▸ Hotel ›Morjak‹, Tel. 57257, 52955, ul. Gagarina 3 (ул. Гагарина), DZ ab 80 Hryvnja.

▸ Hotel ›Meridian‹, Tel. 20556, ul. Sverdlova 83 (ул. Свердлова), DZ ab 80 Hryvnja.

▸ Hotel ›Parus‹, Tel. 45206, 47417, ul. Suvorova 1b (ул. Суворова) 1b, am Wasser in einem Park, DZ ab 65 Hryvnja.

Direkt am Fuß der Treppe auf den Mitridat ist das Demeter-Museum untergebracht.

▸ Gemäldegalerie, ul. Teatral'naja 33, tgl. außer Mi 10–18 Uhr.

▸ Historisch-Archäologisches Museum, ul. Sverdlova 22, tgl. außer Mo 9–17 Uhr. Dieses Museum ist eines der ältesten in der Ukraine (gegründet 1826). Viele wertvolle Exponate ›verschwanden‹ während des Zweiten Weltkrieges. Einige der 130 000 Ausstellungsstücke sind von unermeßlichem Wert.

▸ Zum Carskij Kurgan kommt man vom Busbahnhof mit der Linie 4.

▸ Zum Museum von Adžimuškaj fahren ebenfalls Busse vom Busbahnhof aus (Stadtbusse 24, 32).

▸ Startpunkt, um zur Türkischen Festung Enikale zu gelangen, ist ebenfalls der Busbahnhof.

▸ Der Vorort Ėltigen, in dem sich der Museumskomplex ›Desantniki‹ befindet wird vom Bus Nr. 15 angefahren, in den man an der Haltestelle Upr. ŽDCh (Упр. ЖДХ – sie heißt tatsächlich so!) umsteigen kann. Die Busse nach Ėltigen sind im Sommer meist sehr voll, denn es gibt hier einen langen, schönen und gar nicht mal überlaufenen Sandstrand. Direkt an die Endhaltestelle Geroevskoe (Героевское) der Buslinie Nr. 15 schließt sich ein kleiner Markt an, auf dem man sich mit Getränken und Obst versorgen kann. Und wer ein paar Tage einfach nur Strandurlaub machen will, kann hier fragen, ob es noch freie Ferienhütten gibt, die auf einem recht großen Gelände vermietet werden.

Reisetips von A bis Z

Anreise mit dem Flugzeug

Am einfachsten gelangt man per Flugzeug auf die Krim, Zielflughafen ist der Simferopoler Flughafen ›Central'nyj‹.

▶ Von Mitte Mai bis Mitte Oktober fliegen die ›Ukraine International Airlines‹, www.flyuia.com, ein Mal wöchentlich direkt von Frankfurt/ Main nach Simferopol', während der Hochsaison (Juni bis August) gibt es sogar zwei Flüge pro Woche (hin und zurück ca. 500 Euro).

▶ Die zurzeit preislich günstigste Variante in den Sommermonaten sind Flüge mit AirBaltic von Berlin, Hamburg und Dortmund nach Simferopol'. Bei rechtzeitiger Buchung kosten Hin- und Rückflug ca. 320 Euro. Tickets nur unter www.airbaltic.com.

▶ In den Frühjahrs- und Sommermonaten fliegt auch die Ukrainian Mediterranean Airlines (UM Air) – www.umairlines.com – einmal wöchentlich von Nürnberg, Köln/Bonn und Hannover nach Simferopol. Preise für Hin- und Rückflug bei rechtzeitiger Buchung: ab 280 Euro.

▶ Außerdem besteht ganzjährig die Möglichkeit, mit den ›Ukraine International Airlines‹ sowie verschiedenen westeuropäischen Fluggesellschaften in die ukrainische Hauptstadt Kiev zu fliegen und von dort aus per Flugzeug (täglich mehrere Flüge), Bahn oder Bus auf die Krim zu gelangen (Kosten für Hin- und Rückflug ab 700 Euro). Vor allem ohne Sprach- und Ortskenntnisse sollte man dabei für den

Bushaltestelle in Simferopol'

möglicherweise notwendigen Flughafentransfer beziehungsweise für den Transfer zum Bahnhof in der Millionenstadt Kiev genügend Zeit einberechnen.

▶ Möglich ist auch die Anreise über Istanbul, von wo aus die ›Turkish Airlines‹, www.turkishairlines.de, das ganze Jahr über mehrmals wöchentlich Simferopol' anfliegen (Stand 2007).

Anreise mit der Bahn

Man kann auch den ganzen Weg mit der Bahn zurückzulegen. Es gibt zweimal wöchentlich eine Direktverbindung Berlin–Simferopol' (ca. 43 Stunden, Schlafwagen).

▶ Wenn nicht diese Direktverbindung gewählt wird, dauert die Fahrt mit allen einzurechnenden Zwischenstops fürs Umsteigen etwa 2 bis 3 Tage. Man reist in diesem Fall zunächst nach Kiev, um dort in einen Zug nach Simferopol' umzusteigen. Günstiger – aber auch unsicherer – ist es, sich erst am Kiever Bahnhof Karten für die Weiterfahrt nach Simferopol' zu kaufen. Am schwierigsten ist es, in den Sommermonaten Bahntickets zu bekommen. In Kiev entwickelt sich zu der Zeit ein richtiger Schwarzmarkt, durch den die Kassen keine regulären Fahrkarten mehr verkaufen, es auf dem Bahnhofsvorplatz aber noch ausreichend Tickets gibt – für deutlich höhere Preise. Aus demselben Grund ist es nötig, sich frühzeitig um eine Rückfahrkarte zu bemühen.

▶ So man sich zu einer Bahnreise entschließt, ist es empfehlenswert, sich an eine der auf Osteuropa spezialisierten Bahnagenturen zu wenden. Das sind im süddeutschen Raum Gleisnost (www.gleisnost.de) und ›Spindlersfeld‹ in Berlin, Tel. 030/6 54 72 80-0, Fax:-2, bahnagentur-spindlersfeld@t-online.de. Der Sparpreis für eine Fahrt hin und zurück Berlin–Simferopol' beträgt bei zwei Personen ca. 190 Euro pro Person; dazu kommen noch je 30 Euro für den Liegeplatz. (siehe auch ›Bahnverbindungen‹).

Anreise mit dem Schiff

▶ Von Istanbul aus gibt es Fähren auf die Krim, die Fahrt dauert etwa 24 Stunden. Die Fähren verkehren ganzjährig einmal wöchentlich, im Sommer öfter (www.ferrylines.com).

▶ Eine Schiffsverbindung gibt es auch von Odessa auf die Krim.

Abfahrt aus Odessa Di und Fr 8.30 Uhr.

Ankunft in Jalta am jeweils folgenden Tag um 13.10 Uhr, in Evpatorija, um 15 Uhr in Sevastopol' und um 17 Uhr in Jalta.

Abfahrt nach Odessa Do und So 9 Uhr von Jalta, 11 Uhr von Sevastopol' und 12.30 von Evpatorija.

Ankunft in Odessa am Folgetag um 17.30 Uhr.

Infos: Tel. 0 03 80/6 54/32 00 94 (Jalta); Tel. 0 03 80/6 52/54 69 90.

Anreise mit dem Auto

Wer mit dem Auto auf die Krim fährt, sollte folgende Punkte beachten:

▶ Vergessen Sie nicht, sich vor der Abreise einen internationalen Führerschein sowie eine aktuelle ›Grüne Versicherungskarte‹ zu besorgen, die nachweist, daß Sie über einen ausreichenden Haftpflichtversicherungsschutz für Ihr Auto verfügen.

▶ Kurz hinter dem polnisch-ukrainischen Grenzübergang wird eine ›ökologische Gebühr‹ verlangt (kein sehr hoher Betrag; die Quittung sollte man aufheben).

▶ Autofahrer, die nicht mit dem eigenen PKW in die Ukraine einreisen, brauchen eine notariell beglaubigte Erklärung des Fahrzeugeigentümers in ukrainischer Sprache, aus der hervorgeht, daß sie zur Nutzung des Fahrzeugs berechtigt sind. (siehe auch ›Verkehrsregeln‹, ›Pannen‹, ›Tanken‹).

Anreise über Polen

Die meisten Auto-Touristen wählen für eine Fahrt in die Ukraine einen der zwei polnisch-ukrainischen Grenzübergänge. Der für eine Reise auf die Krim auf den ersten Blick günstigere, weil südlichere Grenzübergang ist Przemyśl/Mostis'ka, zu erreichen über Kraków. Von hier aus sind es etwa 1200 Kilometer bis Simferopol'.

Die Strecke führt über den ›Autobahnring‹ bei Lviv' über über Ternopil' und Vinnycja nach Uman'.

Hier fährt man auf die Trasse Kiev–Odessa, die 110 Kilometer südlich von der Trasse Chişinău–Kirovohrad gekreuzt wird.

An dieser Stelle biegt man östlich in Richtung Kirovohrad ab (schlecht ausgeschildert, die Ausfahrt führt über eine die Trasse kreuzende Brücke nach Osten).

Nach weiteren 70 Kilometern (Achtung: Nicht schon nach gut 50 Kilometer rechts ab nach Domanivka fahren!) in Richtung Kirovohrad verläßt man diese Trasse und fährt nach Süden in Richtung Južnoukra-jins'k-Mykolajiv.

Der nun folgende Teilabschnitt führt durch mehrere Ortschaften (Voznesens'k, Nova Odesa), was die Fahrzeit zwar verlängert, aber interessante Einblicke in die ukrainische Provinz gewährt.

Vor Mykolajiv wird man auf die Straße nach Cherson geführt. Auch bei Cherson bewahrt eine großzügige Ortsumgehung vor dem nervenaufreibenden Abenteuer einer Stadtdurchfahrt.

Bei Cjurupyns'k überquert die Straße den Dnipro – eine breite Brücke existiert, auch wenn diese in diversen deutschen Straßenkarten nicht eingezeichnet ist. Ab hier ist dann auch Simferopol' ausgeschildert (noch 250 Kilometer).

Die letzten 130 Kilometer auf der Krim führen – zuerst durch Armjansk und Krasnoperekopsk – durch flache Steppenlandschaft.

Um eine günstige Stadteinfahrt nach Simferopol' zu bekommen, sollte man etwa 20 Kilometer vor der Stadt im Ort Gvardejskoe die Querverbindung auf die Trasse Charkiv–Simferopol' nehmen.

Hierzu biegt man in die erste Straße nach links ab (übrigens die erste nach 120 Kilometern pfeilgrader Straßen-führung) und fährt etwa zwei Kilometer durch den Ort, bis man auf die Trasse nach Simferopol' stößt, auf die man nach rechts abbiegt.
Einen etwa 200 Kilometer längeren Weg, dafür aber zunächst schnell zu befahrende Landstraßen mit nur wenigen Dörfern, bietet der nördliche Grenzübergang Dorohusk/Ljuboml', zu erreichen über Lublin und Chelm. Diese Variante führt nach 500 Kilometern reiner Landstraße – die viel besser ist als die in der Regel nur dünnen Striche auf den Straßenkarten erwarten lassen – über Kiev direkt auf die Nord–Süd-Trasse in Richtung Odessa nach Uman'.

Anreise über Ungarn und die Slowakei
Weitere Anfahrtsmöglichkeiten führen von der Slowakischen Republik beziehungsweise von Ungarn aus nach Užhorod oder Mukačeve und über die Karpaten nach L'viv oder Ivano-Frankivs'k und weiter nach Ternopil'.

Anreise über Rumänien
Von Rumänien aus gibt es eine gut ausgebaute Straße nach Černivci und weiter nach Chmel'nyc'kyj und Vinnycja. Wer die Ukraine über moldawisches Staatsgebiet erreichen will, braucht als EU-Bürger seit Januar 2007 kein Visum mehr.

Apotheken
In den Apotheken, die in den meisten Wohnbezirken, in größeren Geschäften und an Hauptstraßen zu finden sind, kann man inzwischen eine ziemlich große Auswahl an Medikamenten kaufen. Hierfür sind in der Regel keine Rezepte nötig, dafür genügend Hryvnja-Scheine. Dennoch empfiehlt sich die Mitnahme einer Reiseapotheke sowie von Medikamenten, die Sie über längere Zeit und regelmäßig einnehmen müssen (siehe auch ›Medizinische Versorgung‹).

Autovermietung
In den großen Städten der Ukraine gibt es bereits Autovermietungen. Auf der Krim hat die Firma Hertz eine Station am Flughafen Simferopol' (Mo–Fr 9–18 Uhr), ab 70 Euro Tag, www.hertz.de.
Es ist auch durchaus üblich, Fahrer mit ihren eigenen Autos zu engagieren. Entsprechende Angebote gibt es bei Reiseveranstaltern. Günstiger ist es aber, sich an private Fahrer zu wenden. Dabei muß der Preis unbedingt vorher ausgehandelt werden (siehe auch ›Taxi‹).

Baden
Die gesamte Süd-, Südost- und Westküste ist zum Baden bestens geeignet. Auch im Norden oder Osten gibt es sehr schöne Ecken, diese sind allerdings schwerer zu erreichen. Die Wassertemperatur ist im Sommer mit 25°C sehr

Auf dem Weg zur Strandpromenade von Feodosija

angenehm, für Abgehärtete können auch die Temperaturen im April schon ausreichend sein.

Über die Wasserqualität des Schwarzen Meeres gibt es keine offiziellen Angaben, man kann sich die schädlichen Einflüsse aber vorstellen: Viele Abwässer werden direkt ins Meer geleitet, außerdem ankerte die Schwarzmeerflotte bis vor einigen Jahren nicht nur in Sevastopol', sondern auch an der Küste der östlichen An der Süd- und Südostküste gibt es kaum Sand-, sondern vor allem Kieselstrände. Die Westküste kann mit langen Sandstränden aufwarten, ebenso der Küstenstreifen östlich von Feodosija. Im Norden wechseln sich Sandstrand und Steilküste ab, die Arabatskaja Strelka im Osten hat einen einzigartigen Muschelstrand zu bieten.

Bahnverbindungen

Simferopol' wird mit der Bahn von Kiev und auch anderen ukrainischen Städten angefahren. Aus Rußland kommend, gibt es von Moskau und Sankt Petersburg aus Direktverbindungen. Meist ist die Endstation nicht Simferopol', sondern die Züge fahren weiter nach Westen bis Sevastopol' oder Evpatorija beziehungsweise nach Osten bis Kerč' oder Feodosija.

▸ Außerdem verkehrt auf der Krim die ›Ėlektrička‹, ein Nahverkehrs- oder Bummelzug, der aus Simferopol' in westlicher Richtung über Bachčisaraj nach Sevastopol' oder auch nach Evpatorija fährt.

▸ Bahntickets für Fahrten von der Krim in andere Städte der Ukraine oder ins Ausland – etwa nach Berlin, Warschau, Budapest, Prag oder Sofia

– gibt es nicht an den Schaltern im Bahnhof, sondern an den Eisenbahn-Kassen (Železnodorožnye kassy; Железнодорожные кассы) an der ul. Tolstogo 6 in Simferopol'. Stellen Sie sich auf lange Wartezeiten ein und halten Sie, insbesondere bei Gruppenreisen oder Fahrten über Landesgrenzen, alle vorhandenen Dokumente und Bestätigungen bereit. Kaufen Sie Ihre Fahrkarten so früh wie möglich, denn gerade im Sommer sind die Züge oft sehr ausgebucht. Auch manche Reisebüros bieten den Verkauf von Bahnfahrkarten (Železnodorožnyj bilety/Железнодорожный билеты) an (siehe auch ›Anreise mit der Bahn‹).

Camping

Auf der Krim gibt es zahlreiche kostenpflichtige Campingplätze, vor allem entlang der Küste. Im allgemeinen können diese nur mit einem Minimum an sanitären Anlagen aufwarten.

Diplomatische Vertretungen

Auf der Krim gibt es keine diplomatischen Vertretungen westeuropäischer Staaten. Die Botschaften und Konsulate von Deutschland, Österreich und der Schweiz befinden sich in der ukrainischen Hauptstadt Kiev.

▸ Botschaft der Bundesrepublik Deutschland, vul. Bohdana Chmel'nyc'koho 25, Tel. 0 03 80 44/2 47 68 00, in Notfällen 2 02 05 21, Fax 2 47 68 18, www.kiew.diplo.de.

▸ Botschaft der Republik Österreich, vul. Ivana Franka 33, Tel. 0 03 80 44/2 20 57 59 und 2 44 39 42, Fax 2 27 54 65.

▸ Botschaft der Schweizerischen Eidgenossenschaft, vul. Kozjatynska 12, Tel. 00380/44/2816128, Fax 44/2801448, www.eda.admin.ch/kiev.

Diplomatische Vertretungen der Ukraine in Deutschland

▸ Botschaft der Ukraine, Albrechtstraße 26, 10117 Berlin, Tel. 030/28 88 70, Fax 28 88 71 63. Außenstelle der Botschaft der Ukraine, Rheinhöhenweg 101, 53424 Remagen bei Bonn, Tel. 0 22 28/94 18 60, Fax 94 18 63.

Konsulareinrichtungen der Ukraine gibt es in Berlin, Frankfurt/Main, München und Hamburg. Alle sind montags, dienstags, mittwochs und freitags von 9 bis 12.45 Uhr geöffnet.

▸ Berlin: Konsularabteilung der Botschaft der Ukraine, Albrechtstraße 26, 10117 Berlin, Tel. 0 30/28 88 72 20, Fax 28 88 72 19; zuständig für Niedersachsen, Berlin, Brandenburg, Sachsen-Anhalt, Sachsen und Thüringen.

▸ Frankfurt/Main: Generalkonsulat der Ukraine, Broennerstraße 15, 60313 Frankfurt/Main, Tel. 0 69/2 97 20 90, Fax 29 72 09 29, 2 92 09 61; zuständig für Nordrhein-Westfalen, Rheinland-Pfalz, Hessen und das Saarland.

▸ München: Generalkonsulat der

Ukraine, Lessingstr. 14, 80336 München, Tel. 0 89/55 27 37-0, Fax -55; zuständig für Bayern und Baden-Württemberg.

▸ Hamburg: Generalkonsulat der Ukraine, Mundsburger Damm 1, 22087 Hamburg, Tel. 040/229 49 80, Fax 22 94 98 13; zuständig für Schleswig-Holstein, Hamburg, Bremen und Mecklenburg-Vorpommern. Weitere Informationen unter www.botschaft-ukraine.de.

Diplomatische Vertretungen der Ukraine in Österreich

▸ Botschaft der Ukraine, Naaffgasse 23, 1180 Wien, Tel. 01/4 79 71 72, Fax 4 79 71 72 47; Konsularabteilung Tel. 01/4 79 71 72 21, -22 Fax 4 78 36 02. Öffnungszeiten der Konsularabteilung: montags, dienstags, donnerstags und freitags von 9 bis 12 Uhr. Weitere Informationen unter www.ukremb.at.

Diplomatische Vertretungen der Ukraine in der Schweiz

▸ Botschaft der Ukraine, Feldeggweg 5, 3005 Bern, Tel. 0 31/3 52 23 16, Fax 3 516 4 16; Konsularabteilung Tel. 3 51 63 16, Fax 3 51 64 16. Öffnungszeiten der Konsularabteilung: montags, mittwochs und freitags von 9 bis 12 Uhr. Weitere Informationen unter www.ukremb.ch

Einreisebestimmungen

Die Visapflicht für EU-Bürger und Schweizer ist seit 2005 aufgehoben, sie wurde allerdings nicht abgeschafft, kann also theoretisch jederzeit wieder in Kraft gesetzt werden, womit aber eher nicht zu rechnen ist.

▸ Eine Einreise für einen Aufenthalt von max. 90 Tagen ist also visafrei. Man benötigt einen Reisepaß, der mindestens einen Monat über das geplante Ende der Reise hinaus gültig sein muß. Ein Personalausweis genügt zur Einreise nicht. Für Kinder und Jugendliche bis zum vollendeten 16. Lebensjahr genügt ein Kinderausweis bzw. alternativ ein Kinderreisepaß, in jedem Fall jedoch mit Lichtbild. Wer länger als 90 Tage bleiben möchte, muß sich bei der zuständigen Botschaft /Konsulat ein Visum zu besorgen.

▸ Bei der Einreise ist die sogenannte Migrationskarte auszufüllen, die gründlich und vollständig ausgefüllt, mit dem Pass bei der Kontrolle vorzulegen ist. Sie ist an jedem Grenzübergang auf russisch, ukrainisch und englisch erhältlich; im Flugzeug werden sie von den Stewardessen an mitreisende Ausländer verteilt. In der Rubrik Reisezweck kreuzen Sie ›Tourismus‹ an; als Adresse schreiben Sie ›Ukraine‹ und den Ort, wohin Sie fahren werden. Da das ohnehin niemand kontrolliert, reicht es, einen bekannten Ortsnamen auf der Krim (oder wo auch immer) einzutragen. Beide Abschnitte der Karte müssen ausgefüllt werden. Der erste wird einbehalten, den zweiten erhalten Sie zurück und müssen ihn bei der Ausreise wieder vorlegen. Also: gut aufbewahren! (Sollte dieser zweite Abschnitt dennoch verloren gehen – bis jetzt sind keine Fälle von größeren Problemen in so einem Fall bei der Ausreise bekannt geworden.)

▶ Bedingung für die Einreise ist eine auf dem Territorium der Ukraine gültige Auslandskrankenversicherung. Die Staatliche Versicherungsgesellschaft der Ukraine hat mit zwei deutschen Anbietern Abkommen zur gegenseitigen Anerkennung von Versicherungspolicen geschlossen: AXA Krankenversicherung AG (Tel. 03 61/3 74 66-0) und Hanse Merkur Reiseversicherung AG (Tel. 0 30/2 016 51 40).

Einreise nach Rußland

Achtung: Wer von der Krim aus nach Rußland weiterreisen möchte, benötigt ein russisches Visum, das nicht auf der Krim erhältlich ist, und schon vor einer Reise im jeweiligen Heimatland besorgt werden muß. Die Beantragung eines russischen Visums ist eine Wissenschaft für sich; man sollte, so man keine Erfarung damit hat, eine spezialisierte Agentur beauftragen, die gegen ein Entgelt von etwa 25 bis 30 Euro die Formalitäten übernimmt (zusätzlich zu den Visakosten von 35 Euro für ein normales Touristenvisum, Stand 2007).

▶ Visa? Wie, Konsular- und Visaservice, Teplitzer Str. 5, 14193 Berlin, Tel. 0 30/78 99 03 05, 0177/2 58 33 30, Fax 78 99 03 06, www.visa-wie.de.

▶ Visa-Expreß Service, Roonstr. 20, 12203 Berlin, Tel. 0 30/84 40 90 60.

▶ Vostok Visaservice, Weinbergsweg 2, 10119 Berlin, Tel. 0 30/30 87 10 20,

▶ www.visaonline.de.

Elektrizität

Die Stromversorgung in der Ukraine erfolgt wie in Westeuropa mit 220 Volt Wechselstrom, bei einer Frequenz von 50 Hz. In den meisten Fällen sind die Steckdosen mit den in Deutschland, Österreich und der Schweiz gängigen Steckern kompatibel, allerdings sind sie nur für zwei Steckerstifte konzipiert. Besonders Geräte aus der Schweiz sind oft mit Steckern mit drei Stiften ausgerüstet, gegebenenfalls sollte ein entsprechender Zwischenstecker mit ins Gepäck. Wer auf den permanenten Gebrauch seiner eigenen Geräte absolut angewiesen ist, sollte sicherheitshalber einen Steckeradapter (Global oder Südeuropa) mitnehmen. Achtung: In der Ukraine treten ab und zu Spannungsschwankungen auf, die empfindliche Geräte unter Umständen beschädigen können.

Feiertage

▶ 1. Januar: Neujahr

▶ 7. Januar: orthodoxe Weihnachten

▶ 8. März: Internationaler Frauentag orthodoxe Ostern (Sonntag und Montag)

▶ 1./2. Mai: Tage der internationalen Solidarität der Berufstätigen

▶ 9. Mai: Tag des Sieges (zum Ge-

denken an das Ende des Zweiten Weltkrieges)
- orthodoxe Pfingsten (Sonntag und Montag)
- 28. Juni: Tag der Verfassung der Ukraine
- 24. August: Tag der Unabhängigkeit der Ukraine von der UdSSR im Jahr 1991 (ukrainischer Nationalfeiertag)

Fernsehen

Die größten ukrainischen Fernsehsender:

- ›UT-1 – Peršyj nacional'nyj‹ (УТ-1 – Перший національний), Erstes Ukrainisches Fernsehen, staatlich, ausschließlich in ukrainischer Sprache.
- ›1+1‹, privat, fast nur in ukrainischer Sprache.
- ›Inter‹ (Інтер), privat, zu etwa 70 Prozent in ukrainischer Sprache, überträgt einige Filme des russischen Kanals ›ORT‹ (OPT).

Regionalsender auf der Krim:
- ›Černomorskaja teleradiokompanija‹ (Черноморская телерадиокомпания), Schwarzmeer-Radio- und Fernsehgesellschaft, privat, Programm in russischer Sprache, überträgt zum Teil Sendungen der russischen Kanäle
- ›NTV‹ (НТВ) und ›ORT‹ (OPT).
- ›Teleradiokompanija Krym‹ (Телерадиокомпания Крым), staatlich, Plattform für die verschiedenen nationalen Gemeinschaften der Krim, insbesondere die deportierten Völker. Sie können hier ihre eigenen Sendungen in der jeweiligen Sprache zeigen. Das Russische ist aber auch auf diesem Sender weitverbreitet.

Flughäfen

Von Simferopol' aus werden Direktflüge unter anderem nach Kiev, Moskau, Sankt Petersburg und andere Städte in der GUS sowie nach Frankfurt, Istanbul und Tel Aviv angeboten (siehe auch ›Anreise mit dem Flugzeug‹). Der Flughafen heißt ›Central'nyj‹ und liegt etwa 20 Autominuten vom Stadtzentrum entfernt in Richtung Evpatorija, www.airport.crimea.ua (russisch, englisch).
Seit zwei Jahren ist auch der Flughafen von Sevastopol' für internationale Flüge freigegeben – derzeit nach Moskau und Istanbul.

Flugtickets

Sie können entweder auf dem Flughafen oder in folgenden Büros gebucht werden:
- Simferopol': ›Kiyavia‹, ul. Sevastopol'skaja 22, Tel. 0652/272116, oder ›SAM‹, ul. Kievskaja 76, Tel. 0652/51049397.
- Sevastopol': ›Kijavia‹, ul. Lenina 13, Tel. 0692/542829.

Vertretungen von ›Kiyavia‹ gibt es auch in Alušta, Kerč, Partenit, Saki, Feodosija, Jalta, Evpatorija und Sudak, www.kiyavia.com (russisch, englisch).

Fotografieren und Filmen

Allgemeine Fotografierverbote gehören endgültig der Vergangenheit an. Militärische Anlagen – solche dürfen im Prinzip nicht fotografiert werden – gibt es sowieso kaum noch, in Sevastopol' fahren inzwischen Ausflugsdampfer mit expliziter Fotografier- und Filmerlaubnis an den Schiffen der Schwarzmeerflotte vorbei. In Museen ist das Fotografieren und Filmen im Normalfall erlaubt, es muß jedoch meistens eine gewisse Gebühr entrichtet werden. Filme für Farbbilder gibt es überall zu kaufen. Diafilme sind allerdings nur in äußerst seltenen Fällen zu bekommen und sollten bei Bedarf in ausreichender Anzahl mitgenommen werden.

Geld

Seit 1996 heißt die Währung der Ukraine ›Hryvnja‹ (Гривна). Das internationale Kürzel lautet ›UAH‹. Scheine gibt es in den Größen 1, 2, 5, 10, 20, 50, 100 und 200 Hryvnja. Die Münzen heißen ›Kopijiky‹ (Копiïки – Kopeken), es gibt sie als 1-, 2-, 5-, 10-, 25- und 50-Kopeken-Stücke. Vereinzelt sind auch 1-Hryvnja-Münzen anzutreffen. Die ukrainische Währung ist mittlerweile recht stabil. Die Zeiten, in denen der US-Dollar den Status einer Art Schattenwährung hatte, sind endgültig vorbei.

▶ Für einen Euro bekam man im Frühling 2007 knapp 7 Hryvnja, für einen US-Dollar zirka 5,2 Hryvnja.

▶ Im Normalfall werden alle Einkäufe und Dienstleistungen in Hryvnja bezahlt (siehe auch ›Preise‹). Sehr kostspielige Einkäufe oder teurere Hotels können aber meist auch in Euro oder US-Dollar bezahlt werden. Größere Hotels geben ihre Preise häufig in Dollar oder Euro an.

▶ Sollte man von Ihnen auf dem Markt oder in einem Geschäft Rubel zur Bezahlung Ihres Einkaufes verlangen, so lassen Sie sich nicht aus der Ruhe bringen. Gemeint sind damit natürlich Hryvnja, aus Gewohnheit sprechen aber viele Krimbewohner bis heute von Rubeln wie zu Zeiten der Sowjetunion.

Geldautomaten

Keinen Mangel gibt es an Geldautomaten (Банкомат, Bankomat), an denen man mit ec-, Maestro- und den geläufigen Kreditkarten abheben kann. Bei vielen Banken kann man mittlerweile mit der Kreditkarte Bargeld bekommen, teurere Hotels können mit Kreditkarte bezahlt werden. Lassen Sie eine gesunde Vorsicht walten, wem Sie Ihre Karte in die Hand geben! Dies gilt auch für den Bezug am Geldautomaten. In der Ukraine sind einzelne Fälle vorgekommen, in denen nach einmaliger Benutzung eines Geldautomaten das Konto zu Hause geplündert wurde. Auch wenn diese Gefahr nicht überzubewerten ist, sollte auf dem entsprechenden Konto besser nicht zu viel Geld liegen.

Traveller-Schecks sind auf der Krim weitgehend unbekannt. Sicherheitshalber empfiehlt es sich nach wie vor – auch wegen der Kreditkarten- und Geldautomaten-Gebühren –, genügend Bargeld (Euro oder US-Dollar) mitzunehmen, am besten in eher kleinen Scheinen.

Geldwechseln

Geldwechseln ist im Vergleich zu früher deutlich einfacher und weniger aufregend geworden.
Es wird dringend abgeraten, Geld bei Schwarzhändlern, die in der Regel Betrüger sind, einzutauschen.
Offizielle Wechselstuben gibt es in Banken, in größeren Geschäften und an so ziemlich jeder Straßenecke.
Achten Sie einfach auf die aushängenden Kurse und kleine Fensterchen etwa in Brusthöhe. Hinter diesen verbergen sich die häufig

Internetcafé in Simferopol'

winzig kleinen Wechselstuben.
Um Schwierigkeiten beim Geldwechseln zu vermeiden, sollten Sie nur unbeschädigte und neue (nicht älter als fünf Jahre) Banknoten in die Ukraine mitnehmen. Denn zu alte, leicht angerissene, beschmutzte oder beschriebene Scheine werden oft zurückgewiesen.

Internetcafés

Internetcafés sind inzwischen überall, selbst in kleineren Orten, zu finden. Manche haben rund um die Uhr geöffnet. Die Kosten für eine Stunde betragen wischen 5 und 10 Hryvnja. Ein sicherer Anlaufpunkt sind die Hauptpostämter, in denen die Ukrtelekom in der Regel Internet-Portale unterhält. Bei den einzelnen Ortsbeschreibungen sind einige erwähnt.
Zu gewisssen Zeiten, vor allem abends und nachts, kann es schwierig sein, einen freien Computer zu finden, denn die Internetcafés sind ein beliebter Treffpunkt für Jugendliche. Ruhiger ist es am Vormittag und am frühen Nachmittag.

Karten und Stadtpläne

Stadtpläne und Karten der Krim kann man in Buchhandlungen, an zahlreichen Kiosken und an den Verkaufsständen bei den Sehenswürdigkeiten kaufen. Bezüglich der Qualität gibt es erhebliche Unterschiede. Die eindeutig besten Stadtpläne sind jene von ›NPP Kartografija‹ (НПП Картографія). Sie

haben eine grüne Umschlagseite und gehören zur Serie ›Städte der Ukraine‹ (Міста України). Die Stadtpläne sind nicht nur genau, übersichtlich und aktuell, sondern enthalten außerdem auf der Rückseite eine Menge zusätzlicher Hinweise (Adressen von Museen, Kirchen, Hotels, öffentlichen Einrichtungen usw.) und sogar eine stichwortartige Biografie der Stadt.
Eine empfehlenswerte Adresse in Deutschland ist die Buchhandlung Schropp in Berlin, Potsdamer Str. 129, Tel. 030/2355732-0, www.schropp.de.

Kriminalität
Die Kriminalität hat in der Ukraine wie in der ganzen ehemaligen Sowjetunion seit der Perestrojka erheblich zugenommen, dies nicht zuletzt aufgrund der Verarmung weiter Bevölkerungskreise. Die Touristen sind davon aber kaum betroffen. Autos sollte man aus Sicherheitsgründen allerdings – ganz besonders über Nacht – auf bewachten Parkplätzen abstellen, die es in allen Orten gibt. Wie in jeder Urlaubsdestination gelten auch auf der Krim die üblichen Sicherheitsmaßnahmen, insbesondere auf Bahnhöfen, im Bus oder am Strand. Nicht empfehlenswert ist das Geldzählen auf der Straße, denn Taschendiebe gibt es überall. Die Kleinkriminalität ist aber bei weitem nicht so schlimm wie in den Großstädten Westeuropas oder in Kiev oder Moskau.

Lebensmittel
Lebensmittelgeschäfte und Märkte bieten eine große Auswahl an Produkten aus der Ukraine und Rußland, aber auch aus West- und Mitteleuropa, der Türkei und anderen Ländern an (siehe auch ›Preise‹). Besonders auf den Märkten ist das Angebot an Obst, Gemüse und frischen Milchprodukten reichhaltig. Die Preise sind für westeuropäische Verhältnisse relativ niedrig, die Qualität der Produkte ist meist einwandfrei. Einzig bei alkoholischen Getränken ist etwas Vorsicht geboten – Wein und Spirituosen sollte man ausschließlich in spezialisierten Geschäften und nie an Kiosken oder auf der Straße kaufen (siehe auch ›Öffnungszeiten‹).

Medizinische Versorgung
Ärztliche und zahnärztliche Grundversorgung ist in allen größeren Städten der Krim gewährleistet. Dennoch empfiehlt es sich, vor der Abreise eine Auslandskrankenversicherung mit Rückholservice abzuschließen. Eine Auslandskrankenversicherung ist ohnehin Vorrausetzung für die Einreise (siehe ›Einreisebestimmungen‹).
Die gängigen Medikamente sind heute in der Ukraine meist zu bekommen, allerdings sind sie recht teuer (siehe auch ›Apotheken‹). Regelmäßig einzunehmende Medikamente sollte man besser von zu Hause mitnehmen. Zudem lohnt es sich, eine normal ausgestattete Reiseapotheke bei sich zu haben. Hygiene-

artikel wie Tampons oder Binden sind auf den Märkten und in den Warenhäusern problemlos zu kaufen (siehe auch ›Schutzimpfungen‹).

Notruf

Die Rufnummern für den Notfall sind für die Feuerwehr 01,für die Polizei 02 und für den ärztlichen Notdienst 03.

Öffentliche Verkehrsmittel

Auf der Krim verkehren im Überlandverkehr Autobusse, Sammeltaxis (Maršrutka‹) und teilweise auch Trolleybusse, im Stadtverkehr gibt es an einigen Orten zusätzlich noch Straßenbahnen.

▶ Staatliche Busse, Trolleybusse und Straßenbahnen im Stadtverkehr sind preiswert, die Fahrkarten werden im Fahrzeug selbst verkauft. Dazu geht in der Regel ein Schaffner oder eine Schaffnerin herum und kassiert das Geld von den Fahrgästen. Im Gegenzug gibt es eine Fahrkarte.

▶ Öffentliche Verkehrsmittel sind häufig sehr voll, so daß es regelmäßig ein Gedränge gibt, wenn jemand aussteigen möchte. Häufig ertönt dann die Frage ›Na slédujuščej vychódite?‹ (›Steigen sie an der nächsten Haltestelle aus?‹). Wenn dies nicht der Fall ist, sollte man ein paar Schritte zurücktreten, um andere Fahrgäste aussteigen zu lassen. Wer selbst aussteigen will, sollte frühzeitig versuchen, sich in Richtung Ausstieg zu drängen, die Bemühungen vielleicht mit einem kleinen ›Vychódite?‹ (›Steigen Sie aus?‹) untermalend.

▶ Ein etwas anderes System herrscht in den privat betriebenen Sammeltaxis, den ›Maršrutnye taksi‹ oder ›Maršrutki‹. Diese Minibusse fahren häufig auf denselben Strecken wie die öffentlichen Verkehrsmittel, sind aber besonders bei längeren Entfernungen deutlich schneller. Dafür ist der Preis auch etwas höher. In den Sammeltaxis muß man Bescheid sagen, wann man aussteigen möchte. Innerhalb der Städte wird meistens sofort nach dem Einsteigen bezahlt, bei Überlandfahrten häufig erst beim Aussteigen. Den Preis für die Fahrt muß man entweder beim Fahrer erfragen, oder es hängt ein Zettel an einem der Fenster.

▶ Spätestens nach 24 Uhr fahren keine öffentlichen Verkehrsmittel und meistens auch keine Maršrutki mehr. Dann ist endgültig die Zeit der offiziellen sowie der inoffiziellen Taxifahrer – derjenigen, die einfach in ihrem Privatauto Fahrgäste mitnehmen. Beide Fahrgelegenheiten sind auch tagsüber überall zu finden und bringen einen schnell und oft auch nicht allzu teuer zum Ziel (siehe auch ›Taxi‹).

▶ Das wichtigste Verkehrsmittel für den Überlandverkehr auf der Krim ist der Bus. Im Gegensatz zum Stadtverkehr werden die Tickets nicht im Fahrzeug, sondern an den Schaltern des jeweiligen Busbahnhofes verkauft. Dabei ersteht man Fahrkarten für einen bestimmten Bus, die Uhr-zeit steht mal gedruckt, mal handschriftlich auf dem Ticket, eben-

Sammeltaxen sind häufig und preiswert

so meist die Sitzplatznummer.

▶ In Simferopol', dem Verkehrsknotenpunkt der Krim, fahren sowohl vom Hauptbahnhof als auch vom zentralen Busbahnhof an der ul. Kievskaja 4 Busse in alle größeren Städte der Krim. Busse an die Westküste und nach Bachčisaraj und Sevastopol' fahren auch vom ›Westlichen Busbahnhof‹ an der ul. Sevastopol'skaja 5 am südwestlichen Stadtrand ab. Hier lassen sich Fahrkarten meist ohne lange Wartezeiten erstehen. Für Tickets an die Südküste sind die Schlangen an den großen Busbahnhöfen hingegen besonders im Sommer oft lang. Da kann es sich lohnen, auf die Angebote der – häufig inoffiziellen – Taxifahrer einzugehen, die in der Regel komplette ›Wagenladungen‹ für ihre Pkws oder Minibusse zusammensuchen. Preis und genauer Endpunkt der Reise sind vor der Abfahrt festzulegen, bezahlt wird nach der Ankunft.

▶ An die Westküste sowie nach Bachčisaraj und Sevastopol' fährt auch der Nahverkehrszug, die ›Ėlektrička‹. Karten kann man an den Kassen hinter dem Bahnhofsgebäude erstehen. Die Tickets hierfür sind bedeutend billiger als die für den Bus, die Fahrt bis Evpatorija dauert dafür aber auch deutlich länger, und im Sommer ist die Ėlektrička eigentlich immer heiß und überfüllt.

Öffnungszeiten

Die Öffnungszeiten der Geschäfte unterscheiden sich von denen Deutschlands, der Schweiz oder Österreichs: Abends haben die Läden teils bis 22 Uhr oder länger geöffnet, es gibt auch zahlreiche 24-Stunden-Shops. Die meisten Geschäfte arbeiten sieben Tage die Woche. Märkte haben in der Regel einen Tag pro Woche Pause, meistens montags.

Pannen

Bei Pannen dürfen Touristen meist auf die ukrainische Hilfsbereitschaft und Gastfreundschaft zählen. Darüber hinaus finden sich in fast jeder Siedlung längs der Ortsdurchfahrten Werkstätten und Reifendienste.

Parken

Nicht zu empfehlen ist es, sein Auto falsch zu parken. In solchen Fällen wird das Fahrzeug abgeschleppt, oder die Polizei schraubt ein Kennzeichen ab. Vielleicht findet man an der Windschutzscheibe einen Hinweis, wo man das Nummerschild gegen Entgelt wieder abholen kann. Aber nicht nur deswegen, sondern vor allem aus Sicherheitsgründen sollte man Autos – ganz besonders über Nacht – auf bewachten Parkplätzen (oxranjaemaja stojanka/ охраняемая стоянка) abstellen, die es in allen Orten gibt. Die Parkgebühr für 24 Stunden beträgt je nach Lage des Parkplatzes zwischen zwei und sechs Hryvnja.

Preise

Die Preise für Lebensmittel und Dinge des täglichen Lebens, für Restaurantbesuche, den öffentlichen Verkehr oder für Benzin sind auf der Krim für westeuropäische Verhältnisse relativ niedrig (siehe auch ›Geld‹). Je mehr man sich allerdings der Südküste nähert und je beliebter der Kurort ist, desto höher sind die Preise. Und will jemand richtig viel Geld ausgeben, gibt es mittlerweile auch auf der Krim die entsprechenden Luxus-Angebote. Unterkünfte sind in allen Preisklassen zu finden (siehe auch ›Unterkunft‹). Noch bis vor kurzem war es gang und gäbe, daß von Ausländern aus den Nicht-GUS-Staaten in Hotels, Museen und für andere Dienstleistungen zum Teil sehr viel höhere Preise verlangt wurden als von ukrainischen Staatsangehörigen oder Touristen aus der GUS. Seit einer Verordnung des Ministerkabinetts der Ukraine vom August 2002 sollte es diese Unterschiede aber im Prinzip nicht mehr geben. Allerdings ist die Verordnung nicht gesetzlich bindend.

Reiseveranstalter, Deutschland

▸ BISS e.V. , Berliner Informations- und Studienservice , Freiligrathstr. 3a, 10967 Berlin, Tel. 030/69568767, Fax 6941851, www.biss-reisen.de.
▸ DERTOUR GmbH & Co. KG, Abteilung Rußland, Baltikum, Ukraine, Emil-von-Behring-Straße 6, 60424 Frankfurt/M., Tel. 069/95885 30-8, Fax 1, www.dertour.de.

▸ EX ORIENTE LUX, Neue Grünstr. 38, 10179 Berlin, Tel. 0 30/62 90 82 05, Fax 62 90 82 09, www.eol-reisen.de.
▸ Lernidee Reisen, Eisenacher Straße 11, 10777 Berlin, Tel. 0 30/7 86 00 00, Fax 7 86 55 96, www.lernidee.de.
▸ GO EAST Reisen GmbH, Bahrenfelder Chaussee 53, 22761 Hamburg, Tel. 0 40/8 96 90 90, Fax 89 49 40, www.go-east.de.
▸ Natours Reisen GmbH, Fahrradtouren auf die Krim, Untere Eschstr 15, 49179 Ostercappeln, Tel. 0 54 73/9 22 90; Fax 82 19, www.natours.de.
▸ Olympia-Reisen, Siegburger Str. 49, 53299 Bonn, Tel. 02 28/40 00 30, www.olympia-reisen.com.
▸ Perelingua Sprachreisen, Varziner Straße 5, 12159 Berlin, Tel. 030/8 51 80 01, Fax 8 51 69 83, www.perelingua.de.
▸ Studiosus Reisen, Riesstraße 25, 80992 München, Tel. 0 89/5 00 60-0, Fax-1 00, www.studiosus.com
▸ Ventus Reisen GmbH, Krefelder Straße 8, 10555 Berlin, Tel. 0 30/39 10 03 32, Fax 3 99 55 87, www.ventus.com.
▸ Vostok Reisen, Weinbergsweg 2, 10119 Berlin, Tel. 0 30/30 87 10 20, Fax 30 87 10 28, www.vostok.de.
▸ Ukraine Aeroservice GmbH, Friedrich-Ebert-Anlage 3, 60327 Frankfurt am Main, Tel. 0 69/7 56 07 90, Fax 0 69/75 60 79 11, www.ukraine-aeroservice.com.

Reiseveranstalter, Schweiz

▸ Agil Tours AG, Kirchgasse 32, 8001 Zürich, Tel. 0 44/2 62 15 35, Fax 2 62 15 40, www.agiltours.ch.
▸ Atlas Reisen AG, Stationsstraße 12, 8606 Greifensee, Tel. 0 44/9 40 40 11, Fax 9 94 22 36, atlas@lidenz.ch.
▸ Balkan Holidays AG, Schaffhauserstraße 5, 8006 Zürich, Tel. 0 44/3 62 80 70, Fax 3 62 29 58, www.balkan-holidays.ch.
▸ Easy-Travel & Services, Kirchstraße 3, 8589 Sitterdorf, Tel. 0 71/4 60 18 88, www.easytravel.ch.
▸ Intracom Reisebüro, Waffenplatzstraße 51, 8002 Zürich, Tel. 0 44/2 80 37 25, Fax 2 80 37 26, intracom@swissonline.ch.
▸ Jewish Culture Tours GmbH, Tägernstraße 28, 8127 Forch, Tel. 0 44/9 80 32 71, Fax 9 80 00 09.
▸ Kira Reisen AG, Mellingerstraße 6, 5400 Baden, Tel. 0 56/2 00 19 00, Fax 2 22 77 24.
▸ Open up Travel Company AG, Bumplizstraße 104a, 3018 Bern, Tel. 0 31/9 94 15 65, Fax 9 94 15 66.
▸ Priority World GmbH, Felsenrainstraße 1, 8052 Zürich, Tel. 0 44/3 00 62 60, Fax 3 00 62 64.

Reiseveranstalter, Krim

▸ Intourist Krim, ul. Dražinskogo 50, Jalta, Tel. 06 54/32 20 97, www.yaltaintourist.com.
▸ Krymtur, ul. Šmidta 9, Simferopol',

Tel. 06 52/25 03 50, Fax 06 52/ 27 89 59.

▶ Dr. Nikolaj Zaičenko, der perfekt Deutsch spricht, steht als Fremdenführer für Simferopol' und auch alle anderen Orte auf der Krim zur Verfügung, ul. Turgeneva 20/32, Simferopol', Tel. 06 52/54 65 89, melnik@poluostrov.net.

▶ Oniks-Tour, ul. Morozova 13, Simferopol', Tel. 06 52/25 63 48. Spezialisiert auf Höhlentouren und Exkursionen in die Natur.

▶ Reise- und Exkursionsbüro Jalta, ul. Ekaterinskaja 3, Jalta, Tel. 06 54/32 97 24, Fax 32 69 93.

▶ Tour-Ethno, ul. Sverdlova 3, Sevastopol', Tel. 06 92/45 35 18, Fax 548956.

Reisezeit

Wenn man nicht einen reinen Badeurlaub vorgesehen hat, sind die besten Reisezeiten für die Krim Ende April bis Ende Mai im Frühling sowie September und Oktober im Herbst. Die Badesaison beginnt Anfang Juni. Im Mai kann es mitunter noch recht kühl werden, und die Wassertemperatur des Meeres klettert nur langsam auf ca. 16/18 Grad Ende Mai.

Restaurants

Restaurants sind in den letzten Jahren wie Pilze aus dem Boden geschossen. Es gibt sie mittlerweile in jeder Qualitäts- und Preiskategorie. Vorherrschende Geschmacksrichtungen sind russisch-ukrainisch sowie krimtatarisch, wobei all diese Richtungen durch das Vielvölkergemisch auf der Krim im Laufe der Zeit gegenseitig Elemente voneinander angenommen haben. Mitunter wird in Restaurants Live-Musik geboten, und es besteht die Möglichkeit zu tanzen.

Wer zwischendurch etwas essen möchte, findet in allen Orten mindestens eine sogenannte ›Stolovaja‹, eine Art Selbstbedienungs- oder Schnellrestaurant. Das Essen in einer Stolovaja ist im allgemeinen recht einfach, aber genießbar und ausgesprochen preiswert.

Schutzimfpungen

Für die Ukraine sind zur Zeit (2007) keine Schutzimpfungen vorgeschrieben.

▶ Die ukrainischen Konsulate empfehlen allerdings gültigen Impfschutz gegen Diphterie, Tetanus, Polio und Hepatitis A.

▶ Wer seinen Urlaub in der Natur verbringen möchte (Wandern, Zelten), sollte sich gegen die von Zecken übertragene FSME (Frühsommer-Meningoenzephalitis) impfen lassen (siehe auch ›Zecken‹).

▶ Achtung: manche dieser Impfungen benötigen einen Vorlauf von mehreren Monaten, man sollte sich rechtzeitig mit seinem Hausarzt beraten. Auskünfte erhält man auch im Internet z.B. unter www.crm.de.

Sprache

Einzige offizielle Amtssprache der Ukraine ist Ukrainisch, so auch in der

Autonomen Republik Krim. Allerdings ist die Alltagssprache auf der Schwarzmeerhalbinsel eindeutig das Russische. Über gute Fremdsprachenkenntnisse verfügen nur recht wenige Einheimische, auch wenn sich die jungen Leute mehr und mehr dafür interessieren. Für das selbständige Bereisen der hauptsächlich russischsprachigen Krim sind deshalb Russischkenntnisse ein Vorteil von unschätzbarem Wert. Zumindest sollte man sich aber die Mühe nehmen, das kyrillische Alphabet (siehe Kapitel ›Sprache‹) zu lernen, damit man wenigstens die Ortstafeln und Namen der Bushaltestellen lesen kann.
Eine ausgezeichnete Möglichkeit, auf der Krim Russisch zu lernen oder bereits vorhandene Kenntnisse zu vertiefen, bietet das Zentrum für Russische Sprache ›Interobrazovanije‹ in Simferopol' (siehe ›Sprachkurse‹).

Sprachkurse

- Landesspracheninstitut Nordrhein-Westfalen, Russicum, Humboldtstr. 59–63, 44787 Bochum, Tel. 02 34/ 6 87 41 52, Fax 6 87 41 90, www.lsi-nrw.de/russisch.
- ›Russisch in Jalta‹, c/o Edoardo Milcovich, Neumünstersche Str. 31, 20251 Hamburg, Tel. 0 40/47 82 30, www.russisch-in-jalta.de.
- Zentrum für Russische Sprache ›Interobrazovanije‹, ul. Jaltinskaja 2-3-4, Simferopol', Tel. 06 52/ 63 75 43, Fax 63 75 85, www.sprachkurs-krim.info.

Straßenzustand

Insgesamt ist das Verkehrsaufkommen in der Ukraine in den letzten Jahren extrem gestiegen. Der Ausbau des Straßennetzes konnte mit dieser Entwicklung nicht mithalten. Dies macht sich besonders in Städten bemerkbar. Die Qualität der Straßen ist aber nicht so schlecht wie oft angenommen. Heftige Schlaglöcher treten, wenn überhaupt, fast nur in Orten auf. Die Landstraßen befinden sich in befriedigendem Zustand – mit nur ganz wenigen Ausnahmen. Nachts zu fahren ist aber aufgrund der schlechten Beleuchtung beziehungsweise kaum existierender Fahrbahnmarkierungen eher nicht zu empfehlen.

Tanken

Fast in jedem Ort sind Tankstellen zu finden. Fern der Städte ist das Tankstellennetz allerdings merklich dünner. Auf den Tanksäulen steht die Sorte des Benzins, bezeichnet durch dessen Oktanzahl.
Neben Diesel (und verbleitem Benzin) gibt es mittlerweile auch bleifreies 95-Oktan-Benzin an beinahe jeder Tankstelle. Dieser Kraftstoff sollte auch als ›Normal‹-Ersatz gewählt werden. 98-Oktan-Superbenzin ist hingegen nur selten erhältlich, so etwa am Stadtrand von Simferopol' oder vor Jalta.
Im Frühling 2007 kostete ein Liter 95er-Benzin umgerechnet knapp 60 Euro-Cent, ein Liter 98er-Benzin knapp 70 Euro-Cent und ein Liter Diesel knapp 55 Euro-Cent. In

der Sommersaison werden diese Preise auf der Krim leicht angehoben. An längst nicht allen Tankstellen werden Kreditkarten akzeptiert.
Für das Tanken an sich gibt es verschiedene Systeme:

- An den älteren Tankstellen geht man zuerst zur Kasse, bezahlt die gewünschte Anzahl von Litern und tankt anschließend selbst. Ab und zu muß man zuerst noch einen Knopf oder Hebel an der Tanksäule bewegen, damit das Benzin zu fließen beginnt. Man erhält dann genau die Menge, die man bezahlt hat. Zum Volltanken hinterlegt man an der Kasse eine gewisse Summe und rechnet nach dem Tanken ab. Achtung: Gewisse alte Zapfsäulen stellen bei vollem Tank nicht selbst ab!
- Bei den moderneren Tankstellen geht das Tanken meist nach westeuropäischem Muster mit Bedienung vor sich: Ein Mitarbeiter füllt die gewünschte Menge Benzin ein, anschließend wird bezahlt.

Taxi

Nach wie vor gibt es zwei Arten von Taxis, die offiziellen und die inoffiziellen, also Privatleute, die sich so etwas hinzuverdienen. Weder die einen noch die anderen fahren aber in der Regel mit Taxometer, sondern man handelt im voraus einen Preis aus. Taxis beider Sorte verkehren sowohl innerhalb von Ortschaften als auch als Überlandverbindung.

- Offizielle Taxis kann man per Telefon bestellen, oder man findet sie an Taxiständen bei Märkten, Busbahnhöfen usw., wo auch die inoffiziellen Taxifahrer anzutreffen sind.

Um Passagiere für weitere Strecken zu finden, stellen sich die Taxifahrer besonders in volleren Feriendomizilen am Busbahnhof auf und sammeln so viele Fahrgäste, wie das Auto faßt. Ist eine ›Wagenladung‹ zusammen, kann es losgehen. Auch bei solchen Sammelfahrten werden unbedingt im voraus der Preis und der genaue Endpunkt der Reise ausgehandelt. Je ausländischer der Fahrgast wirkt, desto teurer ist im allgemeinen die Fahrt. Man kann hier auch vereinbaren, direkt bis vor die Haustür gebracht zu werden.

- Die Preise für solche weiteren Taxifahrten schwanken sehr stark, je nachdem, wie groß die ›Notlage‹ der potentiellen Fahrgäste ist – sind zum Beispiel an einem Tag alle Busse für eine bestimmte Strecke ausgebucht oder ist es ein besonders heißer Tag, wird der Preis für Taxifahrten sprunghaft in die Höhe gehen. Ein bißchen zu handeln, lohnt sich aber immer.
- Bei den Busbahnhöfen oder Märkten lassen sich auch Fahrer mit Auto für private Tagesausflüge finden.

Selbst ein Auto zu mieten ist auf der Krim noch nicht möglich (siehe auch ›Trampen‹).

Telefonieren auf dem Postamt

Ferngespräche führt man am besten vom Post- beziehungsweise Telegraphenamt aus. Ein solches gibt es in der Regel in allen Orten, auch in den kleineren.

Je nach Größe der Ortschaft und des Telegraphenamtes ist die Vorgehensweise unterschiedlich:

▶ In größeren Orten, in denen die Ämter bereits mit modernen Telefonen ausgerüstet sind, hinterlegt man am Schalter einen Geldbetrag in selbstgewählter Höhe und bekommt eine Kabine zugeteilt. Meist erhält man entweder ein Kärtchen, auf dem die Kabinennummer steht, oder einen Kassenscheck über die hinterlegte Summe mit der von Hand daraufgeschriebenen Kabinennummer. In der Kabine wählt man dann selbst. Nach dem Gespräch geht man mit dem Kärtchen oder Kassenscheck wieder an den Schalter und bekommt je nach Gesprächsdauer Geld zurück. Gespräche zu führen, deren Länge über das zurückgelegte Pfand hinausgeht, und dann nachzubezahlen ist in der Regel nicht möglich, das Gespräch wird automatisch unterbrochen. Für gewisse ältere Telefonautomaten wird am Schalter eine Steckkarte oder ein Steckstift ausgehändigt. Diese(n) stecken Sie in den Automaten und wählen die Nummer. Wenn jemand antwortet, müssen Sie den Anwortknopf (ответ) drücken. Ansonsten kann die von Ihnen angerufene Person Sie nicht hören.

▶ Das alte System, daß man am Schalter die zu wählende Nummer angibt, die Vermittlung wählt und man dann in eine Kabine gerufen wird, gibt es in kleineren Orten und in kleineren Postämtern immer noch. Die Tatsache, daß sich dies auf solche ›Nebenämter‹ beschränkt, hat für Ausländer mit keinen oder brüchigen Sprachkenntnissen einen großen Vorteil: Die Telefonistinnen sind häufig so unterbeschäftigt und bemüht, daß man keine Gefahr läuft, seinen Aufruf zu verpassen, notfalls nehmen sie einen auch bei der Hand.

Vorwahlen:
Alušta: 0 65 60.
Armjansk: 0 65 65.
Bachčisaraj: 0 65 54.
Belogorsk: 0 65 59.
Černomorskoe: 0 65 58.
Džankoj: 0 65 64.
Evpatorija: 0 65 69.
Feodosija: 0 65 62.
Jalta: 06 54.
Kerč': 0 65 61.
Kirovskoe: 0 65 55.
Krasnogvardejskoe: 0 65 56.
Krasnoperekopsk: 0 65 65.
Lenino: 0 65 57.
Nižnegorskij: 0 65 50.
Razdol'noe: 0 65 53.
Saki: 0 65 63.
Ščëlkino: 0 65 57.
Sevastopol': 06 92.
Simferopol': 06 52.
Staryj Krym: 0 65 55.
Sudak: 0 65 66.
Ukrainische Hauptstadt Kiev: 0 44.

▶ Für einen Anruf aus Deutschland, der Schweiz oder Österreich in die Ukraine wählen Sie zuerst 00, dann die Ländervorwahl für die Ukraine 380. Anschließend folgt die Regionsvorwahl (ohne die 0), schließlich die fünf- bis siebenstellige ukrainische Telefonnummer (Beispiel Simferopol': 0 03 80/6 52/33 22 11).

Telefonieren vonTelefonzellen

Mittlerweile gibt es in den Städten und größeren Kurorten auch schon eine ganze Reihe von modernen Telefonzellen an Straßen, auf Plätzen oder in öffentlichen Einrichtungen. Diese Fernsprecher sind häufig mit ›Таксофон‹ (Taksofon) angeschrieben und funktionieren nur mit Telefonkarten. Solche gibt es auf den Post- und Telegraphenämtern zu kaufen. Achtung: Auch bei gewissen modernen Telefonautomaten müssen Sie manchmal eine bestimmte Taste – oft eine Ziffer – drücken, wenn jemand auf Ihren Anruf antwortet. Nur so können Sie gehört werden. Setzen Sie sich vor dem Anruf mittels der entsprechenden Anleitung auf dem Gerät darüber ins Bild. Die alten Münztelefone, bei denen mit einem 10-Kopeken-Stück beliebig lange lokal telefoniert werden kann, sind nur noch selten anzutreffen.

▶ Für Ortsgespräche wählen Sie direkt die fünf- bis siebenstellige Telefonnummer.

▶ Für innerukrainische Ferngespräche müssen Sie zuerst eine 8 wählen und dann auf den Summton warten. Anschließend wählen Sie die Regionsvorwahl (einschließlich der 0), danach die fünf- bis siebenstellige Nummer.

▶ Für Anrufe ins Ausland wählen Sie zuerst eine 8, warten dann auf den Summton und wählen anschließend eine 10. Dann folgt die eigentliche Ländervorwahl (für Deutschland 49, für die Schweiz 41, für Österreich 43), schließlich die Regionsvorwahl (ohne die 0) und dann die eigentliche Telefonnummer. Ab dem Summton nach der 8 kann alles ohne Unterbrechung gewählt werden. Mitunter dauert es nach dem Wählen der letzten Ziffer eine Weile bis zum Freizeichen. Es lohnt sich daher, nicht gleich aufzulegen, sondern ein bißchen zu warten.

Telefonieren mit dem Handy

Das Mobilfunknetz auf der Krim ist gut ausgebaut. Die Anbieter mit dem besten Service sind Kievstar und UMC. Beim Preisvergleich zwischen Kievstar (www.kievstar.com) und UMC (www.umc.ua) schneidet ersterer in der Regel etwas besser ab; auch hat Kievstar die bessere Netzdeckung, insbesondere im Gebirge.

Mit verschiedenen westeuropäischen Mobilfunkanbietern bestehen Roaming-Verträge. Während die Preise für Roaming-Anrufe innerhalb der Ukraine im üblichen Rahmen liegen, gehen Anrufe mit dem mitgebrachten Handy ins Ausland dagegen ganz schön ins Geld.

▶ Wer häufig telefoniert, sollte über die Anschaffung einer SIM-Karte eines ukrainischen Anbieters nachdenken. Der billigste Anbieter war Anfang 2007 ›Jeans‹ (www.jeans.com.ua). Für 40 Hryvnja bekommt man eine SIM-Karte mit einem Gesprächsguthaben in dieser Summe zum Tarif Super-Džins, die ohne Aufladen bis 2030 gültig ist.

▸ Wenn man mit einem Handy aus der Ukraine nach Deutschland telefonieren möchte muß man entweder +49/Anbieternummer/Teilnehmernummer oder 8-49/Anbieternummer/Teilnehmernummer vorwählen (abhängig vom Anbieter), (Schweiz +41 bzw. 8-41, Österreich +43 bzw. 8-43).

Toiletten

Öffentliche Toiletten sind immer noch sehr selten zu finden. Sie sind entweder an der internationalen Aufschrift ›WC‹ zu erkennen oder an den Buchstaben ›ж‹ für Frauen (женский) und ›м‹ für Männer (мужской).

Trampen

Sowohl innerhalb der Städte als auch für Überlandfahrten ist es üblich und relativ günstig, per Anhalter zu fahren. Diese Fortbewegungsmöglichkeit, die wohl in so ziemlich allen Ecken der ehemaligen Sowjetunion ganz alltäglich ist, unterscheidet sich in einem wesentlichen Punkt von dem Trampen, wie man es in Westeuropa kennt: Wer mitgenommen wird, zahlt. Letzten Endes ist Trampen hier also nichts anderes als eine Fahrt mit einem inoffiziellen Taxi. Hat man den Überlandbus verpaßt oder fahren nachts keine öffentlichen Verkehrsmittel mehr, sind gerade diese ›Anhalter-Taxis‹ eine praktische und günstige Alternative zum offiziellen Taxi.

Um ein solches privates Taxi anzuhalten, stellt man sich an den Straßenrand und hält den Arm ausgestreckt auf die Straße, wie beim Trampen, nur mit flacher Hand anstelle der Faust mit hochgerecktem Daumen. Hält ein Auto an, nennt man sein Ziel und bietet einen Preis. Das ist natürlich schwierig, wenn man das Preisniveau, das sich laufend ändert, nicht kennt. Dann bleibt nur, den Fahrer nach seiner Forderung zu fragen und diese aus Prinzip ein bißchen runterzuhandeln. Gezahlt wird sowohl bei Stadt- als auch bei Überlandfahrten am Zielort.

Da sich viele Privatleute so ihr Geld verdienen oder ihr sonstiges Einkommen aufbessern, ist die Chance in der Regel groß, nicht allzu lange warten zu müssen bis man mitgenommen wird. Allerdings sollte man nicht in Autos einsteigen, in denen sich schon mehrere Personen befinden. Dann wartet man lieber auf das nächste Auto, lange dauert's bestimmt nicht.

Trinkgeld

Trinkgeld ist auch in den Cafés und Restaurants der Krim gern gesehen, allerdings hat man sich gerade in einfacheren Gaststuben noch nicht überall daran gewöhnt. In Restaurants, in welchen ab und zu Ausländer verkehren, ist ein Trinkgeld von 5 bis 10 Prozent durchaus üblich, aber selbstverständlich absolut freiwillig (siehe auch ›Restaurants‹).

Unterkunft

Noch vor wenigen Jahren konnte es zu einem recht großen Problem werden, als ausländischer Individualtourist eine Unterkunft auf der Krim zu bekommen. Inzwischen ist dies jedoch viel einfacher geworden, zumindest für diejenigen, die Russisch oder Ukrainisch sprechen. Für alle anderen ist der sicherste und bequemste Weg wohl nach wie vor die Buchung einer Pauschalreise.

Wer erst auf die Krim fahren und sich dann etwas auf eigene Faust suchen will, hat verschiedene Möglichkeiten:

▶ Zunächst einmal gibt es Hotels und ähnliche Unterkünfte. Die Bezeichnung ›Gostinica‹ weist auf ein normales Hotel hin, in dem man am ehesten kurzfristig unterkommt.

In einer ›Turbaza‹, einem ›Pansionat‹ und einem ›Sanatorij‹ (Sanatorium) wohnen die Gäste im allgemeinen für längere Zeit und haben im voraus gebucht. In diesen Unterkünften ist es weitaus schwieriger, ein Zimmer zu bekommen; außerdem werden oft nur GUS-Bürger aufgenommen. Erst allmählich beginnen Sanatorien und Pensionate, ihre Türen auch für Gäste aus dem ferneren Ausland zu öffnen. Trotzdem lohnt es sich immer, zu fragen und zu verhandeln. Manchmal tauchen völlig überraschend doch noch freie Zimmer auf. Russischkenntnisse sind für diese Unterkunftssuche allerdings unerläßlich oder doch zumindest ausgesprochen hilfreich.

▶ Vor allem bei Touristen aus der GUS ist der gebräuchlichste Weg, sich bei einer Familie einzuquartieren beziehungsweise freie Wohnungen oder Zimmer zu mieten. In vielen Orten gibt es ›Büros für Zimmervermittlung‹, (Kvartirnoe bjuro/Кварирное бюро) die weiterhelfen können. Meist ist auch die Suche auf eigene Faust von Erfolg gekrönt. Geht man eine Straße entlang, so erkennt man schon an den meist handgeschriebenen Schildern an Garten- und Haustüren, wo wie viele Zimmer frei sind. Auf den Schildern steht entweder сдаю комнату (sdaju komnatu, ich vermiete Zimmer) oder сдаю квартиру (sdaju kvartiru, ich vermiete eine Wohnung), manchmal auch nur сдаю (sdaju, ich vermiete). Man verhandelt dann einfach über den Gartenzaun oder klopft an der Tür, falls niemand zu sehen ist. Auch wenn der erste Versuch nicht immer gleich ein Treffer ist, so ist doch das erste Gespräch dieser Art schon ein guter Schritt zum Erfolg, denn die Person, mit der man verhan-delt, kennt bestimmt noch zehn weitere, die auch Zimmer vermieten.

▶ Kommt man per Bus in einen Ort an der Küste, so stehen außerdem Zimmer- und Wohnungsanbieter – auch, aber nicht mehr nur ›Babuški‹ (Großmütter) – bereits in Erwartung zahlungskräftiger Touristen am Busbahnhof und empfangen alle Ankömmlinge mit ihren Angeboten.

Verkehrskontrollen

Durch einen Erlaß des Präsidenten darf die Straßenpolizei, die DAI, keine wahllosen und in der Vergangenheit oft schikanösen Kontrollen mehr vornehmen. Nur wenn wirklich ein konkreter Verstoß gegen die Straßenverkehrsordnung vorliegt, können Autofahrer durch die besonders auf den Wegen auf die Krim zahlreichen, auf Sondereinnahmen spekulierenden DAI-Posten angehalten werden. Dann allerdings erwarten den Autofahrer Geldstrafen, die aber je nach Verhandlungsgeschick und Bereitschaft, auf eine offizielle Quittung zu verzichten, variabel gestaltet werden können. (ca. 20 Hryvnja). Verscherzt man es sich mit den Ordnungshütern, droht der offizielle Zahlungsweg: Fahrt zur Bank, Strafe überweisen, Überweisung vorzeigen.
Einzig an den schon frühzeitig durch Schilder angezeigten festen DAI-Kontrollpunkten – zum Beispiel auf Paßübergängen oder an Stadteinfahrten – dürfen die Polizisten auch ohne konkreten Grund Fahrzeuge anhalten und Dokumente kontrollieren.
Eine neue ukrainische Erfindung sind ›Umweltkontrollen‹: mittels einer Apparatur wird der Ausstoß schädlicher Substanzen gemessen, was selbst bei neuen Autos mit modernsten Katalysatoren zu erstaunlichen Ergebnissen führen kann. Die Verwunderung sollte nicht zum Streit führen. Erfahrene Ukraine-Reisende empfehlen, an Ort und Stelle bei den Polizisten für ca. 30 Hryvnja ein sog. Talončik zu kaufen und dieses an der Windschutzscheibe zu befestigen. Damit hat sich das Problem erledigt.

Verkehrsregeln

In der Ukraine gelten folgende Geschwindigkeitsbegrenzungen: 60 km/h in geschlossenen Ortschaften, 90 km/h auf Landstraßen und 110 km/h auf Autobahnen (auf der Krim gibt es keine Autobahnen – also Höchstgeschwindigkeit 90 km/h!). Alkohol am Steuer ist tabu, der Blutalkoholgrenzwert liegt bei 0,0 Promille.

Wasser

Es ist nicht zu empfehlen, Leitungswasser direkt zu trinken. Es kann durchaus Bakterien enthalten und sollte deshalb abgekocht werden. Auf den Märkten und in den Lebensmittelgeschäften gibt es eine große Auswahl an Mineralwässern. Aufgrund der chronischen Wasserknappheit auf der Krim muß man damit rechnen, daß es oftmals kein Wasser aus der Leitung gibt. Falls man die Möglichkeit hat, empfiehlt es sich deshalb, einen kleinen ›Vorrat‹ an Wasser anzulegen. Ebenfalls nicht immer gewährleistet ist die Belieferung der Hotels und Wohnhäuser mit Warmwasser.

Wegweiser

Wenn es noch ein eindeutiges Defizit

gibt, sind dies – neben den öffentlichen Toiletten – Wegweiser. In der Regel gibt es sie dort, wo man sie nicht unbedingt bräuchte, an wirklich kritischen Stellen stehen sie jedoch meist nicht. Dann hilft nur eins: Fragen und eine Karte dabeihaben. (siehe auch ›Karten und Stadtpläne‹)

Zecken

Zecken fallen nicht, wie oft behauptet wird, von Bäumen, sondern halten sich im Gras auf, wo sie von vorbeikommenden Tieren und auch Menschen abgestreift werden. Sie übertragen im wesentlichen zwei Krankheiten, die beide potentiell sehr gefährlich sind: eine FSME genannte Hirnhautentzündung (Virusinfektion) und eine bakterielle Infektion, die Borreliose. Gegen FSME hilft eine Schutzimpfung, Borreliose muß mit Antibiotika behandelt werden.

▶ Es ist in jedem Fall geraten, sich nach einem Aufenthalt in freier Natur aufmerksam abzusuchen und abends die Kleider gut auszuschütteln. Lange Hosen und T-Shirts bieten guten Schutz. Zecken beißen sich nicht plötzlich fest, sondern sind in der Regel mehrere Stunden auf dem ›Wirt‹ unterwegs, um eine geeignete Stelle zu finden. Geeignet aus Sicht der Zecke sind vor allem schwer zugängliche, empfindliche Hautpartien.

▶ Falls man sich doch eine Zecke eingefangen hat, sollte man sie möglichst schnell fachgerecht entfernen. Wer darin keine Übung hat und keine Zeckenzange zur Hand (gibt es für wenig Geld in jeder Apotheke), sollte damit zum Arzt gehen. Die Zecke sollte dann in einem Labor untersucht werden, um bei Befall mit FSME frühzeitig die Behandlung zu beginnen.

▶ Borreliose-Erreger gelangen 6 bis 12 Stunden nach dem Biß in den Organismus. Eine Bißstelle sollte längere Zeit beobachtet werden, wenn sie sich rötet oder entzündet, sollte man auf jeden Fall zum Arzt gehen. Je schneller eine Behandlung erfolgt, desto größer sind die Aussichten auf Heilung dieser bakteriellen Infektionskrankheit. Es gibt zurzeit noch keinen Impfstoff gegen Borreliose. Wer von einer Zecke gebissen wurde, sollte bei unklaren Symptomen (hier reicht das Spektrum von grippeähnlichen Erscheinungen bis zu Lähmungen) auch noch Monate nach dem Biß seinen Arzt darauf aufmerksam machen.

Weitere Informationen auf der Website: www.zeckenbiss-borreliose.de.

Zeit

Der Zeitunterschied zwischen der Ukraine und Deutschland, der Schweiz und Österreich beträgt eine Stunde. Vorübergehend herrschte zu Meškovs Regierungszeiten aus politischen Gründen auf der Krim nicht Kiever, sondern Moskauer Zeit, was eine Stunde mehr Zeitunterschied zur mitteleuropäischen Zeit (MEZ) bedeutete als in der übrigen Ukraine. Inzwischen gibt es in der gesamten

Ukraine wieder eine einheitliche Zeitrechnung, auch auf der Krim gilt: mitteleuropäische Zeit (MEZ) plus eine Stunde. Sommer- und Winterzeit gelten genauso wie in Deutschland, Österreich und der Schweiz.

Zoll

Bei der Einreise sollte man eine Zollerklärung ausfüllen, um bei der Ausreise keine Probleme zu bekommen.

▶ Bargeld darf in beliebiger Währung bis zu einem Wert von 10 000 US-Dollar in die Ukraine eingeführt werden. Die Ausfuhr ist auf die Summe des eingeführten Betrages begrenzt (vor allem zu beachten, falls in der Ukraine Bargeld per ec-, Maestro- oder Kreditkarte bezogen wurde). Die mitgeführten Zahlungsmittel sollten sowohl bei der Ein- als auch bei der Ausreise unbedingt in die Zollerklärung eingetragen werden (bis zu einem Wert von 3000 US-Dollar reicht im Prinzip die mündliche Deklarierung, aber ein Eintrag ist einfacher und sicherer). Über die genauen Regelungen zur Ein- und Ausfuhr der ukrainischen Landeswährung Hryvnja durch Ausländer sind sich selbst die Zollbeamten nicht ganz im klaren, nachdem das Ein- und Ausfuhrverbot im März 2002 aufgehoben worden ist. Am sichersten gehen Sie nach wie vor, wenn Sie die nicht ausgegebenen Hryvnja vor der Ausreise wieder umtauschen.

▶ Tragen Sie auch sämtliche technischen Geräte wie Laptop, Videokamera usw. sowie wertvolle Gegenstände wie Schmuck bei der Einreise in die Zollerklärung ein. Dies erspart Schwierigkeiten bei der Ausreise.

▶ Achtung: Kunst- und Kulturobjekte, Uhren und Schmuck dürfen nur ausgeführt werden, wenn sie nach 1950 (Bücher: 1945) hergestellt wurden. Lassen Sie sich unter Umständen eine offizielle Bestätigung ausstellen! Für Kunstwerke ist in jedem Fall die Quittung des Künstlers oder Kunstsalons erforderlich. Gegenstände aus Antiquitätengeschäften dürfen grundsätzlich nicht ausgeführt werden.

▶ Allgemein sollten Kaufquittungen größerer Einkäufe aufgehoben werden.

▶ Pro Person können zollfrei 200 Zigaretten oder 250 Gramm Tabak sowie sowie ein Liter Spirituosen (über 22 Prozent Alkoholgehalt) oder zwei Liter alkoholischer Getränke (unter 22 Prozent Alkoholgehalt) sowie darüber hinaus zwei Liter nicht schäumender Weine in die Länder der EU zollfrei ausgeführt werden; für die Schweiz gilt: zwei Liter bis 15 Prozent, ein Liter über 15 Prozent.

▶ Achtung: Die ukrainischen Zollvorschriften können sich laufend ändern. Detaillierte Informationen dazu gibt es auf der Webseite des Auswärtigen Amtes (www.auswaertigesamt.de) unter ›Länder- und Reiseinformationen, Ukraine, Zollvorschriften‹ oder direkt an den ukrainischen Flughäfen und Grenzübergängen.

Die Krim im Internet

Es gibt mittlerweile eine ganze Reihe von Internet-Seiten, die sich ganz oder teilweise mit der Krim beschäftigen. Die Informationsmenge ist beachtlich, allerdings besteht bei zahlreichen Seiten ein potentielles Sprachproblem – sie sind häufig nur auf Russisch.

www.tourism.crimea.ua (russ./engl.)
Webseite des Ministeriums für Kurorte und Tourismus der Krim.

www.tour.crimea.com (russ./engl.)
Umfassende Tourismus-Webseite der Krim.

www.all-hotels.com.ua (engl.)
Hotelsuchmaschine.

www.hostels.org.ua (englisch)
Jugendherbergen in der Ukraine.

www.artek.org (engl./russ.)
Webseite des Ferienlagers ›Artek‹.

www.massandra.crimea.com (russ.)
Webseite der Weinkellereien von Massandra.

www.ccssu.crimea.ua (russ./engl.)
Webseite der Universität Simferopol', Infos und Links zu Wissenschaft, Gesellschaft und Tourismus auf der Krim.

www.crimea.ua (russ.),
www.crimea.org.ua (russ.),
crimea.naiti.ru (russ.)
Alle möglichen Infos und Links zu Tourismus und Leben auf der Krim.

www.airport.crimea.ua (russ.)
Webseite des Flughafens Simferopol'.

www.unian.net (russ., engl.)
Nachrichten einer unabhängigen Ukrainischen Nachrichtenagentur.

www.pravda.com.ua (russ., engl.)
Internetzeitung von unabhängigen ukrainischen Journalisten.

www.ucipr.kiev.ua (ukr./engl.)
Infos über die ukrainische Politik.

www.kyivpost.com (engl.)
Artikel zu aktuellen Themen und Nachrichten.

www.n-ost.de (deutsch)
Presseberichte aus ganz Osteuropa.

www.forumnetukraine.org (deutsch)
Forum unter dem Dach der Robert-Bosch-Stiftung für Informationsaustausch, Koordination und Beratung in den deutsch-ukrainischen Beziehungen.

Über die Autoren

Dagmar Sonderegger, geb. 1971 in Hamburg. Studium der Ostslawistik und Volkswirtschaftslehre in Hamburg. Mehrere längere Aufenthalte auf der Krim, in Westsibirien und in Moskau. Arbeitet heute als Marktforscherin in Zürich.

Norbert Rütsche, geb. 1973 im ostschweizerischen St. Gallen. Studium der Geschichte und Journalistik in Freiburg/Schweiz. Mehrere längere Aufenthalte in der Russischen Föderation, der Ukraine und auf dem Balkan. Arbeitet heute als freischaffender Journalist in Sarajewo.

Dr. Gwendolyn Sasse, geb. 1972 in Glinde bei Hamburg. Studium der Geschichte, Politikwissenschaft und Ostslawistik in Hamburg, Master und Promotion an der London School of Economics (LSE). Regelmäßige Forschungsaufenthalte in der Ukraine und anderen Ländern Osteuropas. Von 1999 bis 2007 Dozentin an der LSE. Seit April 2007 als Reader in Comparative Politics am Nuffield College, University of Oxford.

Stephan Hille, geb. 1970 in Witten, Nordrhein-Westfalen. Studium der Geschichte und Slawistik in Köln, Master an der London School of Economics, Abschluß der Deutschen Journalistenschule in München. Von 2000 bis 2007 freier Korrespondent in Moskau. Seit Februar 2007 Redakteur bei CASH-TV, dem Wirtschaftsmagazin im Schweizer Fernsehen.

Jan Schimanski, geb. 1967 in Dortmund, Studium der Slawistik in Marburg. Mehrere Auslandsaufenthalte, darunter ein Jahr Kulturarbeit in Transbaikalien. Arbeitet heute an der Deutschen Botschaft in Kiew.

Danksagung

Die Autoren danken allen, die am Entstehen dieses Buches Anteil genommen und uns bei unserer Arbeit unterstützt haben.

Besonderer Dank gilt Ljudmila Bessonova, die uns auf der Krim durch ihr Organisationstalent, ihre vielen Kontakte und ihr breites Wissen beste Voraussetzungen für unsere Arbeit geschaffen hat und uns immer mit Rat und Tat zur Seite stand.

Weiter bedanken wir uns bei Nikolaj Zaičenko, Oleg Širokov, Vladimir Ižboldin, Server Ėbubekirov, Vladimir Gurkovič, Marija Klincova, Aleksandr Bogomolov, Gennadij Potapenko, Vjačeslav Chačaturjan, Ekaterina Toporkova, Aleksej Obolenskij, Jurij Laptev, Vladimir Maliborski und Urs Rauber für ungezählte Hilfeleistungen, Informationen und Anregungen; bei Ajder Nimatullaev und Nikolaj Klincov für Fahrerdienste und Reisetips; bei Ekaterina Niederhauser für Übersetzungen; bei Tomma und Peter Köck, Sandra Dahlke und Stefan Voß.

Ortsregister

Sach- und Personenregister

Kartenregister